JN440430

섬음식관광론

이웅규 · 김보성 · 김용완 · 서수지 · 엄필란 · 이준혁 지음

섬음식 관광론

책을 내며

섬의 맛, 관광의 미래를 담다.

오늘날 관광의 패러다임은 단순한 '보는 관광'을 넘어 현지의 문화를 오감으로 체험하는 '미식 관광(Gastronomy Tourism)'으로 급격히 이동하고 있습니다. 그중에서도 '섬(Island)'은 육지와 분리된 독특한 생태계와 고립된 환경 속에서 보존되어 온 고유한 식문화의 보고(寶庫)입니다. 섬 음식을 관광 자원화하는 것은 단순히 지역 경제를 활성화하는 차원을 넘어, 사라져가는 전통의 원형을 복원하고 지속가능한 관광 모델을 구축하는 핵심적인 과업입니다.

하지만 그동안 섬 음식은 지리적 접근성의 한계와 체계적인 연구 부족으로 인해 그 가치를 충분히 인정받지 못했습니다. 이에 본 저서는 섬 음식관광의 학술적 개념을 정립하고, 국내외 정책 동향과 대한민국 전역의 섬 음식 현황을 집대성하여 관련 분야의 학생들과 전문가들에게 실천적인 지침을 제공하고자 출간되었습니다.

본 교재의 구성은 다음과 같은 네 가지 흐름에 중점을 두었습니다.

첫째, 섬 음식관광의 이론적 토대와 트렌드를 분석했습니다. 제1장에서는 섬 음식관광이 왜 중요한지, 그리고 급변하는 글로벌 관광 시장에서 어떤 위치를 차지하고 있는지를 다루었습니다. 세계적인 동향을 통해 우리 섬 관광이 나아가야 할 방향을 제시하고자 했습니다.

둘째, 정책적 추진 현황과 글로벌 사례를 검토했습니다. 정부 부처와 지자체의 정책적 노력을 분석하고, 섬 관광의 선진국인 일본, 인도네시아, 필리핀, 이탈리아의 사례를 비교 연구함으로써 우리나라 실정에 맞는 전략적 시사점을 도출했습니다.

셋째, 대한민국 전역을 아우르는 지역별 섬 음식의 실증적 분석을 시도했습니다. 인천에서 제주에 이르기까지, 그리고 해수면의 섬뿐만 아니라 '내륙섬'과 '북한의 섬'까지 범위를 확장하였습니다. 각 지역 섬의 역사적 배경, 독특한 식재료, 그리고 메뉴 디자인의 특징을 세밀하게 분석하여 지역별 차별화된 스토리텔링을 발굴하고자 노력했습니다.

넷째, 문화적 원형과 상징적 가치를 복원하는 데 주력했습니다. 섬 음식이 담고 있는 '미복(美福) 문화'와 전통 식문화의 원형을 현대적 메뉴 디자인과 서비스에 어떻게 접목할 것인가에 대한 고민을 담았습니다.

이 책이 대학에서 관광과 외식 경영을 전공하는 학생들에게는 깊이 있는 학술적 자양분이 되고, 현장의 정책 입안자와 관광 기획자들에게는 창의적인 아이디어의 원천이 되기를 희망합니다. 섬의 척박한 환경 속에서 정성으로 피워낸 '섬 음식'이라는 꽃이 이제 '관광'이라는 날개를 달고 세계로 뻗어 나가기를 기대해 마지않습니다.

끝으로 이 책이 나오기까지 소중한 자료를 제공해주신 각 지자체 관계자분들과 연구의 길을 함께해준 동료 학자들에게 깊은 감사의 마음을 전합니다.

아울러 본 교재가 발간되기까지 많은 도움을 준 모든 분과 출판을 맡아주시고 본서의 방향을 지적해주신 대왕사 박성진 대표와 박정술 상무, 이재길 부장, 그리고 여러 편집부 가족들에게 진심으로 머리 숙여 감사의 뜻을 전하고자 합니다.

본문의 원고 작성 후, 일부 문장의 매끄러운 흐름과 교정 및 교열을 위해 AI 도구(Gemini)를 활용하였으며, 모든 최종 내용은 저자가 수정 및 검토했습니다.

2026년 3월

공동저자 대표 이웅규 씀

차례

3 주요 국가의 섬 음식관광 정책 추진 사례 분석

4 인천광역시의 섬 음식관광 현황 분석

6 전라북도의 섬 음식관광 현황 분석

7 전라남도의 섬 음식관광 현황 분석

8 경상남도의 섬 음식관광 현황 분석

9 경상북도의 섬 음식관광 현황 분석

10 강원도의 섬 음식관광 현황 분석

11 제주도의 섬 음식관광 현황 분석

12 경기도의 섬 음식관광 현황 분석

13 내륙지역의 섬 음식관광 현황 분석

1장

섬 음식관광의 개념 및 트렌드 변화

제1절 섬 음식관광의 개념 및 중요성

1. 섬 음식관광의 개념

여행의 동기는 시대에 따라 변화하고 진화한다. 과거 명승지나 유적을 눈에 담는 관람형 관광이 주를 이루었다면, 오늘날의 여행자들은 그 지역에서만 가능한 고유한 '경험'을 찾아 나선다. 수많은 경험의 갈래 중에서도 '음식'은 이제 여행의 목적 그 자체가 되기에 이르렀다. 이러한 흐름 속에서, 사면이 바다로 둘러싸인 특별한 공간 '섬'이 지닌 음식의 가치가 새롭게 조명받고 있다. 바로 '섬 음식관광(Island Food Tourism)'의 시작이다.

섬 음식관광이란, 섬이라는 특수한 지리적・문화적 환경이 빚어낸 음식과 그와 관련된 활동을 핵심적인 관광 목적으로 삼는 여행의 한 형태를 의미한다. 이는 단순히 섬에 있는 유명 식당을 방문하여 한 끼 식사를 해결하는 미식 기행의 차원을 훌쩍 뛰어넘는다. 섬 음식관광의 본질은 음식이라는 창을 통해 섬의 자연 생태, 역사, 문화, 그리고 그곳에 사는 사람들의 삶까지 총체적으로 경험하고 이해하는 데 있다. 여행자는 더 이상 수동적인 소비자가 아니라, 음식의 생산부터 조리, 시식에 이르는 전 과정에 참여하며 섬과 깊은 교감을 나누는 능동적인 탐험가가 된다.

이러한 섬 음식관광의 정체성은 몇 가지 핵심적인 구성 요소를 통해 더욱 명확해진다. 그 첫 번째는 바로 '지역 고유성(Locality)'이다. 섬은 육지와 격리되어 독자적인 생태계를 형성하며, 이는 음식 문화에 절대적인 영향을 미친다. 거친 해풍과 강한 햇살, 건강하고 풍부한 해산물, 척박한 토양과 같은 자연환경은 섬에서만 자라는 농특산물과 수산물을 길러낸다. 예를 들어, 제주도의 화산토가 키워낸 독특한 풍미의 감귤이나 울릉도의 청정 해역 등에서 잡히는 쫄깃한 오징어와 남해와 거제의 죽방 멸치 등은 육지에서는 결코 재현할 수 없는 섬 고유의 맛이다. 또한, 식재료의 보관과 유통이 어려웠던 과거의 환경은 염장, 건조, 발효 등 섬만의 독창적인 저장 음식 문화를 발전시키는 배경이 되었다. 이처럼 섬의 음식에는 그 지역의 자연환경과 섬사람들의 생존을 위한 지혜가 오롯이 녹아들어 있다.

두 번째 핵심 요소는 '체험 중심성(Experiential Value)'이다. 오늘날의 여행자들은 완성된 음식을 그저 맛보는 것을 넘어, 그 음식이 식탁에 오르기까지의 이야기에 깊은 관심을 보인다. 섬 음식관광은 이러한 요구를 충족시키기에 가장 이상적인 형태를 띤다. 가령, 여행객이 직접 배를 타고 나가 전복을 채취하고, 갓 잡은 생선으로 회를 뜨는 법을 배우며, 섬 할머니에게 대대로 내려오는 산나물 무침이나 어부의 선상에서 먹는 물회의 비법을 전수받는 과정을 상상해보라. 이러한 체험은 음식에 대한 깊은 이해를 제공할 뿐만 아니라, 여행자에게 섬 공동체의 일원이 된 듯한 특별한 소속감과 잊지 못할 추억을 선사한다. 음식은 더 이상 단순한 상품이 아니라, 섬과 나를 연결하는 살아 있는 매개체가 되는 것이다.

세 번째 요소는 '융복합 관광(Convergence Tourism)'으로서의 잠재력이다. 음식은 그 자체로도 훌륭한 관광자원이지만, 섬이 보유한 다른 매력적인 자원들과 결합될 때 그 가치는 극대화된다. 예를 들어, 섬의 아름다운 해안 절경을 감상하며 즐기는 해산물 바비큐 파티, 섬의 아픈 역사가 깃든 장소를 둘러본 후 맛보는 당시 피난민들의 음식, 혹은 지역 예술가들의 공방과 연계한 쿠킹 클래스 등 무궁무진한 융합이 가능하다. 이 과정에서 음식은 섬의 자연, 역사, 문화, 예술을 한데 엮어주는 허브 역할을 수행하며, 관광객에게 훨씬 더 풍부하고 입체적인 경험의 서사를 제공한다. 성공적인 섬 음식관광 상품은 바로 이 융복합의 시너지를 어떻게 설계하느냐에 달려 있다.

이러한 특성을 바탕으로, 섬 음식관광은 추구하는 가치와 형태에 따라 다음과 같이 구체적인 유형으로 나눌 수 있다. 각 유형은 저마다 다른 매력으로 다양한 취향을 가진 관광객들을 섬으로 이끈다.

〈표 1-1〉 **섬 음식관광의 유형**

구분	특징	예시
미식 중심형	고급 식당이나 유명 셰프와 연계하여 차별화된 음식 경험을 제공	제주의 고급 해산물 오마카세 투어
전통문화형	섬 고유의 전통 음식과 전래 조리법을 배우고 체험	진도의 홍주 만들기 또는 향토 한정식 체험
생산지 연계형	수산물, 농산물 생산 현장을 직접 방문하여 시식하고 구매	완도 전복 양식장 방문 및 현장 시식
축제・이벤트형	지역 음식 축제를 통해 대규모 관광객을 유치하고 지역 경제 활성화	통영 굴 축제, 신안 섬 우럭 축제

〈표 1-1〉처럼 '미식 중심형'은 최고 수준의 음식 경험을 추구하는 관광객을 대상으로 한다. 최근에는 도시의 유명 셰프들이 섬의 신선한 식재료에 매료되어 현지에 레스토랑을 여는 사례

가 늘고 있으며, 이는 섬을 새로운 프리미엄 미식의 목적지로 부상시키고 있다.

'전통문화형'은 화려함보다는 진정성에 초점을 맞춘다. 관광객은 섬마을에 머물며 주민들과 함께 향토 음식을 만들고 나누어 먹으며, 그 안에 담긴 이야기와 공동체 문화를 깊이 있게 체험한다.

'생산지 연계형'은 '산지 직송'의 신선함을 현장에서 직접 확인하고 맛보고자 하는 요구를 반영한다. 전복 양식장이나 감귤 농장을 방문하여 생산자와 직접 교류하고, 가장 신선한 상태의 식재료를 맛보는 경험은 그 자체로 강력한 관광 동기가 된다.

마지막으로 '축제·이벤트형'은 특정 시기에 집중적으로 관광객을 유치하는 역할을 한다. 굴, 우럭, 멸치, 광어, 도다리, 전어, 오징어, 낙지, 굴비, 밴댕이, 대하 등 특정 제철 수산물을 주제로 열리는 축제는 먹거리뿐만 아니라 다양한 볼거리와 즐길 거리를 함께 제공하며 지역 전체에 활기를 불어넣는다.

그렇다면 섬 음식관광은 우리가 흔히 접하는 일반적인 음식관광과 구체적으로 어떤 지점에서 차별화될까? 가장 근본적인 차이는 '지리적 조건'에서 비롯된다.

〈표 1-2〉 **일반 음식관광과 섬 음식관광의 차이**

구분	일반 음식관광	섬 음식관광
접근성	교통망이 발달하여 접근이 비교적 용이함.	해상 또는 항공 교통이 필수적이며, 접근의 제약이 희소성 부각
식재료 공급	전국 또는 전 세계적인 유통망을 활용	지역 내 생산과 자급자족의 비율이 높고 신선도가 뛰어남.
문화적 배경	도시, 농촌 등 다양한 문화가 혼재	해양 및 어촌 중심의 문화가 음식에 깊이 반영됨.
체험 요소	완성된 음식을 시식하는 활동이 중심	채취, 어로, 조리 등 생산 과정에 직접 참여하는 비중이 큼.

〈표 1-2〉처럼 '접근성'의 차이는 역설적인 매력을 낳는다. 배나 비행기를 타야만 닿을 수 있다는 불편함은 오히려 그곳에 대한 환상과 기대감을 증폭시킨다. 쉽게 갈 수 없기에 더 특별하게 느껴지는 것이다. '식재료 공급' 방식의 차이는 맛의 독창성으로 이어진다. 전 세계의 식재료를 공수받는 도시의 레스토랑과 달리, 섬의 식탁은 그날그날 주변 밭과 바다에서 얻은 것들로 채워진다. 이는 예측 불가능하지만, 자연의 순리에 따른 가장 신선하고 건강한 맛을 보장한다. 한편, '문화적 배경'과 '체험 요소'의 차이는 경험의 깊이를 결정한다. 일반 음식관광이 잘 차려진 음식을 '소비'하는 데 중점을 둔다면, 섬 음식관광은 식재료를 얻는 과정의 수고로움과 그것을 둘러싼 공동체의 문화를 '공유'하는 데 더 큰 가치를 둔다. 이처럼 섬 음식관광은 단순

한 미식 활동을 넘어, 섬의 모든 것을 오감으로 느끼게 하는 가장 매력적인 여행 방식이라 할 수 있다.

2. 섬 음식관광의 중요성

앞서 섬 음식관광의 개념을 살펴보았다면, 이제 우리는 '왜 섬 음식관광이 중요한가?'라는 근본적인 질문에 답해야 한다. 섬 음식관광은 단순히 여행자에게 특별한 미식 경험을 제공하는 것을 넘어, 인구 소멸과 고령화, 산업 기반 약화 등 여러 구조적 어려움에 직면한 섬 지역에 새로운 활력을 불어넣는 핵심적인 동력이기 때문이다. 그 중요성은 크게 경제적, 문화적, 관광적, 그리고 사회·환경적 가치라는 네 가지 차원에서 다각적으로 조명할 수 있다.

첫째, '지역 경제 활성화'에 미치는 파급 효과다. 섬 음식관광은 수산물과 농축산물 등의 원물 생산에 머물렀던 1차 산업의 한계를 뛰어넘어 고부가가치를 창출하는 선순환 구조를 만든다. 예를 들어, 한 어부가 바다에서 전복을 채취하는 것은 1차 산업이지만, 이 전복이 관광객을 위한 체험 프로그램의 재료가 되고, 현지 식당에서 특별한 요리로 재탄생하며, 가공을 거쳐 기념품으로 판매되는 순간 2차, 3차 산업으로 확장된다. 이처럼 생산, 가공, 유통, 관광 서비스가 유기적으로 결합하면서 그 과정의 모든 단계에서 새로운 소득과 일자리가 발생한다. 이는 대기업 자본이 아닌, 지역의 소규모 식당, 민박, 전통주 양조장, 가공품 판매점 등 풀뿌리 경제의 주체들에게 성장의 기회를 제공하며 지역 경제의 체질을 더욱 건강하고 자생적으로 만든다는 점에서 특히 의미가 깊다.

둘째, '문화유산의 보존과 창조적 계승'을 가능하게 한다. 각 섬에는 오랜 세월 동안 그 지역의 기후와 식생, 관습에 맞춰 형성된 고유한 음식 문화가 존재한다. 명절이나 제사 때 만들어 먹던 의례 음식, 척박한 환경을 이겨내기 위한 저장 음식 등은 단순한 조리법을 넘어 그 지역의 정체성과 역사를 담고 있는 귀중한 무형문화유산이다. 하지만 산업화와 인구 유출로 인해 이러한 전통은 점차 희미해질 위기에 처해 있다. 섬 음식관광은 바로 이 지점에서 중요한 역할을 한다. 관광객들이 섬의 전통 음식을 찾고 그 안에 담긴 이야기를 궁금해하기 시작하면서, 잊혀가던 조리법이 다시 재현되고 다음 세대로 전승될 동기가 부여되는 것이다. 예를 들어, 제주 해녀들의 고된 삶이 녹아있는 갈치 조림의 유래를 스토리텔링으로 엮어 관광 상품화하는 것은, 음식을 통해 지역의 문화 콘텐츠를 더욱 풍성하게 만들고 그 가치를 널리 알리는 창조적 계승의 대표적인 사례라 할 수 있다. 특히, 자리물회, 전복죽, 뿔소라 물회, 톳나물, 성게국 등은 제주 해녀의 고난한 삶과 자연에 대한 깊은 존중이 담겨 있다. 따라서 해녀 음식은 단순히 해산물을 채취해 만든 음식이 아니라, 거친 파도와 함께 살아온 해녀들의 강인한 삶의 의지, 바다와 자연에 대한 깊은 존중, 그리고 가족애와 나눔의 정신이 스며든 음식이라는 점이다. 이러한 스토리텔링을 음식관광으로 상품화하면 섬 음식관광객은 소박하지만 자연이 준 재료의 신선함과 영양가가 높아 생명력을 느낄 수 있는 해녀 음식을 맛볼 수 있다.

셋째, 섬의 '관광 경쟁력 강화'를 위한 핵심 열쇠다. 섬은 그 자체로 아름다운 자연경관을 지니고 있지만, 육지와 멀리 떨어져 있다는 접근성의 한계와 제한된 관광 자원만으로는 지속적인 관광객 유치에 어려움을 겪을 수 있다. 이때 '음식'이라는 콘텐츠는 다른 어떤 것으로도 대체 불가능한 강력한 차별점을 제공한다. 한번 본 풍경은 익숙해지지만, 그곳에서만 맛볼 수 있는 특별한 음식의 기억은 여행객으로 하여금 섬을 다시 찾게 만드는 강력한 동기가 된다. 또한, 계절마다 다른 특산물을 활용한 음식관광은 섬의 고질적인 문제인 '관광 비수기'를 해결할 효과적인 대안이 될 수 있다. 봄에는 도다리, 여름에는 성게, 가을에는 전어, 겨울에는 굴을 중심으로 한 미식 관광 프로그램을 연중 운영함으로써, 특정 계절에만 관광객이 편중되는 현상을 완화하고 안정적인 관광 수요를 창출할 수 있다.

마지막으로, '지속가능한 사회·환경적 가치'를 창출한다는 점이다. 섬 음식관광은 기본적으로 그 지역에서 생산된 식재료를 현지에서 소비하는 '로컬푸드(Local Food)'[1] 시스템에 기반 한다. 이는 장거리 운송에 따른 탄소 배출량을 줄여 환경에 기여할 뿐만 아니라, 소비자에게는

〈표 1-3〉 **섬 음식관광의 가치**

구분	주요 내용	효과 사례
경제적 가치	지역 소득 증대, 다층적 일자리 창출, 풀뿌리 경제 강화	통영 굴 축제를 통한 복합 소득 창출
문화적 가치	전통 음식 보존 및 계승, 지역 정체성 강화, 스토리텔링 콘텐츠 확보	진도 홍주 제조법 전승 및 체험 상품화
관광적 가치	차별화된 콘텐츠 제공, 재방문율 및 체류 기간 증대, 비수기 극복	제주 제철 향토 음식 투어
사회·환경적 가치	지속가능한 로컬푸드 시스템 구축, 주민 참여를 통한 포용적 성장	완도 해조류 채취 체험 프로그램

1) 로컬 푸드(Local Food)란 지역에서 생산된 농산물을 장거리 운송 및 복잡한 유통 과정 없이, 그 지역 내에서 소비하는 농식품 및 유통 방식을 의미한다. 주로 반경 50km 이내의 가까운 거리에서 생산된 농산물을 지칭하며, 신선하고 영양가가 높고, 생산자와 소비자가 직접 만나는 '얼굴 있는 먹거리'로 신뢰를 주는 것이 특징이다.

가장 신선하고 안전한 먹거리를, 생산자에게는 안정적인 판로를 제공하는 지속가능한 모델이다. 나아가, 섬 주민들이 직접 체험 프로그램을 안내하고, 자신들의 삶의 지혜가 담긴 조리법을 가르치며, 직접 생산한 농수산물을 판매하는 과정에 주체적으로 참여하게 된다. 이는 주민들에게 경제적 이익을 넘어 지역에 대한 자부심을 심어주고, 관광 개발의 혜택이 소수에게 집중되지 않고 지역 사회 전체에 골고루 돌아가는 포용적 관광의 이상을 실현하는 길이기도 하다.

이상의 내용을 종합하면, 섬 음식관광이 지닌 4대 가치는 〈표 1-3〉과 같이 정리할 수 있다.

제2절 섬 음식관광의 트렌드 변화와 성공 요인

1. 섬 음식관광의 트렌드 변화

관광은 살아 있는 생물과 같아서, 시대의 흐름과 사회의 요구에 따라 끊임없이 변화하고 발전한다. 섬 음식관광 역시 과거의 정적인 형태에 머무르지 않고, 오늘날의 관광객들이 추구하는 가치를 반영하며 역동적으로 진화하고 있다. 과거의 섬 음식관광이 특정 맛집을 방문하여 음식을 '소비'하는 데 그쳤다면, 현재의 섬 음식관광은 음식을 매개로 섬의 모든 것을 '경험'하고, 그 안에 담긴 '가치'를 공유하며, 나아가 섬의 '지속가능성'에 기여하는 방향으로 나아가고 있다. 이러한 변화의 물결은 크게 네 가지 핵심적인 트렌드와 세계적인 관광 흐름과의 연계를 통해 살펴볼 수 있다.

첫 번째 트렌드는 '음식 중심에서 경험 중심으로'의 전환이다. 이는 단순히 먹는 행위를 넘어, 음식에 얽힌 전 과정을 체험하고자 하는 관광객의 욕구에서 비롯된다. 현대의 여행자들은 더 이상 잘 차려진 식탁 앞의 수동적인 관람객이기를 거부한다. 대신 해녀와 함께 물질을 하며 직접 소라를 채취하고, 김 양식장에서 전통 방식으로 김을 뜨고 말리는 과정에 참여하며, 갓 잡은 생선으로 회를 뜨는 법을 배우는 능동적인 참여자가 되기를 원한다. 이 과정에서 여행자들은 지역 주민들과 자연스럽게 교류하며 음식의 진정한 가치를 깨닫게 된다. 땀 흘려 얻은 식재료로 만든 음식은 그 어떤 고급 레스토랑의 요리보다 강렬한 만족감과 잊지 못할 추억을 선사하며, 이는 섬에 대한 깊은 애착으로 이어진다.

두 번째는 '전통 중심에서 스토리와 브랜딩 중심으로'의 심화 과정이다. 과거에는 '우리 섬에는 이런 전통 음식이 있다'고 알리는 것만으로도 충분했지만, 이제는 그 음식이 왜 특별한지에 대한 '이야기'가 중요해졌다. 모든 것이 넘쳐나는 시대에 관광객의 마음을 사로잡는 것은 단순한 사실이 아니라 매력적인 서사다. 예를 들어, 제주 갈치 조림을 단순히 '제주의 향토 음식'으로 소개하는 대신, '거친 바다와 싸워 가족의 생계를 책임졌던 해녀들의 애환이 담긴 소울 푸드(Soul food)2)'로 포장할 때, 관광객은 음식에서 전혀 다른 깊이를 느끼게 된다. 또한 '겨울 바다의 진주'라는 브랜드 슬로건을 입은 통영 굴은 단순한 수산물을 넘어, 낭만과 품격을 상징하는 아이콘으로 거듭난다. 이처럼 잘 만들어진 스토리와 브랜드는 음식을 단순한 먹거리에서 지역의 정체성을 상징하는 문화 콘텐츠로 격상시키며, SNS를 통한 자발적 홍보와 '추억 소비'를 유도하는 강력한 마케팅 도구가 된다.

세 번째 트렌드는 '지속가능성'이라는 시대적 요구의 반영이다. 기후 변화와 환경 위기에 대한 인식이 높아지면서, 관광객들은 자신의 여행이 지역 사회와 환경에 미치는 영향을 중요하게 고려하기 시작했다. 이에 따라 섬 음식관광 역시 윤리적이고 지속가능한 생산 및 소비 구조를 갖추는 것이 필수적인 과제로 떠올랐다. 해양보호구역의 어획량 제한을 철저히 준수하고, 일회용품 사용을 최소화하며, 음식물 쓰레기를 줄이는 노력 등이 그 사례다. 특히 섬에서 나는 식재료를 적극적으로 활용하는 로컬푸드 시스템은, 불필요한 탄소 배출을 줄이는 환경적 가치뿐만 아니라 지역 생산자에게 안정적인 소득을 보장하고 가장 신선하고 건강한 음식을 관광객에게 제공한다는 점에서 지속가능한 섬 음식관광의 핵심으로 자리 잡고 있다. 이러한 노력은 섬의 청정 이미지를 강화하여 관광 경쟁력을 높이는 효과로 이어진다.

네 번째는 '디지털 기술과의 융합'을 통한 경험의 확장이다. 섬이라는 지리적·물리적·공간적 한계를 극복하고 관광객과의 소통을 강화하기 위해 디지털 기술이 적극적으로 활용되고 있다. 예를 들어, AR(증강현실) 앱을 통해 스마트폰을 음식에 비추면 그 음식의 역사와 조리법이 영상으로 펼쳐지고, SNS 라이브 방송으로 섬의 제철 식재료 수확 현장을 생생하게 중계하며 잠재 고객의 방문을 유도한다. 이러한 디지털 경험은 오프라인에서의 실제 경험을 더욱 풍부하게 만들 뿐만 아니라, 여행이 끝난 후에도 온라인 쿠킹 클래스나 농특산물 및 수산물 구독 서

2) '쏘울 푸드(Soul food)'는 1960년대 중반 미국 남부 아프리카계 미국인의 전통 음식을 지칭하는 말에서 유래했으며, 현대에는 마음을 편안하게 해주고 정서적인 위로를 주는 음식을 뜻하는 말로도 널리 쓰인다. 본래 소울 푸드는 노예제 시기 힘든 현실 속에서 고향 음식을 만들어 서로를 위로하며 영혼의 뿌리를 이어주는 매개체였으며, 우리나라에서는 음식 자체를 '위안 음식'이나 '마음을 달래주는 음식'으로 폭넓게 부른다. 본래 의미에서의 대표적인 음식은 맥앤치즈(Macaroni and Cheese)이다. 옥수숫가루로 만든 빵인 콘브레드(Cornbread), 버팔로 윙(Buffalo wings) 등도 대표적인 소울 푸드에 속한다. 한국에서의 쏘울 푸드는 김치찌개, 떡볶이, 삼겹살 등이 한국인의 소울 푸드로 자주 언급된다. 이는 한국인의 역사와 문화, 그리고 정서적 유대가 깃든 음식이기 때문이다.

비스 등을 통해 관광객과의 관계를 지속시킨다. 이는 비수기나 궂은 날씨에도 섬과의 연결고리를 유지하며 새로운 수익을 창출하는 혁신적인 모델로 발전하고 있다.

이러한 트렌드들은 세계 관광 시장의 거대한 흐름과도 맥을 같이 한다. 신선한 제철 음식과 자연 속에서의 휴식을 추구하는 '치유(Healing)'와 '웰빙(Well-being),' 표준화된 경험을 거부하고 지역 고유의 문화를 체험하려는 '로컬리즘(Localism),' 그리고 빨리 더 많이 보는 대신 한곳에 오래 머물며 깊이 있는 교감을 나누는 '슬로 트래블(Slow Travel)'은 오늘날의 관광을 설명하는 핵심 키워드다. 섬 음식관광은 이 세 가지 가치를 모두 아우를 수 있는 가장 이상적인 형태의 관광이라 할 수 있다. 결국 섬 음식관광의 진화는, 관광객과 지역 주민, 그리고 자연이 함께 상생하는 새로운 여행의 패러다임을 만들어가고 있는 것이다.

〈표 1-4〉 **섬 음식관광의 진화과정**

구분	과거 중심	현재 · 미래 중심	대표 사례
관광 목적	음식의 섭취(Eating)	음식을 매개로 한 총체적 경험(Experiencing)	해녀 체험 후 즐기는 전복 요리
마케팅 방식	전통 · 유명 음식 단순 소개	매력적인 스토리텔링과 브랜딩	'겨울 바다의 진주' 통영 굴
소비 가치	현지에서의 일회성 소비	지속가능한 로컬푸드 소비	해양보호구역 내 친환경 투어
운영 방식	오프라인 중심의 단절된 경험	온 · 오프라인이 융합된 확장 경험	AR 기술을 활용한 조리 체험 앱

2. 섬 음식관광의 성공 요인

앞서 섬 음식관광을 둘러싼 최신 트렌드를 살펴보았다면, 이제 우리의 시선은 '어떻게 성공을 이끌어낼 것인가'라는 실천적 질문으로 향해야 한다. 섬 음식관광의 성공은 단순히 맛있는 음식을 개발하거나 아름다운 경관을 홍보하는 것만으로는 보장되지 않는다. 그것은 섬의 고유한 매력을 지키면서도 관광객의 기대를 뛰어넘고, 나아가 지역 사회와 환경이 함께 발전하는 정교한 시스템을 구축했을 때 비로소 가능하다. 수많은 섬이 음식관광의 잠재력을 실현하기 위해 노력하는 가운데, 지속가능한 성공을 거두기 위해 반드시 갖추어야 할 핵심 요인들은 다음과 같다.

첫째, '대체 불가능한 지역 고유성(Local Authenticity)'의 확보다. 관광객이 멀리 있는 길을 마다하지 않고 섬을 찾는 이유는 '거기서만' 경험할 수 있는 무언가를 기대하기 때문이다. 만약 섬의 대표 음식이 육지의 어느 곳에서나 맛볼 수 있는 것과 별반 다르지 않다면, 여행의 동기는 절반으로 줄어든다. 따라서 성공의 첫걸음은 우리 섬의 자연환경, 역사, 그리고 섬사람들의 생활양식이 오롯이 녹아있는 음식 정체성을 발굴하고 강화하는 것이다. 이는 특정 해역에서만 잡히는 희귀 어종을 활용하는 것일 수도 있고, 대대로 내려오는 독특한 발효 방식을 고수하는 것일 수도 있다. 심지어 투박하지만, 그 지역의 흙으로 빚은 그릇에 음식을 담아내는 것까지도 고유성의 일부가 된다. 이러한 진정성은 관광객의 뇌리에 강렬한 인상을 남기며, '그 맛이 그리워서' 다시 섬을 찾게 만드는 가장 강력한 재방문 유도 장치다.

둘째, '오감을 만족시키는 체험형 콘텐츠'의 강화다. 오늘날의 관광객은 수동적인 소비자에서 능동적인 경험의 주체로 변모했다. 이들은 음식을 그저 맛보는 것을 넘어, 그 음식이 자신의 식탁에 오르기까지의 과정 전체에 참여하고 싶어 한다. 어부와 함께 배를 타고 나가 직접 물고기를 잡고, 갯벌에서 조개를 캐며, 갓 수확한 식재료를 들고 마을 할머니의 부엌으로 찾아가 함께 요리하는 경험은 그 자체로 하나의 완성된 서사가 된다. 이러한 참여의 과정은 관광객에게 깊은 몰입감과 성취감을 주며, 음식과 섬에 대한 이해도를 극적으로 높인다. 잘 설계된 체험 콘텐츠는 SNS를 통해 자발적으로 확산되는 바이럴 마케팅(Viral Marketing)[3]의 기폭제가 되며, 단기 체류형 관광을 장기 체류형으로 전환시키는 핵심적인 역할을 수행한다.

셋째, '음식에 혼을 불어넣는 스토리텔링과 브랜딩'이다. 같은 음식이라도 어떤 이야기가 담기느냐에 따라 그 가치는 천차만별로 달라진다. 음식에 얽힌 역사적 배경, 특정 인물과의 일화, 혹은 지역의 전설 등을 발굴하여 흥미로운 이야기로 엮어낼 때, 관광객은 음식을 '문화'로 인식하기 시작한다. 예를 들어, 특정 지역 섬의 '김'을 '거친 태풍과 싸워 이겨낸 섬사람들의 강인한 생명력'이라는 스토리로 브랜딩한다면, 관광객은 한 장의 '김'에서 단순한 맛 이상의 감동을 느끼게 된다. '과거 왕에게 진상되던 귀한 식재료'라는 역사적 사실을 활용하는 것은 음식에 고급스러운 이미지를 부여하여 상품의 가치를 높이는 효과적인 전략이다. 이처럼 스토리텔링은 음식에 매력적인 인격을 부여하고, 미디어의 주목을 이끌어내며, 관광객의 지갑을 기꺼이 열게 만드는 강력한 힘을 지닌다.

넷째, '결코 타협할 수 없는 품질 관리와 위생'이다. 아무리 훌륭한 고유성과 체험, 스토리를 갖추었더라도 음식의 기본인 맛과 위생이 무너지면 모든 것이 수포로 돌아간다. 특히 섬은 신

3) 바이럴 마케팅은 상품에 대한 긍정적인 입소문을 소비자들이 자발적으로 전파하게 하여, 상품 정보를 끊임없이 확산시키는 입소문 마케팅 기법이다. '바이러스(Virus)'처럼 전염성 있게 정보가 퍼진다는 의미를 가지며, SNS와 인터넷의 발달로 중요해졌고, 저비용 고효율로 넓은 고객층 확보가 가능해 신제품 출시나 매장 오픈 등 초기 단계에서 특히 효과적이다. 바이럴 마케팅은 많은 업종에 적용할 수 있으며, 특히 반려동물, 건강식품처럼 성분이 중요한 제품에서 효과적이다.

선식품의 보관과 유통 환경이 육지보다 열악할 수 있기에, 식재료의 수급부터 조리, 그리고 고객에게 제공되는 순간까지 철저한 품질 및 위생 관리 시스템을 갖추는 것이 무엇보다 중요하다. HACCP(식품위해요소중점관리기준, Hazard Analysis and Critical Control Point)[4]과 같은 공인된 기준을 도입하고, 식당 종사자들을 대상으로 정기적인 위생 교육을 실시하는 것은 고객과의 신뢰를 구축하는 가장 기본적인 약속이다. 이러한 노력은 단골 고객을 확보하고, 부정적인 입소문으로 인한 이미지 실추를 막는 가장 효과적인 방어막이다.

다섯째, '마음의 장벽까지 허무는 접근성과 편의성'의 개선이다. 섬으로의 여정은 본질적으로 불편함을 감수해야 하는 일이다. 그러나 그 불편함이 감내할 수 있는 수준을 넘어설 때, 관광객은 방문을 포기하게 된다. 따라서 섬의 음식이라는 '목적지'의 매력을 높이는 것만큼이나, 그곳에 '도달하는 과정'의 장벽을 낮추는 노력이 병행되어야 한다. 항공편 및 선박 운항 스케줄을 관광객의 동선에 맞춰 최적화하고, 이를 음식관광 패키지와 연계하여 할인 혜택을 제공하는 것이 좋은 예다. 또한, 섬에 도착한 이후에도 길을 쉽게 찾을 수 있도록 안내 체계를 정비하고, 외국인 관광객을 위한 다국어 메뉴판을 비치하며, 현금 없이도 여행할 수 있도록 모바일 결제 시스템을 도입하는 등 세심한 배려는 관광객의 만족도를 크게 향상시킨다.

여섯째, '미래를 위한 약속, 지속가능성'의 확보다. 섬의 청정 자연은 음식관광의 가장 핵심적인 자산이다. 만약 단기적인 이익에 눈이 멀어 과도한 관광객을 유치하고 해양 생태계를 훼손한다면, 이는 황금알을 낳는 거위의 배를 가르는 것과 같다. 따라서 관광객 수를 섬이 감당할 수 있는 수준으로 조절하는 총량 관리 시스템을 도입하고, 지역에서 생산된 식재료의 자급률을 높이며, 친환경 포장재를 사용하는 등의 노력은 장기적인 성공을 위한 필수불가결한 투자다. 지속가능성을 추구하는 것은 섬의 생태계를 보전할 뿐만 아니라, 환경을 중시하는 현대의 '의식 있는' 관광객들에게 긍정적인 브랜드 이미지를 심어주어 섬의 가치를 더욱 높이는 결과를 가져온다.

결론적으로, 성공적인 섬 음식관광은 이 여섯 가지 요인들이 서로 톱니바퀴처럼 맞물려 돌아가는 종합 예술과 같다. 어느 한 가지가 빠지거나 약해지면 전체 시스템이 원활하게 작동하기 어렵다. 따라서 섬 음식관광을 추진하는 주체들은 단기적 성과에 연연하기보다, 이 모든 요소를 아우르는 균형 잡힌 종합 전략을 바탕으로 장기적인 비전을 가지고 나아가야 한다.

---

4) HACCP(해썹)은 '식품위해요소중점관리기준(Hazard Analysis and Critical Control Point)'의 약자로, 식품의 원료 관리부터 제조·가공·유통·조리 등 각 단계에서 발생할 수 있는 위해 요소를 과학적으로 미리 분석하고 차단하여 소비자에게 안전한 식품을 공급하기 위한 위생관리 시스템이다.

〈표 1-5〉 **섬 음식관광 발전을 위한 종합 전략**

구분	핵심 내용	기대 효과	예시
지역 고유성	섬 고유의 식재료 · 문화 · 환경을 강조	강력한 차별화, 높은 재방문 유도	특정 해역에서만 잡히는 어종 요리
체험형 콘텐츠	채취 · 조리 · 시식 등 능동적 참여 유도	관광객의 높은 참여도와 만족도 향상	어부가 되어 전복 잡고 요리하기
스토리텔링	음식에 얽힌 역사 · 전설을 활용한 브랜딩	상품의 부가가치 상승 및 이미지 강화	해녀의 삶이 담긴 물질과 특수한 호흡법(가슴숨) 이야기
품질 · 위생	철저한 위생 관리와 일관된 품질 보증	고객 신뢰 확보 및 재방문율 유지	HACCP 인증을 받은 현지 식당
접근 · 편의성	교통 · 숙박 · 결제 등 방문 과정의 장벽 완화	신규 및 외국인 관광객 유치 확대	항공 / 선박과 연계된 음식 투어 패키지
지속가능성	환경 · 자원 보호를 통한 장기적 가치 추구	청정 브랜드 이미지 강화 및 미래 자산 보전	친환경 전통어로 방식으로 잡은 해산물 관광

제3절 섬 음식관광 관련 동향

1. 세계 섬 음식관광 동향

지금까지 섬 음식관광의 개념과 중요성, 트렌드와 성공 요인을 살펴보았다면, 이제 시야를 세계로 넓혀 다른 나라의 섬들은 어떻게 음식관광의 잠재력을 실현하고 있는지 살펴보고자 한다. 세계 유수의 섬 관광지들은 저마다의 독특한 자연환경과 문화적 자산을 바탕으로 음식관광을 지역 발전의 핵심 동력으로 삼고 있다. 이들의 사례를 분석해보면, 국적과 문화는 달라도 성공을 향한 전략에는 몇 가지 공통적인 흐름이 발견된다. 이는 크게 '고급화 전략,' '지역 정체성 강화,' '지속가능성과의 연계,' 그리고 '디지털 마케팅 확대'라는 네 가지 키워드로 요약할 수 있다.

첫 번째 동향은 '고급화 · 프리미엄 전략'을 통한 미식 여행지로서의 이미지 구축이다. 이는 섬의 음식을 단순히 '향토 음식'의 범주에 가두지 않고, 세계적인 수준의 미식 경험으로 격상시키는 전략이다. 대표적인 사례로 인도양의 보석 몰디브를 들 수 있다. 몰디브는 고급 리조트와 연계하여 세계 최초의 수중 레스토랑을 선보이는 등, 독특한 환경과 최고급 해산물 요리를 결합한 초호화 미식 경험을 제공한다. 이는 일반 관광객이 아닌, 높은 지불 의사를 가진 고소득층과 미식가들을 타겟으로 하여 관광의 부가가치를 극대화하는 전략이다. 이탈리아의 사르데냐 섬 역시 현지에서 생산되는 페코리노(Pecorino) 치즈와 희소성 높은 와인을 중심으로 한 프리미엄 미식 투어를 운영하며, 단순한 휴양지를 넘어 이탈리아 최고의 미식 섬 중 하나로 자리매김하고 있다. 사르데냐는 사람보다 양이 더 많이 사는 섬으로 토착 허브와 풀로 가득한 목초지에서 풀을 뜯으며 사는 고품질 양젖을 얻을 수 있기 때문이다. 이에 오늘날 페코리노 로마노의 96%는 사르데냐 섬에서 생산된다.

두 번째는 '지역 정체성과 문화유산'을 음식관광의 핵심 스토리로 삼는 흐름이다. 이는 음식의 맛을 넘어 그 안에 담긴 역사와 문화를 체험하고자 하는 관광객들의 지적 호기심을 충족시키는 방식이다. 일본의 세토우치 지역은 예술과 미식을 결합한 '세토우치 국제 예술제'를 통해 세계적인 주목을 받았다. 방문객들은 예술 작품이 설치된 여러 섬을 배로 여행하며, 각 섬의 특산물인 신선한 해산물과 지역 양조장에서 만든 사케를 맛보는 '섬별 미식 루트'를 경험한다. 음식은 예술 작품과 더불어 각 섬의 정체성을 설명하는 중요한 문화 해설사의 역할을 수행한다. 화산섬인 그리스 산토리니의 경우, 화산 토양이라는 독특한 떼루아(Terroir)가 키워낸 방울토마토와 와인을 전면에 내세운다. 관광객들은 산토리니의 아름다운 풍광을 감상할 뿐만 아니라, 현지 식재료를 활용한 전통 요리 강습에 참여하며 그 땅의 역사를 오감으로 체험하게 된다.

세 번째 동향은 '지속가능관광'과의 결합이다. 환경 보호에 대한 전 지구적 관심이 높아지면서, 관광지의 윤리적・환경적 가치가 여행지를 선택하는 중요한 기준으로 떠올랐다. 뉴질랜드의 스튜어트 섬은 이러한 흐름을 선도하는 곳 중 하나다. 이곳의 레스토랑들은 '지속가능한 어업' 방식을 통해 잡은 해산물만을 사용하고, 포장재 역시 친환경 소재를 고집함으로써 섬의 청정 자연을 지키려는 노력을 적극적으로 알린다. 노르웨이의 로포텐 제도는 수백 년간 이어져 온 대구 건조(건어법) 전통을 관광 자원화한 사례다.5) 관광객들은 전통 어업 방식을 직접 체험하고, 친환경적으로 운영되는 숙소에 머물며 자연과 공존하는 삶의 방식을 배운다. 이러

5) 노르웨이 북서부에 위치한 로포텐 제도(Lofoten Islands)는 1,000년 넘게 이어져 온 세계적인 대구 건조(건어법) 전통과 최대의 대구 생산지로 유명하다. 매년 겨울 바렌츠해에서 산란을 위해 이동해 온 대서양 대구(Skrei)를 잡아 자연 풍광을 이용해 말리는 이 전통은 로포텐의 문화와 경제의 근간을 이루고 있다. 로포텐 제도의 1,000년의 역사와 전통을 가진 대구 건조 방식은 자연 건조(Stockfish)가 있다. 이는 대구를 염장하지 않고 오직 찬 바람과 햇빛만을 이용해 건조하는 전통 방식인 '스톡피시(Stockfish, 노르웨이어로 t ø rrfisk)'로 생산한다. 또한, 건조 선반(Hjell)을 활용한다. 겨울철(2~5월)에 잡은 대구를 머리를 제거하고 내장을 손질한 뒤, 꼬리를 묶어 거대한 나무 건조대인 '옐(Hjell)'에 걸어 몇 달간 건조한다.

한 노력은 환경에 민감한 유럽과 북미 지역의 의식 있는 관광객들에게 큰 매력으로 작용하며, 섬의 장기적인 브랜드 가치를 높이는 효과를 가져온다.

네 번째는 지리적 한계를 극복하기 위한 '디지털 · 온라인 마케팅'의 강화다. 섬은 본질적으로 접근성이 떨어진다는 약점을 안고 있다. 이를 극복하기 위해 세계의 섬들은 디지털 플랫폼을 적극적으로 활용하여 잠재 관광객들과의 거리를 좁히고 있다. 필리핀의 팔라완은 아름다운 자연경관을 배경으로 활동하는 SNS 인플루언서들을 초청하여 '미식 투어'를 진행하고, 이들이 제작한 콘텐츠가 전 세계로 퍼져나가게 함으로써 효과적인 해외 홍보를 진행한다. '신들의 섬'이라 불리는 인도네시아 발리는 유튜브나 인스타그램과 같은 플랫폼을 통해 현지 요리 전문가가 전통 음식의 조리법을 알려주는 영상을 꾸준히 제공한다. 이는 당장의 방문을 유도하지 않더라도 발리의 음식 문화에 대한 지속적인 관심을 불러일으키며, 미래의 잠재 고객을 확보하는 효과적인 전략이 된다.

이처럼 세계 각국의 섬들은 저마다의 강점을 활용하여 음식관광을 고도화하고 있다. 이들의 사례는 섬 음식관광이 단순히 지역 특산물을 판매하는 1차원적 산업을 넘어, 문화, 환경, 기술, 브랜딩이 결합한 고부가가치 융복합 6차 산업으로 진화하고 있음을 명확히 보여준다.

〈표 1-6〉 **세계 각국의 섬 음식관광 동향**

구분	특징	대표 사례	기대 효과
고급화 전략	프리미엄 미식 경험과 최고급 리조트 연계	몰디브(수중 레스토랑), 사르데냐(와인 투어)	고소득층 타겟팅, 관광 부가가치 극대화
지역 정체성 강화	역사 · 전통 · 문화유산을 음식 스토리텔링에 활용	일본 세토우치(예술+미식), 그리스 산토리니(화산토)	깊이 있는 문화 체험 제공, 체류 기간 확대
지속가능관광 연계	친환경 어획, 로컬푸드, 전통 방식 보존 강조	뉴질랜드 스튜어트 섬, 노르웨이 로포텐 제도	긍정적 브랜드 이미지 제고, 장기적 가치 확보
디지털 마케팅	SNS, 동영상 플랫폼을 통한 온라인 홍보 및 소통	필리핀 팔라완(인플루언서), 인도네시아 발리(유튜브)	글로벌 시장 도달률 확대, 비수기 관심 유도

2. 국내 섬 음식관광 동향

세계적인 흐름과 발맞추어, 삼면이 바다이고 한국섬진흥원('24.12.31. 기준)이 발표한 3,390개(유인도 480 · 무인도 2910개, 섬 주민 81만 명)의 섬을 보유한 우리나라 역시 섬 음식관광이 새로운 발전 국면을 맞이하고 있다. 과거에는 섬 여행의 '부가적인 요소'로 여겨졌던 음식이, 이제는 여행의 목적 그 자체가 되며 섬 관광의 핵심 경쟁력으로 부상하고 있다. 국내 동향은 해외 사례와 유사하게 체험, 브랜드, 지속가능성을 추구하면서도, 각 섬이 가진 뚜렷한 개성과 특산물을 기반으로 한 '한국형' 모델을 구축해나가면서 'K－콘텐츠'로 성장해가고 있다는 점에서 주목할 만하다.

가장 두드러지는 동향은 '지역 특산물의 관광 상품화'다. 이는 각 섬을 대표하는 수산물이나 농산물을 단순한 1차 생산물에 그치게 하지 않고, 매력적인 관광 콘텐츠로 재창조하는 전략이다. 예를 들어, 유네스코 생물권보전지역으로 지정된 신안군은 청정 갯벌에서 생산되는 최상급 천일염을 활용하여 관광객이 직접 전통 젓갈을 담가보는 체험 프로그램을 운영한다. 이는 신안의 '느림'과 '청정'이라는 브랜드 이미지를 강화하는 동시에 높은 부가가치를 창출한다. 봄이 되면 미식가들의 발길이 거제도로 향하는 이유인 '도다리 쑥국' 역시 마찬가지다. 지역 축제와 연계하여 제철의 신선함을 강조함으로써, '이 시기가 아니면 맛볼 수 없다'는 희소성을 부각하며 강력한 재방문 수요를 만들어내고 있다.

다음으로 '음식과 기존 관광자원의 패키지화'를 통해 시너지를 창출하는 흐름이다. 섬이 가진 아름다운 자연경관이나 독특한 역사·문화 자원에 음식 콘텐츠를 결합하여, 관광객의 체류 기간과 만족도를 동시에 높이는 전략이다. 대한민국 대표 관광지인 제주도는 이러한 패키지화의 모범 사례를 보여준다. '올레길'이라는 강력한 걷기 여행 콘텐츠에 코스 주변의 향토 음식점을 연결하고, 감귤 따기 체험이나 농가 민박을 결합하여 여행의 서사를 더욱 풍성하게 만든다. 또한, 이순신 장군의 한산대첩으로 유명한 통영의 한산도를 방문한 관광객이 역사의 현장을 둘러본 뒤, 그 앞바다에서 갓 잡은 굴과 멍게를 맛보는 경험은 음식에 역사적 깊이를 더하며 잊지 못할 감동을 선사한다.

'지역 축제와의 연계 강화' 역시 빼놓을 수 없는 주요 동향이다. 음식 축제는 짧은 기간에 섬의 인지도를 극적으로 끌어올리고, 대규모 관광객을 유치하는 가장 효과적인 방법 중 하나다. '전복의 수도' 완도에서 열리는 전복 축제는 전복 시식과 판매는 물론, 전복을 활용한 다채로운 요리 경연과 체험 행사를 통해 남녀노소 모두가 즐길 수 있는 종합 엔터테인먼트의 장으로 발전했다. 독특한 붉은빛의 전통주로 유명한 진도의 홍주 축제는, 단순한 시음 행사를 넘어 홍주를 활용한 칵테일 만들기, 음식 페어링 등 현대적인 즐길 거리를 결합하여 젊은 층에게도 큰 호응을 얻고 있다. 이러한 축제는 미디어와 SNS를 통해 빠르게 확산하며 섬의 활기찬 이미지를 구축하는 데 크게 기여한다.

최근에는 '지속가능성과 로컬푸드'를 강조하는 움직임도 활발하다. 환경에 대한 사회적 관심이 높아지면서, 섬의 청정 자연을 보전하는 동시에 건강한 먹거리를 제공하는 관광 모델이 주목받고 있다. 갯벌 생태계의 중요성을 알리는 신안군의 친환경 김 양식장 투어나, 외부 식재료 반입을 최소화하고 울릉약소, 명이 나물(산마늘), 부지갱이 등 섬에서 나고 자란 것들로만 상을 차리는 울릉도의 '섬 밥상'은 이러한 흐름을 잘 보여준다. 이는 섬의 생태적 가치를 지키는 동시에, '믿고 먹을 수 있는 건강한 여행지'라는 긍정적 이미지를 구축하여 환경에 민감한 MZ 세대와 외국인 관광객을 유치하는 데 유리하게 작용한다.

마지막으로, 섬의 고질적인 약점인 '접근성 문제를 보완하기 위한 디지털 기술의 활용'이다. 각 지방자치단체나 관광공사에서 제작하여 배포하는 '온라인 미식 지도'는 여행자들이 손쉽게 음식 정보를 얻고 동선을 계획하도록 돕는다. 또한, 인기 유튜버가 섬을 여행하며 현지 음식을 맛보는 브이로그나, 인스타그램에 올라오는 먹음직스러운 음식 사진들은 그 어떤 광고보다 강력한 홍보 효과를 발휘한다. 온라인을 통한 사전 예약 시스템의 확대는 관광객의 편의를 높이고 현장의 혼잡도를 줄여주어, 보다 쾌적한 음식관광 환경을 만드는 데 기여하고 있다.

이러한 국내 동향들을 종합해볼 때, 우리나라의 섬 음식관광은 이제 섬을 방문하는 여러 이유 중 하나가 아니라, 섬을 찾아야만 하는 가장 강력한 이유, 즉 '핵심 경쟁력'으로 자리 잡고 있음을 알 수 있다. 특히 각 섬이 가진 독특한 농특산물 및 수산물을 현대적인 감각으로 브랜드화하고, 이를 축제 및 체험과 연계하며, 지속가능성의 가치를 더하는 통합적 전략이 앞으로의 성공을 좌우할 중요한 열쇠가 될 것이다.

〈표 1-7〉 **국내 섬 음식관광 동향**

구분	주요 내용	대표 사례	기대 효과
특산물 중심	각 섬의 대표 식재료를 기반으로 한 체험·축제	신안 천일염 젓갈 체험, 거제 도다리 쑥국과 축제의 연계	강력한 계절 관광 상품화 및 재방문 유도
패키지화	음식과 경관, 역사, 문화 등 기존 자원의 결합	제주 올레길+향토 음식, 통영 한산도 역사투어+해산물	관광객 체류 기간 확대 및 만족도 제고
축제 연계	지역 음식 축제를 통한 대규모 관광객 유입 및 홍보	완도 노화 전복 축제, 진도 홍주 축제	단기간 내 섬 인지도 상승 및 지역 경제 활성화
지속가능성	로컬푸드 시스템 및 친환경 운영 방식 강조	울릉도 현지 식재료 활용, 신안 친환경 천일염	청정·건강 이미지 구축, 미래 가치 확보
디지털 활용	온라인 지도, SNS 콘텐츠, 예약 시스템을 통한 소통	지역별 온라인 미식 지도, 유튜브 브이로그	젊은 층 접근성 향상 및 방문 장벽 완화

2장

섬 음식관광 정책 추진 현황 분석

제1절 정부부처 정책 추진 현황 분석

1. 문화체육관광부 정책 추진 현황

제1장에서 섬 음식관광의 개념과 중요성, 그리고 국내외 동향을 살펴보았다면, 제2장에서는 이러한 흐름을 뒷받침하고 이끄는 정책적 프레임에 대한 심층 분석을 시도하고자 한다. 섬 음식관광의 발전은 민간의 자발적인 노력만으로는 한계가 있으며, 정부의 체계적인 비전과 지원이 결합될 때 비로소 지속가능한 성장을 이룰 수 있다. 그중에서도 국가 관광 정책의 컨트롤타워 역할을 수행하는 문화체육관광부(이하 문체부)의 정책 방향은 국내 섬 음식관광의 현재를 진단하고 미래를 예측하는 가장 중요한 척도라 할 수 있다.

문체부는 섬 음식관광을 단순히 섬이라는 특수 공간에서 이루어지는 미식 활동으로 보지 않는다. 대신, 인구 감소와 산업 기반 약화로 어려움을 겪는 지역에 새로운 활력을 불어넣고, 나아가 'K-컬처'의 외연을 확장하는 국가 관광 브랜드 제고의 핵심 수단으로 인식하고 있다. 이에 따라 문체부의 정책은 섬 고유의 음식 자원을 발굴하여 매력적인 관광 콘텐츠로 만들고, 이를 다양한 관광 인프라와 결합하여 시너지를 창출하며, 그 과정과 결과가 지역 주민과 환경에 긍정적인 영향을 미치는 지속가능한 생태계를 구축하는 데 초점을 맞추고 있다.

이러한 정책 기조는 크게 네 가지 구체적인 방향으로 나타난다. 첫째, '지역 고유 음식자원의 관광콘텐츠화'다. 이는 섬의 특산물, 전통 조리법, 음식에 얽힌 이야기 등을 발굴하여 관광객이 기꺼이 비용을 지불할 만한 상품으로 재창조하는 것을 목표로 한다. 둘째, '관광 인프라와의 연계'다. 섬 트레킹 코스, 해양 레포츠, 역사 문화유산 탐방 등 기존 관광 활동에 음식 체험을 유기적으로 결합하여, 관광객의 만족도와 체류 기간을 동시에 높이는 융복합 관광코스를 개발하는 데 주력한다. 셋째, '지속가능한 지역관광 모델 구축'이다. 로컬푸드 소비를 장려하고 친환경 관광 인증제와 연계하며, 관광으로 발생한 수익이 지역 주민에게 실질적으로 환원되는 구조를 만들어 정책의 효과가 장기적으로 이어지도록 한다. 마지막으로, '글로벌 마케팅 강화'다. '해외 관광박람회'[1]나 'K-관광 로드쇼'[2] 등에서 섬 음식관광을 'K-푸드'의 새로운 매력으

---

1) '해외 관광박람회'는 각국 관광청, 여행사, 호텔 등 관광 산업 관계자들이 모여 최신 여행 트렌드를 선보이

로 집중 조명하고, 다국어 홍보물과 영상 콘텐츠를 제작하여 해외 관광객의 인지도와 방문 의향을 높이는 데 힘쓰고 있다.

K-푸드는 드라마, SNS 등을 통해 세계적으로 인기를 얻고 있는 한국 음식으로, 2025년 케이-푸드 플러스(K-푸드+) 잠정 수출액이 지난해보다 5.1% 증가한 136.2억 달러로 역대 최고 실적을 경신했다고 농림축산식품부가 밝혔다. 식품 한류를 주도하고 있는데, 김치, 불고기 등 전통식에서 라면, 김밥, 떡볶이 등 가공식품으로 품목이 확대되며 매운맛과 건강식을 선호하는 글로벌 트렌드를 이끌고 있다.

K-푸드의 주요 특징 및 인기 요인

- 건강식 인식: 발효 식품(김치, 장류)과 채소 중심의 식단이 건강에 좋다는 인식 확산
- 다양한 매운맛: 고추장을 활용한 짜릿한 매운맛이 외국인들의 입맛을 사로잡음.
- 한류 콘텐츠 연동: 드라마, 영화, K-POP을 통해 한국 음식 문화가 자연스럽게 노출
- 편리한 조리: 냉동 만두, 라면 등 가정간편식(HMR) 중심의 수출 증가

주요 K-푸드 품목 및 현황

- 라면: 가장 인기 있는 수출 품목으로 글로벌 매운맛 열풍의 중심
- 김치 / 김: 전 세계적으로 한국을 대표하는 건강식품으로 자리매김.
- K-BBQ / 간편식: 불고기, 갈비, 떡볶이, 핫도그 등이 인기
- 수출 지역: 미국, 동남아, 유럽 등 200여 개국으로 확대

전망

푸드테크 기술과 결합하여 한국 음식의 산업화가 가속화되고 있으며, 단순 수출을 넘어 현지 맞춤형 제품과 건강기능식품으로 영역을 넓혀 성장세가 지속될 것으로 전망된다.

이러한 정책 방향에 따라 문체부는 지난 수년간 다양한 사업을 추진해왔다. 아래 〈표 2-1〉은 그중 대표적인 사업들의 개요를 정리한 것이다.

고 네트워크를 형성하는 행사이다. 세계 최대 규모의 '엑스포'부터 지역별 관광박람회까지 다양하게 개최되며, 주로 신규 여행지 발굴, 상품 기획, 비즈니스 파트너십 구축이 이루어진다.

2) 'K-관광 로드쇼'는 문화체육관광부와 한국관광공사가 주관하여 K-컬처와 함께 한국 관광의 매력을 전 세계 주요 도시에서 집중 홍보하는 대규모 행사로, 2023~2024 한국방문의 해를 맞아 시작되어 2025년에도 일본, 미국, 중화권 등 다양한 지역에서 개최되며, 한국 문화 체험, B2B 상담회 등을 통해 방한 관광객 유치를 목표로 한다.

〈표 2-1〉 **문화체육관광부 추진 사업**

연도	사업명	주요 내용	기대 효과
2019	지역특화 음식관광 육성사업	섬 특산물을 활용한 음식 축제 및 팸투어 지원, 유명 셰프 초청 쿠킹쇼 개최	지역 방문객 증대 및 미디어를 통한 인지도 확산
2020	'가고 싶은 섬' 조성사업 연계	섬별 고유 음식콘텐츠 발굴 및 관광코스 설계, 스토리텔링 강화	섬의 종합적인 브랜드 가치 상승 및 정체성 확립
2021	음식관광 테마코스 개발	섬의 문화·역사·자연과 음식을 융합한 체류형 관광 루트 설계 및 지원	단기 방문을 장기 체류형 관광으로 전환 유도
2022	K-섬 미식 캠페인	해외 유력 매체 및 인플루언서 대상 홍보, 외국인 관광객 특화 음식 체험 프로그램 운영	섬 음식관광의 글로벌 인지도 제고 및 방한 수요 창출
2023	섬 음식관광 아카이브 구축	섬별 음식문화 자원의 체계적 DB화, 다국어 디지털 콘텐츠 제작 및 온라인 배포	학술 연구 및 민간 관광 상품 개발의 기초 자료로 활용

이러한 정책적 노력은 분명한 성과를 거두었다. 과거 일부 미식가들의 관심사에 머물렀던 섬 음식이 이제는 국가 관광 마케팅의 주요 의제로 자리 잡았으며, 일부 섬 지역에서는 특화된 음식 콘텐츠 덕분에 관광객의 재방문율과 체류 기간이 유의미하게 증가하는 효과를 보였다. 또한, 음식의 브랜드 가치가 높아지면서 관련 농·수·축산물의 부가가치가 함께 상승하는 등 지역 경제에도 긍정적인 영향을 미쳤다.

하지만 명확한 한계점 또한 존재한다. 가장 큰 문제점은 '사업의 지속성 부족'이다. 많은 사업들이 단년도 예산에 의존하는 단기 이벤트 중심으로 추진되다 보니, 행사가 끝나면 동력이 급격히 사라지는 현상이 반복되었다. 또한, 중앙정부의 지원이 이미 관광 인프라가 잘 갖춰진 일부 섬에 집중되면서, 잠재력은 있으나 기반이 약한 대다수 섬들은 정책의 혜택에서 소외되는 '지역별 정책 편차' 문제도 드러났다. 더불어 음식과 관광, 문화를 아우르는 전문성을 갖춘 '융합형 인력'의 부족도 사업의 질적 성장을 가로막는 요인으로 지적된다. 음식관광 해설사나 상품 기획자를 체계적으로 양성하고 관리하는 시스템이 미비하여, 관광객에게 깊이 있는 경험을 제공하는 데 어려움을 겪고 있다.

따라서 향후 문체부의 정책은 다음과 같은 과제를 해결하는 데 집중해야 한다. 첫째, 일회성 행사 지원에서 벗어나 지속가능한 사업 구조를 설계하는 '중장기 전략'을 수립해야 한다. 둘째, 인접한 섬들을 하나의 권역으로 묶어 공동 마케팅을 펼치거나 연계 코스를 개발하는 등 '지역 간 네트워크 강화'를 유도해야 한다. 셋째, 음식문화 전문가, 지역 해설사, 관광 기획자를 양성하는 체계적인 '교육 및 인증 프로그램'을 마련해야 한다. 마지막으로, 흩어져 있는 섬 음식관광 정보를 하나의 플랫폼에서 쉽게 찾아보고 예약 · 결제까지 마칠 수 있도록 '디지털 기반 고도화'를 추진해야 한다. 이러한 과제들의 해결 여부가 향후 국내 섬 음식관광의 성패를 가늠할 중요한 시금석이 될 것이다.

2. 농림축산식품부 정책 추진 현황

문화체육관광부가 관광객 유치와 문화 콘텐츠 확산이라는 거시적 관점에서 섬 음식관광을 바라본다면, 농림축산식품부(이하 농식품부)는 섬 주민, 즉 생산자의 입장에서 섬 음식관광을 조망하며 정책의 또 다른 한 축을 담당한다. 농식품부의 핵심 목표는 섬 지역의 근간 산업인 농어업을 보호하고, 그 생산물의 부가가치를 높여 실질적인 농어민 소득 증대와 지역 경제 활성화를 이끄는 것이다. 따라서 농식품부의 정책은 섬에서 나는 모든 것이 어떻게 더 높은 가치를 지닌 상품과 서비스로 전환될 수 있는지에 대한 고민, 즉 '농어촌형 6차 산업' 모델을 섬 지역에 구축하는 데 집중되어 있다.

이러한 정책 기조는 네 가지의 뚜렷한 방향성을 가진다. 첫째, '섬 농 · 축 · 수 · 특산물의 고품질화 및 브랜드화'이다. 이는 단순히 많이 생산하는 것을 넘어, 특정 섬에서 생산된 농 · 축 · 수 · 특산물이 왜 특별한지에 대한 가치를 부여하는 작업이다. 완도 전복, 신안 천일염 등이 '지리적 표시제(GI, Geographical Indication)'[3]에 등록되어 그 품질과 명성을 법적으로 보호받는 것이 대표적인 예다. 이는 소비자에게 신뢰를 주고, 생산자가 제값을 받을 수 있는 시장 환경을 조성하는 토대가 된다.

둘째, '가공 · 유통 체계 확립'이다. 신선도가 생명인 섬 농 · 축 · 수 · 특산물은 유통 과정에서 가치가 급격히 하락할 수 있다. 이를 극복하기 위해 농식품부는 건조, 염장, 급속 냉동 등 원물의 장기 보관을 가능하게 하는 가공 기술 개발을 지원하고, 직거래 장터나 온라인 쇼핑몰을 통해 생산자와 소비자를 직접 연결함으로써 복잡한 유통 단계를 줄이는 데 주력한다.

셋째, '농어촌체험관광과의 직접적인 결합'이다. 이는 농식품부 정책의 가장 큰 특징으로, 생

3) 지리적 표시제는 농산물 등의 품질, 명성, 또는 특징이 특정 지역의 지리적 요인에 기인할 때, 해당 지역의 이름을 표시하여 법적으로 보호하고 품질을 보증하는 제도이다. 이는 지역 특산물의 가치를 높이고 소비자의 신뢰를 얻어 지역 경제 활성화와 특산품 산업 육성을 목표로 하며, '보성녹차,' '상주곶감'처럼 엄격한 심사를 거쳐 등록된다.

산 현장 그 자체를 관광 자원으로 활용하는 방식이다. 관광객이 직접 전복 양식장을 방문해 먹이를 주고, 보리밭에서 수확의 기쁨을 느끼며, 어촌계에서 운영하는 식당에서 갓 잡은 해산물로 끓인 매운탕을 맛보는 경험은 그 어떤 홍보보다 강력한 힘을 가진다. 이는 생산자에게는 안정적인 부가 수입을, 소비자에게는 믿을 수 있는 먹거리에 대한 확신을 준다.

어촌계(漁村契)는 수산업협동조합법에 따라 마을 단위 어업인들이 공동 어장 관리와 어업 생산성 증대를 위해 조직한 기초 생산자 단체이다. 마을 어장 이용권(어업면허)을 소유하며, 공동 작업, 수산물 가공, 어촌 복지 등을 수행하는 공동체이다. 대개 가입비와 거주 기간 등 자체 조건을 둔 폐쇄적 운영을 하는 경우가 많다.

설립 배경 및 성격

1962년 수산업협동조합법 제정으로 등장하여, 일제 강점기 어업조합을 계승한 마을 기반 어촌 공동체이자 경제적 협동 조직이다.

주요 기능

- 마을어장 관리: 해안선과 인접한 지선어장을 관리하고 이용.
- 공동 사업: 어구 공동 구매, 수산물 가공 및 판매, 어업자금 알선, 관광 활성화(유어장 운영 등).
- 어촌 복지: 어민 생활환경 개선 및 공동 시설 운영.

어촌계 가입

지구별 수협 조합원이 대상이며, 마을 내 거주 기간(보통 25년), 가입비 납부(수백만 원~1천만 원 이상), 총회 승인 등의 요건이 필요하다. 일부 어촌계는 인구 감소와 시설 한계로 신규 가입을 제한하기도 한다.

구조 및 특징

어촌계장이 어촌의 힘든 일을 도맡거나, 고령화로 인해 여성 어업인 참여 확대가 논의되는 등 지역사회 핵심 역할을 수행한다.

2010년대 후반 기준으로 전국에 약 2,000여 개 이상이 존재하며, 어촌의 지속가능성을 위해 귀어인 유치 등 변화를 시도하고 있다.

넷째, '지역 축제 및 로컬푸드 정책과의 연계'다. 지역에서 열리는 농·축·수·특산물 축제나 미식 행사를 지원하여 단기간에 대규모 소비를 촉진하고, 섬 지역에 로컬푸드 직매장을 설치하여 연중 내내 관광객과 지역민이 신선한 식재료를 구매할 수 있는 거점을 마련하는 것 역시 농식품부의 중요한 역할이다.

이러한 정책 방향 아래 추진된 주요 사업들은 〈표 2-2〉와 같다.

〈표 2-2〉 **농림축산식품부 추진 사업**

연도	사업명	주요 내용	기대 효과
2019	농어촌 관광자원화 지원사업	섬 특산물 수확·조리 체험 프로그램 개발, 관련 체험시설(건조장, 조리실 등) 개선 지원	농어촌 방문객 증대 및 농어민의 관광 소득 창출
2020	로컬푸드 기반 미식관광 육성	섬 지역 로컬푸드 레스토랑 및 직매장 운영 지원, 지역 식재료 소비 촉진	지역 내 생산-소비 순환 경제 모델 구축
2021	농어촌 융복합산업(6차 산업) 인증 지원	생산(1차)·가공(2차)·관광(3차)이 결합된 사업체 발굴 및 인증, 컨설팅 지원	양질의 일자리 창출 및 지역경제 활력 제고
2022	섬 특산물 가공·유통 지원	소규모 저온저장고, 냉동·냉장 운송 차량, 소포장 가공시설 설치 지원	신선도 유지 및 유통망 확대를 통한 상품성 강화
2023	농어촌 미식축제 활성화	제철 식재료를 활용한 섬 음식 축제 개최 지원, 홍보 및 마케팅 강화	단기 집중적 관광객 유치 및 지역 특산물 인지도 상승

농식품부의 정책적 지원은 섬 특산물의 브랜드 인지도를 높이고, 농어촌체험마을이나 어촌계가 관광을 통해 새로운 소득원을 찾는 데 실질적인 기여를 했다. 일부 섬에서는 로컬푸드 직매장이 지역 주민과 관광객 모두에게 사랑받는 필수 방문 코스로 자리 잡는 등 긍정적인 성과를 거두었다.

하지만 생산자의 관점에서 본 정책적 한계 또한 분명하다. 중앙정부에서 일괄적으로 내려오는 일부 지원 사업들은 각 섬이 가진 미세한 기후나 토양, 문화적 특성을 반영하지 못해 현장에서의 활용도가 떨어지거나 지속성을 갖지 못하는 경우가 발생했다. 특히, 가공 및 유통 인프라가 절대적으로 부족한 소규모 영세 섬들은 지원 사업의 참여 조건 자체를 충족하기 어려워 정책의 사각지대에 놓이는 문제가 심각하다. 또한, 농어업에 평생을 종사해 온 주민들이 관광객을 응대하고 체험 프로그램을 기획·운영하는 데 필요한 전문성과 경험이 부족하여, 정부의 지원으로 시작된 프로그램이 단발성으로 끝나버리는 사례도 적지 않았다.

따라서 향후 농식품부의 정책은 섬의 지속가능한 발전을 위해 몇 가지 중요한 과제를 안고 있다. 첫째, 단순한 생산·판매 지원을 넘어, 각 섬의 특산물이 가진 고유한 가치와 스토리를 기반으로 한 '고차원적 관광상품 개발'을 유도해야 한다. 둘째, 모든 섬에 대규모 시설을 지어

줄 수는 없지만, 여러 섬이 공동으로 이용할 수 있는 권역별 소규모 가공시설이나 냉장·냉동 운송망(콜드체인)을 확충하는 등 '물류·유통 인프라 문제'에 대한 현실적인 대안 마련을 위한 거점을 마련해야 한다. 셋째, 지역 주민들을 대상으로 한 '농어촌 미식관광 전문 교육'을 강화하여, 이들이 외부 전문가의 도움 없이도 자생적으로 관광 사업을 운영할 수 있는 역량을 길러주어야 한다. 마지막으로, 온라인 직거래 플랫폼 입점을 지원하고 예약·홍보 시스템을 구축하는 등 '디지털 전환'을 통해 판로와 소통의 채널을 다각화해야 한다.

결론적으로 농식품부의 섬 음식관광 정책은 생산자와 소비자를 직접 연결하고, 1차 산업의 외연을 확장하는 데 뚜렷한 강점을 보인다. 그러나 섬이라는 공간이 가진 물리적, 인적 인프라의 한계를 극복하고 모든 섬이 고르게 성장할 수 있는 토대를 마련하는 것이 앞으로의 핵심 과제가 될 것이다.

3. 해양수산부 정책 추진 현황

섬 음식관광 정책의 마지막 해법은 해양수산부(이하 해수부)를 통해 완성된다. 문체부가 문화·관광의 관점에서, 농식품부가 농어업 생산의 관점에서 접근한다면, 해수부는 섬의 존재 기반인 '바다' 그 자체와 '수산업'을 중심으로 정책을 펼친다. 해수부에게 섬 음식관광은 고갈 위기에 처한 수산자원의 지속가능한 이용 방안을 모색하고, 전통적인 어업 활동에 새로운 가치를 부여하여 어촌에 활력을 불어넣는 핵심적인 전략이다. 따라서 해수부의 정책은 수산물의 생산부터 가공, 유통, 그리고 관광을 통한 소비와 브랜딩에 이르는 전 과정을 유기적으로 연결하는 '해양·수산 융합형 모델'을 구축하는 데 그 목적이 있다.

해수부의 정책 방향은 크게 네 가지로 구분된다. 첫째, '섬 수산물의 고부가가치화'이다. 이는 완도 전복, 통영 굴, 울릉도 오징어처럼 각 섬을 대표하는 어종과 해조류를 단순한 원물에서 벗어나 하나의 완성된 '미식 콘텐츠'로 만드는 것을 목표로 한다. 이를 위해 품질 관리 기준을 마련하고, 신선도를 유지할 수 있는 가공·포장 기술을 지원하며, 나아가 지역을 대표하는 특화 메뉴 개발을 장려한다.

둘째, '수산업 기반의 관광자원화'이다. 어선과 양식장, 갯벌 등 어민들의 삶의 터전이자 생산 현장을 관광객을 위한 매력적인 체험 공간으로 전환하는 전략이다. 낚시, 통발, 해조류 채취 등 어업 활동에 관광객이 직접 참여하게 함으로써, 수산업에 대한 이해를 높이고 어촌에 새로운 소득원을 창출한다.

셋째, '수산물 축제 및 박람회와의 연계'다. 지역별로 열리는 수산물 축제에 다양한 관광 요소를 결합하여 집객 효과를 극대화하고, 부산 국제수산무역엑스포(Busan International Seafood & Fisheries EXPO, https://bisfe.com/), 완도국제해조류박람회(Wando Seaweeds Expo)와 같은 대규모 박람회를 통해 섬의 우수한 수산물과 음식관광 상품을 국내외 바이어와 소비자에게 널리 알리는 역할을 한다.

넷째, '해양생태와 지속가능성의 강화'다. 이는 해수부 정책의 가장 중요한 차별점이다. 무분별한 어획과 해양 오염이 결국 섬 관광의 근간을 무너뜨린다는 인식 아래, 친환경 어업을 실천하고 해양보호구역으로 지정된 곳과 연계한 생태관광(Ecotourism)을 개발하는 데 주력한다. 또한, 수산자원 보호의 중요성을 관광객에게 알리는 교육 및 홍보 활동을 통해 책임감 있는 관광문화를 정착시키고자 한다.

이러한 정책 방향에 따라 추진된 해수부의 주요 사업은 〈표 2-3〉과 같다.

〈표 2-3〉 **해양수산부 추진 사업**

연도	사업명	주요 내용	기대 효과
2019	어촌뉴딜 300 사업	섬·어촌의 항만·교통 등 생활 인프라를 개선하고, 이를 지역 특화된 체험관광과 연계	어촌의 정주 여건 개선 및 지역경제 활성화
2020	수산물 소비촉진 캠페인	제철 섬 특산 수산물에 대한 대국민 홍보 및 판촉전, 지역 축제와 연계 지원	수산물 내수 소비 증진 및 관광객 유입 촉진
2021	어촌체험휴양마을 활성화	양식·어로 체험 프로그램 고도화, 수산물 요리 시연 및 밀키트 개발 지원	체험형 관광객 만족도 제고 및 주민 소득 증대
2022	해양치유관광 자원화 시범사업	해양기후, 해수, 해조류 등과 음식관광을 결합한 건강·휴양형 콘텐츠 개발	고부가가치 해양 웰니스 관광 상품 창출
2023	친환경 수산물 인증제 강화	지속가능한 어업 방식에 대한 인증(MSC 등) 부여 및 이를 활용한 관광 상품 홍보	환경 보전 및 수산물의 고급 브랜드 이미지 구축

해수부의 이러한 노력은 일부 섬 지역이 단순한 어촌에서 '미식'과 '해양체험'이 결합된 복합 해양관광지로 자리매김하는 데 크게 기여했다. 특히 어촌의 소득 구조를 다변화하고, 지속가능한 어업과 관광의 연계 가능성을 보여준 것은 중요한 성과다.

하지만 정책의 빛이 모든 섬에 고르게 닿지는 못했다. 어촌뉴딜 300 사업과 같은 대규모 프로젝트는 일부 준비된 지역에 집중되어, 기반이 약한 대다수의 섬은 정책 수혜에서 소외되는 '지역 간 편차' 문제를 낳았다. 또한, 어민들이 관광 서비스업에 필요한 전문성이 부족하고, 이를 체계적으로 관리할 시스템이 부재하여 서비스 품질이 기대에 미치지 못하는 경우도 많았다.

무엇보다, 바다에 절대적으로 의존하는 섬 음식관광의 특성상, 태풍이나 풍랑주의보 등 '기상 여건과 계절성'에 따라 관광객의 발길이 쉽게 끊기는 구조적 취약성은 여전히 가장 큰 숙제로 남아있다.

따라서 향후 해수부의 정책은 이러한 한계를 극복하는 데 집중해야 한다. 첫째, 기상 여건과 관계없이 즐길 수 있는 '전천후 관광상품의 다변화'가 시급하다. 예를 들어, 섬의 수산물을 활용한 요리를 배우고 시식하는 실내형 '푸드 랩(Food Lab)'이나, 가상현실(VR) 기술을 활용한 심해 어업 체험관 등을 조성하는 것이 대안이 될 수 있다. 둘째, 단순히 '통영 굴'을 넘어, '한산대첩을 지켜본 앞바다에서 전통 방식으로 키운 굴'과 같이, 지역의 역사와 어업 방식을 결합한 '브랜드 스토리텔링'을 강화해야 한다. 셋째, 어촌관광 해설사, 해양레저 전문가, 수산물 브랜딩 전문가 등 '인프라와 인력에 대한 투자'를 확대하고, 마지막으로 섬의 수산물, 관광, 숙박, 교통 정보를 하나의 플랫폼에서 예약하고 결제할 수 있는 '통합 디지털 시스템'을 구축하여 관광객의 편의를 극대화해야 한다.

지금까지 살펴본 바와 같이, 문체부, 농식품부, 해수부는 각기 다른 전문성과 관점을 가지고 섬 음식관광 정책을 추진하고 있다. 문체부가 '관광객'의 시선에서 매력적인 콘텐츠를 만드는 데 집중한다면, 농식품부와 해수부는 각각 '농민'과 '어민'이라는 생산자의 입장에서 산업의 기반을 다지는 역할을 한다. 이처럼 세 부처의 정책은 서로 경쟁하는 것이 아니라, 상호 보완하며 국내 섬 음식관광이라는 하나의 목표를 향해 나아가는 구조를 띤다. 그러나 부처 간 칸막이로 인해 정책이 분절적으로 추진되거나 시너지를 내지 못하는 경우가 발생하는 것은 부인할 수 없는 현실이다. 따라서 향후 국내 섬 음식관광이 한 단계 더 도약하기 위해서는, 이 세 부처의 정책을 유기적으로 연계하고 통합적으로 조율하는 범정부 차원의 거버넌스 구축이 무엇보다 중요하다고 할 수 있다.

4. 행정안전부 정책 추진 현황

행정안전부(행안부)는 주로 섬 주민의 정주 여건 개선, 생활 기반 시설 확충, 그리고 섬 발전의 제도적 기반 마련을 통해 섬 지역 자체의 매력을 높이는 정책을 추진하고 있다. 이는 섬 관광 활성화의 토대가 되며, 특히 '먹거리'와 직접 연관된 특산품 개발 및 소득 증대 사업을 통해 섬 음식관광에도 기여하고 있다.

행정안전부의 섬 음식관광 관련 주요 정책 추진 현황을 살펴보도록 한다. 행정안전부는 「섬 발전 촉진법」에 근거하여 섬 지역의 지속가능한 발전을 도모하는 역할을 수행하며, 특히 다음과 같은 영역에서 섬 음식관광과 관련된 정책적 기여를 하고 있다.

1) 섬 발전의 법적 · 제도적 기반 마련

- **섬 발전 촉진법 운영 및 한국섬진흥원 설립:** 섬 개발 및 진흥을 위한 법적 근거인 「섬 발전 촉진법」을 관장하며, 섬 지역에 대한 종합적이고 체계적인 조사 · 연구 · 정책 수립을 위한 한국섬진흥원을 설립하고 지원한다. 이는 섬의 자원(생태, 문화, 역사, 음식)을 발굴하고 정책에 반영하는 싱크탱크 역할을 수행한다.
- **'섬의 날' 제정 및 기념 행사 개최:** 전국 3,300여 개 섬의 가치와 중요성을 높이기 위해 매년 8월 8일을 '섬의 날'로 제정했다. 이는 섬에 대한 대국민 관심을 높이고 섬 관광 및 특산물(음식 포함) 홍보를 위한 대규모 플랫폼을 제공한다.

2) 도서종합개발 및 특수상황지역 개발 사업

- **도서종합개발계획**(현재 제4차) **수립 및 추진:** 장기적인 관점에서 섬 지역의 생활환경 개선, 주민 소득 증대, 관광 활성화 등을 목표로 하는 대규모 개발 계획을 수립하고 관계 부처와 협력하여 추진한다.
- **섬의 정주 여건 개선:** 상수도, 전기, 선착장 등 기초 생활 인프라 확충은 섬 방문의 편의성을 높여 궁극적으로 관광객 유치에 기여한다.
- **특수상황지역 개발 사업:** 낙후되거나 특별한 상황에 처한 섬 지역을 대상으로 지역 소득 증대를 위한 사업을 지원한다. 이에는 유통 · 가공 시설, 농촌 체험 시설, 생태 학습장 등 체험 관광 시설 구축이 포함되어 섬 음식 관련 사업의 기반을 직접적으로 지원한다.

3) 섬 지역 특성화 및 소득 증대 지원

- **섬 지역 특성화 사업**(한국섬진흥원과 연계)**:** 섬 주민이 조직체를 구성하여 지역 자원을 활용한 마을 발전 계획을 수립하고, 이를 통해 소득사업 및 마을 활성화 활동을 지원한다. 이러한 사업에는 특산물 판매장 및 카페 조성 사업(예시: 전남 여수 안도 특산물 판매장 및 카페 조성사업) 등 섬의 음식 자원을 활용하여 관광 소득을 창출하는 활동이 직접적으로 포함된다.

✣ **특산품 개발 및 판로 확대 지원:** 섬 주민의 소득 증대와 지역 경제 활성화를 위해 섬 지역 특산물 관련 산업 육성을 지원한다. 이는 지역 고유의 섬 음식을 상품화하고 관광객에게 판매하는 기반을 마련해준다.

4) 관계 부처 간 협력 체계 구축

✣ **섬 관광 활성화 협의회 참여:** 해양수산부(해수부), 문화체육관광부(문체부), 국토교통부(국토부) 등 관계 중앙 부처와 '섬 관광 활성화 협약'을 체결하고 '섬 관광 활성화 협의회'에 참여하여 부처 간 정책을 통합 조정한다. 이 협력 틀 안에서 행안부는 섬의 접근성 향상(접안・편의시설), 정주 여건 개선 등을 담당하며, 문체부의 관광 콘텐츠 개발(먹거리 홍보 포함)과 해수부의 어촌뉴딜사업 등이 시너지를 낼 수 있도록 기반을 제공한다.

요약하면, 행정안전부는 섬 관광의 직접적인 콘텐츠(음식, 볼거리) 개발보다는 섬 주민의 삶의 질 향상과 소득 증대를 위한 기초 체력 강화에 중점을 두며, 그 과정에서 지역 특산물(음식) 관련 산업 육성 및 관광 인프라 구축을 통해 섬 음식관광의 지속가능한 발전을 위한 핵심 토대를 마련하고 있다.

제2절 지자체 섬 음식관광 관련 정책 추진 현황 분석

1. 광역자치단체 섬 음식관광 정책 추진 현황

중앙정부 부처들이 섬 음식관광의 국가적 비전과 정책의 큰 틀을 제시한다면, 이를 지역의 토양에 맞게 뿌리내리고 열매를 맺게 하는 역할은 지방자치단체의 몫이다. 특히 광역 지자체(특별시, 광역시, 도)는 중앙정부와 기초 지자체를 잇는 허리로서, 관할 지역 내 다양한 섬들의 특성을 종합적으로 고려한 맞춤형 정책을 추진하는 핵심 주체다. 이들은 중앙정부의 정책 방향을 수용하면서도, 각 지역이 가진 섬의 수, 접근성, 대표 특산물, 관광 인프라 수준에 따라 저마다의 강점을 극대화하는 차별화된 전략을 구사하고 있다. 현재 17개 광역자치단체 중에서 11개 지역(부산, 인천, 울산, 경기, 강원, 충남, 전북, 전남, 경북, 경남, 제주)에 섬이 있는데, 이

중에서 울산과 강원은 무인섬만 있다. 섬이 없는 광역자치단체는 서울, 세종, 대구, 광주, 대전, 충북 등이다.

한편, 50개 미만의 광역시도는 부산 45개(유인섬 4개, 무인도서 41개), 경기 43개(유인섬 6개, 무인도서 37개), 강원 29개(무인도서 29개), 경북 22개(유인섬 3개, 무인도서 19개), 울산 4개(무인도서 4개)로 확인된다. 국내 섬 인구는 81만 3,475명으로 집계됐는데, 이는 우리나라 총인구 수 1.59%에 해당된다. 광역시도별로는 경남(30만 3,274명)이 가장 많고, 인천(21만 4,317명), 전남(15만 5,929명), 부산(10만 8,049명), 충남(1만 4,546명), 경북(9,099명), 전북(3,981명), 제주(3,551명), 경기(729명) 순이다.

광역 지자체 정책의 가장 큰 특징은 '지역 특산물 중심의 브랜딩 강화'에 있다. 이는 단순히 개별 섬의 특산물을 알리는 것을 넘어, '전라남도'나 '제주도'와 같이 광역 단위의 강력한 브랜드를 구축하고 그 아래에 여러 섬의 음식 콘텐츠를 담아내는 전략이다. 전라남도의 '남도맛기행' 프로젝트는 '음식' 하면 떠오르는 남도의 이미지를 십분 활용하여, 완도 전복, 신안 천일염 등 각 섬의 대표 주자들을 하나의 브랜드로 묶어 홍보 효과를 극대화한다. 제주특별자치도의 '섬 속의 섬 미식투어'는 이미 강력한 관광 브랜드인 제주도의 후광을 우도(땅콩), 가파도(청보리) 등 부속 섬으로 확장시켜, 관광객의 동선을 다변화하고 소외될 수 있는 작은 섬에까지 활력을 불어넣는 고도화된 전략을 보여준다.

두 번째 특징은 '섬 관광루트와 음식 체험의 유기적 연계'다. 광역 지자체는 개별 섬 단위에서는 추진하기 어려운, 여러 섬을 잇거나 장거리 동선을 필요로 하는 관광 루트를 개발하는 데 강점이 있다. 섬 트레킹, 해양 레포츠, 역사 문화유산 탐방 등 기존에 인기가 높은 관광 활동에 각 지역의 제철 음식을 결합하여 '계절형 미식관광' 코스를 개발하는 것이 대표적이다. 이는 관광객에게 더욱 풍부한 경험을 제공할 뿐만 아니라, 특정 시기에만 맛볼 수 있다는 희소성을 부각하여 지속적인 방문 동기를 부여한다. 또한, 대규모 '해양미식축제'를 개최하여 단기간에 관광객을 집중적으로 유치하고, 이를 통해 높아진 인지도를 바탕으로 연중 운영 가능한 관광 상품을 개발하는 것 역시 광역 지자체의 주요한 역할이다.

이러한 정책 방향에 따라 각 광역 지자체는 〈표 2-4〉와 같은 특색 있는 사업들을 추진하고 있다.

이러한 노력 덕분에 '섬 음식관광'은 다수의 광역 지자체에서 지역의 미래를 이끌어갈 핵심 브랜드 전략으로 부상했다. 특히 계절별 축제와 연계한 관광객 유입 효과는 여러 차례 확인되었으며, 일부 지역에서는 음식관광이 단지 스쳐 가는 여행(주유형 관광)을 머무는 여행(체류형 관광)으로 전환하는 데 결정적인 역할을 했다.

〈표 2-4〉 **광역자치단체의 섬 음식관광 추진사업**

광역 지자체	정책/사업명	주요 내용	기대 효과
인천광역시	"인천 섬 미식로드"	수도권 접근성을 활용, 연평도 꽃게, 덕적도 해산물 등 당일 또는 1박 2일형 섬별 음식코스 개발	수도권 관광객 대상 섬 관광 활성화, 체류시간 연장
전라남도	"남도맛기행 – 섬 속의 섬"	국내 최다 섬 보유 강점을 활용, 완도 전복, 신안 김 등 섬 특산물 미식체험 패키지 운영	'미식의 본고장' 이미지 강화, 특산물 소비 확대
경상남도	"거제 · 통영 해양미식축제"	굴, 멍게, 도다리 등 전국적 인지도를 가진 제철 수산물을 활용한 대규모 축제 개최	계절별 관광 수요 창출 및 지역 경제 파급효과 극대화
제주특별자치도	"섬 속의 섬 미식투어"	우도 땅콩, 가파도 청보리 등 제주 본섬과 차별화된 부속 섬의 특산물 테마 투어 개발	관광객 분산 및 소외 지역 관광 활성화
전라북도	"군산 · 고군산군도 해양미식관광"	바지락 캐기, 주꾸미 낚시 등 가족 단위 체험과 연계한 어촌문화 탐방 코스 운영	생활인구 증대 및 가족 친화적 관광지 이미지 구축

하지만 광역 단위의 정책 추진에도 명백한 한계가 존재한다. 가장 큰 문제는 광역권 내에서도 특정 섬으로의 '쏠림 현상'이다. 다리가 놓여 있거나 항로가 잘 개발된 일부 섬은 정책의 수혜를 톡톡히 누리는 반면, 접근성이 떨어지는 대다수의 작은 섬들은 여전히 관광객의 발길이 닿지 않는 고립된 상태로 남아있다. 또한, 많은 정책이 축제나 행사 중심의 단기적 성과에 집중하다 보니, 축제가 끝나면 다시 비수기로 접어드는 악순환을 끊어내지 못하는 경우가 많다. 음식관광 해설사나 체험 코디네이터와 같은 전문 인력이 턱없이 부족한 문제 역시 광역 단위에서도 여전히 해결되지 못한 고질적인 과제다.

따라서 향후 광역 지자체의 정책은 더 장기적이고 통합적인 관점에서 추진될 필요가 있다. 첫째, 개별 섬 관광을 넘어, 인접한 섬들을 하나의 권역으로 묶는 '광역 미식루트'를 개발하여 관광객의 동선을 넓혀야 한다. 둘째, 계절적 편중을 완화하기 위해 비수기에도 운영 가능한 실내 체험 시설이나 음식 문화 아카데미 등 '사계절형 콘텐츠'를 발굴해야 한다. 셋째, 섬 관광 전문 인력을 양성하기 위한 체계적인 교육 및 인증 시스템을 광역 단위에서 구축하고, 마지막으로 다국어 홍보물 제작과 SNS 캠페인 등 '글로벌 온라인 마케팅'을 강화하여 더 넓은 시장과 소통해야 한다.

결론적으로, 광역 지자체는 지역의 고유한 식문화와 관광 자원을 결합하여 매력적인 브랜드를 창조하는 데 뚜렷한 강점을 보이고 있다. 그러나 이러한 성과가 광역권 전체로 확산되고 지속되기 위해서는, 섬 간의 교통 인프라 격차를 해소하고 장기적인 관점에서 운영 구조와 인력을 확보하려는 노력이 반드시 병행되어야 할 것이다.

2. 기초자치단체 섬 음식관광 정책 추진 현황

중앙정부가 청사진을 그리고 광역자치단체가 골격을 세운다면, 그 안에 따뜻한 온기를 불어넣고 실제 살아 움직이게 만드는 것은 정책의 가장 말단에 있는 기초 지자체(시, 군, 구)의 몫이다. 기초자치단체는 섬 주민들의 삶과 가장 가까이에서 호흡하는 행정 단위로서, 거시적인 담론보다는 지역의 실정과 주민들의 요구에 기반 한 실질적이고 구체적인 섬 음식관광 정책을 전개한다. 이들의 역할은 단순히 관광객을 유치하는 것을 넘어, 그 과정을 통해 지역 주민의 소득을 직접적으로 창출하고, 사라져가는 전통 음식문화를 보존하며, 나아가 섬의 고유한 브랜드 가치를 다지는 데 있다.

현재 섬이 있는 기초자치단체는 전국적으로 28개 정도가 '섬 지역 기초단체장 협의회'에 참여하고 있다. 전국 섬 보유 28개 지자체가 참여하는 '섬 지역 기초단체장 협의회'는 2012년 10개 섬 지역 지자체가 참여해 '대한민국 아름다운 섬 발전협의회'를 창립했으며, 2021년 경남 통영에서 열린 제2회 섬의 날을 계기로 28개 지자체로 확대하여 새롭게 발족한 지방자치단체 행정협의체이다.

기초 지자체 정책의 가장 두드러지는 특징은 '주민 주도형 프로그램'의 적극적인 운영이다. 이는 어촌계, 부녀회, 청년회, 영어(營漁)조합 등 지역 공동체가 사업의 주체로 직접 참여하여 기획부터 운영, 수익 배분까지 책임지는 모델이다. 마을회관을 개조하여 관광객에게 우리 어머니의 손맛이 담긴 향토 음식을 대접하고, 평생을 바다와 함께 살아온 어민이 자신의 어선을 몰고 나가 선상에서 갓 잡은 생선으로 회를 떠주는 체험은, 외부 자본이 만든 세련된 상품에서는 결코 느낄 수 없는 진정성과 따뜻함을 선사한다. 이러한 접근은 관광 수익이 외부로 유출되지 않고 지역 사회에 직접적으로 환원된다는 점에서 그 의미가 매우 크다.

두 번째 특징은 '소규모 · 테마형 축제'의 개최다. 수십만 명이 모이는 광역 단위의 대규모 축제와 달리, 기초 지자체는 특정 마을이나 특정 제철 식재료를 주제로 한 작고 아기자기한 축제를 선호한다. 봄 주꾸미, 여름 성게, 가을 전어, 겨울 굴처럼, 가장 맛있고 신선한 시기에 맞춰 열리는 소규모 미식 축제는 '아는 사람만 찾아오는 비밀스러운 미식 경험'이라는 이미지를 구축하며 충성도 높은 관광객들을 끌어 모은다. 또한, 관광객이 잠시 머물다 가는 것을 넘어, 섬 주민의 일상 속으로 깊숙이 들어가는 '생활관광(Living Tourism)'과의 결합도 활발하다. 관광객이 며칠간 섬의 민박이나 게스트하우스에 머물며 주민들과 함께 식재료를 생산하고, 음식을 만들어 먹으며, 소소한 이야기를 나누는 과정은 단순한 관광을 넘어 깊은 문화적 교감으로 이어진다.

이러한 정책 방향에 따라 각 기초 지자체는 〈표 2-5〉와 같은 구체적인 사업들을 추진하며 자신들만의 색깔을 만들어가고 있다.

〈표 2-5〉 **기초자치단체 섬 음식관광 추진사업**

기초 지자체	정책/사업명	주요 내용	기대 효과
신안군	"1004섬 수산미식마을 조성"	김, 전복, 우럭 등 섬별 대표 수산물을 테마로 한 요리체험 마을을 권역별로 조성	주민 직접 소득 증대, 섬별 특화 브랜드 구축
완도군	"전복 · 해조류 오감만족 미식체험"	전복 양식장 방문, 해조류 채취, 나만의 해조류 요리 만들기 등 체험 프로그램 고도화	'전복의 고장' 이미지 강화 및 체험형 관광 확대
통영시	"도다리 · 멍게 시즌 투어"	봄 도다리, 여름 멍게 등 제철 수산물 어획 체험과 현지 요리 시연, 어촌민박 연계	특정 계절 관광객 집중 유치 및 체류 유도
옹진군	"연평도 꽃게마을 공동체 프로그램"	꽃게잡이 어선 동승 체험 후, 마을회관에서 주민들과 함께 꽃게찜 · 꽃게탕 요리 강습	지역 특산물 브랜드 가치 제고 및 공동체 활성화
울릉군	"울릉도 산채 미식관광"	해산물 외에 명이, 부지갱이 등 섬에서만 자라는 산채와 약초 채집 후 조리 체험	타 섬과 차별화된 로컬푸드 이미지 구축

이러한 기초 지자체의 생활밀착형 정책들은 실질적인 성과로 이어지고 있다. 주민들이 직접 운영하는 프로그램은 지역 경제에 즉각적인 소득 효과를 가져왔으며, 자신들의 삶과 문화에 대한 자부심을 고취시키는 계기가 되었다. 또한, 관광객과 주민 간의 인간적인 교류는 깊은 인상을 남겨 재방문율을 높이는 중요한 요인으로 작용하고 있다.

하지만 정책의 최일선에 있는 만큼, 기초 지자체는 가장 현실적인 한계에 부딪히고 있다. 가장 큰 어려움은 '마케팅 및 홍보 역량의 부족'이다. 아무리 훌륭한 프로그램을 만들어도 이를 외부에 효과적으로 알릴 수 있는 예산과 전문성이 부족하여, '아는 사람만 아는' 그들만의 잔치로 끝나는 경우가 많다. 또한, 주민들의 순수한 열정만으로는 체계적인 프로그램 운영과 서비스 품질 관리에 한계가 있으며, 열악한 교통과 숙박 등 '기초 인프라의 미비'는 유치할 수 있는 관광객의 규모 자체를 제약하는 근본적인 족쇄가 되고 있다.

따라서 기초 지자체의 섬 음식관광이 한 단계 더 발전하기 위해서는 몇 가지 과제가 선결되어야 한다. 첫째, 주민들을 대상으로 한 '전문인력 양성 교육'을 강화하여, 단순 운영자를 넘어 프로그램 기획과 해설, 마케팅까지 가능한 지역 리더를 키워내야 한다. 둘째, 인접한 기초 지자체들이 공동으로 홍보하고 예약까지 가능한 '공동 마케팅 플랫폼'을 구축하여 규모의 경제를 실현해야 한다. 셋째, 중앙정부와 광역 지자체의 지원을 적극적으로 유치하여 숙박 및 교통 편의를 개선하는 등 '기초 인프라를 확충'하고, 마지막으로 특정 계절에만 의존하지 않도록 사계절 내내 즐길 수 있는 '지속가능한 콘텐츠'를 개발해야 한다.

결론적으로, 기초 지자체의 섬 음식관광 정책은 '주민 주도성'과 '생활밀착형 체험'이라는, 다른 어떤 정책 주체도 흉내 낼 수 없는 강력한 무기를 가지고 있다. 이 강점을 살리면서, 부족한 홍보 역량과 인프라 문제를 중앙 및 광역 정부와의 협력을 통해 슬기롭게 해결해 나갈 때, 비로소 작지만 강한 '강소 섬'들이 대한민국 곳곳에서 빛을 발하게 될 것이다. 이로써 정부와 지자체의 정책 추진 현황에 대한 분석을 마무리하며, 다음 절에서는 실제 상품을 개발하고 판매하는 관련 업계의 현황을 살펴보고자 한다.

제3절 관련 업계의 섬 음식관광 상품개발 현황 분석

정부와 지방자치단체가 섬 음식관광의 기반을 다지고 방향을 제시하는 역할을 한다면, 그 위에서 실제 관광객의 지갑을 여는 매력적인 상품을 만들고 시장을 활성화하는 것은 민간 업계의 몫이다. 정책적 지원이 아무리 훌륭하더라도, 관광객의 변화하는 요구를 포착하고 이를 창의적인 상품으로 구현해내는 민간의 역량이 없다면 섬 음식관광은 공허한 구호에 그칠 수밖에 없다. 최근 들어 여행사, 호텔・리조트, 식품・유통, 미디어 등 다양한 분야의 기업들이 섬 음식관광의 잠재력을 인식하고, 저마다의 강점을 활용한 상품을 선보이며 시장의 외연을 빠르게 확장하고 있다.

민간 업계의 상품 개발은 크게 네 가지 흐름으로 나타난다. 첫째는 가장 대표적인 형태인 '체험형 미식투어'다. 이는 여행사가 중심이 되어 섬의 특산물 채취, 현지인과 함께하는 요리 교실, 특색 있는 맛집 탐방, 그리고 숙박과 교통을 하나의 패키지로 묶어 판매하는 상품이다. 관광객은 복잡한 예약 과정 없이 편리하게 섬의 미식을 깊이 있게 즐길 수 있으며, 여행사는 각 요소를 결합하여 더 높은 부가가치를 창출할 수 있다.

둘째는 '축제・이벤트형 상품'이다. 이는 완도 전복 축제, 통영 굴 축제, 울릉도 오징어 축제처럼 특정 시기에 대규모 관광객이 집중되는 지역 축제와 연계하여, 교통편과 최소한의 체험을 묶은 당일 또는 1박 2일 형태의 규격화된 상품이다. 짧은 기간에 많은 관광객을 유치하는 '박리다매(薄利多賣)' 전략에 가깝지만, 섬 음식관광의 대중적 인지도를 높이는 데 크게 기여한다.

셋째는 특정 고객층을 겨냥한 '프리미엄・테마형 여행'이다. 이는 미식에 대한 높은 식견과 지불 의사를 가진 소수의 고객을 대상으로, 미슐랭 스타 셰프를 초청한 갈라 디너, 섬 전통주와 음식을 짝지어보는 페어링 코스, 유명 요리연구가와 함께하는 쿠킹 클래스 등 차별화되고 고급화된 경험을 제공한다.

마지막으로, 최근 가장 주목받는 흐름은 '온・오프라인 융합형 상품'이다. 이는 관광객이 현지에서 맛본 특산물이나 가공품을 여행이 끝난 후에도 온라인 쇼핑몰을 통해 쉽게 재구매할 수 있도록 연결하는 모델이다. 나아가, 인플루언서가 섬 현지에서 진행하는 라이브 커머스를 통해 실시간으로 특산물을 판매하는 등, 관광 경험을 일상 속의 소비로 확장시키고 있다.

이러한 흐름 속에서 각 업계는 자신들의 전문성을 바탕으로 〈표 2-6〉과 같은 역할을 수행하고 있다.

〈표 2-6〉 **관련 업계의 섬 음식관광 상품개발의 역할**

업계 분야	사례명	주요 내용	기대 효과
여행사	K여행사 '섬맛로드'	섬별 대표 음식을 중심으로 어획 체험, 맛집 탐방, 숙박을 결합한 기획 여행상품 판매	편리하고 깊이 있는 체험형 관광 시장 확대
호텔・리조트	○○리조트 '섬 특산물 다이닝 위크'	지역 어민・농가와 협업하여 제철 특산물을 활용한 한정판 코스 요리 및 프로모션 진행	호텔의 품격 제고 및 프리미엄 미식 수요 창출
식품・유통	○○몰 '섬 특산물 직송'	섬에서 맛본 음식을 집에서도 즐길 수 있도록 온라인 재구매 쇼핑몰 운영 및 새벽 배송	관광 경험을 소비로 연결, 지속적인 수익 창출
미디어・콘텐츠	여행채널 '섬과 밥상'	섬의 아름다운 풍광과 음식, 그리고 그곳에 사는 사람들의 이야기를 담은 다큐・유튜브 시리즈 제작	섬 음식관광의 매력 전파 및 잠재 관광객 관심 유도

민간 주도의 상품 개발은 정부나 지자체가 미처 생각하지 못했던 창의적인 아이디어를 바탕으로 시장의 요구에 민첩하게 반응한다는 뚜렷한 성과를 보여준다. 계절별, 테마별로 다양한 타겟층을 공략하며 시장을 세분화하고, 지역의 소규모 업체나 주민들과의 협업을 통해 상생의 구조를 만들어가고 있다는 점도 긍정적이다.

하지만 민간 업계 역시 명백한 한계와 어려움에 직면해 있다. 가장 큰 문제는 기상 악화나 교통편 결항과 같은 '외부 변수에 대한 취약성'이다. 이는 상품의 일정 취소나 변경으로 이어져 고객의 불만과 기업의 금전적 손실을 야기하는 직접적인 원인이 된다. 또한, 새로운 상품을 알리기 위한 마케팅 및 홍보 비용에 대한 부담이 크고, 일부 섬의 경우 숙박이나 위생 시설 등 기본적인 인프라가 부족하여 상품의 질을 유지하기 어려운 문제도 있다. 여러 업체가 비슷한 콘셉트의 상품을 내놓으면서, 각 섬이 가진 고유의 매력을 살리기보다는 가격 경쟁에만 매몰되어 상품의 차별성이 약화될 수 있다는 위험 역시 존재한다.

따라서 관련 업계가 앞으로 지속가능한 성장을 이루기 위해서는 몇 가지 방향성을 고민해야 한다. 첫째, 단순한 미식 투어를 넘어 쿠킹 클래스, 푸드 마켓, 전통음식 아카데미 등 '콘텐츠의 다변화'를 통해 관광객에게 더 넓은 선택의 폭을 제공해야 한다. 둘째, 친환경 식재료를 우선적으로 사용하고, 일회용품을 줄이며, 수익의 일부를 해양 환경 정화 활동에 기부하는 등 '지속가능성의 가치'를 상품에 적극적으로 내재화하여 브랜드 이미지를 제고해야 한다. 셋째, 외국인 관광객을 위한 다국어 프로그램을 개발하고 해외 온라인 여행사(OTA)와의 제휴를 강화하는 등 '글로벌 시장'으로 눈을 돌려야 한다. 마지막으로, 여행 상품 예약부터 맛집 정보 확인, 특산물 구매까지 하나의 앱에서 가능한 '통합 플랫폼'을 구축하여 사용자 편의성을 극대화하는 노력이 필요하다.

결론적으로, 민간 업계는 섬 음식관광 시장에 활력을 불어넣는 핵심 동력이다. 이들의 창의성과 시장 적응력은 정책만으로는 불가능한 역동성을 만들어 낸다. 그러나 이러한 노력이 장기적인 경쟁력으로 이어지기 위해서는, 각 섬의 고유한 정체성을 지키기 위해 지역 공동체와 더욱 긴밀히 협력하고, 근본적인 인프라 문제를 해결하기 위해 정부와 지자체에 지속적으로 목소리를 내는 등, 시장의 플레이어를 넘어 생태계의 책임 있는 구성원으로서의 역할을 다해야 할 것이다.

제4절 섬 음식관광 정책 추진상의 문제점

지금까지 우리는 섬 음식관광을 둘러싼 중앙정부, 지방자치단체, 그리고 민간 업계의 다각적인 노력을 살펴보았다. 이러한 노력 덕분에 섬 음식관광은 불과 몇 년 만에 지역 관광의 변방에서 핵심 의제로 부상하는 등 괄목할 만한 성장을 이룬 것이 사실이다. 그러나 그 화려한 성장의 이면에는 시급히 해결해야 할 여러 구조적, 운영적 문제점들이 자리하고 있다. 이러한 문제들은 정책의 효과를 반감시키고 지속가능성을 저해하는 걸림돌로 작용하며, 이를 냉철하게 진단하고 개선의 방향을 찾는 것은 섬 음식관광의 다음 단계를 위해 반드시 필요한 과정이다.

가장 먼저 지적할 수 있는 것은 '정책 기획 및 운영상의 문제'이다. 많은 정책이 장기적인 비전 아래 체계적으로 추진되기보다는, 가시적인 성과를 내기 쉬운 '단기·행사 중심의 기획'에 매몰되는 경향이 짙다. 특정 계절에 열리는 축제나 일회성 이벤트에 예산과 인력이 집중되다 보니, 행사가 끝나면 섬은 다시 깊은 비수기에 접어드는 현상이 반복된다. 이는 섬의 근본적인 체질 개선보다는 단기적인 관광객 유치에만 급급한 결과다.

또한, 중앙정부의 각 부처, 광역 지자체, 그리고 기초 지자체 간의 정책이 유기적으로 연계되지 못하고 분절적으로 운영되는 '통합 전략의 부재'도 심각한 문제다. 문화체육관광부는 관광코스를 개발하고, 해양수산부는 어항을 정비하며, 농림축산식품부는 특산물 가공을 지원하는 사업이 서로 시너지를 내지 못하고 겉도는 것이다. 여기에 더해, 정책의 성과를 제대로 측정하고 다음 해 사업에 반영하는 '평가 및 피드백 시스템이 미비'하여, 매년 비효율적인 사업이 개선 없이 반복되는 악순환이 이어지고 있다.

두 번째는 섬이라는 공간이 가진 태생적 한계인 '인프라 및 접근성의 문제'다. 아무리 매력적인 음식관광 콘텐츠가 있어도 그곳에 닿는 길이 너무 멀고 불편하다면 그림의 떡일 뿐이다. 하루에 몇 번 없는 선박과 항공편, 예측 불가능한 결항 사태 등 '열악한 교통 및 물류 환경'은 관광객의 발길을 가로막는 가장 큰 장벽이다. 이는 관광객 유입을 제한할 뿐만 아니라, 섬 특산물의 신선도를 떨어뜨리고 물류비를 상승시켜 가격 경쟁력을 약화시키는 원인이 되기도 한다. 어렵게 섬에 도착하더라도 문제는 계속된다. 관광객의 기대 수준에 미치지 못하는 '숙박 및 편의시설의 부족'은 만족도를 떨어뜨리고 체류를 꺼리게 만든다. 특히 가족 단위 관광객이나 고급스러운 휴양을 원하는 이들을 위한 깨끗하고 특색 있는 숙박시설이 절대적으로 부족하여, 잠재적인 관광 수요를 놓치고 있다.

세 번째는 '콘텐츠 및 전문 인력의 부족'이라는 질적인 문제다. 여러 지자체에서 음식관광 프로그램을 의욕적으로 내놓고 있지만, 자세히 들여다보면 '차별화된 콘텐츠가 미흡'한 경우가 많다. 대부분의 프로그램이 비슷한 어획 체험과 시식 행사로 구성되어 있어, 그 섬만이 가진 고유한 역사와 문화를 담아내지 못하고 있다. 이는 관광객에게 '어느 섬에 가도 비슷하다'는 인상을 주어 재방문 유인을 약화시킨다. 이러한 콘텐츠의 질적 저하는 결국 '전문 인력의 부재' 문제로 귀결된다. 음식의 역사와 가치를 흥미롭게 풀어낼 수 있는 문화관광해설사, 관광객의 요구에 맞춰 체험 프로그램을 기획하고 운영하는 코디네이터, 지역의 식재료를 현대적인 감각으로 재해석할 수 있는 청년 셰프 등, 섬 음식관광의 질을 한 단계 끌어올릴 전문가가 절대적으로 부족한 실정이다.

마지막으로, 아무리 좋은 상품을 만들어도 이를 제대로 알리지 못하는 '마케팅 및 홍보의 한계'다. 대부분의 섬들이 각자도생식으로 홍보에 나서다 보니, 대한민국 섬 음식관광 전체를 아우르는 '통합 브랜드나 슬로건이 부재'하다. 이는 시장에 강력한 이미지를 각인시키지 못하고 홍보 효과를 분산시키는 결과를 낳는다. 또한, 여전히 전통적인 홍보 방식에 의존하여, SNS, 유튜브 등 젊은 세대와 해외 관광객에게 영향력이 큰 '디지털 홍보 역량이 부족'한 것도 심각한 문제다. 특히 외국인 관광객을 위한 다국어 안내 정보나 온라인 예약 시스템이 미비하여, K-푸드에 대한 높은 관심을 실제 방한 수요로 연결시키지 못하고 있다.

〈표 2-7〉 **섬 음식관광 정책 추진의 문제점**

구분	주요 문제	대표적인 현상
정책 기획·운영	단기 행사 위주, 통합 전략 부재, 피드백 시스템 미비	축제 기간에만 반짝 활성화되고, 부처별 사업이 겉도는 현상
인프라·접근성	교통·물류의 불편, 숙박·편의시설의 절대적 부족	제한된 선박 운행으로 인한 방문객 수 한계, 낡고 불편한 숙박시설
콘텐츠·인력	타 지역과 유사한 콘텐츠, 전문 인력의 절대적 부족	특색 없는 조리 체험 반복, 비전문적인 프로그램 운영
마케팅·홍보	통합 브랜드 부재, 디지털 및 글로벌 홍보 역량 미흡	개별 섬 단위의 파편적 홍보, 외국어 정보 부족

이상의 문제점들을 종합하면, 현재 대한민국의 섬 음식관광은 '풍부한 잠재력에도 불구하고, 그 가치를 실현시킬 지속성과 차별성이 부족한 구조'에 놓여있다고 진단할 수 있다. 이는 어느 한 주체의 노력만으로는 해결할 수 없는 복합적인 문제다.

3장

주요 국가의 섬 음식관광 정책 추진 사례 분석

제1절 일본

1. 추진 배경

제2장에서는 우리나라의 섬 음식관광 정책 현황과 문제점을 다각도로 분석했다. 이제 제3장에서는 시야를 해외로 넓혀, 우리보다 앞서 섬 음식관광을 발전시킨 주요 국가들의 사례를 심층적으로 살펴보고자 한다. 그 첫 번째 국가는 우리와 지리적으로 가깝고 유사한 고민을 안고 있는 일본이다. 일본은 섬 음식관광을 단순한 지역 관광 활성화 수단을 넘어, 국가적 위기 대응과 문화적 자긍심 고취, 그리고 미래지향적 관광 패러다임 전환의 핵심 전략으로 활용하고 있다.

일본이 이토록 섬 음식관광에 주목하게 된 배경은 크게 네 가지로 나누어 볼 수 있다.

첫째, 일본은 2023년 기준 14,125개의 섬으로 이루어진 '다도해 국가로서의 지리적 특성'을 가지고 있다. 홋카이도, 혼슈, 시코쿠, 규슈라는 4개의 본섬을 제외하더라도 수많은 유인도와 무인도가 일본 열도를 구성한다. 이러한 지리적 특성은 각 섬이 저마다의 고유한 기후, 토양, 해양 환경을 갖게 만들었고, 이는 자연스럽게 식문화의 놀라운 다양성으로 이어졌다. 차가운 북쪽 바다의 홋카이도가 게, 연어, 성게 등 풍부한 해산물의 보고라면, 아열대 기후의 남쪽 오키나와는 고야(여주)나 자색 고구마 같은 독특한 채소와 아와모리 소주와 같은 전통주 문화를 발전시켰다. 또한, 잔잔한 내해에 점점이 흩어져 있는 세토우치 지역의 섬들은 온화한 기후 덕분에 레몬, 올리브, 굴 등의 특산물로 유명하다. 이처럼 섬 하나하나가 그 자체로 독특한 '미식의 보고'라는 점은 일본이 섬 음식관광을 발전시키는 가장 근본적인 자산이 되었다.

둘째, 일본 사회가 직면한 심각한 '지역 소멸 위기와 관광의 역할'이다. 우리보다 먼저 급격한 인구 감소와 고령화를 경험한 일본은, 특히 섬과 농어촌 지역에서 인구가 줄어들고 공동체가 붕괴하는 '지방 소멸' 문제를 국가적 의제로 다루어왔다. 이러한 위기 상황 속에서 외부의 활력을 불어넣고 지역 경제를 되살릴 가장 현실적인 대안으로 '관광'이 부상했다. 그중에서도 섬의 음식은 그 지역의 정체성을 가장 확실하게 보여주는 핵심 콘텐츠로 주목받았다. 즉, 일본의 섬 음식관광은 단순히 새로운 관광 상품을 개발하는 차원을 넘어, 관광객 유치를 통해 지역 내 소비를 촉진하고, 나아가 청년층이 돌아와 정착할 수 있는 새로운 일자리를 만들고자 하는 절박한 생존 전략의 성격을 띤다.

셋째, '일본 음식문화(와쇼쿠)의 국제적 위상 강화'가 중요한 동력이 되었다. 2013년 유네스코가 '와쇼쿠(和食)'를 인류무형문화유산으로 등재한 것은 일본 음식의 브랜드 가치를 세계적인 수준으로 끌어올린 결정적인 계기였다. 와쇼쿠(和食)는 일본 전통의 식문화를 통칭하는 말로, 2013년 12월 유네스코 인류무형문화유산으로 등재되었다. 신선한 자연 식재료와 밥을 중심으로 영양 균형이 잡힌 식생활, 그리고 제철의 맛과 계절감을 살리는 식문화를 특징으로 하며, 이는 일본의 전통 식문화가 국제적으로 그 가치를 인정받았음을 의미한다. 음식문화로는 세계 4번째로 유네스코 인류무형문화유산에 등재되었으며, 일본 사회의 전통적 가치와 문화적 우수성이 국제적으로 인정받는 계기가 되었다. 일본은 이를 계기로 와쇼쿠를 새로운 성장 정책의 중점 산업으로 활용하고 있다. 이를 통해 일본 정부는 '음식'이 단순한 먹거리를 넘어, 일본의 국가 이미지를 제고하고 관광객을 끌어들이는 강력한 '전략 자산'이라는 인식을 확고히 하게 되었다. 실제로 많은 외국인 관광객들이 일본을 방문하는 가장 큰 이유 중 하나로 '본고장의 음식 체험'을 꼽는다. 이러한 상황에서, 잘 알려진 도시의 음식뿐만 아니라 각 지역 섬들이 간직한 독특하고 진정성 있는 음식 문화를 발굴하여 소개하는 것은, K-컬처에 비견되는 J-컬처의 외연을 확장하고 일본 관광의 매력을 한층 더 깊게 만드는 효과적인 전략이 된 것이다.

마지막으로, '지속가능한 관광으로의 전환 필요성'이다. 과거의 대량생산, 대량소비 시대에 주목받았던 대규모 단체관광은 환경 파괴와 오버투어리즘(Over Tourism, 과잉관광)[1]이라는 부작용을 낳았다. 이에 대한 반성으로, 지역 사회와 환경에 미치는 부정적 영향을 최소화하고, 관광객에게는 더 깊이 있는 경험을 제공하는 지속가능한 관광이 새로운 패러다임으로 떠올랐다. 이러한 흐름 속에서 섬 음식관광은 최적의 대안으로 주목받았다. 지역에서 생산된 식재료를 현지에서 소비하는 '로컬푸드(Local Food),' 빨리 많이 보는 대신 한곳에 오래 머물며 천천히 즐기는 '슬로 투어리즘(Slow Tourism),' 그리고 신선한 음식과 청정한 자연 속에서 몸과 마음의 건강을 추구하는 '웰빙(Well-being)' 및 '힐링(Healing)' 트렌드와 섬 음식관광은 완벽한 궁합을 자랑하기 때문이다.

1) 오버투어리즘(Overtourism, 과잉관광)은 수용 가능한 범위를 넘어선 과도한 관광객이 특정 지역에 몰려들어, 소음 · 쓰레기 · 물가 상승 등으로 주민의 삶의 질을 떨어뜨리고 환경을 파괴하는 현상이다. 코로나19 이후 세계적 여행 수요 급증으로 심화되어, 유럽과 일본 등 주요 관광지를 중심으로 관광객 제한 및 통제 등 대책이 강화되고 있다.

슬로 투어리즘(Slow Tourism)은 현대 사회의 빠른 속도에서 벗어나, 여유롭고 지속가능하게 여행하며 지역의 문화와 삶에 깊이 몰입하는 관광 형태로, '느리게 살기' 운동에서 비롯되었으며, 제주 올레길 걷기 여행처럼 걷기 여행이나 소도시 탐방, 현지 농부와의 대화, 순례길 걷기 등을 포함한다. 이는 오버투어리즘(과잉관광) 문제 해결과 건강한 삶의 질 추구라는 사회적 흐름과 맞물려 떠오르는 중요한 여행 트렌드이다.

주요 특징 및 활동

- 느린 속도와 깊은 몰입: 관광객이 특정 장소에 몰리지 않고, 천천히 걸으며 지역의 자연, 문화, 사람을 깊이 경험한다.
- 지속가능성: 환경 보호와 지역 경제 기여에 중점을 두며, 과도한 소비나 환경 파괴를 지양한다.
- 지역 주민과의 교류: 현지 농부, 장인 등과 대화하고 소통하며 삶의 방식을 이해한다.
- 다양한 활동: 걷기 여행(제주 올레길, 순례길 등), 자전거 여행, 농촌 체험, 소도시에서의 숙박 등이 포함된다.

배경 및 중요성

- 오버투어리즘 대안: 특정 관광지에 관광객이 집중되어 발생하는 소음, 쓰레기, 물가 상승 등의 문제를 완화한다.
- 삶의 질 추구: 건강하고 여유로운 삶을 중시하는 현대인의 가치관과 부합한다.
- 지역 발전: 지역의 숨겨진 매력을 발굴하고, 관광객 분산을 통해 지역 경제를 다각화하는 효과도 있다.

관련 사례

- 제주 올레길: 걷기 여행의 대표적인 예시로, 국내 슬로 투어리즘의 확산을 이끌었다.
- 이탈리아 슬로푸드 운동: 음식뿐 아니라 지역 문화와 전통을 지키는 슬로 라이프의 일환으로 여행에도 적용된다.
- 슬로시티(Cittaslow) 운동: 느림의 미학을 추구하는 국제 운동으로, 슬로 투어리즘과 밀접한 관련이 있다.

결론적으로 일본의 섬 음식관광 정책은, 지방 소멸에 대응하기 위한 절박한 내수 활성화 전략이자, 와쇼쿠의 세계화를 통해 국가 브랜드를 제고하려는 문화 전략이며, 동시에 미래 세대를 위한 지속가능관광을 확산시키려는 시대적 요구가 결합한 다층적인 배경 위에서 추진되고 있다. 이러한 강력한 동기 부여는 일본이 섬 음식관광 분야에서 우리보다 앞서 나갈 수 있었던 핵심적인 이유라 할 수 있다.

2. 관광 소비 동향

일본이 섬 음식관광을 국가적 차원에서 주목하는 강력한 배경은, 실제 관광 시장에서 소비자들이 보여주는 뚜렷한 소비 행태에 있다. 일본의 섬 관광에서 '음식'은 더 이상 부수적인 즐길 거리가 아니라, 관광객의 지출을 이끌어내는 핵심 동력이자 여행의 만족도를 결정하는 가장 중요한 요소로 작동하고 있다. 최근 일본의 섬 관광 소비 동향은 크게 '음식 중심 소비의 확대,' '체험형 소비의 증가,' '고급화 및 다양화,' 그리고 '외국인 관광객 수요의 증대'라는 네 가지 흐름으로 요약할 수 있다.

첫 번째 흐름은 '음식 중심 소비의 뚜렷한 확대'이다. 일본관광청(JNTO)의 통계에 따르면, 일본을 찾은 관광객의 전체 지출 항목 중 식음료비가 차지하는 비중은 쇼핑 다음으로 높은 약 20~25%에 달한다. 이는 관광객들이 여행 예산의 상당 부분을 기꺼이 '먹는 것'에 투자하고 있음을 보여준다. 특히 섬 지역은 그 경향이 더욱 두드러진다. 홋카이도의 신선한 게와 연어 요리, 세토우치 지역의 풍미 깊은 굴과 상큼한 레몬 요리, 오키나와의 향토색 짙은 고야참푸르(ゴーヤチャンプル, 여주 볶음)와 라프테[ラフテー(らふてー), 돼지고기 조림] 등은 그 음식을 맛보기 위해 기꺼이 해당 섬을 목적지로 선택하게 만드는 강력한 유인책이다. 이처럼 특정 음식이 여행의 목적이 되는 '목적지 음식(Destination Dish)' 현상은 섬 음식관광의 경제적 중요성을 명확히 보여준다.

두 번째는 단순히 사 먹는 것을 넘어 직접 참여하는 '체험형 소비의 확대'이다. 현대의 관광객들은 완성된 결과물뿐만 아니라 그 과정에 참여하며 얻는 경험과 지식에 높은 가치를 부여한다. 이러한 경향은 섬 음식관광에서 더욱 두드러져, 어촌에서 어부와 함께 낚시나 양식을 체험하고, 해녀[아마, 海人, あま)] 또는 해녀(海女, あまめ)를 따라 바다에 들어가 직접 채취한 해산물로 요리를 해 먹는 프로그램이 큰 인기를 끌고 있다. 또한, 각 지역의 기후와 미생물이 만들어내는 독특한 발효음식(된장, 간장 등)의 제조 과정을 배우는 프로그램은 일본 식문화의 근원을 이해하려는 지적 욕구를 가진 관광객들에게 매력적인 콘텐츠로 작용한다. 이러한 체험형 소비는 관광객에게 '내가 직접 참여하여 완성한 특별한 한 끼'라는 성취감을 주며, 이는 일반적인 식사보다 훨씬 더 강렬한 만족과 추억을 남긴다.

세 번째는 '고급화와 다양화'라는 질적 성장 추세다. 일본 국내외 관광객 모두 가격이 비싸더라도 특별하고 수준 높은 미식 경험에 기꺼이 지갑을 열 의향을 보이고 있다. 이에 따라 세계적인 명성을 가진 셰프가 외딴 섬에 레스토랑을 열고, 그 지역에서만 나는 희귀한 식재료로 예술적인 디너 코스를 선보이는 프리미엄 미식 상품이 각광받고 있다. 섬에서 생산된 전통주(사케)와 현지 음식을 짝지어 제공하는 전문적인 페어링 프로그램 역시 높은 인기를 구가한다. 이와 동시에, 채식주의자나 특정 종교적 신념을 가진 외국인 관광객을 위한 비건・할랄 인증 음식 등 메뉴의 '다양화' 노력도 빠르게 확산되고 있다. 특히 오키나와에서는 세계적인 장수 지역 '블루존(Blue Zone)'의 건강 식단이라는 이미지를 관광상품에 결합하여, 웰빙과 장수에 관심이 많은 고소득층 관광객을 성공적으로 유치하고 있다.

마지막으로, '외국인 관광객 수요의 폭발적인 증가'다. 일본을 찾는 외국인 관광객의 60% 이상이 '일본 음식 체험'을 여행의 핵심적인 동기 중 하나로 꼽을 만큼, '와쇼쿠'의 매력은 전 세계적으로 인정받고 있다. 이들에게 스시나 덴푸라 같은 대중적인 음식을 넘어, 특정 섬에서만 맛볼 수 있는 독창적이고 신선한 음식은 매우 매력적인 콘텐츠로 인식된다. 니가타현의 사도섬(佐渡島)에서 즐기는 사케 양조장 투어나, 오키나와의 아와모리 증류소 방문 및 향토 음식 체험 등은 이미 외국인 관광객들 사이에서 필수 코스로 자리 잡았다. 이는 섬 음식관광이 내수 시장을 넘어 글로벌 시장에서도 충분한 경쟁력을 가질 수 있음을 보여주는 중요한 지표다.

〈표 3-1〉 **일본의 섬 음식관광 동향**

구분	주요 특징	대표적인 사례
음식 중심 소비	전체 관광 지출의 20~25%를 차지하는 핵심 소비 항목	홋카이도 게 요리, 세토우치 굴 요리, 오키나와 향토 음식
체험형 소비	단순 시식을 넘어 직접 참여하고 배우는 경험에 대한 지출 확대	해녀(아마) 체험, 전통 발효음식 만들기, 어업 체험
고급화・다양화	프리미엄 미식 경험과 개인의 신념을 고려한 특수식단 수요 증가	미슐랭 셰프 디너, 사케 페어링, 오키나와 웰빙 식단
외국인 수요	여행의 핵심 동기로서 '음식 체험'을 중시하는 경향 심화	사도섬 사케 투어, 오키나와 아와모리 체험

결론적으로, 〈표 3-1〉처럼 일본의 섬 관광 소비 동향은 관광객들이 더 이상 수동적인 관람객이 아닌, 능동적이고, 까다로우며, 기꺼이 지갑을 여는 '미식 탐험가'로 진화하고 있음을 보여준다. 이들은 단순히 음식을 사는 것이 아니라, 그 안에 담긴 경험과 이야기, 건강과 자부심을 함께 소비한다. 이러한 소비 트렌드의 변화야말로, 일본이 섬 음식관광을 국가 관광 전략의 핵심으로 삼고 정책적 지원을 아끼지 않는 가장 근본적인 동력이라 할 수 있다.

3. 섬 음식관광 관련 정책

일본의 섬 음식관광이 세계적인 주목을 받는 이유는, 앞서 살펴본 강력한 추진 배경과 명확한 소비 동향을 국가 차원의 정교한 정책으로 연결시켰기 때문이다. 일본 정부는 음식을 단순한 농수산물이 아닌, 국가의 브랜드 가치를 높이고 지역 소멸 위기를 극복할 핵심적인 '전략 자산'으로 일찌감치 인식했다. 이에 따라 일본관광청(JNTO), 농림수산성(MAFF) 등 중앙정부 부처들이 각자의 전문성을 바탕으로 유기적인 정책 네트워크를 형성하고, 이를 통해 섬 음식관광을 체계적으로 육성하고 있다.

일본의 국가 정책은 크게 네 가지 방향으로 추진된다. 첫째, '일본관광청(JNTO)을 중심으로 한 국가 미식관광 전략'이다. 일본관광청은 2016년 발표한 '재방문 촉진 전략'에서 음식관광을 핵심 콘텐츠로 공식 지정하며 정책의 신호탄을 쏘아 올렸다. 이후 JNTO는 해외 홍보의 최전선에서, 잘 알려진 도시의 미식뿐만 아니라 각 섬 지역이 간직한 독특하고 신선한 음식 경험을 '아직 알려지지 않은 일본의 매력'으로 집중 조명하며 외국인 관광객의 호기심을 자극하고 있다.

둘째, '농림수산성(MAFF)의 농박(農泊) 정책'이다. 이는 농어촌 지역의 활성화를 목표로, 관광객이 농어촌에서 숙박하며 그 지역의 생활과 음식을 체험하는 프로그램을 지원하는 제도다. 특히 섬 지역에서는 어업 체험, 해산물 채취, 향토음식 조리 등 '생산 현장'과 '식탁'을 직접 연결하는 농박 프로그램이 큰 호응을 얻으며, 섬의 일상 자체를 관광 상품화하는 데 결정적인 역할을 하고 있다.

셋째, '세계미식관광헌장(Gastronomy Tourism Charter)을 통한 글로벌 리더십 확보'다. 일본은 2016년 UNWTO(세계관광기구)와 함께 제2회 세계미식관광포럼을 개최하고, 이 헌장을 발표하며 음식관광을 국가 관광 전략의 핵심으로 공식화했다. 이는 일본이 단순히 음식관광을 추진하는 것을 넘어, 이 분야의 세계적인 표준과 담론을 주도하겠다는 의지를 보여준 상징적인 사건이다. 이 과정에서 섬의 신선한 해산물, 독특한 발효음식, 전통 조리법 등은 일본의 미식 문화를 대표하는 핵심적인 홍보 콘텐츠로 적극 활용되었다.

'세계미식관광헌장'은 주로 세계음식여행협회(World Food Travel Association, WFTA)에서 제정한 '미식관광 매니페스토(Our Manifesto)'를 의미한다. 이 헌장은 미식관광이 지역

사회에 미치는 긍정적인 영향과 지속가능성을 강조하며, 음식과 음료를 통해 여행자에게 깊이 있는 경험을 제공하는 것을 목표로 한다.

주요 핵심 내용

- '장소의 맛(Taste of Place)' 보존: 각 여행지가 가진 고유한 요리 문화, 전통, 식재료, 그리고 그에 얽힌 이야기를 보존하고 홍보한다.
- 지속가능성과 다양성: 환경 친화적인 관행을 실천하고, 요리 문화의 다양성과 포용성을 옹호하여 다음 세대를 위해 미식 유산을 보호한다.
- 지역 사회 지원: 소상공인, 가족 경영 식당, 스트리트 푸드 판매자 등 지역 요리사와 생산자를 지원하여 지역 경제에 기여한다.
- 상호 협력: 목적지 마케터, 음식 전문가, 관광 산업 관계자들이 협력하여 차별화된 미식 경험을 창출합니다.

배경 및 목적

- 음식의 중요성 증대: 전 세계 여행자의 약 35%가 여행지를 선택할 때 음식과 음료를 핵심 요소로 꼽을 만큼 미식관광의 중요성이 커졌다.
- 문화 교류: 미식관광은 단순한 식사를 넘어 해당 지역의 문화와 생활 방식을 이해하는 수단이 된다.

세계음식여행협회(WFTA)는 2003년 설립된 비영리 기구로, 이러한 헌장을 바탕으로 미식관광 산업의 전문성을 높이고 지역의 음식관광을 육성하는 가이드라인을 제공하고 있다.

마지막으로, '국가 전략 특구 제도의 활용'이다. 오키나와, 규슈 등 일부 지역을 국가 전략 특구로 지정하여, 음식관광과 관련된 규제를 완화하고, 민간 투자를 유치하며, 인프라를 우선적으로 개선하는 등 파격적인 혜택을 제공했다. 이는 일종의 '정책 실험실'로서, 특구에서의 성공 모델을 다른 지역으로 확산시키는 거점으로 기능하고 있다.

이러한 정책 방향은 〈표 3-2〉과 같은 구체적인 프로그램들을 통해 현장에서 실행되고 있다.

이러한 체계적인 정책 추진은 뚜렷한 성과로 나타났다. 섬의 특산물을 기반으로 한 체험형 관광상품은 관광객의 1인당 지출액을 높이고 체류 기간을 연장시키는 효과를 가져왔다. 또한, '사도섬=사케,' '세토우치=레몬과 굴,' '오키나와=장수음식'처럼, 각 섬의 정체성이 음식과 결합하여 강력한 지역 브랜드로 자리 잡게 되었다. 무엇보다, 효과적인 해외 마케팅을 통해 수많은 외국인 관광객들이 이제는 도쿄나 교토가 아닌, 특별한 음식 경험을 찾아 기꺼이 일본의 여러 섬으로 발길을 향하게 만들었다.

〈표 3-2〉 **일본의 섬 음식관광정책의 방향**

정책명	주관 기관	주요 내용	대표적인 적용 섬 사례
농박(農泊) 추진 사업	농림수산성	농어촌 지역에서 숙박하며 지역의 농수산물과 음식을 직접 체험하는 프로그램 지원	사도섬(佐渡島)의 사케 양조 및 쌀농사 체험, 오키나와의 장수마을 전통요리 체험
지역 미식 루트 개발	일본관광청	섬별 특산물과 문화를 엮어 테마가 있는 관광 루트를 기획하고, 외국인 대상 홍보 강화	세토우치 지역의 레몬・굴 테마 코스, 홋카이도의 게 요리 전문 투어
일본 식문화 해외발신 프로젝트	농림수산성	일본 음식의 매력을 알리는 다국어 콘텐츠(영상, 책자)를 제작하고 해외 박람회 등에서 홍보	오키나와를 '일본의 대표 웰빙 식문화' 지역으로 선정하여 집중 캠페인 전개
섬 푸드 페스티벌 지원	지자체+관광청	섬의 대표 특산물을 주제로 한 축제 및 지역 요리대회를 지원하여 집객 효과 극대화	미야기현의 굴 축제, 나가사키현 고토열도의 참치 페스티벌

하지만 일본의 정책에도 한계는 존재한다. 중앙정부의 지원이 교통과 인프라가 비교적 잘 갖춰진 일부 유명 섬에 집중되면서, 잠재력은 있지만 기반이 취약한 대다수의 소규모 섬들은 정책의 수혜에서 소외되는 '지역 간 격차' 문제가 여전히 심각하다. 또한, 많은 지원 사업들이 단발성 축제나 행사에 집중되어, 장기적으로 자생할 수 있는 지속가능한 상품으로 발전하는 데는 어려움을 겪고 있다. 고질적인 '전문 인력 부족' 문제 역시 일본이라고 예외는 아니어서, 음식과 관광을 아우르는 전문 해설사나 프로그램 운영 인력의 부족으로 서비스 품질에 차이가 발생하는 경우가 많다.

결론적으로, 일본의 섬 음식관광 정책은 '와쇼쿠'라는 국가 브랜드를 기반으로, 음식과 섬의 가치를 전략적으로 결합하여 국내외 시장에서 괄목할 만한 성과를 거두고 있다. 이는 중앙정부 부처 간의 유기적인 협력과 명확한 역할 분담이 있었기에 가능했다. 그러나 일부 지역에 편중된 발전과 장기적인 지속성 확보라는 과제는, 앞으로 일본의 정책이 나아가야 할 방향을 명확히 보여주고 있다.

4. 지자체의 섬 음식관광 사례

일본 섬 음식관광의 진정한 힘은 국가의 거시 전략을 각 지역의 특성에 맞게 실천해내는 지방자치단체들의 창의적인 노력에서 나온다. 중앙정부가 닦아놓은 길 위에서, 각 지자체는 자신들이 보유한 가장 독특하고 경쟁력 있는 자원을 발굴하여 관광객을 유혹하는 매력적인 상품으로 만들어내고 있다. 이는 단순히 중앙정부의 정책을 따라 하는 수준을 넘어, 지역 주민의 참여를 이끌어내고 섬 고유의 정체성을 강화하는 방향으로 진화하고 있다. 일본의 수많은 섬 중에서도 특히 주목할 만한 네 가지 사례를 통해 그 성공 전략을 구체적으로 살펴보고자 한다.

첫 번째 사례는 니가타현에 속한 '사도섬(佐渡島)'이다. 과거 금광과 유형지로 알려졌던 사도섬은 인구 감소의 위기 속에서, 섬의 비옥한 토양과 청정한 물이 빚어내는 최상급 '쌀'과 '사케(일본 전통주)'를 관광의 핵심 자원으로 삼았다. 방문객들은 섬에 있는 여러 사케 양조장을 순례하는 '양조장 투어'를 통해 각기 다른 맛과 향의 사케를 시음하고, 사케 장인인 '토지(杜氏)'에게 직접 술 빚는 과정에 대한 설명을 듣는다. 더 나아가, 사케의 원료가 되는 쌀을 직접 수확해보는 농사 체험과, 사도섬의 쌀과 해산물로 만드는 전통 요리 강습까지 참여하며 쌀과 사케의 모든 것을 오감으로 경험한다. 또한, 지자체는 '사도 섬 밥상'이라는 인증제를 통해 섬의 식재료를 적극적으로 사용하는 우수 식당을 알리며, 관광객에게 신뢰를 주고 있다. 이러한 노력 덕분에 '사도섬=사케의 섬'이라는 브랜드가 확고히 자리 잡으며, 미식가들의 발길이 끊이지 않는 섬으로 거듭났다.

두 번째는 여러 현에 걸쳐 있는 광역 지역인 '세토우치(瀬戸内)'의 사례다. 잔잔한 내해에 1,000여 개의 섬이 떠 있는 세토우치는 '세토우치 국제 예술제'를 통해 세계적인 관광지로 발돋움했다. 이들은 예술이라는 큰 주제 아래, 온화한 기후를 상징하는 '레몬'과 풍부한 '해산물'을 음식관광의 공통된 테마로 설정했다. 특히 '세토우치 레몬 루트'는 큰 인기를 끌고 있는데, 관광객들은 자전거를 타고 해안 도로를 달리다 바닷가 카페에서 레몬에이드 한 잔을 마시고, 점심으로는 갓 잡은 굴에 레몬을 듬뿍 뿌려 먹으며, 저녁에는 레몬을 곁들인 생선 요리를 맛보는 등 레몬을 테마로 한 미식 여정을 즐긴다. 이는 레몬이라는 하나의 상징 자원을 통해 흩어져 있는 여러 섬을 하나의 관광 권역으로 묶어내는 탁월한 브랜딩 전략이라 할 수 있다.

세 번째는 일본 최남단의 '오키나와'로, 이곳은 음식과 '라이프스타일'을 결합한 독특한 사례를 보여준다. 세계적인 장수 지역 '블루존'으로 알려진 오키나와는 고야(여주), 흑돼지, 아와모리 소주 등 독특한 식재료와 식문화를 '장수와 웰빙'이라는 테마로 엮어냈다. 관광객들은 '장수 음식 투어'를 통해 현지인의 가정집을 방문하여 소박하지만 건강한 가정식을 맛보고, 전통 시장에서 식재료에 대한 설명을 들으며, 장수의 비결이 담긴 요리를 직접 배워본다. 또한, 전통 민속공연인 '에이사'를 감상하며 즐기는 디너쇼나, 건강에 관심이 많은 외국인 관광객을 대상으로 한 다국어 쿠킹 클래스는 오키나와 음식관광의 핵심 상품이다. 이는 단순히 음식을 파는 것을 넘어, 건강하고 여유로운 오키나와의 삶의 방식 자체를 관광 상품화한 성공적인 사례다.

마지막은 동일본 대지진의 피해를 딛고 일어선 '미야기현'의 계절형 음식관광 사례다. 일본 3대 절경 중 하나인 마쓰시마만(松島湾)을 중심으로 굴 양식이 발달한 이곳에서는, 매년 굴이 가장 맛있는 겨울철에 '굴 축제'를 개최한다. 축제 기간 동안 관광객들은 갓 잡은 굴을 숯불에 구워 마음껏 먹거나, 굴 껍데기 까기 체험, 굴을 활용한 창작 요리(굴 라멘, 굴 크로켓 등) 시식 등 다채로운 프로그램을 즐길 수 있다. 이 축제는 겨울이라는 관광 비수기에 단기간 동안 폭발적으로 관광객을 유치하여 지역 경제에 큰 활력을 불어넣는다. 또한, 재해의 아픔을 딛고 최고 품질의 굴을 다시 생산해내는 어민들의 이야기는 단순한 미식 축제를 넘어, 방문객에게 깊은 감동과 희망의 메시지를 전달한다.

〈표 3-3〉 **일본 지자체의 섬 음식관광 사례**

지역	주요 자원	대표 프로그램	핵심 전략 및 효과
니가타현 사도섬	쌀 · 사케	양조장 투어, 전통 쌀 요리 강습	단일 품목(사케)의 전문화 · 고급화를 통한 브랜드 정착
세토우치 지역	레몬 · 해산물	'세토우치 레몬 루트,' 굴 채취 체험	상징 자원(레몬)을 활용한 광역 단위의 통합 브랜딩
오키나와	장수 음식 · 전통문화	웰빙 투어, 민속공연 결합 디너	'건강'이라는 라이프스타일 자체를 상품화하여 차별화
미야기현 마쓰시마	굴	겨울 굴 축제, 굴 신메뉴 개발	계절적 · 집중적 축제를 통한 비수기 극복 및 경제 활성화

이처럼 일본 지자체들의 성공 사례는 우리에게 중요한 시사점을 던져준다. 그것은 바로 '선택과 집중'이다. 모든 것을 다 보여주려 하기보다는, 자신들이 가진 가장 독특하고 강력한 자원 하나를 발굴하여, 그것을 중심으로 일관된 스토리와 체험을 엮어낼 때 비로소 관광객의 마음을 사로잡는 진정한 의미의 섬 음식관광이 완성될 수 있다는 것이다. 이로써 일본의 사례 분석을 마치고, 다음 절에서는 또 다른 다도해 국가인 인도네시아의 사례를 살펴보고자 한다.

제2절 인도네시아

1. 추진 배경

온대 기후의 정제된 미식을 보여준 일본의 사례에서 적도를 가로지르는 열대의 군도, 인도네시아로 시선을 옮겨보고자 한다. 인도네시아는 약 17,000개에서 18,000개 이상의 섬으로 이루어진 군도 국가이다. 또한, 태평양과 인도양을 잇는 광대한 해역에 흩어져 있는 세계 최대의 도서 국가다. 이러한 압도적인 지리적 스케일은 그 자체로 비교 불가능한 수준의 생태적, 문화적 다양성을 낳았고, 이는 인도네시아 섬 음식관광의 무한한 잠재력이 되었다. 인도네시아 정부가 섬 음식관광을 국가의 핵심 관광 전략으로 추진하게 된 배경에는 이러한 지리적 특성과 더불어, 복합적인 역사·경제적 요인들이 자리하고 있다.

첫 번째 배경은 '세계 최대 다도해 국가가 가진 지리적·문화적 다양성' 그 자체다. 수천 개의 유인도는 각기 다른 자연환경과 문화적 토양 위에서 자신들만의 고유한 식문화를 꽃피웠다. 힌두 문화의 영향 아래 다채로운 향신료를 사용하는 발리의 '바비 굴링(Babi guling, 새끼돼지 통구이),' 청정 해역의 풍부한 해산물을 즉석에서 구워 먹는 술라웨시의 담백한 해산물 요리, 그리고 세계사의 물줄기를 바꾼 향신료의 원산지 말루쿠 제도의 강렬한 향신료 음식에 이르기까지, 인도네시아의 섬들은 저마다의 독특한 맛과 이야기를 품고 있다. 이처럼 끝을 알 수 없는 다양성은 관광객에게 '섬을 옮겨 다닐 때마다 새로운 미식의 세계를 만날 수 있다'는 기대를 심어주며, 그 자체로 강력한 관광 경쟁력으로 작용한다.

두 번째는 '국가 경제에서 관광산업의 중요성이 확대'되고 있다는 점이다. 관광산업은 인도네시아의 GDP에서 매우 중요한 비중을 차지하는 핵심적인 외화벌이 산업이며, 그 중심에는 발리, 롬복, 라자암팟 등 세계적인 섬 관광지들이 있다. 인도네시아 정부는 기존의 휴양 중심 관광에서 한 단계 나아가, 관광객의 체류 기간을 늘리고 1인당 소비액을 높일 방안을 모색해왔다. 그 해답을 바로 '음식'에서 찾은 것이다. 음식은 숙박, 교통과 더불어 관광객 지출의 가장 큰 부분을 차지하는 항목 중 하나다. 따라서 각 섬의 독특한 식문화를 관광과 결합하여 매력적인 미식 경험을 제공한다면, 관광객들이 더 오래 머물고, 더 많은 돈을 쓰게 만들 수 있다는 전략적 판단이 정책 추진의 중요한 배경이 되었다.

세 번째는 '향신료 무역의 중심지였던 역사적 자산'이다. 인도네시아의 말루쿠 제도는 대항해시대에 '향신료 제도(Spice Islands)'라 불리며, 정향(clove)과 육두구(nutmeg)를 독점적으로 생산하던 곳이었다. 당시 금보다 비싸게 거래되던 이 향신료들은 유럽 열강들의 탐험과 전쟁, 그리고 식민지 지배라는 세계사의 격동을 불러왔다. 오늘날 인도네시아 정부는 이처럼 파란만장한 역사를 단순한 과거로 남겨두지 않고, '스파이스 루트(Spice Route)'[2]를 따라가는 역사 탐방과 음식 체험을 결합한 관광 상품으로 재창조하고 있다. 이는 음식에 깊이 있는 역사적·문화적 스토리텔링을 부여하여, 관광객에게 지적인 만족감까지 선사하는 고차원적인 전략이다.

네 번째는 '지역 균형 발전'이라는 국가적 과제다. 인도네시아의 관광객과 부(富)는 대부분 자바와 발리 같은 특정 섬에 집중되어 있어, 동부 인도네시아의 말루쿠, 술라웨시, 누사텡가라 등 수많은 섬은 여전히 개발에서 소외되어 있다. 이러한 불균형을 해소하기 위해, 정부는 소외된 섬 지역의 잠재력을 끌어낼 수 있는 대안적 발전 모델을 모색해왔다. 섬 음식관광은 대규모 자본 투자 없이도 지역 주민들이 자신들의 전통 지식과 식재료를 활용하여 직접 참여할 수 있는 '주민 참여형 모델'을 만드는 데 매우 효과적이다. 이는 지역 공동체의 해체를 막고, 현지에서 새로운 일자리를 창출하여 소득 증대에 직접적으로 기여할 수 있다는 점에서 중요한 정책적 의미를 가진다.

마지막으로, '글로벌 관광 트렌드와의 높은 부합성'이다. 오늘날의 세계 관광 시장은 인공적인 볼거리보다는 진정성 있는 '현지 음식 경험(Local Food Experience)'을, 환경을 파괴하는 대량 관광보다는 지역과 상생하는 '지속가능관광(Sustainable Tourism)'을 중요한 가치로 여기고 있다. 인도네시아의 섬 음식관광은 청정한 자연 속에서 현지의 식재료로 만든 음식을 맛보고, 그 안에 담긴 문화와 교감하는 융합형 관광 모델로서 이러한 글로벌 트렌드에 완벽하게 부합한다. 이는 인도네시아가 세계 관광 시장에서 자국의 섬들을 더욱 매력적인 목적지로 포지셔닝할 수 있는 강력한 기회가 되고 있다.

이처럼 인도네시아의 섬 음식관광 정책은, 축복받은 지리적·문화적 다양성을 바탕으로, 국가 경제 발전과 지역 균형 개발이라는 현실적 필요와 역사적 자산의 활용 및 글로벌 트렌드에 부응하려는 전략적 판단이 복합적으로 작용한 결과물이라 할 수 있다.

---

2) 인도네시아 스파이스 루트는 정향과 육두구 등 고가의 향신료를 동양에서 서양으로 나르는 고대 해상 무역로로, 특히 인도네시아 말루쿠 제도가 그 중심지였다. 이 루트는 아라비아 상인, 이슬람, 그리고 이후 네덜란드 동인도회사 같은 유럽 세력들이 향신료 무역의 거점으로 삼았으며, 인도양과 유럽을 연결하는 중요한 동서양 교류의 통로 역할을 했다.

2. 관광 소비 동향

인도네시아 정부가 섬 음식관광을 국가의 핵심 전략으로 삼게 된 배경에는, 관광객들이 실제 시장에서 보여주는 뚜렷한 소비의 흐름이 있다. 인도네시아의 섬을 찾는 관광객들에게 음식은 더 이상 단순히 허기를 채우는 수단이 아니라, 그 섬의 문화를 이해하고 여행의 질을 높이는 핵심적인 경험재로 자리 잡고 있다. 이러한 소비 동향은 '음식 중심 지출의 확대,' '참여형 체험 소비의 증가,' '프리미엄 및 웰빙 수요의 확산,' 그리고 '외국인 관광객의 높은 관심'이라는 네 가지 축으로 분석할 수 있다.

첫 번째 흐름은 '음식 중심 지출의 확대'이다. 인도네시아 관광청의 자료에 따르면, 관광객의 전체 지출액 중 식음료비가 차지하는 비중은 약 20% 내외로, 숙박비와 함께 가장 큰 부분을 차지한다. 특히 세계적인 휴양지인 발리, 롬복, 그리고 '지구상 마지막 파라다이스'라 불리는 라자암팟과 같은 주요 섬 관광지에서는, 현지의 독특한 음식을 맛보는 것이 여행의 핵심적인 동기로 작용하고 있다. 힌두교의 제사 음식에서 유래한 발리의 '바비 굴링(새끼돼지 통구이),' 강렬한 매운맛이 특징인 롬복의 '아얌 탈리왕(Ayam Taliwang, 매운 닭요리),' 그리고 청정 바다에서 갓 잡은 생선을 숯불에 구워 먹는 술라웨시의 '이칸 바카르(Ikan Bakar, 숯불 생선구이)' 등은 그 지역을 방문해야만 제대로 맛볼 수 있는 대표적인 음식으로, 관광객들의 지갑을 기꺼이 열게 만들고 있다.

두 번째는 '참여형 체험 소비의 확산'이다. 오늘날의 관광객들은 완성된 음식을 수동적으로 맛보는 것을 넘어, 음식의 재료가 되는 향신료 농장을 직접 방문하고, 그곳에서 현지 요리사에게 전통 조리법을 배우는 '쿠킹 클래스'에 적극적으로 참여한다. 또한, 어촌 마을에 머물며 어부와 함께 바다에 나가 물고기를 잡고, 전통 시장(파사르, Pasar)에서 함께 장을 본 뒤, 현지 가정집에서 함께 식사를 준비하는 '홈스테이 음식 체험' 역시 큰 인기를 끌고 있다. 이는 소비의 가치가 단순히 '먹는 것'에서 음식을 매개로 '경험하고 배우는 것'으로 전환되고 있음을 보여주는 중요한 흐름이다. 이러한 체험 과정 속에서 관광객들은 음식에 대한 깊은 이해와 함께 현지인들과 따뜻한 교감을 나누게 된다.

세 번째는 '프리미엄 · 웰빙 수요의 확산'이다. 인도네시아의 경제 성장과 함께 두터워진 중산층과 고소득층 내국인들은 물론, 외국인 관광객들을 중심으로 더 높은 수준의 미식 경험과 건강을 지향하는 음식에 대한 수요가 빠르게 늘고 있다. 발리의 고급 리조트들은 세계적인 수준의 셰프를 초빙하여, 현지의 신선한 유기농 식재료와 글로벌 조리법을 결합한 최고급 파인 다이닝 코스를 선보이며 미식가들을 유혹하고 있다. 또한, 건강과 환경에 대한 관심이 높아지면서 유기농 농산물을 사용하는 레스토랑이나, 채식·비건 메뉴를 전문적으로 제공하는 식당들이 크게 늘고 있다. 특히 세계 최대 무슬림 인구를 가진 국가답게, 할랄 인증 레스토랑의 확대는 무슬림 관광객을 유치하는 데 매우 중요한 요소로 작용하고 있다.

마지막으로, '외국인 관광객의 높은 음식관광 수요'이다. 세계은행(World Bank)과 UNWTO의 보고서에 따르면, 인도네시아를 방문하는 외국인 관광객의 약 60% 이상이 '현지 음식 체험'을 여행의 필수적인 요소로 인식하고 있다. 이는 해변에서의 휴양이나 다이빙 같은 전통적인 관광 활동만큼이나, 음식이 인도네시아를 선택하는 중요한 동기가 되었음을 의미한다. 특히 발리의 쿠킹 클래스는 전 세계적으로 가장 유명하고 성공적인 음식관광 상품 중 하나로 자리잡았으며, 라자암팟의 청정 해역에서 즐기는 해산물 체험 투어나, 말루쿠 제도의 역사적인 향신료 농장을 방문하는 미식 투어 역시 외국인 관광객들 사이에서 큰 인기를 얻고 있다.

〈표 3-4〉 **인도네시아의 섬 음식관광 동향**

구분	주요 특징	대표적인 사례
음식 중심 소비	전체 관광 지출의 약 20%를 차지하는 핵심 소비 항목	발리 바비 굴링, 롬복 아얌 탈리왕, 술라웨시 이칸 바카르
체험형 소비	단순 시식을 넘어, 직접 참여하고 배우는 경험에 대한 선호도 증가	향신료 농장 요리 교실, 어촌 해산물 체험, 홈스테이 음식 체험
프리미엄·웰빙	고급 다이닝과 건강·신념을 고려한 음식에 대한 수요 확대	발리 리조트 파인 다이닝, 유기농 레스토랑, 할랄 인증 식당
외국인 관광객 수요	여행의 핵심 동기로서 '음식 체험'을 중시하는 경향 심화	발리 쿠킹 클래스, 라자암팟 해산물 투어, 말루쿠 향신료 투어

결론적으로, 인도네시아의 관광 소비 동향은 전통적이고 서민적인 현지 음식에 대한 꾸준한 수요와, 새롭게 부상하는 고급·체험·웰빙 트렌드에 대한 수요가 공존하며 시장을 다채롭게 만들고 있음을 보여준다. 이러한 강력하고 다층적인 소비 시장의 존재는, 인도네시아 정부와 민간 업계가 섬 음식관광을 미래의 핵심 성장 동력으로 삼고 적극적으로 투자하게 만드는 가장 중요한 원동력이 되고 있다.

3. 섬 음식관광 관련 정책

인도네시아의 풍부한 잠재력과 역동적인 소비 시장은 정부의 체계적인 정책과 결합하며 시너지를 내고 있다. 인도네시아 정부는 섬 음식관광을 국가 경제를 이끌어갈 핵심 동력이자, 수많은 섬에 균형 있는 발전을 가져다줄 중요한 수단으로 인식하고 있다. 이에 따라, 국가 차원의 거시적인 브랜딩 전략부터 지역 주민의 참여를 이끌어내는 미시적인 프로그램에 이르기까지 다층적인 정책이 유기적으로 추진되고 있다.

국가 차원의 정책 방향에서 가장 눈에 띄는 것은 '원더풀 인도네시아(Wonderful Indonesia)'라는 국가 브랜드 전략이다. 이는 인도네시아의 모든 관광 자원을 '경이로움'이라는 하나의 키워드로 묶어 전 세계에 홍보하는 대규모 캠페인이다. 이 전략 안에서 음식은 자연(Nature), 문화(Culture)와 함께 3대 핵심 요소 중 하나로 지정되어, 발리, 롬복, 라자암팟 등 주요 섬 관광지의 매력을 알리는 데 적극적으로 활용되고 있다. 또한, 세계 최고 수준의 산호초 군락을 자랑하는 인도네시아의 강점을 살려, 다이빙이나 요트와 같은 '해양관광(Maritime Tourism)'에 현지 해산물 식도락을 결합한 상품 개발을 적극적으로 지원하고 있다. 이는 고가의 해양 레저를 즐기는 관광객들에게 그에 걸맞은 프리미엄 미식 경험을 제공함으로써, 관광객의 만족도와 소비 지출을 동시에 높이는 효과적인 전략이다. 무엇보다 인도네시아만이 가질 수 있는 가장 독창적인 정책은 바로 '향신료 루트 개발 정책(Spice Route Program)'이다. 이는 과거 세계사를 뒤흔들었던 향신료 무역의 역사를 국가적인 스토리텔링 자산으로 재조명하는 국가 프로젝트다. 향신료의 원산지인 말루쿠 제도를 중심으로 향신료 농장 투어, 관련 박물관 건립, 국제 학술 및 문화행사 개최 등을 통해, 인도네시아를 '향신료의 나라'로 각인시키고, 음식에 담긴 역사적 깊이를 체험하려는 전 세계의 문화 관광객들을 유혹하고 있다.

이러한 국가적 정책 방향은 〈표 3-5〉와 같은 구체적인 프로그램들을 통해 실현되고 있다.

이러한 정책들은 가시적인 성과를 보여주고 있다. 특히 '10개의 새로운 발리' 프로젝트는 발리에 과도하게 집중되었던 관광객을 롬복, 라부안바조 등 다른 섬으로 성공적으로 분산시키는 효과를 낳았다. 또한, 주민들이 직접 참여하는 공동체 기반 관광(CBT) 프로그램은 외부 자본의 유입이 어려운 소외 지역 주민들에게 새로운 소득을 창출해주며 지역 경제에 실질적인 보탬이 되고 있다. 국가적으로는 '향신료의 나라'라는 독보적인 브랜드 이미지를 강화하며, 음식 문화를 통해 국가의 문화적 위상을 한 단계 끌어올렸다는 평가를 받는다.

〈표 3-5〉 **인도네시아의 섬 음식관광 정책 방향**

정책명	주관 기관	주요 내용	대표적인 적용 사례
'10개의 새로운 발리' 프로젝트	관광창조경제부	발리에 집중된 관광 수요를 분산시키기 위해 10개의 새로운 전략 관광지를 지정하여 집중 육성. 음식관광 콘텐츠 개발 포함	롬복(만달리카), 라부안바조(코모도 국립공원) 등
농어촌 기반 관광 촉진 프로그램	농업부 · 관광부	농어촌 지역의 특산물을 활용한 체험형 관광 상품 개발을 지원하여 지역 주민의 직접 소득 증대	술라웨시 어촌의 해산물 요리 체험, 자바의 커피 농장 투어
향신료 루트 활성화	교육문화부 · 관광부	향신료의 역사와 음식문화를 재조명하고, 관련 유적지를 정비하며 국제 컨퍼런스 및 페스티벌 개최	말루쿠 제도의 향신료 음식 투어, 반다네이라 역사지구
공동체 기반 관광(CBT)	지자체 · NGO	지역 주민들이 관광 사업의 주체가 되어 직접 음식 체험, 민박 등을 운영하도록 지원하고 교육	발리 및 누사텡가라 지역의 현지 가정식 체험 프로그램

하지만 이러한 성과 이면에는 개발도상국으로서 넘어야 할 명백한 한계점들이 존재한다. 가장 큰 문제는 '인프라의 절대적인 부족'이다. 정책적으로 새로운 관광지를 지정하더라도, 그곳까지 연결되는 교통편이 부족하고, 안정적인 전기나 깨끗한 물, 위생적인 숙박 시설이 갖춰져 있지 않은 섬들이 여전히 많다. 또한, 발리와 같은 일부 유명 섬에만 글로벌 마케팅 역량이 집중되어 있어, 잠재력 있는 수많은 소규모 섬들은 여전히 홍보 부족과 낮은 접근성의 이중고를 겪고 있다. 마지막으로, 관광객이 급증하면서 발생하는 환경 파괴와 '오버투어리즘(과잉관광)' 문제에 어떻게 대응하며 '지속가능성'을 확보할 것인가 역시 인도네시아가 풀어야 할 중요한 숙제다.

결론적으로, 인도네시아의 섬 음식관광 정책은 '원더풀 인도네시아'라는 국가 브랜드 전략과 '지역 균형 발전'이라는 현실적 과제 속에서, 향신료 역사와 풍부한 해양자원이라는 독창적인 날개를 달고 비상하고 있다. 그러나 그 비상이 지속가능하기 위해서는, 화려한 브랜딩과 함께 관광객을 맞이할 기본적인 인프라를 튼튼하게 구축하고, 환경을 보전하려는 제도적 노력이 반드시 병행되어야 할 것이다.

4. 지자체의 섬 음식관광 사례

인도네시아의 거시적인 섬 음식관광 정책은 각 섬의 지방정부와 지역 공동체를 통해 비로소 생생한 현실이 된다. 중앙정부가 제시한 방향성 아래, 각 지자체는 자신들이 가진 고유의 자원을 활용하여 관광객을 유혹하는 다채로운 프로그램을 선보이고 있다. 특히 세계적인 관광지인 발리부터, '제2의 발리'를 꿈꾸는 롬복, 원시의 자연을 간직한 라자암팟, 그리고 역사의 향기가 깃든 말루쿠 제도에 이르기까지, 각 지역의 사례는 섬 음식관광의 성공 모델이 결코 하나가 아님을 명확히 보여준다.

첫 번째, '발리(Bali)'는 섬 음식관광을 '글로벌 교육 산업'으로 승화시킨 대표적인 사례다. 발리는 세계 각지에서 몰려드는 관광객들에게 인도네시아 음식을 소개하는 관문 역할을 한다. 이곳의 음식관광은 단순히 음식을 맛보는 것을 넘어, '배우고 체험하는' 과정에 초점이 맞춰져 있다. 그 중심에는 세계적으로 유명한 '쿠킹 클래스'가 있다. 관광객들은 아침 일찍 현지 가이드와 함께 전통 시장(파사르)에 들러 향신료와 식재료에 대한 설명을 듣고, 아름답게 꾸며진 야외 조리 공간으로 이동하여 나시고렝, 사테 등 대표적인 인도네시아 요리를 직접 만들어본다. 이는 매우 체계적이고 전문화된 프로그램으로, 관광객에게 깊은 만족감을 주며 발리의 체류 기간을 늘리는 데 결정적인 역할을 하고 있다.

두 번째, 발리 바로 옆에 위치한 '롬복(Lombok)'은 '선택과 집중'을 통해 성공한 사례다. 롬복은 수많은 음식 중에서, 지역의 정체성을 가장 잘 보여주는 매운 양념 닭요리인 '아얌 탈리왕(Ayam Taliwang)'을 섬의 대표 브랜드로 내세웠다. '롬복에 가면 반드시 아얌 탈리왕을 먹어야 한다'는 인식을 관광객에게 심어준 것이다. 현지에서는 아얌 탈리왕을 직접 만들어보는 체험형 레스토랑이 인기를 끌고 있으며, 정기적으로 음식 축제를 개최하여 문화 공연과 함께 롬복의 매운맛을 알리고 있다. 이는 발리의 포괄적인 접근 방식과 달리, 하나의 강력한 음식 콘텐츠를 중심으로 섬의 정체성을 구축하고 관광객을 유인하는 효과적인 전략이다.

세 번째, 인도네시아 동쪽 끝에 위치한 '라자암팟(Raja Ampat)'은 '고부가가치 융합형' 모델을 보여준다. 세계 최고의 다이빙 명소로 손꼽히는 라자암팟은, 이곳을 찾는 고소득층의 환경의식 높은 관광객들을 대상으로 음식관광을 결합했다. 이들에게 음식은 여행의 주된 목적은 아니지만, 여행의 만족도를 완성하는 중요한 보완재 역할을 한다. 다이버들은 환상적인 수중 탐험을 마친 뒤, 인근 어촌 마을에 들러 현지 어부들이 그날 잡은 신선한 생선을 숯불에 구워주는 '해산물 바비큐'를 맛본다. 이는 최소한의 인프라로 지역 주민에게 직접적인 소득을 안겨주는 동시에, 자연을 훼손하지 않는 지속가능한 관광 모델이라는 점에서 그 의미가 깊다. 해양레저와 미식 경험의 완벽한 시너지다.

마지막으로, '향신료 제도'의 심장부였던 '말루쿠(Maluku)' 제도는 '역사・문화 스토리텔링'을 핵심 전략으로 삼는다. 이곳의 음식관광은 단순히 향신료 음식을 맛보는 것을 넘어, 그 향신료가 인류의 역사를 어떻게 바꾸었는지를 체험하는 여정이다. 관광객들은 과거 네덜란드 동인도회사가 세운 요새와 오래된 육두구 농장을 방문하고, 현지인들과 함께 직접 정향과 육두구를 수확하며, 이 향신료를 듬뿍 넣은 전통 요리를 배운다. 매년 열리는 '스파이스 루트 페스티벌(Spice Route Festival)'은 학술 세미나, 문화 공연, 음식 축제가 결합된 형태로, 말루쿠 제도의 역사적 가치를 전 세계에 알리는 중요한 플랫폼 역할을 한다. 이는 음식에 역사라는 깊이를 더해, 대체 불가능한 관광 콘텐츠를 만들어낸 성공 사례다.

〈표 3-6〉 **인도네시아 지자체의 섬 음식관광 사례**

지역	대표 자원	주요 프로그램	핵심 전략 및 효과
발리	향신료・전통요리	시장 투어+전문 쿠킹 클래스	'교육형 관광' 모델 구축, 체류 기간 연장
롬복	아얌 탈리왕 (매운 닭요리)	요리 체험・지역 축제	단일 음식 브랜드 집중, '미식 목적지' 이미지 확립
라자암팟	신선한 해산물	다이빙 투어+해산물 BBQ	고부가가치 해양레저와 음식관광의 성공적 융합
말루쿠 제도	정향・육두구 등 향신료	스파이스 루트 페스티벌, 역사 투어	독보적인 역사 스토리텔링을 통한 관광 자원화

결론적으로, 인도네시아의 지자체들은 발리의 전문화된 교육 모델부터 롬복의 집중형 브랜딩, 라자암팟의 융합형 모델, 그리고 말루쿠의 스토리텔링 모델에 이르기까지, 각자가 처한 환경과 보유한 자원에 맞춰 가장 효과적인 전략을 구사하고 있다. 이는 섬 음식관광의 성공 방정식이 하나가 아님을 명확히 보여주며, 자신만의 고유한 이야기를 찾아내는 것이 무엇보다 중요하다는 교훈을 우리에게 던져준다. 이로써 인도네시아의 사례 분석을 마치고, 다음 절에서는 또 다른 동남아시아의 다도해 국가인 필리핀의 사례를 살펴보고자 한다.

제3절 필리핀

1. 추진 배경

세 번째 사례 분석 국가는 약 7,600여 개의 섬으로 이루어진 또 다른 아시아의 대표적인 다도해 국가, 필리핀이다. 필리핀은 앞서 살펴본 일본이나 인도네시아와는 다른 독특한 역사적, 문화적 배경을 가지고 있으며, 이는 섬 음식관광을 추진하는 동력과 전략에도 그대로 반영되어 있다. 필리핀의 섬 음식관광은 아름다운 해양 생태계라는 천혜의 자산과, 여러 세기에 걸쳐 형성된 복합적인 문화 정체성을 음식이라는 매력적인 콘텐츠를 통해 세계에 알리려는 국가적 의지의 산물이다.

첫째, '다도해 국가로서의 지리적 특성'은 필리핀 음식관광의 가장 근본적인 배경이 된다. 필리핀은 크게 루손, 비사야, 민다나오라는 세 개의 섬 그룹으로 나뉘며, 각 지역은 저마다 다른 기후와 생태 환경, 그리고 고유한 민족 문화를 바탕으로 독자적인 음식 세계를 구축했다. '마지막 비경'이라 불리는 팔라완의 청정 해역에서는 신선한 해산물과 독특한 해초 요리가 발달했고, 축제와 흥이 넘치는 중부 비사야 지역에서는 잔칫상의 주인공인 '레촌(Lechon, 새끼돼지 통구이)' 문화가 꽃을 피웠다. 이슬람 문화의 영향이 강한 남부 민다나오에서는 강황, 코코넛 밀크 등 이국적인 향신료를 사용한 할랄 음식이 주를 이룬다. 이처럼 섬마다, 지역마다 전혀 다른 미식 경험이 가능하다는 점은, 관광객에게 필리핀의 여러 섬을 탐험하게 만드는 강력한 동기가 된다.

둘째, '국가 경제의 핵심 동력으로서 관광산업의 높은 기여도'이다. 관광산업은 필리핀 전체 GDP의 약 12%를 차지할 정도로 국가 경제에서 매우 중요한 위치를 차지하고 있다. 특히 보라카이, 세부, 팔라완 등 세계적인 섬 휴양지를 중심으로 한 해양관광은 필리핀 관광의 핵심이다. 필리핀 정부는 이미 세계적인 수준인 해변 리조트나 다이빙과 같은 '하드웨어'에, 음식이라는 '소프트웨어'를 결합하는 것이 관광객의 체류 기간을 늘리고 1인당 소비액을 높이는 가장 효과적인 방법임을 인식하고 있다. 즉, 음식관광의 활성화는 기존 관광자원의 부가가치를 극대화하려는 경제적 필요성에 의해 강력하게 추진되고 있다.

셋째, '다문화적 배경이 만들어낸 음식문화의 독특한 잠재력'이다. 필리핀의 음식은 토착 말레이 문화를 기반으로, 오랜 기간에 걸친 스페인의 식민 지배, 중국과의 교역, 그리고 미국의 영향이 더해져 매우 복합적이고 독특한 '퓨전(Fusion)'의 특징을 보인다. 간장과 식초로 맛을 낸 닭고기나 돼지고기 조림인 '아도보(Adobo)'는 스페인의 조리법이 현지화된 대표적인 사례이며, 잔치에 빠지지 않는 국수 요리 '판싯(Pancit)'은 중국 상인들로부터 유래했다. 이러한 다문화적 배경은 서구권 관광객들에게는 친숙함과 이국적인 새로움을 동시에 느끼게 하는 매력으로 작용하며, 필리핀 음식을 다른 동남아시아 국가의 음식과 차별화하는 중요한 포인트가 된다.

넷째, '지역 균형 발전에 대한 강한 요구'이다. 필리핀의 관광객과 경제적 부는 수도인 마닐라와 제2의 도시인 세부 등 일부 대도시와 유명 관광지에 과도하게 집중되어 있다. 이러한 불균형을 해소하고, 관광의 혜택이 나라 전체에 골고루 퍼지게 하기 위해, 필리핀 정부는 '새로운 관광 거점'을 육성하는 데 힘쓰고 있다. 서핑의 성지로 떠오르는 시아르가오, 마지막 비경이라 불리는 팔라완 등 잠재력 있는 다른 섬 지역의 음식관광을 집중적으로 육성하는 것은, 대규모 인프라 투자 없이도 지역 주민의 소득을 창출하고 지속가능한 발전을 도모할 수 있는 효과적인 전략으로 채택되고 있다.

마지막으로, '글로벌 관광 트렌드에 적극적으로 대응'하려는 전략적 판단이다. 오늘날의 글로벌 관광객들은 더 이상 수동적인 관광을 원치 않는다. 이들은 현지인의 삶을 깊이 있게 들여다보는 '현지 음식 경험'과 직접 참여하는 '체험형 관광,' 그리고 환경을 생각하는 '지속가능관광'을 선호한다. 필리핀의 섬들이 가진 풍부한 해산물, 망고와 코코넛 같은 열대 과일, 그리고 축제와 나눔을 중시하는 공동체 문화는 이러한 글로벌 트렌드와 완벽하게 부합한다. 필리핀 정부는 이러한 강점을 적극적으로 활용하여 치열한 세계 관광 시장에서 자국의 경쟁력을 확보하고자 노력하고 있다.

결론적으로, 필리핀의 섬 음식관광 추진 배경은 천혜의 자연환경과 다문화적 특성이 빚어낸 독특한 음식 자산을 국가의 경제적 필요와 지역 균형 발전이라는 현실적 과제 해결에 연결시키고, 나아가 글로벌 트렌드에 부응하여 국가 경쟁력을 높이려는 다층적인 전략의 결과물이라 할 수 있다.

2. 관광 소비 동향

필리핀의 섬 음식관광 정책을 이끄는 배경에 관광산업의 높은 경제적 기여도가 있음을 살펴보았다. 이는 실제 관광객들의 소비 패턴에서도 명확하게 증명된다. 필리핀을 찾는 관광객들에게 음식은 여행의 만족도를 결정하는 핵심적인 요소이자, 지출의 상당 부분을 차지하는 중요한 항목이다. 최근 필리핀의 관광 소비 동향은 '음식 관련 지출의 높은 비중,' '체험과 참여에 대한 선호도 증가,' '고급화 및 건강 지향 소비의 확산,' 그리고 '외국인 관광객의 뚜렷한 음식 체험 수요'로 요약할 수 있다.

첫 번째, '음식 관련 지출의 높은 비중'이다. 필리핀 관광부의 통계에 따르면, 관광객의 평균 지출액 중 식음료비가 차지하는 비중은 약 20% 이상으로, 숙박비 다음으로 높은 순위를 기록한다. 특히 필리핀의 소비 구조는 최고급 리조트의 레스토랑부터, 지역의 특색을 보여주는 전통시장, 그리고 활기 넘치는 길거리 음식에 이르기까지 그 범위가 매우 넓다는 특징이 있다. 이는 다양한 계층의 관광객들이 각자의 예산 안에서 필리핀의 다채로운 음식을 즐기고 있으며, 음식 소비가 특정 계층에 한정되지 않고 관광 경제 전반에 걸쳐 중요한 역할을 하고 있음을 보여준다. 축제의 섬 세부의 명물 '레촌(Lechon),' 청정 자연을 자랑하는 팔라완의 신선한 해산물 요리는 그 지역을 대표하는 필수 소비 품목으로 자리 잡았다.

두 번째는 '체험형・참여형 소비의 증가'이다. 오늘날의 관광객들은 더 이상 완성된 음식을 수동적으로 받아들이는 것에 만족하지 않는다. 필리핀의 많은 섬들은 이러한 트렌드에 발맞춰 관광객이 직접 참여할 수 있는 다채로운 프로그램을 제공하고 있다. 필리핀의 국민 음식인 '아도보'나 잔치 국수인 '판싯'을 현지 셰프에게 직접 배우는 쿠킹 클래스는 외국인 관광객들 사이에서 특히 인기가 높다. 또한, 어촌 마을을 방문하여 현지 어부들과 함께 전통 방식으로 물고기를 잡고, '팔렝케(Palengke)'라 불리는 재래시장을 둘러본 뒤 현지 가정집에서 함께 식사를 하는 프로그램은, 단순한 식사를 넘어 필리핀 사람들의 따뜻한 정과 문화를 느끼게 하는 깊이 있는 경험을 선사한다.

세 번째는 '고급화 및 웰빙 지향 소비의 확산'이다. 필리핀의 경제 성장과 함께, 자국민 관광객과 외국인 관광객 모두 더 높은 수준의 미식 경험과 건강한 음식에 기꺼이 비용을 지불하고 있다. 보라카이나 팔라완의 최고급 리조트들은 현지의 신선한 식재료에 세계적인 조리법을 더한 '파인 다이닝' 코스를 선보이며 미식가들을 유혹하고 있다. 또한, 건강과 지속가능성에 대한 세계적인 관심이 높아지면서, 유기농 식재료를 사용하는 레스토랑이나 비건·채식주의자를 위한 전문 식당도 빠르게 늘어나는 추세다. 이는 필리핀의 음식관광이 대중적인 길거리 음식부터 최고급 다이닝까지 넓은 스펙트럼을 갖추게 되었음을 의미한다.

마지막으로, '외국인 관광객의 뚜렷한 음식 체험 수요'이다. 세계관광기구(UNWTO)의 보고서에 따르면, 필리핀을 방문하는 외국인 관광객의 60% 이상이 '현지 음식 체험'을 여행의 필수적인 활동으로 인식하고 있다. 이는 필리핀의 독특한 '퓨전' 음식 문화가 외국인들에게 큰 매력으로 작용하고 있음을 보여준다. 스페인, 중국, 미국 등 다양한 문화가 녹아든 필리핀의 음식은 그 자체로 흥미로운 탐구의 대상이 된다. 세부에서 열리는 레촌 축제에 참여하거나, 팔라완의 아름다운 해변에서 해산물 바비큐를 즐기고, 서핑의 성지 시아르가오에서 코코넛을 활용한 디저트를 맛보는 것은, 필리핀을 찾는 많은 외국인 관광객들의 버킷 리스트에 포함되어 있다.

〈표 3-7〉 **필리핀의 섬 음식관광 동향**

구분	주요 특징	대표적인 사례
음식 지출 확대	전체 관광 지출의 20% 이상을 차지하는 핵심 항목	세부 레촌, 팔라완 해산물, 길거리 음식
체험형 소비	직접 참여하고 배우는 경험에 대한 선호도 증가	아도보·판싯 요리 클래스, 재래시장 투어
고급화·웰빙	파인 다이닝과 건강·신념을 고려한 음식 수요 확대	보라카이 유기농 레스토랑, 리조트 파인 다이닝
외국인 수요	여행의 핵심 동기로서 '음식 체험'을 중시하는 경향	레촌 축제, 해산물 BBQ 체험, 코코넛 디저트 클래스

결론적으로, 필리핀의 관광 소비 동향은 관광객들이 섬의 다채로운 음식을 맛보는 것을 넘어, 그 안에 담긴 문화와 경험, 그리고 건강의 가치까지 함께 소비하고 있음을 보여준다. 이러한 시장의 강력한 수요는 필리핀 정부와 민간 업계가 섬 음식관광을 더욱 고도화하고 발전시켜 나가는 중요한 경제적 기반이 되고 있다.

3. 섬 음식관광 관련 정책

필리핀 정부는 관광산업을 국가의 핵심 성장 동력으로 명확히 인식하고, 그 안에서 섬 음식관광을 관광객의 만족도를 높이고, 체류 기간을 늘리며, 소비를 촉진하는 매우 효과적인 전략 자원으로 활용하고 있다. 필리핀의 정책은 관광부(Department of Tourism, DOT)가 주도하는 강력한 국가 단위의 캠페인과 각 지역의 특수성을 살리려는 균형 발전 전략, 그리고 지역 주민의 참여를 이끌어내는 상생 프로그램이 결합된 다층적인 구조를 특징으로 한다.

국가 차원의 정책 방향은 첫째, '국가 관광 개발계획(NTDP)'을 통해 명확히 드러난다. 필리핀 관광부가 수립하는 이 최상위 계획은, 음식관광을 단순히 먹고 마시는 행위가 아니라, 필리핀의 다채로운 지역 문화를 홍보하고 관광객의 체류를 유도하는 핵심 요소로 공식적으로 지정하고 있다. 이에 따라 세부, 팔라완, 보라카이 등 세계적인 섬 관광지의 발전 전략에는 현지의 독특한 음식을 활용한 특화 전략이 반드시 포함된다.

둘째, 필리핀 관광부는 '푸드 투어리즘 캠페인(Food Tourism Campaign)'을 매우 활발하게 전개한다. "It's More Fun in the Philippines"라는 국가 관광 슬로건 아래, "More Fun with Filipino Food"와 같은 하위 슬로건을 만들어 음식과 관광을 직접적으로 연결한다. 특히 스페인, 말레이, 중국, 미국 등의 문화가 녹아든 필리핀 음식의 '퓨전' 특성을 강조하며, 전 세계 관광객들의 호기심을 자극하는 데 주력한다.

셋째, '섬 지역 균형 개발 전략'이다. 필리핀 정부는 관광객이 마닐라, 세부 등 일부 지역에만 집중되는 현상을 완화하고, 관광의 혜택이 나라 전체에 퍼져나가게 하기 위해 의도적으로 덜 알려진 섬 지역을 조명한다. 서핑의 성지로 떠오른 시아르가오, 고즈넉한 분위기의 바타네스 군도 등을 '차세대 관광지'로 선정하고, 이 지역의 특산물과 전통 요리, 어촌 체험 등을 관광 자원화하는 사업을 적극적으로 지원하고 있다. 이는 음식관광을 지역 격차 해소의 중요한 수단으로 활용하는 사례다.

〈표 3-8〉 **필리핀의 섬 음식관광의 정책 방향**

정책명	주관 기관	주요 내용	대표적인 적용 사례
카인 나! (Kain Na!, 먹자!) 페스티벌	관광부(DOT)	전국 주요 도시와 섬을 순회하며 개최하는 대규모 음식 축제. 지역별 대표 음식과 특산물 홍보 및 판매.	세부의 레촌 페스티벌, 민다나오의 할랄 푸드존 운영
팜투테이블 관광 (Farm-to-Table Tourism)	농업부+관광부	농장이나 어촌에서 갓 수확한 식재료를 바로 요리해 맛보는 관광 상품 개발 및 지원.	팔라완의 유기농 농장 투어 및 해산물 체험, 보라카이의 코코넛 농장 체험
할랄 음식관광 프로그램	관광부 · 민다나오 자치정부	무슬림 관광객 유치를 위해 민다나오 지역을 중심으로 할랄 인증 음식점과 숙박시설, 관광코스 확충.	민다나오 다바오, 술루 제도의 할랄 미식 투어
공동체 기반 관광 (Community-Based Tourism, CBT)	지방정부+NGO	지역 주민들이 직접 관광 사업의 주체가 되어 가정식 체험, 전통 시장 투어, 쿠킹 클래스 등을 운영하도록 지원.	시아르가오 어촌 마을의 쿠킹 클래스, 보홀의 로복강 선상 뷔페

이러한 정책 방향은 〈표 3-8〉과 같은 구체적인 프로그램들을 통해 현장에서 실행되고 있다.

이러한 정책들은 필리핀의 음식관광 브랜드를 강화하는 데 뚜렷한 성과를 보였다. 특히 '레촌의 나라,' '세계 미식의 교차점'이라는 이미지를 성공적으로 구축하며 외국인 관광객을 유치하고 있다. 또한, 농어촌 주민들이 직접 참여하는 팜투테이블이나 공동체 기반 관광 프로그램은 지역에 새로운 소득을 창출하고, 관광객을 기존의 유명 관광지에서 팔라완, 시아르가오 등 새로운 섬으로 확산시키는 긍정적인 효과를 낳았다.

하지만 필리핀의 정책 역시 여러 한계에 직면해 있다. 가장 근본적인 문제는 '인프라의 심각한 불균형'이다. 일부 최고급 리조트를 제외하면, 대다수 섬 지역의 교통, 숙박, 위생 시설은 여전히 매우 열악하여 관광객의 불만을 야기하고 있다. 또한, 마케팅 자원이 유명 관광지에 집중되면서 잠재력 있는 소규모 섬들은 여전히 외부 세계에 거의 알려지지 못하고 있다. 마지막으로, 보라카이 섬의 환경 문제로 인한 일시적 폐쇄 사태에서 볼 수 있듯, 대규모 축제나 관광객 유치에만 집중할 경우 발생할 수 있는 '지속가능성의 위협'은 필리핀 음식관광이 반드시 해결해야 할 중요한 과제다.

결론적으로, 필리핀의 섬 음식관광 정책은 국가 브랜딩, 대규모 페스티벌, 지역 균형 개발, 그리고 주민 참여라는 여러 요소를 다층적으로 결합하여 추진되고 있다. 이는 시장의 요구에 민첩하게 반응하며 외형적인 성장을 이끌어내는 데는 성공했지만, 그 성장을 뒷받침할 내실, 즉 인프라의 균형적 발전과 지속가능성에 대한 고민이 함께 이루어져야만 진정한 성공을 거둘 수 있을 것이다.

4. 지자체의 섬 음식관광 사례

필리핀의 국가적인 음식관광 진흥 정책은 각 섬의 지방정부(LGU)와 지역 공동체를 통해 비로소 활기 넘치는 현실이 된다. 각 지자체는 자신들이 가진 가장 강력하고 독특한 음식 자원을 전면에 내세워, 관광객을 유혹하는 다채로운 프로그램을 운영하고 있다. 필리핀을 대표하는 축제의 섬 세부, 자연의 보고 팔라완, 세계적인 휴양지 보라카이, 그리고 젊음의 성지 시아르가오의 사례는, 섬의 정체성에 따라 음식관광의 성공 전략 역시 얼마나 달라질 수 있는지를 명확하게 보여준다.

첫 번째 사례는 필리핀 제2의 도시이자 '남부의 여왕'이라 불리는 '세부(Cebu)'다. 세부는 필리핀의 대표적인 축제 음식인 '레촌(Lechon, 새끼돼지 통구이)'의 본고장이라는 명성을 성공적으로 브랜드화했다. 세부의 레촌은 단순한 음식이 아니라, 필리핀의 축제와 공동체 문화를 상징하는 아이콘이다. 세부 지자체는 매년 '세부 레촌 페스티벌'을 개최하여, 필리핀 전역의 유명 레촌 요리사들을 초청하고 관광객들이 다양한 스타일의 레촌을 맛볼 수 있는 거대한 축제의 장을 연다. 이 축제는 세부를 '레촌의 성지'로 각인시켰으며, 축제 기간이 아니더라도 세부를 방문하면 반드시 레촌을 맛봐야 한다는 인식을 내외국인 관광객 모두에게 심어주었다. 이는 단일 음식을 활용하여 도시 전체의 관광 브랜드를 구축한 매우 성공적인 사례다.

두 번째는 '필리핀의 마지막 비경'이라 불리는 '팔라완(Palawan)'이다. 유네스코 세계자연유산으로 지정될 만큼 때 묻지 않은 자연을 자랑하는 팔라완은, '청정 자연에서 얻은 순수한 맛'을 음식관광의 핵심 콘셉트로 삼았다. 이곳의 대표적인 프로그램은 관광객이 직접 어촌 마을을 방문하여 현지 어부와 함께 전통 방식으로 해산물을 채취하고, 아름다운 해변에서 갓 잡은 해산물로 바비큐 파티를 즐기는 '씨푸드 투어'다. 이는 팔라완의 핵심 관광 자원인 청정 해양 생태계를 해치지 않으면서도, 관광객에게는 잊지 못할 경험을, 지역 어민에게는 직접적인 소득을 안겨주는 지속가능한 관광 모델이다. 화려한 요리법이 아닌, 자연 그대로의 신선함을 통해 관광객을 만족시키는 전략이다.

세 번째는 세계적인 휴양지 '보라카이(Boracay)'다. 전 세계에서 다양한 관광객이 모이는 보라카이는, 이들의 높은 기대 수준과 다양한 요구를 충족시키기 위한 '고급화・맞춤형' 음식관광을 발전시켰다. 보라카이의 최고급 리조트들은 현지의 신선한 코코넛과 해산물을 프랑스 요리 기법과 결합하는 등, 지역의 맛과 세계적인 수준의 조리법을 융합한 '파인 다이닝'을 선보인다. 또한, 채식주의자나 특정 종교를 가진 이들을 위한 비건, 할랄, 글루텐프리 메뉴를 전문적으로 제공하는 레스토랑이 크게 늘어나, 어떤 식문화를 가진 관광객이라도 불편함 없이 미식을 즐길 수 있는 환경을 조성했다. 이는 글로벌 관광객의 눈높이에 맞춘 웰빙 지향 음식관광의 대표적인 사례라 할 수 있다.

마지막은 '서핑의 성지'로 급부상한 '시아르가오(Siargao)'다. 젊은 서퍼들과 배낭여행객들이 모여드는 이곳의 음식관광은 이들의 자유롭고 건강한 라이프스타일을 그대로 반영한다. 시아르가오의 핵심 자원은 바로 '코코넛'이다. 섬 곳곳의 카페에서는 코코넛 밀크를 듬뿍 넣은 스무디 볼을 아침 식사로 판매하고, 서핑을 마친 관광객들은 시원한 코코넛 주스를 마시며 갈증을 해소한다. 또한, 지역 주민들이 운영하는 소규모 쿠킹 클래스에서는 코코넛을 활용한 달콤한 디저트를 함께 만들며, 관광객과 현지인이 친구처럼 어울리는 공동체 중심의 관광이 이루어진다. 이는 특정 관광 자원(서핑)과 특정 식재료(코코넛)를 결합하여, 섬의 젊고 활기찬 이미지를 성공적으로 구축한 사례다.

〈표 3-9〉 **필리핀 지자체의 섬 음식관광 사례**

지역	대표 자원	주요 프로그램	핵심 전략 및 효과
세부	레촌(돼지 바비큐)	레촌 페스티벌, 전문점 시식 투어	단일 음식의 상징화, '축제의 섬' 브랜드 강화
팔라완	신선한 해산물	어촌 체험, 씨푸드 BBQ 투어	청정 자연 이미지와 결합한 지속가능한 체험관광 확산
보라카이	코코넛 · 해산물	유기농 레스토랑, 글로벌 맞춤형 메뉴	고급 · 웰빙 지향, 글로벌 스탠다드에 맞춘 서비스 제공
시아르가오	코코넛	쿠킹 클래스, 서핑과 연계한 음식 체험	젊은층 타겟, 커뮤니티 기반의 라이프스타일 관광 구축

결론적으로, 필리핀의 지자체들은 세부의 '레촌'처럼 강력한 단일 콘텐츠를 축제로 승화시키거나, 팔라완처럼 청정 자연과 음식 체험을 결합하고, 보라카이처럼 세계적인 수준의 맞춤형 서비스를 제공하며, 시아르가오처럼 특정 라이프스타일과 음식을 연결하는 등, 각자의 강점을 극대화하는 방향으로 진화하고 있다. 이는 필리핀 섬 음식관광이 가진 다채로운 매력과 무한한 발전 가능성을 명확히 보여준다. 이로써 필리핀의 사례 분석을 마치고, 다음 절에서는 유럽으로 건너가 미식의 나라 이탈리아의 섬들은 어떻게 음식관광을 발전시키고 있는지 살펴보고자 한다.

제4절 이탈리아

1. 추진 배경

아시아의 다채로운 군도들을 지나, 우리의 여정은 세계 미식 문화의 심장부이자 지중해의 축복받은 섬들을 품고 있는 이탈리아로 향한다. 이탈리아의 섬 음식관광은 단순히 지역의 특산물을 맛보는 차원을 넘어, 수천 년에 걸쳐 형성된 역사와 문화, 그리고 '느림의 미학'이라는 철학이 결합된 고차원적인 형태로 발전해왔다. 이탈리아가 세계적인 음식관광 강국으로서, 특히 섬 지역의 음식관광을 국가적 차원에서 중요하게 다루게 된 배경에는 네 가지의 강력한 동력이 자리하고 있다.

첫째, '지중해 섬의 비교 불가능한 식재료와 식문화 자산'이다. 이탈리아는 지중해에서 가장 큰 섬인 시칠리아(Sicilia)와 사르데냐(Sardegna)를 비롯하여, 저마다의 매력을 간직한 수많은 작은 섬들을 보유하고 있다. 이 섬들은 지중해의 따사로운 햇살과 비옥한 토양, 그리고 깨끗한 바다 덕분에 올리브, 포도, 감귤류, 토마토, 그리고 신선한 해산물 등 세계 최고 품질의 식재료를 생산하는 천혜의 환경을 갖추고 있다. 이를 기반으로 발전한 '지중해 식단(Mediterranean Diet)'은 맛뿐만 아니라 건강에도 좋은 식단으로 전 세계에 알려져 있으며, 2010년에는 유네스코 인류무형문화유산으로 등재되기에 이르렀다. 이처럼 세계적으로 공인된 문화적 자산은 이탈리아 섬 음식관광의 가장 튼튼한 뿌리가 되고 있다.

둘째, '관광대국으로서 음식이 가진 압도적인 전략적 가치'이다. 이탈리아는 연간 수천만 명의 관광객이 찾는 세계 5대 관광대국이며, 관광산업은 국가 GDP의 약 13%를 차지하는 핵심 기간산업이다. 로마의 유적이나 피렌체의 예술품만으로는 이 거대한 관광산업을 유지하고 성장시키는 데 한계가 있다. 이에 이탈리아 정부는 시칠리아, 사르데냐와 같은 섬 지역의 음식과 와인을 로마나 베네치아 못지않은 핵심 관광자원으로 인식하고, 이를 전략적으로 육성하고 있다. 실제로 아름다운 해변에서의 휴양과 함께, 그 지역에서만 맛볼 수 있는 특별한 음식과 와인을 경험하는 것은 관광객의 체류 기간을 늘리고 1인당 소비액을 극대화하는 가장 효과적인 방법임이 여러 차례 증명되었다.

셋째, '농촌·어촌 지역 활성화를 통한 지역 균형 발전'이라는 현실적인 필요성이다. 이탈리아 역시 다른 선진국들처럼 대도시와 지방, 특히 섬 지역 간의 경제적 격차와 인구 고령화, 청년층의 이탈이라는 심각한 문제를 안고 있다. 이에 대한 가장 성공적인 해법 중 하나가 바로 '아그리투리스모(Agriturismo)' 정책이다. 이는 농장(Agri)과 관광(Turismo)의 합성어로, 농촌 지역의 농가나 와이너리가 관광객에게 숙박과 음식을 제공하는 농촌체험관광을 의미한다. 섬 지역에서는 이 정책이 더욱 확대되어, 주민들이 직접 운영하는 소규모 농장, 와이너리, 어촌 식당이 음식관광의 중요한 거점이 되고 있다. 이는 외부 자본에 의존하지 않고 지역 주민 스스로가 지속가능한 경제 모델을 만들게 한다는 점에서 그 의미가 매우 크다.

마지막으로, '슬로푸드(Slow Food) 운동의 발상지로서 글로벌 트렌드를 선도'하고 있다는 점이다. 1980년대 이탈리아에서 시작된 슬로푸드 운동은 패스트푸드에 반대하며, 전통적인 방식으로 생산된 건강하고 맛있는 음식을 즐기고 그 가치를 지키자는 세계적인 움직임이다. 이는 최근 전 세계 관광 시장의 핵심 키워드인 '지속가능관광,' '현지음식 체험,' '진정성'과 정확히 일치한다. 이탈리아는 슬로푸드 운동의 본거지라는 철학적 자산을 섬 음식관광에 적극적으로 반영하고 있다. 멸종 위기에 처한 토종 품종을 보존하고, 소규모 장인 생산자를 지원하며, 환경 친화적인 방식으로 운영되는 레스토랑과 축제를 통해, 이탈리아의 섬 음식관광은 단순한 미식 경험을 넘어 '의식 있는 소비'와 '가치 여행'의 상징으로 자리 잡고 있다.

결론적으로, 이탈리아의 섬 음식관광은 유네스코가 인정한 문화유산, 관광대국의 경제 논리, 농어촌을 살리려는 상생의 노력, 그리고 슬로푸드라는 세계적인 철학이 결합된 매우 정교하고 다층적인 구조 위에서 발전하고 있다. 이는 음식이 어떻게 한 국가의 문화와 경제, 그리고 철학을 담아내는 그릇이 될 수 있는지를 보여주는 가장 모범적인 사례라 할 수 있다.

2. 관광 소비 동향

이탈리아의 섬 음식관광을 뒷받침하는 강력한 문화적, 철학적 배경은 세계에서 가장 수준 높은 미식 관광객들의 소비 행태를 통해 그 경제적 가치를 증명하고 있다. 이탈리아의 섬을 찾는 관광객들에게 음식은 단순히 여행의 한 요소가 아니라, 여행의 목적 그 자체이자 가장 중요한 경험의 중심이다. 특히 지중해의 양대 보석으로 불리는 시칠리아와 사르데냐의 관광 소비 동향은, '음식 관련 지출의 압도적 비중,' '참여와 학습을 중시하는 체험형 소비,' '프리미엄과 웰빙의 결합,' 그리고 '진정성을 추구하는 외국인 수요'라는 뚜렷한 특징을 보여준다.

첫 번째, '음식 관련 지출의 압도적인 비중'이다. 이탈리아 관광청(ENIT)의 통계에 따르면, 이탈리아를 찾은 관광객 지출의 무려 25~30%가 식음료에 해당한다. 이는 다른 관광대국들과 비교해도 매우 높은 수치로, 이탈리아 관광에서 음식이 차지하는 절대적인 위상을 보여준다. 특히 섬 지역에서는 이러한 경향이 더욱 강하게 나타난다. 시칠리아의 길거리에서 맛보는 아란치니(튀김 주먹밥)와 신선한 해산물 파스타, 그리고 사르데냐의 독특한 양젖 치즈인 페코리노와 종이처럼 얇고 바삭한 전통 빵 파네 카라사우는, 그 지역의 토양과 역사가 만들어낸 대체 불가능한 맛으로 관광객들의 지갑을 열게 하는 일등공신이다.

두 번째는 '참여와 학습을 중시하는 체험형 소비의 확대'이다. 이탈리아 섬을 찾는 관광객들은 단순히 최고의 레스토랑에서 식사하는 것을 넘어, 그 음식이 탄생하는 과정에 직접 참여하고 배우기를 원한다. 시칠리아의 에트나 화산 지대에서 펼쳐지는 '와이너리 투어'는 이러한 트렌드의 정점에 있다. 관광객들은 화산 토양이 포도맛에 어떤 영향을 미치는지 배우고, 와인메이커와 함께 여러 종류의 와인을 시음하며, 현지 치즈와 올리브를 곁들인 점심을 즐긴다. 또한, 현지 어부와 함께 전통 방식으로 고기를 잡고, '논나(할머니)'에게 직접 파스타 만드는 법을 배우는 쿠킹 클래스는, 관광객에게 '현지인처럼 살아보는 경험'을 제공하며 여행의 만족도를 극대화하고 체류 기간을 자연스럽게 연장시킨다.

세 번째는 '프리미엄과 웰빙의 결합'이라는 소비 형태다. 세계적으로 건강한 식단으로 공인된 '지중해 식단'의 본고장이라는 점은, 이탈리아 섬 음식관광을 단순한 미식 기행에서 '고급 웰빙 관광'으로 격상시키는 중요한 요인이다. 시칠리아의 타오르미나, 사르데냐의 코스타 스메랄다 같은 고급 휴양지의 리조트들은, 자신들의 유기농 농장에서 직접 기른 식재료와 슬로푸드 철학을 결합한 최고급 파인 다이닝 코스를 제공한다. 관광객들은 아름다운 자연 속에서 건강하고 맛있는 음식을 즐기는 경험에 높은 가치를 부여하며, 기꺼이 높은 비용을 지불한다. 이는 '좋은 음식은 최고의 럭셔리'라는 인식이 소비 시장에 깊게 자리 잡고 있음을 보여준다.

마지막으로, '진정성을 추구하는 외국인 관광객의 높은 수요'이다. 이탈리아를 방문하는 외국인 관광객의 65% 이상이 '음식과 와인'을 여행의 핵심 동기로 꼽을 만큼, 이탈리아의 음식은 그 자체로 강력한 집객 요인이다. 특히 이들은 로마나 밀라노 같은 대도시의 유명 레스토랑보다, 섬 지역의 작고 소박한 식당이나 시장에서 맛보는 '진정한 현지 음식(Authentic Local Food)'에 더 큰 매력을 느낀다. 시칠리아 팔레르모의 활기 넘치는 시장을 따라 걸으며 즐기는 '스트리트 푸드 투어'나, 사르데냐의 작은 마을에서 열리는 '와인·치즈 축제'는, 상업적인 분위기에서 벗어나 현지인들의 삶 속으로 깊이 들어가고픈 유럽 관광객들을 중심으로 폭발적인 인기를 끌고 있다.

〈표 3-10〉 **이탈리아의 섬 음식관광 동향**

구분	주요 특징	대표적인 사례
음식 지출 확대	전체 관광 지출의 25~30%를 차지하는 압도적 비중	시칠리아 아란치니, 사르데냐 페코리노 치즈
체험형 소비	와이너리 투어, 쿠킹 클래스 등 참여·학습형 프로그램 선호	에트나 와이너리 투어, 전통 파스타 만들기
프리미엄·웰빙	지중해 식단을 기반으로 한 고급·건강식 수요 확대	유기농 해산물 레스토랑, 아그리투리스모 파인 다이닝
외국인 수요	'진정성' 있는 현지 음식과 와인을 핵심 동기로 인식	시칠리아 스트리트 푸드 투어, 사르데냐 와인·치즈 축제

결론적으로, 이탈리아 섬 지역의 관광 소비는 단순한 식사를 넘어, 그 안에 담긴 역사와 전통, 건강의 가치, 그리고 진정성을 함께 소비하는 고도로 발달된 형태를 보여준다. 이러한 수

준 높은 시장의 요구는 이탈리아가 세계 최고의 음식관광 강국으로서의 지위를 유지하게 하는 가장 중요한 원동력이 되고 있다.

3. 섬 음식관광 관련 정책

이탈리아의 섬 음식관광은 세계 최고 수준의 문화적 자산과 관광객들의 높은 미식 수준에 부응하기 위한 정교하고 다층적인 정책 위에서 발전해왔다. 이탈리아의 정책은 단순히 관광객 수를 늘리는 것을 넘어, '메이드 인 이탈리아(Made in Italy)'라는 국가 브랜드를 강화하고, 지역의 고유한 음식문화를 보존하며, 지속가능한 발전을 추구하는 것을 목표로 한다. 이는 중앙정부의 국가 관광 전략, 지방정부의 특화된 실행 프로그램, 그리고 슬로푸드와 같은 민간 운동과의 유기적인 결합을 통해 추진되는 것이 가장 큰 특징이다.

국가 차원의 정책 방향은 첫째, '이탈리아 관광청(ENIT, Italian national tourist board)을 중심으로 한 통합 브랜딩 전략'에서 명확히 드러난다. ENIT는 "Italy: A Journey through Taste(이탈리아: 맛으로의 여행)"와 같은 글로벌 캠페인을 통해, 이탈리아 여행이 곧 미식 여행이라는 공식을 전 세계에 각인시키고 있다. 이 과정에서 시칠리아의 해산물 요리나 사르데냐의 와인과 치즈는, 로마의 콜로세움이나 베네치아의 곤돌라 못지않은 이탈리아의 핵심적인 관광 상품으로 소개된다.

둘째, '지중해 식단의 유네스코 무형문화유산 등재를 활용한 정책'이다. 2010년 지중해 식단이 유네스코 유산으로 등재된 이후, 이탈리아 정부는 이를 음식관광의 품질과 정체성을 보장하는 강력한 정책적 도구로 활용하고 있다. 유네스코에 등재된 지중해식 식단은 2010년 유네스코 인류무형문화유산으로 등재된, 지중해 연안 국가 주민들의 전통 식문화 패턴이다. 신선한 과일, 채소, 통곡물, 올리브 오일, 견과류, 생선 등을 주로 섭취하며, 붉은 육류와 설탕 섭취는 줄이는 것이 특징인 건강한 식단이다. 이 식단은 심혈관 및 뇌 건강 증진, 당뇨병 예방, 체중 감량 등에 효과가 있는 것으로 알려져 있다. 이에 관련 식재료와 조리법에 대한 교육 및 인증 프로그램을 운영하고, 학술 연구를 지원함으로써, 이탈리아 섬 음식관광에 '세계가 인정한 문화유산'이라는 권위와 신뢰를 부여하고 있다.

셋째, 이탈리아에서 시작된 '슬로푸드(Slow Food) 운동과의 전략적 연계'는 다른 나라에서는 찾아보기 힘든 독특한 정책 방향이다. 슬로푸드 운동은 좋은 품질의 음식을, 환경을 존중하는 깨끗한 방식으로, 생산자에게 공정한 대가를 지불하며 생산하고 소비하자는 세계적인 움직임이다. 이탈리아 정부와 지자체는 이러한 철학을 적극적으로 수용하여, 멸종 위기에 처한 섬 지역의 토종 식재료를 보존하는 '맛의 방주(Ark of Taste)' 프로젝트를 지원하고, 소규모 장인 생산자들이 관광을 통해 안정적인 판로를 확보하도록 돕고 있다. 맛의 방주(Ark of Taste)는 슬로푸드 운동의 국제 프로젝트로, 멸종 위기에 처한 음식과 식재료, 종자 등을 발굴하여 목록으로 보존하는 활동을 한다. 이 프로젝트는 노아의 방주처럼 사라져가는 소중한 음식 문화 유산을 지키고, 다양한 맛의 세계를 보호하는 것을 목표로 한다. 이는 이탈리아의 섬 음식관광을 단순한 미식 경험을 넘어, 가치와 철학을 소비하는 여행으로 격상시키는 역할을 한다.

이러한 국가적 정책 방향은 다음과 같은 구체적인 프로그램들을 통해 현장에서 실현되고 있다.

〈표 3-11〉 **이탈리아의 섬 음식관광 정책 방향**

정책명	주관 기관	주요 내용	대표적인 적용 사례
스트라데 델 비노 에 데이 사포리 (Strade del Vino e dei Sapori)	관광부 · 지자체	'와인과 맛의 길'이라는 의미로, 지역의 와이너리, 치즈 공방, 레스토랑을 잇는 공식 미식 루트를 지정하고 홍보	시칠리아의 에트나 와인 루트, 사르데냐의 카노나우 와인 · 치즈 루트
아그리투리스모 (Agri-Turismo)	농림부＋관광부	농가나 와이너리, 어촌에서 숙박하며 현지의 음식과 문화를 체험하는 농촌체험관광 지원	사르데냐 농가에서 직접 만든 치즈와 와인을 맛보는 팜 스테이
페스티벌 델 치보 (Festival del Cibo)	문화부＋지자체	지역의 대표 특산물을 주제로 한 음식 축제(사그라, Sagra) 개최를 지원하여 지역 공동체 활성화	시칠리아의 해산물 축제, 사르데냐의 아티초크 축제
블루 이코노미 & 푸드 (Blue Economy & Food)	해양부	지속가능한 어업과 해양자원을 기반으로 한 음식관광 상품(쿠킹 클래스, 어촌 체험 등) 육성	지중해 해산물을 활용한 쿠킹 클래스, 전통 어업 방식 체험

이러한 정책들은 이탈리아 섬 음식관광을 세계 최고 수준으로 끌어올리는 데 결정적인 역할을 했다. 'Made in Italy'라는 강력한 국가 브랜드와 결합된 섬의 음식과 와인은 그 자체로 전 세계 관광객을 끌어들이는 강력한 무기가 되었다. 또한, 로마나 피렌체 같은 대도시에 집중되었던 관광객을 남부의 섬 지역으로 분산시키는 '지역 균형 발전' 효과를 가져왔으며, 사라져가던 전통 식재료와 조리법을 보존하여 섬의 문화적 정체성을 강화하는 성과를 거두었다.

하지만 이탈리아의 정책 역시 완벽하지만은 않다. 가장 큰 문제는 성공의 역설인 '지속가능성의 위협'이다. 유명 축제나 관광지에 과도한 관광객이 몰리면서 발생하는 환경 문제와, 전통

문화가 관광객의 입맛에 맞게 변질되는 '상업화' 문제는 끊임없이 제기되고 있다. 또한, 시칠리아나 사르데냐 같은 대형 섬에 비해, 수많은 소규모 섬들은 여전히 교통 인프라가 부족하고 정책 지원에서 소외되어 그 잠재력을 충분히 발휘하지 못하고 있다는 '홍보 및 지원의 편중' 문제도 존재한다.

결론적으로, 이탈리아의 섬 음식관광 정책은 지중해 식단, 슬로푸드, 아그리투리스모(Agriturismo)[3]와 같은 자신들만의 독보적인 자산과 철학을 국가 브랜드 전략과 효과적으로 결합시킨 모범 사례다. 국가와 지자체의 긴밀한 협력을 통해 음식·와인 루트, 농촌체험관광, 지역 축제 등을 세계적인 수준으로 발전시켰다. 그러나 그 이면에 있는 지속가능성의 문제와 소규모 섬에 대한 지원 확대는, 이탈리아가 미식 관광의 리더로서 앞으로 풀어가야 할 중요한 과제로 남아 있다.

4. 지자체의 섬 음식관광 사례

이탈리아 섬 음식관광의 진정한 매력은 국가의 거시적인 정책과 철학이 각 지방정부와 지역 공동체를 통해 어떻게 구체적이고 다채로운 경험으로 구현되는지에서 발견할 수 있다. 지중해의 심장부에 위치한 이탈리아의 섬들은 저마다의 역사와 자연환경을 바탕으로, 음식이라는 공통분모 아래 각기 다른 색깔의 관광 모델을 성공적으로 발전시키고 있다. 시칠리아, 사르데냐, 프로치다, 그리고 엘바 섬의 사례는 그 대표적인 예다.

첫 번째, '시칠리아(Sicilia)'는 섬의 복합적인 역사를 '스트리트 푸드'와 '와인 루트'라는 두 축을 통해 풀어낸 사례다. 지중해의 교차로에 위치하여 그리스, 로마, 아랍, 노르만 등 수많은 문화가 뒤섞인 시칠리아의 주도 팔레르모(Palermo)는 그 자체가 거대한 음식 박물관이다. 이곳의 지자체는 팔레르모의 전통 시장을 중심으로, 아란치니(Arancini, 튀김 주먹밥), 파넬레(Panelle, 병아리콩 튀김), 카놀리(Cannoli, 리코타 치즈를 채운 과자) 등 서민들의 삶이 녹아있는 길거리 음식을 맛보는 '스트리트 푸드 투어'를 핵심 관광 상품으로 개발했다. 이는 관광객에게 가장 진정성 있는 방식으로 시칠리아의 문화를 체험하게 한다는 평가를 받는다. 동시에, 활화산인 에

3) 아그리투리스모(Agriturismo)는 '농업(agricoltura)'과 '관광(turismo)'을 합친 이탈리아어 단어로, 농장이나 농가에서 숙박하며 농촌 생활을 체험할 수 있는 전원 숙박 시설, 즉 농가 민박을 의미한다. 이탈리아의 농부들이 자신들의 농장에서 직접 재배한 농산물로 만든 음식을 제공하고, 지역의 문화를 느낄 수 있는 특별한 여행 경험을 제공하는 것이 특징이다.

트나(Etna) 주변의 비옥한 화산토에서 자란 포도로 만든 와인을 따라가는 '에트나 와인 루트'를 개발하여, 와이너리 투어와 현지 레스토랑의 전통 요리를 결합한 프리미엄 미식 관광의 길을 열었다.

두 번째, '사르데냐(Sardegna)'[4]는 섬의 목축 문화를 '아그리투리스모(농촌체험관광)'와 결합한 가장 모범적인 사례를 보여준다. 해안가가 아닌 섬의 내륙과 산악 지대의 목축 문화에 더 깊은 정체성을 두고 있는 사르데냐는, 이탈리아 최고의 양젖 치즈인 '페코리노(Pecorino)'[5]의 본고장이다. 사르데냐의 지자체들은 농가나 목축업자가 직접 운영하는 아그리투리스모를 적극적으로 지원한다. 관광객들은 이곳에 머물며 양젖을 짜고 페코리노 치즈를 만드는 과정을 직접 체험하며, 종이처럼 얇게 구운 전통 빵 '파네 카라사우(Pane Carasau)'[6]를 맛보고, 농가에서 직접 생산한 와인과 함께 소박하지만 풍성한 저녁 식사를 즐긴다. 이는 관광객에게는 잊지 못할 추억을, 지역 주민에게는 안정적인 소득을 제공하는 지속가능한 관광 모델의 전형이다.

세 번째 사례는 나폴리만(灣)의 작은 섬 '프로치다(Procida)'이다. 2022년 '이탈리아 문화수도'로 지정되며 세계적인 주목을 받은 프로치다는 '음식과 문화예술의 융합'이라는 독창적인 전략을 선보였다. 이들은 섬의 대표 식재료인 레몬과 신선한 해산물을 주제로 한 예술 전시, 문학 낭독회, 음악 공연 등을 개최했다. 예를 들어, 섬의 어부들의 삶을 다룬 사진전과 함께 그들이 잡은 해산물로 만든 요리를 선보이는 식이다. 이는 음식을 단순히 먹는 행위를 넘어, 섬의 문화와 예술을 이해하는 하나의 매개체로 승화시킨 사례다. 이를 통해 프로치다는 인근의 유명 관광지인 카프리(Capri)나 이스키아(Ischia)와는 전혀 다른, 지적이고 예술적인 미식 섬이라는 독보적인 정체성을 구축하는 데 성공했다.

마지막으로 나폴레옹의 유배지로 유명한 '엘바 섬(Isola d'Elba)'은 '해양 레저와 음식관광의 융합' 모델을 보여준다. 아름다운 해변과 깨끗한 바다를 자랑하는 엘바 섬은 다이빙, 요트, 하이킹 등 활동적인 레저를 즐기기 위해 찾는 관광객이 많다. 엘바 섬의 지자체들은 이러한 관광

---

4) 사르데냐(Sardinia, Sardegna)는 이탈리아의 섬 이름이자 지역 이름으로, 지중해에 위치하며 이탈리아에서 두 번째로 큰 섬이다. '사르데냐'는 이탈리아어, 사르데냐어 등 여러 언어로 표기되며, 아름다운 자연과 독특한 문화, 선사시대 유적(누라게, Nuraghe)으로 유명한 곳이다.

5) 페코리노(Pecorino)는 이탈리아어로 '양(Pecora)'에서 유래한 이름으로, 양젖으로 만든 치즈와 화이트 품종 포도 품종을 모두 지칭할 수 있다. 대표적인 페코리노 치즈로는 짭짤하고 단단한 '페코리노 로마노'가 있으며, 주로 갈아서 사용된다. 포도 품종으로는 이탈리아 중부 마르케 지역이 원산지로 알려져 있으며, 이 치즈와 잘 어울린다고 알려져 있다.

6) 파네 카라사우(Pane Carasau)는 이탈리아 사르데냐 지역의 전통적인 얇고 바삭한 평평한 빵으로, 깃털처럼 가볍고 양피지 같은 색깔에 약간 오돌토돌한 질감과 은근한 짠맛이 특징이다. 50cm 정도의 원반형 크기로 만들어지며, 이탈리아의 식전 빵이나 간식으로 즐겨 먹는다.

객의 특성에 맞춰, 해양 레저 활동에 미식 경험을 결합한 고부가가치 상품을 개발했다. 다이빙 체험을 마친 관광객에게 인근 레스토랑에서 지역 해산물 특선 요리를 제공하거나, 섬을 일주하는 요트 투어 중에 선상에서 엘바 섬에서 생산된 와인과 올리브를 맛보는 식이다. 이는 활동적인 여행을 선호하는 관광객들의 만족도를 높이는 동시에, 지역 특산물의 소비를 자연스럽게 유도하는 매우 영리한 전략이다.

〈표 3-12〉 **이탈리아 지자체의 섬 음식관광 사례**

지역	대표 자원	주요 프로그램	핵심 전략 및 효과
시칠리아	스트리트 푸드 · 와인	시장 · 거리 음식 투어, 에트나 와인 루트	'진정성'과 '프리미엄'을 모두 잡는 투트랙 전략
사르데냐	치즈 · 빵 · 와인	아그리투리스모, 치즈 제작 체험, 축제	주민 주도의 지속가능한 농촌체험관광 모델 확립
프로치다	해산물 · 문화예술	어촌 체험과 연계된 문화 행사	음식과 예술을 융합한 독창적 문화관광 모델 구축
엘바 섬	해산물 · 올리브 · 와인	해양 레저와 결합된 음식 루트	고부가가치 융합형 레저관광 상품으로 발전

결론적으로, 이탈리아 지자체들의 사례는 섬 음식관광이 얼마나 다채로운 형태로 발전할 수 있는지를 명확히 보여준다. 시칠리아의 길거리 음식부터 사르데냐의 농가 체험, 프로치다의 문화적 접근, 엘바의 레저와의 결합에 이르기까지, 이들은 모두 '음식'이라는 공통분모 위에 문화, 체험, 예술, 레저라는 각기 다른 강점을 성공적으로 결합시켰다. 이로써 제3장에 걸친 해외 주요 국가들의 사례 분석을 마친다. 각국의 사례는 저마다의 독특한 해법을 제시했지만, 결국 성공의 핵심은 '자신만이 가진 가장 진솔한 이야기를 어떻게 매력적인 경험으로 풀어내는가'에 있다는 공통된 교훈을 우리에게 남긴다.

4장

인천광역시의 섬 음식관광 현황 분석

지금까지 우리는 국내외 섬 음식관광의 동향과 정책을 거시적인 관점에서 살펴보았다. 이제 제4장부터는 대한민국의 특정 지역을 깊이 있게 분석해 보고자 한다. 그 첫 번째 대상은 수도권의 관문이자, 다도해의 특성을 가진 인천광역시의 섬들이다. 인천의 섬은 192개(유인 40개 · 무인 152개),[1] 21만 4,317명으로 제주나 남해의 섬들처럼 온화한 휴양지의 이미지와는 거리가 멀다. 대신, 한반도의 지정학적 운명이 응축된 역사의 현장이자, 거친 바다와 싸워온 사람들의 강인한 삶이 깃든 곳이다. 따라서 인천 섬의 음식을 제대로 이해하기 위해서는, 그 맛의 배경이 되는 역사적 맥락을 먼저 살펴보아야 한다.

제1절 인천 섬의 역사적 배경

인천광역시는 한반도 서해안의 중심부에서 해양과 내륙을 연결하는 결정적인 가교 역할을 수행해 온 지역이다. 인천의 섬들은 고대부터 현대에 이르기까지 국가의 안보를 책임지는 방어 기지이자 국제 교역의 전초기지로서, 그리고 때로는 고단한 삶의 터전이자 새로운 문화가 유입되는 관문으로서 그 위상을 공고히 해왔다. 인천은 전라남도와 경상남도에 이어 대한민국에서 세 번째로 많은 유인도를 보유한 광역자치단체로서의 위상을 보여준다. 인천 섬의 역사적 배경을 이해하는 것은 단순히 과거의 기록을 살피는 것을 넘어, 이곳에서 탄생하고 전승되어 온 독특한 섬 음식 문화의 정체성을 파악하는 필수적인 과정이다.

1) 인천의 섬 개수는 공식적인 집계 기관이나 시기에 따라 조금씩 다르지만, 일반적으로 유인도 약 40개, 무인도 약 128~152개로 총 168개 내외로 알려져 있으며, 최근 조사에서는 185개로 집계되기도 했다. 인천시는 '168개 섬'을 기반으로 '인천 보물섬 168 캠페인'을 진행 중이지만, 실제로는 더 많은 섬이 존재하며 185개로 집계되는 예도 있다. 일반적인 통계로는 유인도 40개+무인도 128개=총 168개(인천섬발전지원센터, 인천시 홍보 등)이지만, 정부 및 최근 조사에서는 유인도 40개+무인도 152개=총 192개(2025년 8월 발표)로 확인되었다. 또 다른 주장으로 유인도 32개+무인도 153개=총 185개(정부 집계와 유사, 하지만 인천시 발표와 다름)도 있다. 결론적으로, '168개'가 가장 널리 쓰이는 숫자지만, 정확한 집계에 따라 192개 또는 185개로 볼 수도 있다.

1. 고대와 고려 시대의 해상 관문과 국가 방위

인천의 섬들은 선사시대부터 인류가 거주하며 독자적인 해양 문화를 형성해 온 유구한 역사를 지니고 있다. 강화도와 영종도 일대에서 발견되는 신석기 시대 유적과 패총(조개더미)은 이 지역이 아주 오래전부터 풍부한 해양 자원을 바탕으로 생활 공동체를 형성했음을 증명하는 증거이다.

1) 해상 실크로드와 덕적군도의 전략적 가치

고대 시기부터 인천의 섬들은 중국 대륙과 한반도를 잇는 최단 항로의 길목에 위치하여 해상 교역의 핵심 거점이 되었다. 특히 덕적군도의 본섬인 덕적도는 과거 덕물도로 불렸으며, 중국 당나라와의 통교에서 중간기착지 역할을 수행했다. 나당연합군 결성 당시 당나라 장수 소정방이 대군을 이끌고 덕적도에 40일간 머물렀다는 기록은 이 지역이 지닌 군사적, 외교적 중요성을 단적으로 보여준다. 이러한 해상 교류는 외부의 문물뿐만 아니라 식문화의 유통 경로가 되었으며, 섬 주민들이 육지와 대륙의 문화를 조기에 접하고 수용하는 배경이 되었다.

2) 고려 시대 강도 시기의 식량 확보와 간척의 기원

고려 시대 인천과 그 주변 섬들은 수도 개경의 관문으로서 위상이 더욱 높아졌다. 특히 13세기 몽골의 침략에 맞서 고려 조정이 강화도로 천도하면서 강화도는 39년간 고려의 임시 수도인 강도(江都, 강에 있는 수도, 즉, 강화도를 수도로 삼았다는 뜻) 역할을 수행했다. 이 시기 수만 명의 인구가 한정된 섬 공간으로 유입됨에 따라 가장 시급한 과제는 식량의 자급자족이었다. 1235년부터 시작된 연안 제방 구축은 문헌상 확인할 수 있는 우리나라 최초의 간척 사업으로 기록된다. 초기에는 몽골군을 저지하기 위한 방어용 목적이었으나, 1248년부터는 부족한 식량을 조달하기 위해 본격적인 농지 조성 목적으로 전환되었다. 고종 43년인 1256년부터는 군량미 확보를 위해 와포, 초포, 이포 등에 간척 제방을 쌓고 둔전을 설치했다. 이러한 대규모 토목 사업은 강화도의 지형을 근본적으로 변화시켰으며, 해안 중심의 어업 문화와 내륙식 농경 문화가 결합하여 오늘날 강화 섬 쌀과 같은 독특한 농수산 복합 식문화의 토대를 마련했다.

2. 조선 시대의 관방 체계와 조운로의 안전 확보

조선 시대에 들어서며 인천의 섬들은 수도 한양의 안녕을 책임지는 해양 관방(바다를 지키는 방어 시설)의 핵심 지역으로 더욱 정교하게 관리되었다.

1) 조운선의 항행과 강화해협의 방어

조선 시대의 국가 재정은 각지의 조세미를 조운선을 통해 한양으로 운반함으로써 유지되었다. 전라도와 충청도의 조운선은 서해안을 따라 북상하여 인천 앞바다와 강화해협을 거쳐 한강으로 진입했다. 이 항로는 조석 간만의 차가 크고 물살이 험해 사고가 잦았으나, 한양으로 통하는 유일한 물길이었기에 군사적 요충지로서의 가치가 매우 높았다. 이를 보호하기 위해 강화도 교동에는 경기 수영이 설치되었고, 강화도 곳곳에는 조운선의 안전한 항행을 감시하고 해안을 방어하기 위한 진(鎭)과 돈대(墩臺)가 촘촘하게 배치되었다. 이러한 체계적인 군사 배치는 섬 지역에 상시적인 군사 식량 공급망을 형성하게 했으며, 이는 식재료의 저장과 가공 기술 발달에 영향을 미쳤다.

2) 숙종 시대의 돈대 축조와 주둔군의 식문화

1679년 숙종 시기에 강화도에는 48개의 돈대가 일제히 축조되었다. 돈대는 성벽 위에 설치한 소규모 요새로, 이곳에 주둔하는 어영군과 승군들을 위한 식량 보급은 국가적인 과제였다. 돈대 주변에는 담수를 저장하기 위한 소류지가 구축되었고, 갯골을 막아 조성한 땅에서 쌀과 채소를 재배하여 자급 체계를 구축했다. 또한, 장기 항전을 대비해 수산물을 염장하거나 말려서 보관하는 방식이 일상화되었는데, 이는 오늘날 인천 섬 지역의 젓갈 문화와 마른 생선 문화의 역사적 근간이 되었다. 특히 강화도의 탱자나무 울타리는 왜구의 침입을 막기 위한 방어용 시설이었으나, 그 열매와 잎은 민간에서 약재나 향신료로 활용되기도 하는 등 군사시설이 지역 식생활에 영향을 준 사례로 볼 수 있다.

3. 개항기 근대 국제 도시로의 변모와 식문화의 융합

1883년 제물포의 개항은 인천의 섬과 연안 지역이 중세적 은둔에서 벗어나 세계와 조우하는 역사적 사건이었다. 개항 이후 인천은 단순한 어촌에서 근대 국제 도시로 급격히 성장했으며, 이는 섬 지역의 식문화에도 파격적인 변화를 가져왔다.

1) 조계지의 형성과 이국적인 미식 경험의 시작

개항 이후 인천항 주변에는 일본, 청나라를 비롯해 미국, 영국, 독일, 러시아 등 다양한 국가의 조계지가 설정되었다. 각국의 외교관과 상인들이 유입되면서 이들의 생활 양식에 맞춘 근대적인 건축물과 함께 새로운 음식점들이 들어섰다. 특히 청나라 조계지에서 시작된 중국 요리는 오늘날 인천의 대표적인 미식 자산인 짜장면의 모태가 되었으며, 대불호텔과 같은 서양식 숙박 시설은 커피와 빵 등 서구식 식문화를 전파하는 거점이 되었다. 이러한 변화는 섬 주민들에게도 전달되어, 전통적인 어촌 식단에 외부의 향신료나 가공 식재료가 결합하는 계기가 되었다.

2) 팔미도 등대와 근대 항만 시설의 영향

1903년 우리나라 최초로 설치된 팔미도 등대는 인천항으로 진입하는 모든 선박의 길잡이 역할을 했다. 근대적인 항행 기술의 도입과 갑문식 도크의 건설은 대형 선박의 상시 입출항을 가능하게 했으며, 이는 수산물의 대량 유통을 현실화했다. 섬에서 잡힌 신선한 수산물이 근대적인 물류망을 통해 육지의 대규모 시장으로 빠르게 확산되면서, 섬 음식은 지역 내 소비를 넘어 상업적 가치를 지닌 관광 자원으로서의 첫발을 내딛게 되었다.

4. 한국전쟁과 황해도 식문화의 이식

인천 섬 음식의 역사에서 가장 독특하면서도 정서적인 깊이를 더하는 지점은 한국전쟁 이후 형성된 실향민 문화이다. 서해 5도라 불리는 백령도, 대청도, 소청도, 연평도, 우도는 지리적으로 북한 황해도와 매우 인접해 있어, 전쟁 이전까지는 해주나 장연과 같은 황해도 지역을 주된 생활권으로 공유했다.

1) 서해 5도의 행정적 고립과 문화적 계승

한국전쟁 이후 남북이 분단되면서 황해도의 일부였던 이들 섬은 행정적으로 경기도(현재는 인천광역시)에 편입되었으나, 문화적 뿌리는 여전히 황해도에 두고 있었다. 전쟁 당시 수많은 황해도 피란민들이 고향과 가장 가까운 백령도와 연평도 등으로 몰려들었고, 이들은 그곳에 정착하여 황해도 특유의 사투리와 식문화를 보존해 왔다. 이는 인천의 섬 음식을 남한의 일반적인 어촌 음식과 차별화하는 결정적인 요인이 되었으며, 북방식 식문화가 섬이라는 고립된 공간에서 원형에 가깝게 전승되는 결과를 낳았다.

2) 백령도 냉면과 짠지떡에 담긴 실향의 정서

황해도 피란민들은 척박한 섬 환경에서 고향에서 먹던 냉면의 맛을 재현하기 위해 메밀을 심었다. 백령도의 사곶냉면은 황해도식 평양냉면을 기반으로 하되, 섬에서 풍부하게 생산되는 까나리 액젓을 가미하고 동치미 국물을 사용하는 방식으로 변형되어 독자적인 계보를 형성했다. 또한, 황해도와 함경도 방언으로 김치를 뜻하는 짠지를 주재료로 한 짠지떡은 메밀 반죽에 굴과 삭은 김치를 넣어 쪄낸 음식으로, 겨울철 실향민들의 그리움을 달래주던 향토 음식으로 자리 잡았다. 이러한 음식들은 단순한 영양 섭취의 수단을 넘어 실향민들의 정체성을 확인하고 공동체의 결속을 다지는 문화적 매개체 역할을 해왔다.

5. 연평도 조기 파시와 서해 어장의 황금기

1960년대 말까지 연평도는 서해안 최대의 조기 어장으로서 국가 경제의 한 축을 담당할 만큼 번영을 누렸다. 매년 봄이면 조기 떼를 따라 전국의 어선들이 연평도 앞바다로 모여들었고, 이로 인해 바다 위와 섬 전체에 거대한 시장인 파시(波市)[2]가 형성되었다.

1) 조기 파시가 형성한 섬의 경제와 사회상

조기 파시 기간의 연평도는 석수어(石首魚)[3]의 왕국이라 불릴 만큼 풍요로웠다. 조기잡이 철이 되면 평소 조용하던 섬은 수만 명의 선원과 상인들로 북적였으며, 이들을 상대로 하는 식당, 술집, 여관, 심지어 이발소와 사진관까지 들어서는 진풍경이 벌어졌다. 당시 연평도는 전 조선의 찬장이라는 수식어가 붙을 정도로 수산 자원이 넘쳐났으며, 어민들은 임경업 장군을 모신 충민사에서 풍어와 안전을 기원하는 제례를 올리며 독특한 신앙 문화를 꽃피웠다. 이 시기에 형성된 풍성한 상차림과 술 문화는 오늘날 연평도 음식관광의 역사적 서사를 구성하는 핵심 요소이다.

2) 자원 고갈과 어업 구조의 변화

그러나 1960년대 후반부터 대형 동력선의 무분별한 어획과 해양 환경의 변화로 인해 조기 어획량이 급격히 감소하기 시작했다. 1970년대에 이르러 연평도 조기 파시는 공식적으로 막을 내렸으며, 이후 연평도의 주력 어종은 꽃게로 전환되었다. 비록 조기 파시의 화려한 모습은 사라졌으나, 그 시절의 풍요로움과 활기찬 시장 문화는 연평도 주민들의 기억 속에 살아남아 있으며, 이는 과거의 영광을 되새기는 음식관광 콘텐츠 개발의 동력이 되고 있다.

---

2) 파시(波市)는 바다 위나 어촌에서 특정 어종이 많이 잡힐 때 임시로 형성되는 어시장을 뜻하며, 해상 시장을 의미한다. 이는 어획물 거래와 함께 다양한 인간사가 펼쳐지는 역동적인 장소로, 때로는 그 시장이 있는 어촌 마을 전체를 지칭하기도 한다.

3) 석수어(石首魚)는 우리가 흔히 먹는 '조기'의 한자 이름으로, 머리 안에 돌처럼 단단한 뼈(이석, 耳石)가 박혀있어 붙여진 이름이며, 사람의 기운을 돋우는 물고기라는 뜻의 조기(助氣)와 발음이 같아 유래된 별칭이기도 하다. 봄에 바닷물을 따라 회유해 온다고 해서 유수어(踰水魚)라고도 불렸다.

6. 간척 사업을 통한 지형 변화와 농수산물의 공존

인천의 섬들은 수백 년에 걸친 끊임없는 간척 사업을 통해 그 지형과 생태계가 변화해 왔다. 이러한 지리적 변천은 섬 음식관광의 핵심 자산인 식재료의 구성에 지대한 영향을 미쳤다.

1) 강화도와 교동도의 인공 평야 조성

강화도는 원래 여러 개의 섬으로 나뉘어 있었으나, 800여 년간 지속된 간척 사업으로 인해 현재와 같이 국내에서 네 번째로 큰 섬으로 확장되었다. 특히 마니산이 있는 고가도[4]와 같은 부속 섬들이 하나로 합쳐지면서 광활한 인공 평야가 조성되었다. 이곳에서 재배되는 강화 섬 쌀은 해풍을 맞고 자라 미질이 우수하며, 이는 강화도가 단순한 어촌을 넘어 농산물 기반의 강력한 미식 콘텐츠를 보유하게 된 역사적 배경이 된다. 교동도 역시 원래 세 개의 섬이었으나 간척을 통해 하나가 되었으며, 이러한 지형적 변화는 논농사 중심의 식문화가 섬 지역에 깊게 뿌리 내리는 결과를 가져왔다.

2) 영종도 일대의 거대 간척과 도시화

영종도는 신석기 시대부터 인류가 거주해 온 유구한 역사를 지니고 있으나, 1990년대 인천국제공항 건설을 위해 대규모 간척 사업이 진행되면서 자연도, 용유도 등 주변 섬들이 하나로 통합되는 상전벽해의 변화를 겪었다. 이 과정에서 광활한 갯벌과 염전이 사라지고 국제적인 항공 물류 허브로 탈바꿈했으나, 과거 섬 주민들이 향유하던 바지락, 백합 등 갯벌 수산물 문화는 영종도 주변의 특화된 음식 거리와 기록을 통해 그 명맥을 이어가고 있다.

4) 마니산(摩尼山)은 원래 '고가도(古加島)'라는 섬이었으나, 조선 숙종 때 간척 사업으로 강화도 본섬과 연결되어 지금은 강화도 서남쪽 화도면에 위치하며 인천에서 가장 높은 산이다. 단군이 하늘에 제사 지낸 참성단이 있는 곳으로 유명하며, 본래 섬이었던 지형적 특성을 잘 보여주는 산이다.

7. 전통 제염 방식과 염장 문화의 발달

인천의 연안과 섬 지역은 예로부터 소금 생산지로 명성이 높았다. 일제강점기 대규모 천일염전이 들어서기 전에는 바닷물을 가마솥에 끓여 만드는 전통 방식인 자염이 주를 이루었다.

1) 소금 생산과 수산물 보존 기술의 관계

서구 가좌동 일대의 서곶과 남동염전 등은 한반도의 대표적인 소금 생산지였다. 섬 지역에서 생산된 소금은 잡힌 수산물을 신선하게 보존하거나 발효시키는 데 필수적이었다. 강화도의 새우젓은 한강 하구와 바다가 만나는 비옥한 갯벌에서 잡힌 젓새우와 인근 염전의 소금이 만나 탄생한 명품으로, 조선 시대부터 한양 시장의 입맛을 사로잡았다. 또한, 곰소만이나 광천 등 타 지역의 젓갈 문화와 교류하며 인천만의 독특한 발효 식문화를 형성해 온 역사적 증거들이 발견된다.

2) 자염에서 천일염으로의 전환과 식생활의 변화

근대 이후 천일염 생산 방식이 도입되면서 소금의 대량 공급이 가능해졌고, 이는 섬 지역의 수산물 가공 산업을 더욱 활성화했다. 옹진군과 강화군 일대의 섬들은 소금을 매개로 육지와 긴밀한 경제적 관계를 맺었으며, 이러한 소금의 역사는 섬 음식의 간과 풍미를 결정짓는 보이지 않는 역사적 자산으로 작용하고 있다.

8. 인천 섬 역사적 배경의 연대표 및 주요 특징

인천 섬의 역사는 단순한 시간의 흐름을 넘어, 각각의 시대가 섬의 공간과 식생활에 어떤 흔적을 남겼는지를 보여준다. 다음의 표는 주요 역사적 전환점이 섬 음식관광에 미친 영향을 정리한 것이다.

시대 구분	주요 역사적 사건 및 현상	섬 음식 문화에 미친 영향	관련 주요 섬
선사~고대	패총 형성, 해상 실크로드 기착	해양 자원 활용의 시초, 중국 문물 유입	영종도, 덕적도
고려 시대	강화 천도, 최초의 간척 사업	군량미 확보를 위한 농경 문화 결합	강화도
조선 시대	진·돈대 설치, 조운로 방어	군사 식량 저장 및 염장 기술 발달	교동도, 강화도
개항기	제물포 개항, 조계지 형성	서구 및 중화권 식재료·메뉴 유입	월미도, 영종도
한국전쟁	황해도 실향민 대거 유입	북방식 냉면, 짠지떡 등 이북 식문화 정착	백령도, 연평도
1960년대	조기 파시의 전성기	파시 기반의 상업적 식문화와 유흥 문화	연평도, 소연평도
현대	대규모 간척 및 국제공항 개항	섬 쌀 브랜드화, 글로벌 미식 접근성 강화	영종도, 강화도

9. 역사적 배경이 시사하는 음식관광의 가치와 전망

인천 섬의 역사는 고립과 단절이 아닌, 끊임없는 이동과 융합의 역사이다. 이러한 배경은 오늘날 인천 섬 음식관광에 다음과 같은 세 가지 핵심적인 가치를 부여한다.

첫째, 경계의 문화성이다. 인천의 섬들은 남과 북, 전통과 근대, 해양과 농경이 만나는 접점이다. 이 경계에서 탄생한 음식들은 어느 한쪽으로 치우치지 않는 독특한 하이브리드(혼종) 특성을 지니며, 이는 관광객들에게 다른 지역에서는 경험할 수 없는 이색적인 미식 경험을 제공한다.

둘째, 생존과 정체성의 서사이다. 몽골의 침략을 견디기 위해 바다를 메워 만든 논, 전쟁의 아픔을 달래기 위해 빚어낸 냉면과 짠지떡 등 인천의 섬 음식에는 주민들의 강인한 생명력과 고향에 대한 그리움이 녹아 있다. 이러한 이야기는 단순한 맛을 넘어 관광객의 감성을 자극하는 강력한 스토리텔링 자원이 된다.

셋째, 지속가능한 변화의 가능성이다. 조기 파시가 사라진 자리에 꽃게가 들어오고, 갯벌이 사라진 자리에 국제 공항이 들어섰듯이, 인천의 섬들은 환경 변화에 맞춰 끊임없이 식재료와 메뉴를 변화시켜 왔다. 이는 미래의 섬 음식관광이 환경 보전과 개발 사이에서 어떤 균형을 찾아야 할지에 대한 역사적 단초를 제공한다.

인천광역시의 섬 음식관광은 이러한 유구한 역사를 기반으로 단순한 미식 투어를 넘어 한반도의 굴곡진 현대사와 해양 문화를 오감으로 체험하는 입체적인 여정이 되어야 한다. 각 섬이 가진 고유한 역사적 궤적을 깊이 있게 이해하고 이를 음식과 연결하는 노력이야말로 인천 섬 음식관광의 경쟁력을 확보하는 가장 확실한 방법이다.

10. 지명과 설화에 담긴 식문화의 흔적

인천 섬들의 명칭과 그에 얽힌 설화는 과거 섬 주민들의 삶과 식재료에 대한 인식을 엿볼 수 있는 소중한 자료이다.

1) 연평도와 대청도의 명칭 유래

연평도는 바다 위를 기차처럼 평평하게 달리는 모습에서 그 이름이 유래되었다. 이러한 지형적 특징은 대규모 조기 어장이 형성되기 유리한 조건을 제공했으며, 평평한 지형 덕분에 섬 내에서도 소규모 농경이 가능하게 했다. 대청도는 인접한 백령도와 함께 최북단에 위치하여 웅장한 자연 경관을 자랑하는데, 이곳의 주민 대다수는 예로부터 어업에 종사하며 거친 바다를 터전으로 삼아왔다.

2) 용바위 전설과 소정방의 흔적

덕적도에 전해지는 용바위 전설이나 소정방의 주둔 설화는 이 섬이 단순한 고립지가 아니라 국가 간의 거래와 군사 이동의 핵심 거점이었음을 상징한다. 이러한 전설은 관광객들에게 섬의 역사를 흥미롭게 전달하는 소재가 되며, 당시 군사들이 먹었을 법한 음식에 대한 상상력을 자극하여 역사 재현 메뉴 개발의 기초가 될 수 있다.

11. 관방 유적의 관광 자원화와 지역 경제의 연계

최근 인천광역시는 강화도의 돈대와 진, 서해 5도의 안보 유적 등을 관광 자원화하려는 노력을 지속하고 있다. 이러한 역사적 장소들은 단순한 관람의 대상에 그치지 않고, 주변의 식당들과 연계되어 '역사가 담긴 한 끼'를 제공하는 음식관광의 거점으로 활용되고 있다.

1) 안보 체험과 평화의 맛

연평도는 포격 사건의 현장을 간직한 안보 교육장이기도 하지만, 동시에 꽃게가 풍부한 청정 바다를 품고 있다. 관광객들은 평화와 안보의 의미를 되새기는 동시에, 섬 주민들이 직접 잡아 올린 싱싱한 수산물을 맛보며 지역 경제에 활력을 불어넣고 있다. 이러한 정책적 접근은 섬을 관광지가 아닌 생활권으로 인식하고 정주 여건을 개선하려는 최근의 흐름과 궤를 같이 한다.

2) 글로벌 브랜드로서의 인천 섬

CNN이 선정한 아름다운 섬 리스트에 인천의 선재도, 덕적도, 강화도, 백령도 등이 포함된 것은 인천 섬이 지닌 세계적인 잠재력을 보여준다. 뛰어난 자연 경관과 더불어 800년의 간척사, 실향민의 애환이 서린 냉면 문화 등은 글로벌 관광객들에게도 매력적으로 다가갈 수 있는 독보적인 문화적 자산이다. 인천시는 이를 체계적으로 데이터베이스화하고 과학적인 관광 정책을 수립함으로써 섬 음식관광의 가치를 극대화하고자 노력하고 있다.

인천광역시 섬 음식관광의 현황 분석은 이처럼 겹겹이 쌓인 시간의 층위를 들여다보는 것으로부터 시작된다. 과거의 해상 교역로가 오늘날의 미식 루트가 되고, 고난의 시기를 견디게 해 준 구황 음식이 이제는 별미가 되어 관광객을 맞이하고 있다. 이러한 역사의 연속성과 변화를 이해하는 것은 인천 섬 음식을 진정으로 감상하고 보전하는 첫걸음이다.

제2절 인천 섬 식재료의 특징

인천광역시의 도서 지역은 서해안 특유의 광활한 갯벌과 복잡한 해안선, 그리고 한강과 임진강 등 육수 유입이 교차하는 지리적 환경을 바탕으로 하여 대한민국 내에서도 독특한 식재료 생산 기반을 구축하고 있다. 인천의 섬 식재료는 단순한 농수산물을 넘어 지역의 생태적 가치와 역사적 맥락이 결합한 산물로서, 섬 음식관광의 정체성을 형성하는 가장 핵심적인 요소이다. 특히 강화도와 서해 5도를 중심으로 형성된 식재료 군은 기후 변화와 환경 보전이라는 거시적 담론 속에서 그 고유성이 더욱 강조되고 있다.

1. 인천 섬 식재료의 생태적 기반과 환경적 가치

인천 연안 도서의 식재료가 지닌 최우선적 특징은 이른바 갯벌 생태계와의 밀접한 상관관계에서 비롯된다. 인천은 전국 갯벌 면적의 약 28%에서 31%에 이르는 광대한 규모를 보유하고 있으며, 이는 전라남도에 이어 두 번째로 큰 면적이다. 이러한 갯벌은 수많은 해양 생물의 산란지이자 서식지로서 기능하며, 이곳에서 채취되는 식재료들에 독특한 미네랄 구성과 영양학적 우수성을 부여한다.

1) 갯벌 생태계의 영양 공급 체계와 식재료 품질

인천 갯벌은 단순한 지형적 특징을 넘어 고도의 생물학적 생산력을 지닌 탄소 흡수원으로서의 가치를 과학적으로 입증받고 있다. 강화군 동막갯벌과 영종도 갯벌을 대상으로 한 연구에 따르면, 인천 갯벌 퇴적물에는 1제곱미터당 평균 약 18.5kg의 탄소가 저장된 것으로 확인되었다.

(1) 갯벌 유기물과 수산물의 감칠맛 상관성

갯벌 표층의 저서 미세조류(갯벌이나 강바닥 같은 바닥 환경에 서식하며 광합성을 하는 현미경으로 봐야 하는 아주 작은 미생물 집단)는 광합성을 통해 이산화탄소를 흡수하고 풍부한 유기물을 생성한다. 이러한 유기물은 갯벌에 서식하는 조개류, 갑각류, 어류의 주된 먹이원이 된다. 특히 겨울철 인천 갯벌의 탄소 흡수량은 시간당 1제곱미터당 최대 45.5mg에 달하는데, 이는 해외 연구에서 보고된 일반적인 수치보다 월등히 높은 수준이다.

<u>저서생물의 영양 밀도 형성 기제</u>　높은 탄소 흡수율과 유기물 축적은 갯벌에서 자라나는 바지락, 굴, 게 등의 체내 아미노산 함량에 직접적인 영향을 미친다. 인천 섬 지역의 조개류가 다른 지역에 비해 알이 굵고 감칠맛이 강한 이유는 이러한 고농도의 영양 공급 체계가 안정적으로 유지되기 때문이다.

2) 해류와 수온이 빚어낸 생산 환경의 다양성

인천의 섬들은 수심이 얕은 경기만 연안 어장부터 수심이 깊고 물살이 센 서해 5도 어장까지 폭넓은 해양 환경을 포괄한다. 이러한 환경적 변이는 식재료의 종 다양성을 확보하는 근간이 된다.

(1) 연안 도서와 외해 도서의 환경적 대조

강화도와 교동도 등 육지와 인접한 섬들은 한강과 임진강의 민물이 대량으로 유입되어 염도가 낮고 부유생물이 풍부하다. 반면 백령도, 대청도, 소청도 등 서해 5도는 외해의 깨끗한 물과 강한 조류가 교차하여 어족 자원의 활동성이 매우 높다.

수심에 따른 어종의 질적 차이　수심이 얕은 연평도 일대에서는 대형 농어와 광어가 주로 어획되는 반면, 수심이 깊은 대청도와 백령도에서는 우럭과 노래미의 개체가 훨씬 크게 자라는 양상을 보인다. 이는 섬별로 특화된 수산 식재료의 선별적 활용 가능성을 제시한다.

구분	주요 특징	수치 및 지리적 범위
갯벌 면적 비중	전국 대비 인천 갯벌 비중	28~31%
탄소 저장 밀도	갯벌 퇴적물 1제곱미터당 저장량	18.5kg
겨울철 탄소 흡수량	시간당 1제곱미터당 최대 흡수량	45.5mg
어업 환경 차이	연평도(천해) vs 대청·백령(심해)	조업 가능 기간 및 어종 차이

2. 주요 수산 식재료의 지역별 분포와 계절적 생산 체계

인천 섬 음식의 핵심은 계절에 따라 명확히 구분되는 수산물 공급망에 있다. 각 섬은 고유의 어장을 보유하고 있으며, 조업 시기와 방식에 따라 생산되는 식재료의 품질이 달라진다.

1) 서해 5도의 대표 어종과 어획 특성

서해 5도는 북방한계선(NLL)과 인접한 지리적 특성상 청정 어장이 유지되고 있으며, 고난도의 조업 기술이 요구되는 지역이다.

(1) 연평도의 꽃게와 대형 어종

연평도는 대한민국 꽃게의 주산지로 알려져 있으나, 최근에는 농어와 광어의 생산 품질에서도 경쟁력을 확보하고 있다. 특히 연평도에서는 몸길이 1미터 이상의 대형 농어(따오기급)와 대광어가 많이 잡히는데, 이들은 식감이 쫄깃하고 지방질이 적절히 분포하여 고급 횟감으로 선호된다.

연평도 어업의 계절적 한계 연평도는 수심이 얕아 3월에서 11월까지만 조업이 가능하며, 12월부터 이듬해 2월까지는 모든 어선이 휴업에 들어간다. 이러한 계절적 공백은 연평도 섬 음식의 겨울철 식재료 수급에 있어 저장 및 가공 기술의 발달을 촉진하는 원인이 되었다.

(2) 백령도와 대청도의 까나리와 홍어

대청도와 백령도는 수심이 깊어 겨울철에도 조업이 가능하다. 까나리는 오직 백령도와 대청도에서만 어획되며, 연평도에서는 생산되지 않는 품목이다.

대청도 홍어의 차별성 대청도 홍어는 1월 초부터 5월 중순까지 어획되는데, 특히 섬 외곽에 진달래꽃이 피는 4~5월에 절정을 이룬다. 남도 지역의 삭힌 홍어와 달리 대청도에서는 홍어를 삭히지 않고 생물로 소비하거나 찜, 회로 즐기는 문화가 발달해 있으며, 이는 식재료의 신선도를 최우선으로 하는 지역적 특징을 반영한다.

2) 연안 도서의 젓갈 및 소형 어종 생산 체계

강화도와 덕적도 등 육지에 근접한 섬들은 대규모 소금이 필요한 젓갈 산업의 중심지로 발전해왔다.

(1) 강화도와 덕적도의 젓새우 생산

강화도는 전국 최대의 젓새우 생산지 중 하나로, 한강 하구의 풍부한 영양염류 덕분에 새우의 껍질이 얇고 맛이 고소하다. 덕적도에서는 7월에 육젓용 새우를, 9~10월에는 추젓용 새우를 집중적으로 수확한다.

밴댕이와 숭어의 조업 시기 인천 연안 어장은 계절별로 다양한 소형 어종을 제공한다. 5월부터 7월 사이에는 민어가, 11월에는 숭어가 주요 식재료로 등장하며, 밴댕이는 연중 꾸준히 소비되지만 산란기 전후인 초여름에 그 맛이 가장 뛰어나다.

3. 농산물 식재료의 고유성과 지리적 표지 특성

인천의 섬 지역, 특히 강화도는 거친 해풍과 일교차, 미네랄이 풍부한 토양 조건을 활용하여 육지 농산물과 확연히 구분되는 특산물을 생산하고 있다.

1) 강화도 4대 특산 농작물의 품질적 특징

강화도의 농작물은 섬 특유의 척박한 듯 풍요로운 환경 속에서 자생력을 키우며 영양 성분을 축적한다.

(1) 강화 순무의 약리적 · 감미적 요소

강화 순무는 강화도의 점토질 토양과 해풍이 빚어낸 대표 식재료이다. 일반 무와 달리 알싸한 매운맛과 인삼 향, 그리고 끝맛의 달콤함이 특징이다.

순무의 이차대사산물과 건강 기능성 순무의 특이한 향미는 배추과 채소에 함유된 글루코시놀레이트 성분에서 기인한다. 이 성분은 항암 및 항균 효과가 있는 것으로 알려져 있으며, 강화도의 재배 환경은 이러한 이차대사산물의 함량을 높이는 데 최적화되어 있다. 또한, 보라색 껍질의 안토시아닌 성분은 시각적 매력과 동시에 항산화 기능을 제공한다.

(2) 강화 속노랑 고구마와 섬 쌀의 식미 특성

강화 속노랑 고구마는 해풍을 맞고 자라 일반 고구마보다 당도가 높고 속이 짙은 노란색을 띤다. 쪄서 먹었을 때 목 막힘이 적은 부드러운 식감이 특징이며, 1998년부터 연구회를 통해 품질 관리가 이루어지고 있다. 강화 섬 쌀 또한 오염되지 않은 간척지의 풍부한 일조량과 미네랄을 흡수하여 밥맛이 차지고 영양이 풍부한 것으로 평가받는다.

(3) 강화 사자발약쑥의 차별성

강화 약쑥은 잎 모양이 사자발과 닮아 사자발약쑥이라 불리며, 해풍을 맞으며 3년 이상 그늘에서 숙성시키는 과정을 거친다. 이러한 숙성 과정은 쑥 특유의 독성을 제거하고 유효 성분을 응축시켜, 식재료로서의 활용뿐만 아니라 약용 및 향료로서의 가치를 극대화한다.

2) 농수산물 품질관리제도와 브랜드화

인천 섬 식재료의 공신력을 확보하기 위해 지리적 표시제와 품질 인증 제도가 적극적으로 도입되고 있다.

(1) 지리적 표시제의 적용 현황

지리적 표시제는 특정 지역의 명성과 품질이 지리적 특성에 기인함을 인증하는 제도이다. 인천에서는 강화 섬 쌀, 강화 약쑥 등이 등록되어 있으며, 백령도 까나리액젓 또한 지리적 표시 단체표장 권리 확보가 추진되었다.

품목명	지역	인증 및 특징
까나리액젓	백령도	지리적 표시 단체표장 추진, 비린맛 없음
순무	강화도	글루코시놀레이트 함유, 특유의 향미
속노랑 고구마	강화도	고당도, 소화 용이, 짙은 노란색
사자발약쑥	강화도	3년 이상 숙성, 약리 효능 우수
섬 쌀	강화도	간척지 재배, 높은 찰기와 영양

4. 소금 산업의 역사와 발효 문화의 연계성

인천 섬 음식의 맛을 결정짓는 가장 보이지 않는 핵심 식재료는 소금이다. 인천은 한국 근대 소금 산업의 발상지로서, 수산물의 장기 보존과 발효를 가능케 한 고품질의 천일염을 공급해왔다.

1) 인천 천일염의 역사적 궤적과 상징성

1907년 인천 주안에 우리나라 최초의 천일염전이 건립되면서[5] 인천은 전국 소금 생산량의 절반을 차지하는 중추적 역할을 수행했다. 이후 소래염전 등을 거치며 인천은 '짠물'이라는 별칭을 얻을 정도로 소금 생산의 대명사가 되었다.

(1) 옹진군 시도 염전의 생산 가치[6]

현재 대부분의 인천 염전은 산업시설로 전용되었으나, 옹진군 시도리에는 약 60년 전부터 전통 방식을 고수해온 시도 염전이 유일하게 남아 있다.

시도 천일염의 맛의 비밀　시도 소금은 3월부터 10월까지 8개월간 생산되며, 일조량과 해풍에 의해 자연적으로 증발・결정된다. 염부들은 특히 5~6월과 9~10월의 바람을 '돈바람'이라 부르며 중요시하는데, 이 시기의 소금은 첫맛은 짜지만 뒷맛이 달고 알갱이가 단단하여 품질이 매우 우수하다.

2) 소금과 수산물의 결합: 발효 식재료의 진화

인천의 천일염은 인근 젓새우 어장과 결합하여 전국적인 명성을 가진 젓갈 문화를 탄생시켰다. 강화 석모도와 영종도 주변의 염전은 갓 잡은 새우를 즉석에서 소금에 절여 신선도를 유지하는 기반이 되었다.

---

5) 인천은 조선시대부터 자염 방식의 소금을 생산했고, 우리나라에서 처음으로 천일염전이 인천 주안에 등장한 후 낙섬・남동공단・영종도 등에서 많은 소금이 생산된 이유로 추정된다. 소금 생산 방식은 보통 자염(끓일 자(煮), 끓여서 만든 소금) 방식과 천일염(염전에서 바닷물을 증발시켜 만든 소금) 방식이 있다. 세종실록 지리지 인천부에 영종도, 삼목도, 용유도 등지에 염전 종사자가 살고 있다는 내용으로 보아 조선시대부터 소금을 생산한 것으로 보인다. 우리나라 최초의 천일염 생산은 1907년 지금의 주안공단 주변에서 시작됐다. 천일염 방식은 대만에서 생산되기 시작했는데 이것을 일본에 의해 우리나라에 전해졌다고 한다. 주안에 천일염전이 만들어진 이유는 우리나라 최초로 건설된 경인선을 이용해 거대한 소비지를 두고 있는 서울로 신속한 물류가 가능한 입지 조건을 갖고 있다고 볼 수 있다. 일제는 침략전쟁을 거치는 와중에 대규모 군비가 필요해 이를 충당하기 위해 소금, 염초, 인삼에 전매제도를 실시했고 화학공업이 크게 발전하여 소다공업의 원료로서 천일염이 필요했다. 또한, 당시 조선은 중국과 대만으로부터 소금 수입이 증가하자 소금(식염)의 안정적인 공급이 필요했다.

6) 인천 옹진군 시도는 과거부터 소금 생산지로 유명했으며, 현재도 옛 방식 그대로 천일염을 생산하는 유일한 곳으로 알려져 있다. 특히 시도, 신도, 모도 이 '형제섬' 지역의 염전에서 맑고 깨끗한 바닷물로 만든 소금이 유명하며, 잘 녹고 여물어 맛이 좋은 것으로 정평이 나 있다.

(1) 백령도 까나리액젓의 가공적 특징

백령도 까나리액젓은 청정해역에서 잡은 까나리를 선상에서 즉시 소금과 혼합하여 1~2년간 숙성시킨다. 이 액젓은 고단백이면서도 비린내가 나지 않아 백령도에서는 김치뿐만 아니라 냉면 육수, 각종 탕과 찌개의 기본 간으로 사용되는 등 식재료의 범용성이 매우 넓다.

5. 식재료 유통 구조와 지역 경제의 메커니즘

섬 지역에서 생산된 식재료가 관광객의 식탁에 오르기까지는 복잡한 유통 과정을 거친다. 인천은 산지와 소비지를 잇는 지리적 이점을 활용하여 유통 비용을 절감하려는 정책적 노력을 지속하고 있다.

1) 수산물 유통의 다변화와 효율화 전략

전통적인 수산물 유통 구조는 6단계에 달하는 복잡한 과정을 거치지만, 인천은 이를 4단계로 간소화하는 체계를 활성화하고 있다.

(1) 산지거점유통센터(FPC)와 소비자분산물류센터(FDC)

인천에는 수산물을 가공·저장하는 FPC(Fisheries/Food Processing & Marketing Center)[7]와 전국에 단 두 곳뿐인 분산 기지인 FDC(Fisheries products Distribution Center)[8]가 위치하고 있다. 이러한 시설은 섬 지역 수산물의 선도를 유지하고 가격 변동성을 줄이는 역할을 한다. 특히 산지거점유통센터(FPC)는 카페나 레스토랑과 결합한 복합공간으로 조성되어 관광객들이 산지 식재료를 직접 체험하는 거점으로 기능한다.

---

7) 산지거점유통센터(FPC, Fisheries Products Processing & Marketing Center)는 산지에서 생산된 수산물을 한 곳에 모아 세척, 선별, 가공, 포장 등의 전처리 및 상품화 과정을 거쳐 대형 소비처(마트, 급식 등)에 공급하는 거점 시설로, 유통단계를 축소하고 상품 가치를 높여 유통 비용을 절감하고 어업인 소득을 증대하는 것이 목표이다. 이는 농산물 산지유통센터(APC)와 유사하지만, 양륙(배에서 내리는 것), 가공, 유통 기능이 통합된 개념이다.

8) 소비자분산물류센터(FDC, Fisheries products Distribution Center)는 전국에서 생산된 수산물을 모아 소비지(대도시권 등) 가까이에 있는 물류창고처럼 분산 기지 역할을 하며, 산지에서 소비지까지의 유통 단계를 축소해 신속하고 효율적으로 수산물을 배송하는 시설이다. 이는 유통 단계를 줄여(6단계→4단계) 비용을 절감하고, 소비자에게 신선한 수산물을 합리적인 가격으로 공급하기 위한 해양수산부의 수산물 유통 혁신 정책의 핵심 시설이다.

(2) 온라인 위판 및 직매장 시스템

어업인이 선상에서 실시간으로 물량을 입력하고 중도매인이 온라인으로 입찰하는 시스템은 섬 식재료의 유통 속도를 혁신적으로 높이고 있다. 또한, 대도시권에 설치된 수산물 전문 직매장은 섬 산지의 신선함을 도심으로 직접 전달하는 통로가 된다.

2) 어촌계 중심의 생산-판매 일원화

인천의 어촌계는 생산자 단체로서 위판장에 판매를 위탁하고 수협을 통해 가격을 결정받는다. 하지만 최근에는 어촌마을 체험객 수와 연계한 직거래 비중을 높임으로써, 생산자(어민)가 정당한 보상을 받고 관광객은 합리적인 가격에 고품질 식재료를 접할 수 있는 구조를 형성하고 있다.

6. 기후 변화에 따른 식재료 지도의 변화와 미래 전망

최근 서해안의 해수온 상승과 기후 변화는 인천 섬 식재료의 생산 패턴에 심각한 도전을 제기하고 있으며, 동시에 새로운 기회를 창출하고 있다.

1) 꽃게 자원의 위기와 관리의 과학화

인천의 대표 식재료인 꽃게는 기후 변화에 매우 민감하게 반응한다. 2025년 봄어기[9] 서해 꽃게 어획량은 전년 대비 절반 이하로 감소했는데, 이는 겨울철 황해난류의 수송량 변화와 봄철 수온 저하에 따른 산란 지연이 복합적으로 작용한 결과이다.

(1) 자원 회복을 위한 모니터링 체계

국립수산과학원은 머신러닝과 설명 가능한 인공지능(XAI)[10] 기술을 도입하여 꽃게 어획량

---

9) 봄어기[봄철(보통 3~5월경) 수산물을 잡거나 채취하는 기간, 捕獲期]는 수산물을 잡는 시기를 뜻하지만, 산란기 보호를 위해 일부 어종은 봄철에 '금어기(禁漁期, 잡으면 안 되는 시기)'를 설정하기도 하므로, 어종별로 확인이 필요하다.

10) 설명 가능한 인공지능(XAI, eXplainable AI)은 AI의 복잡한 의사결정 과정을 인간이 이해할 수 있도록 설명

을 예측하고 있다. 이는 식재료의 공급 안정성을 확보하여 섬 음식점들이 가격 급등에 대응할 수 있도록 돕는 정책적 근거가 된다.

2) 김 양식의 북상과 육상 양식의 부상

과거 남해안이 주산지였던 김은 기후 변화로 인해 인천 연안으로 생산지가 북상하고 있다. 옹진군 북도와 영흥면의 김 생산량은 최근 3년 사이 2배 가까이 늘어났으며, 생산액은 3.7배 급증하는 등 인천의 새로운 주력 식재료로 떠올랐다.

(1) 육상 김 양식 기술의 혁신적 도입

해상 가두리 양식의 환경적 한계(황백화 현상, 미세플라스틱 등)를 극복하기 위해 인천은 육상 양식 시스템 보급을 추진하고 있다. 이는 기후와 관계없이 일정한 품질의 김을 생산할 수 있게 하여, 인천 섬 김의 브랜드 고급화에 기여할 전망이다.

7. 종합 분석 및 제언

인천 섬 식재료의 특징은 광활한 갯벌의 유기물 생산력(생태), 서해 5도의 심해와 연안의 천해가 빚어낸 어종의 다양성(지리), 그리고 백 년의 역사를 지닌 천일염과 발효 기술(문화)의 삼위일체로 정의된다. 강화 순무의 알싸한 맛부터 대청도 홍어의 신선함, 그리고 백령도 까나리액젓의 깊은 풍미는 모두 인천만의 독특한 자연환경과 지역 주민들의 오랜 노하우가 결합한 결과물이다.

식재료는 음식관광의 출발점이다. 따라서 인천 섬 식재료의 고유성을 보존하기 위해서는 단순한 생산량 확대보다는 지리적 표시제의 내실화와 품질 인증을 통한 가치 제고가 우선되어야 한다. 또한, 기후 변화에 대응한 스마트 양식 기술의 도입과 유통 단계의 혁신은 섬 지역 생산자와 소비자(관광객)가 상생할 수 있는 지속가능한 음식관광 생태계를 구축하는 밑거름이 될 것이다. 인천의 섬 식재료가 지닌 생태적 가치를 과학적으로 입증하고 이를 스토리텔링과 결합하여 관광 자원화하는 노력은 향후 인천광역시 지역 정책의 핵심 과제가 되어야 한다.

하는 기술 및 방법론으로, AI의 결정 근거를 투명하게 공개하여 신뢰성, 투명성, 책임성을 확보하는 것을 목표로 한다. 딥러닝과 같은 블랙박스 모델의 한계를 극복하고, 오류 원인 분석, 알고리즘 개선, 규제 준수 등에 필수적이며, 의료, 금융, 자율주행 등 다양한 분야에서 중요한 기술로 부상하고 있다.

제3절 인천 섬 음식의 메뉴 분석

1. 인천 섬 음식 메뉴의 형성과 역사적 · 지리적 맥락

1) 섬 지역의 고립성과 식재료의 자급자족적 특성

인천광역시의 섬 지역은 지리적 고립성으로 인해 오랫동안 외부와 물자 교류가 제한적이었으며, 이는 각 섬이 보유한 독특한 식재료를 중심으로 한 자급자족적 식문화를 형성하는 배경이 되었다. 섬 주민들은 거친 해양 환경에 적응하며 바다에서 얻은 수산물과 척박한 토양에서 재배한 농산물을 결합하여 생존을 위한 식단을 구성해 왔다. 이러한 과정에서 탄생한 섬 음식 메뉴는 단순한 영양 공급원을 넘어 섬 공동체의 삶의 양식과 지혜가 농축된 문화적 산물로 정의된다. 인천의 섬들은 한강 하구와 서해안이 만나는 지점에 있어 풍부한 영양염류를 바탕으로 한 수산자원이 풍부하며, 이는 메뉴 구성에 있어 수산물이 차지하는 비중을 압도적으로 높이는 결과를 가져왔다.

(1) 해양 생태계와 메뉴의 상관관계

서해안의 조석 간만의 차는 광활한 갯벌을 형성하였고, 이는 인천 섬 음식 메뉴의 핵심 식재료인 바지락, 상합(上蛤), 낙지, 밴댕이 등의 서식 환경을 제공한다. 강화도의 갯벌이나 장봉도, 주문도의 상합(백합)은 해당 지역 메뉴의 정체성을 규정하는 핵심 요소다. 특히 강화의 갯벌 낙지나 새우젓은 단순한 식재료를 넘어 지역의 역사적 맥락과 결합하여 강화도만의 독창적인 메뉴 체계를 구축하였다. 이러한 메뉴들은 계절에 따른 어종의 이동과 산란기에 맞추어 유동적으로 변화하며, 이는 섬 음식관광의 '계절성'이라는 중요한 특징을 부여한다.

(2) 척박한 토양과 대체 농작물의 활용

섬 지역은 소금기가 많은 바람과 척박한 토질로 인해 논농사보다는 밭농사가 중심이 되는 경우가 많았다. 백령도의 경우 메밀과 백고구마가 주요 작물로 재배되었으며, 이는 황해도 식문화와 결합하여 백령도 냉면이라는 독특한 메뉴를 탄생시켰다. 강화도 역시 순무와 인삼, 사자발약쑥 등 특정 환경에서만 자라는 작물들을 메뉴의 부재료 또는 주재료로 활용함으로써 육지 음식과는 차별화된 미각적 특징을 확보하였다. 이러한 농수산물의 하모니는 인천 섬 음식 메뉴가 단순한 해산물 요리에 그치지 않고 로컬푸드 시스템 기반의 융복합적 성격을 띠게 하는 기반이 된다.

2) 접경 지역의 특수성과 실향민 식문화의 유입

인천의 서해 5도는 지리적으로 북한 황해도와 인접해 있으며, 6・25 전쟁 이후 대거 유입된 실향민들은 그들의 고향 식문화를 섬에 정착시켰다. 이는 인천 섬 음식 메뉴 분석에 있어 반드시 고려해야 할 인문학적 배경이다. 실향민들에 의해 재현된 북한식 조리법은 섬 현지의 식재료와 결합하며 '인천형 실향민 음식'이라는 새로운 카테고리를 형성하였다.

(1) 황해도 식문화의 변용과 정착

백령도 사곶냉면은 황해도 해주냉면이 원형이지만, 백령도의 특산물인 까나리액젓을 활용하면서 독창적인 메뉴로 변모하였다. 기존의 평양냉면이나 함흥냉면이 육수와 양념장의 맛에 집중한다면, 백령도 냉면은 액젓의 감칠맛을 통해 섬 특유의 미각을 완성한 것이다. 또한, 메밀 함량이 높은 면발은 당시 구호 물자로 보급되거나 섬에서 쉽게 재배할 수 있었던 메밀의 특성을 반영한다. 이러한 메뉴의 형성은 전쟁과 분단이라는 한국 현대사의 비극적 사건이 식문화적 풍요로 승화된 사례로 평가받는다.

(2) 전쟁과 피난이 낳은 섬의 별미

전쟁 중 피난민들이 섬에 정착하며 만들어낸 음식들은 현재 섬 관광의 핵심 콘텐츠가 되었다. 연평도의 꽃게 요리나 대청도의 홍어 요리 역시 주민들의 일상식에서 관광객들을 위한 메뉴로 발전하는 과정에서 실향민들의 손맛과 지역의 풍부한 수자원이 결합된 결과물이다. 이러한 메뉴들은 단순한 음식을 넘어 섬의 역사적 서사를 전달하는 매개체 역할을 수행하며, 관광객들에게 깊은 인상을 남기는 요소로 작용한다.

2. 권역별 대표 메뉴의 특성 및 조리 과학적 분석

1) 백령 · 대청권역: 극단적 신선도와 발효의 조화

백령도와 대청도는 인천에서 가장 멀리 떨어진 섬들로, 이곳의 메뉴는 원재료의 극단적인 신선도를 강조하거나 액젓과 같은 발효 식품을 적극적으로 활용하는 특징을 보인다.

(1) 백령도 냉면과 까나리액젓의 미학

백령도 냉면은 일반적인 냉면과 달리 식초와 겨자 대신 까나리액젓으로 간을 맞춘다. 이는 서해 북단에서 가장 흔하게 얻을 수 있는 고품질의 액젓을 조미료로 활용한 지혜의 산물이다. 까나리액젓의 아미노산 성분은 메밀면의 구수한 맛을 끌어올리는 역할을 하며, 육수의 깊은 맛을 배가시킨다. 또한, 냉면과 함께 제공되는 수육이나 빈대떡은 냉면의 단백질 부족을 보완하는 영양학적 균형을 고려한 메뉴 구성이다.

(2) 대청도 홍어와 신선 회 문화

대청도는 흑산도와 함께 우리나라 홍어의 주요 산지로 꼽히지만, 전라도 지역의 삭힌 홍어 문화와는 달리 신선한 상태의 홍어회를 선호한다. 이는 조업 현장과 식당의 거리가 가까운 섬 지역의 특성상 굳이 삭히지 않아도 신선한 홍어를 즐길 수 있었기 때문이다. 대청도 홍어 메뉴는 홍어회, 홍어찜, 홍어튀김, 홍어탕으로 이어지는 코스 형태를 띠며, 특히 삭힌 홍어 향을 선호하는 이들을 위해 홍어튀김은 약간 삭힌 상태에서 조리하여 독특한 풍미를 제공한다.

메뉴명	주요 식재료	조리 및 미각적 특징	연관 섬
사곶냉면	메밀, 까나리액젓	까나리액젓을 통한 감칠맛 강화, 황해도식 원형	백령도
홍어 한상	홍어, 간장 양념	신선한 회 중심, 찜과 탕으로 이어지는 코스	대청도
전복 · 홍합밥	전복, 홍합, 톳	바다의 향을 담은 영양 솥밥, 로컬 수산물 활용	백령도
우럭구이	반건조 우럭	쫄깃한 식감과 담백한 맛의 극대화	대청도

2) 강화권역: 왕실 문화와 갯벌 자원의 융합

강화도는 과거 왕실의 피난처이자 진상품의 산지로서 고품격의 식문화가 발달해 왔다. 강화의 메뉴는 갯벌에서 얻은 풍부한 수산물과 비옥한 토양에서 생산된 농산물이 정교하게 결합한 형태를 띤다.

(1) 젓국 갈비와 밴댕이 요리

강화도의 젓국 갈비는 돼지갈비에 강화 특산물인 새우젓을 넣어 끓인 맑은 탕 요리다. 이는 과거 고려 시대 왕실이 강화로 천도했을 당시, 귀한 돼지고기와 흔한 새우젓을 결합하여 만든 보양식에서 유래되었다는 설이 있다. 새우젓의 프로테아제 성분은 돼지고기의 단백질 분해를 도와 소화를 촉진하며 국물의 시원함을 더한다. 또한, 강화의 밴댕이는 회, 무침, 구이 등으로 소비되는데, 특히 산란기인 5~6월의 밴댕이는 지방 함량이 높아 고소한 맛이 절정에 달한다.

(2) 강화 순무와 사자발약쑥의 활용

강화도 메뉴의 밑반찬으로 빠지지 않는 순무 김치는 특유의 알싸한 맛으로 입맛을 돋우는 역할을 한다. 순무는 강화도의 해풍과 토양에서만 제맛을 내는 것으로 알려져 지역 고유성을 상징하는 메뉴다. 또한, 사자발약쑥을 활용한 삼계탕이나 떡 등의 메뉴는 강화 음식을 건강식으로 각인시키는 데 기여한다.

3) 옹진 내해권: 어민의 일상과 관광 메뉴의 경계

덕적도, 자월도, 장봉도 등 인천 연안과 가까운 섬들은 어업 활동이 활발하여 어민들이 배 위에서나 포구에서 즐기던 음식이 관광 메뉴로 정착된 경우가 많다.

(1) 소라 짜글이와 백합 밥상

연평도와 소청도 등지에서 즐겨 먹는 소라 짜글이는 신선한 소라를 채소와 함께 매콤하게 볶아낸 메뉴로, 어민들의 고된 노동 뒤에 활력을 불어넣던 음식이다. 장봉도와 볼음도의 백합(상합)밥은 갯벌에서 직접 채취한 커다란 백합의 육즙을 밥물로 사용하여 바다의 풍미를 밥알 하나하나에 입힌 메뉴다. 이러한 메뉴들은 화려한 기교보다는 재료의 정직한 맛을 강조하며 관광객들에게 '섬의 진심'을 전달한다.

(2) 문갑도 벙구나물과 약초 밥상

비교적 규모가 작은 섬인 문갑도에서는 해산물 외에도 섬 곳곳에서 자생하는 약초와 나물을 활용한 밥상이 유명하다. 이는 수산 자원이 부족한 시기나 환경에서 섬 주민들이 산과 들에서 찾은 대안적 식재료를 메뉴화한 것으로, 최근 웰빙과 채식을 선호하는 관광객들에게 높은 관심을 받고 있다.

3. 섬 음식 메뉴의 산업적 구성과 경제적 가치

1) 메뉴 가격 체계 및 수익 구조 분석

인천 섬 음식 메뉴의 가격은 도서 지역이라는 특성상 물류비와 인건비의 영향을 크게 받는다. 하지만 주재료를 섬 내부에서 조달하는 비중이 높은 메뉴일수록 가격 경쟁력을 확보하고 높은 수익성을 보인다. 예를 들어 백령도 냉면은 비교적 저렴한 메밀과 액젓을 주재료로 하여 대중성을 확보한 반면, 꽃게탕이나 홍어 요리는 고가의 수산물을 사용하여 프리미엄 메뉴군을 형성하고 있다.

(1) 식재료 산지 조달률과 부가가치

섬 내부에서 생산된 식재료를 사용하는 비율이 높을수록 지역 경제에 미치는 파급효과는 커진다. 인천시는 로컬푸드 시스템 기반의 음식관광을 육성함으로써 섬 주민과 생산자가 관광객의 소비 혜택을 직접적으로 누릴 수 있도록 유도하고 있다. 이는 외부 식재료를 들여와 조리하는 일반 식당과 달리 섬 내부의 생산-가공-소비 선순환 구조를 구축하는 핵심 동력이 된다.

(2) 관광객 지출 패턴과 메뉴 선호도

인천 섬을 방문하는 관광객들의 소비 패턴을 분석하면, 방문객의 약 60% 이상이 섬의 향토음식을 경험하기 위해 식당을 방문하는 것으로 나타난다. 특히 '아이(i) 바다패스'[11]와 같은 교

11) 'i 바다패스'는 인천시가 2025년부터 시행한 정책으로, 인천시민이면 누구나 시내버스 요금 수준인 1,500원(편도)으로 인천의 모든 섬을 오가는 여객선을 이용할 수 있게 해주는 제도이며, 타 지역민도 최대 70%

통비 지원 정책은 섬 방문의 문턱을 낮추어 결과적으로 섬 내 음식점에서 메뉴 소비를 촉진하는 효과를 가져왔다.

지표 항목	2023년 실적	2024년 성과(추정)	비고
섬 관광 전체 매출액	157억 원	213억~295억 원	약 3%~87% 성장
음식점업 매출 비중	약 45%	약 52%	숙박 및 체험보다 높음.
1인당 평균 식비 지출	25,000원	32,000원	고부가가치 메뉴 선호 증대
대표 메뉴 점유율	향토음식 70%	일반음식 30%	지역 특색 메뉴 강세

2) 신메뉴 개발과 메뉴의 현대화 전략

기존의 투박한 섬 음식 이미지를 탈피하고 젊은 층과 가족 단위 관광객을 유인하기 위한 신메뉴 개발 노력이 활발하다. 인천시는 섬 특색 음식 개발 품평회를 통해 각 섬의 자원을 재해석한 12종의 신메뉴를 선보였다.

인천광역시는 섬 지역의 특산물을 활용하여 차별화된 먹거리를 개발하고 관광을 활성화하기 위한 'I(Island · 섬) FOOD 프로젝트'의 일환으로 섬 특색 음식 개발 품평회를 개최하고 12종의 신메뉴를 선보였다.

주요 내용은 다음과 같다.

- 개발 배경 및 목적: 회나 매운탕 위주의 단조로운 섬 음식에서 벗어나, 각 섬의 특산물을 재해석하여 관광객이 찾는 특색 있는 맛을 발굴하고 지역 경제를 활성화하고자 추진되었다.
- 12종 신메뉴(2016년 품평회 기준): 강화군 석모도 · 볼음도, 옹진군 장봉도 · 신도 · 시도 · 모도 등 주요 섬 지역에서 생산되는 특산물을 활용하여 12가지 메뉴가 개발되었다.
  - 대표 메뉴: 석모도/볼음도의 상합죽, 장봉도의 소라비빔밥, 신도/시도/모도의 해산물 찜밥 등이 있다.
  - 주요 재료 및 메뉴: 강화 갯벌 낙지 비빔밥, 새우전병 등 맛과 영양을 담은 다양한 메뉴들이 포함되었다.
- 개발 과정: 청운대학교 호텔조리학과와 해당 섬 지역 식당 업주들이 협력하여 현지 식

할인 혜택을 받아 섬 접근성과 지역 경제 활성화를 목표로 한다. 이 정책은 여객선 운임 지원을 통해 섬 관광 대중화를 이끌고 있으며, 별도 신청 없이 발권 시 자동 적용된다.

재료를 활용한 독특한 레시피를 완성했다.

• 향후 계획: 품평회를 통해 선정된 대표 메뉴들은 해당 섬의 일반 음식점에 조리법 전수 및 컨설팅을 통해 실제 판매 메뉴로 보급되었다.

인천시는 이 프로젝트를 통해 섬의 가치를 재창조하고 '그 섬에 가면 그 맛이 있다'는 브랜드 이미지를 구축하고 있다

(1) 퓨전 메뉴의 등장과 시장성

강화 갯벌 낙지 비빔밥, 새우전병, 해산물 영양 밥상 등은 전통적인 조리법에 현대적인 플레이팅과 간편한 취식 방법을 결합한 사례다. 이러한 신메뉴들은 인스타그램 등 소셜 미디어를 통해 정보를 소비하는 MZ세대 관광객들에게 매력적인 콘텐츠로 작용하며, 섬 관광의 이미지를 '전통'에서 '힙한 로컬'로 전환하는 데 기여하고 있다.

(2) 밀키트 및 가공식품으로의 확장

섬 현지에서만 맛볼 수 있었던 메뉴들이 최근 밀키트(Meal Kit)[12]나 반조리 식품으로 개발되어 유통되고 있다. 꽃게나 새우와 같은 원물을 활용한 가공식품은 인천시 전체 수산물 가공업에서 큰 비중을 차지하며, 이는 섬 음식 메뉴의 생명력을 육지로 확장하는 역할을 한다. 이러한 시도는 섬의 영세한 식당들이 오프라인 판매의 한계를 극복하고 전국적인 브랜드 인지도를 확보할 기회를 제공한다.

---

12) 밀키트(Meal Kit)는 '식사(Meal)'와 '세트(Kit)'의 합성어로, 요리에 필요한 손질된 식재료와 정확한 양의 양념, 그리고 조리법이 모두 담겨 있어 소비자가 집에서 쉽고 간편하게 요리할 수 있는 반조리 식품 세트를 의미한다. 완제품과 달리 직접 조리하는 즐거움이 있으며, 재료를 따로 준비할 필요가 없어 간편하고 실패 확률이 적다는 장점이 있다.

4. 섬 음식 메뉴의 문화적 가치 보전과 지속가능성

1) 향토 음식의 정의 재정립과 제도적 보호

인천시는 향토 음식의 개념을 현대적으로 재정립하고 이를 체계적으로 육성하기 위한 정책을 추진하고 있다. 섬 지역의 메뉴는 세대 간의 전승이 끊길 위기에 처해 있어, 이를 문화 자산으로 등록하고 보호하는 작업이 필수적이다.

(1) 조리법의 아카이빙과 표준화

섬 주민마다 조금씩 다른 조리법을 기록화하고 표준화하는 과정은 메뉴의 품질을 유지하고 대중성을 확보하는 데 중요하다. 특히 원형의 맛을 간직한 노포(老鋪)나 고령의 조리법 보유자들을 지원하여 그들의 노하우가 사라지지 않도록 하는 프로그램이 강화되고 있다.

(2) 지역 크리에이터와의 협업

최근 강화군을 중심으로 향토 음식을 현대적으로 재해석하는 로컬 크리에이터들의 생태계가 형성되고 있다. 이들은 섬의 메뉴를 단순한 음식이 아닌 디자인, 스토리텔링, 브랜드와 결합하여 새로운 가치를 창출한다. 이러한 민간 중심의 움직임은 관 주도의 정책보다 유연하게 시장의 변화에 대응하며 섬 음식의 생명력을 연장시킨다.

2) 환경 및 생태적 고려 사항

섬 음식 메뉴의 지속가능성은 결국 식재료의 안정적인 공급에 달려 있다. 서해안의 수산자원은 기후 변화와 과도한 어획으로 인해 고갈될 우려가 상존한다.

(1) 금어기와 식단 운영의 조화

백령도 꽃게나 대청도 홍어 등은 포획 금지 기간과 체장 규정[13]을 엄격히 준수해야 하는

13) 체장((體長)은 주로 '몸체 길이를 뜻하며, 특히 어류나 해양 생물에서 주둥이 끝에서부터 척추뼈가 끝나는 지느러미 바로 앞까지의 길이(표준 체장)를 의미한다. 이는 어린 생물의 보호를 위해 설정되는 금지 체장의 기준으로 사용되어, 일정 크기 이하의 포획을 금지하는 법적 규제에 쓰이는 중요한 용어이다. 체장

식재료다. 메뉴 개발 시 이러한 생태적 주기를 고려하여 금어기에는 대체 메뉴를 제공하거나 반건조, 냉동 가공 기술을 활용하여 사계절 내내 안정적인 메뉴 운영이 가능하도록 하는 기술적 보완이 이루어지고 있다.

(2) 해양 쓰레기와 청정 이미지 관리

섬 음식의 경쟁력은 '청정 바다'라는 이미지에서 나온다. 메뉴의 품질이 아무리 우수하더라도 섬 환경이 훼손된다면 관광객의 방문 동기는 사라질 것이다. 따라서 섬 음식관광 정책은 반드시 환경 보전 활동과 병행되어야 하며, 식당에서의 일회용품 사용 자제나 음식물 쓰레기 감소 등 지속가능한 소비 문화를 정착시키는 노력이 필요하다.

5. 정책적 제언 및 향후 발전 방향

1) 인천의 맛(Taste of Incheon) 브랜드 강화

인천의 섬 음식 메뉴를 하나의 통합 브랜드인 '인천의 맛'으로 묶어 홍보하는 전략이 필요하다. 개별 섬의 메뉴 홍보를 넘어 인천 섬 전체를 아우르는 미식 지도를 구축하고, 관광객들이 여러 섬을 순례하며 다양한 메뉴를 경험하도록 유도하는 연계 프로그램이 강화되어야 한다.

2) 협력형 네트워크 구축과 커뮤니티 비즈니스 육성

섬 음식관광의 성공을 위해서는 주민, 생산자, 요리사, 관광 실무자가 협력하는 네트워크가 필수적이다. 주민들이 직접 운영하는 협동조합 형태의 식당이나 로컬푸드 직매장을 활성화하여 관광 수익이 지역 사회에 공정하게 배분되도록 하는 커뮤니티 비즈니스 모델을 확산시켜야 한다.

규정은 수산자원관리법에 따라 어린 물고기와 산란기 어미를 보호하고, 지속가능한 수산자원 이용을 위해 특정 어종의 포획을 금지하는 최소 몸길이(체장) 또는 체중 기준을 말하며, 어업인뿐만 아니라 일반인(낚시, 해루질 등)에게도 적용되어 위반 시 과태료가 부과될 수 있다. 이는 금어기(포획 금지 기간)와 함께 적용되며, 어종과 지역에 따라 기준이 다르고 주기적으로 강화한다.

3) 글로벌 음식관광 목적지로의 도약

인천 국제공항과 인접한 지리적 이점을 활용하여 외국인 관광객들에게 한국 섬 음식의 매력을 알리는 글로벌 마케팅이 요구된다. 자장면이나 쫄면처럼 인천 육지에서 시작된 음식들과 섬의 향토 음식을 결합한 '인천 미식 투어' 상품은 글로벌 시장에서도 충분한 경쟁력을 가질 수 있다. 특히 백령도 냉면과 같은 메뉴는 분단 국가의 특수성과 결합하여 외국인들에게 독특한 문화적 경험을 제공할 것이다.

인천 섬 음식의 메뉴 분석은 단순한 식단 조사를 넘어 지역의 생태, 역사, 경제, 문화를 통합적으로 이해하는 과정이다. 풍부한 수산 자원과 실향민의 애환이 서린 조리법, 그리고 이를 현대적으로 발전시키려는 정책적 노력이 결합되어 인천 섬 음식관광은 새로운 국면을 맞이하고 있다. 앞으로도 지속가능한 식재료 수급 체계를 구축하고 메뉴의 고유성을 보존하면서도 현대적 감각을 잃지 않는 균형 잡힌 접근이 필요하다. 섬 음식은 인천이 가진 가장 강력한 관광 콘텐츠이며, 이를 통해 섬 주민들의 삶이 풍요로워지고 관광객들에게는 잊지 못할 미각적 기억을 선사하는 지속가능한 관광 생태계가 완성될 것이다.

6. 결론 및 요약

인천광역시 섬 음식 메뉴 분석을 통해 도출된 핵심 결과는 다음과 같다. 첫째, 인천 섬 음식은 지리적 고립성에 의한 자급자족적 식문화와 접경 지역의 특수성에 따른 실향민 식문화가 복합적으로 얽혀 있다. 둘째, 백령도의 냉면, 대청도의 홍어, 강화도의 젓국갈비 등 각 섬을 대표하는 킬러 콘텐츠 메뉴가 확립되어 있으며, 이는 관광객의 방문을 결정짓는 핵심 동인이 된다. 셋째, 최근의 정책적 지원과 교통 인프라 개선은 섬 지역 관광 매출의 비약적인 상승을 이끌었으며, 특히 음식업 분야에서 두드러진 성과를 보이고 있다. 넷째, 고령화와 환경 변화라는 위기 요인에 대응하기 위해 향토 음식의 아카이빙, 신메뉴 개발, 로컬푸드 시스템 강화가 시급한 과제로 제기된다. 인천 섬 음식은 이제 단순한 끼니를 넘어 지역의 정체성을 상징하는 브랜드이자 지속가능한 미래 산업으로 발전하고 있다.

5장

충청남도의 섬 음식관광 현황 분석

제4장에서 수도권의 관문으로서 긴장과 교류의 역사가 공존했던 인천의 섬들을 살펴보았다면, 제5장에서는 남쪽으로 내려와 충청남도의 섬들을 조명해보고자 한다. 충청남도의 섬은 285개(유인 37개 · 무인 248개), 1만 4,546명으로서 서해의 풍요로운 어장과 광활한 갯벌을 공유한다는 점에서는 인천의 섬들과 유사하지만, 그 역사적 맥락과 문화적 성격에서는 미묘한 차이를 보인다. 충남의 섬들은 국가의 최전선이라는 군사적 긴장감보다는, 풍요로운 내륙의 농업 지대와 바다를 잇는 '교역의 거점'이자, 자작한 바다에 의지해 살아온 사람들의 '생활 터전'으로서의 성격이 더욱 강하게 나타난다.

제1절 충남 섬의 역사적 배경

충청남도 도서 지역의 역사는 한반도 서해안의 지리적 특수성과 국가 정책적 변동이 복합적으로 얽혀 형성된 독특한 서사를 지니고 있다. 충남의 섬들은 선사시대부터 인류가 거주하며 독자적인 해양 문화를 일구어온 공간이자, 고려와 조선 시대를 거치며 국가 경제를 지탱하는 조운(漕運)의 핵심 통로로 기능했다. 또한, 왜구의 침입을 방어하는 군사적 요충지로서 국가 안보의 최전선 역할을 수행해 왔다. 이러한 역사적 맥락은 섬 주민들의 생업 방식과 식문화를 결정짓는 핵심 요인이 되었으며, 오늘날 섬 음식관광의 정체성을 구성하는 근간이 된다.

1. 행정구역의 변천과 지리적 재편

충청남도 도서 지역의 행정적 지위와 범위는 시대적 필요에 따라 끊임없이 재편되었다. 이는 섬이 지닌 고립성에도 불구하고 육지와의 연결성이나 국가의 통치 효율성에 따라 공간적 정의가 달라져 왔음을 의미한다.

1) 고대 및 고려 시대의 도서 관리

고대 삼국 시대부터 충남의 서해안은 중국 대륙과의 교역을 위한 교두보였다. 태안반도와 그 부속 도서들은 항해 기술이 발달하지 않았던 시기에 연안 항로의 중요한 기착지였다. 고려

시대에 접어들면서 조운 제도가 정비됨에 따라 충남의 섬들은 국가 조세의 운송 경로로서 전략적 가치가 급격히 상승했다. 당시 충청도 도서 지역은 행정적으로 양광도(楊廣道)에 속해 있었으며, 주요 섬들은 수군 진영이 설치되거나 조운선의 안전을 점검하는 거점으로 관리되었다.

(1) 삼국유사와 고려사에 나타난 서해 도서의 교역사적 가치

충남의 섬들이 역사 기록에 본격적으로 등장하기 시작한 것은 삼국 시대부터다. 백제는 부여와 공주를 중심으로 서해안을 통해 중국과 활발히 교류하였는데, 이때 태안의 마도나 신진도는 중국 사신들이 한반도에 발을 내딛기 전 머물던 필수 기착지였다. 고려 시대 기록인 『고려사』「지리지」에 따르면, 충청 연안의 섬들은 조세 운송의 안전을 확보하기 위한 거점으로 묘사된다. 특히 태안반도는 서해 항로의 목구멍과 같은 곳으로, 이곳의 기상 상태에 따라 국가의 재정이 좌지우지되었다.

이러한 고대의 교역사는 섬 지역에 '외래 문물의 수용과 토착화'라는 문화적 특성을 부여했다. 중국의 선진 항해술과 함께 들어온 식재료 보관법이나 염장 기술은 섬 주민들의 식생활에 자연스럽게 스며들었으며, 이는 훗날 충남 서해안의 젓갈 문화나 마른 생선 문화가 발달하는 역사적 씨앗이 되었다.

2) 조선 시대의 진영 체제와 도서 방어

조선 시대에는 해안 방어를 위해 진영(營) 중심의 군사 행정 체계가 강화되었다. 충청도 서해안의 방어는 홍주의 전영(前營), 해미의 좌영(左營) 등이 분담하였으며, 특히 해미진영은 서산, 당진, 결성 등 해안 지역과 인접 도서를 포괄적으로 통솔하며 서해로부터 침입하는 외적을 방어하는 핵심 기지 역할을 수행했다. 이 시기 섬들은 단순한 거주지 이상의 의미를 지녔으며, 국가의 해양 통치권이 미치는 물리적 한계선이자 방어의 벽이었다.

3) 근현대 행정구역 개편의 영향

1910년대 일제에 의한 행정구역 개편은 충남 도서 지역의 지형도를 근본적으로 변화시켰다. 1914년 단행된 대대적인 구역 통합 과정에서 충남의 해양 영토 일부가 타 도로 이속되거나 인접 군으로 편입되는 진통을 겪었다.

행정구역 변화 시기	주요 내용 및 특징	관련 지역
조선 시대	수군 진영 및 조운로 중심의 도서 관리	태안, 서산, 보령 연안
1914년	어청도, 연도, 개야도, 죽도 등 4개 섬 전북 이속	서천, 보령 외곽 도서
1932년	충남도청 대전 이전으로 인한 해양 행정의 원격화	충남도 전역
1970년대 이후	연륙교 및 연도교 건설로 인한 도서의 육지화	안면도, 원산도 등

특히 전라북도 익산군의 일부가 충남 논산으로 편입되는 대신, 서해의 요충지였던 어청도를 포함한 4개의 섬이 전북으로 이속된 것은 충남 해양 관광 및 어업권의 역사적 손실로 평가되기도 한다. 이러한 행정적 단절은 섬 주민들의 생활권 변화뿐만 아니라, 지역 특산물의 유통 경로와 식문화의 경계에도 영향을 미쳤다.

2. 해상 교통과 조운로(漕運路)의 역사적 중요성

충남의 바다는 한반도 남방의 물자가 수도인 개경이나 한양으로 운반되는 '세곡(稅穀) 운송의 동맥'이었다. 그러나 지형적 험난함으로 인해 수많은 인명과 물자가 희생된 비극의 장소이기도 했다.

1) 안흥량의 지리적 위협과 해난 사고

충남 태안군 안면도 북단과 신진도 사이에 위치한 안흥량(安興梁)은 역사적으로 가장 악명 높은 항로였다. 이곳은 물길이 좁고 암초가 많으며 조류의 속도가 빨라 노련한 사공들조차 두려워하던 구간이었다. 고려와 조선 시대 영호남의 세곡(稅穀)을 실은 조운선(漕運船)은 한양으로 가기 위해 반드시 이 해역을 통과해야 했으나, 거센 풍랑과 복잡한 해저 지형으로 인해 좌초되는 사고가 빈번했다.

태종 실록에 따르면 1414년에는 선박의 과적으로 인해 대규모 침몰 사고가 발생했다는 기록이 있으며, 1392년부터 1455년까지 약 60년간 200여 척의 배가 이곳에서 침몰하였다. 이러한 사고의 흔적은 오늘날 태안 마도 인근 해역에서 발굴되는 다수의 고선박과 유물을 통해 증명되고 있으며, 이는 당시 충남 섬 지역이 지녔던 물류 거점으로서의 위상과 그 이면의 고통을 동시에 보여준다.

(1) 안흥량 침몰 유적의 고고학적 가치와 식문화 정보

최근 태안 마도 해역에서 발굴된 '마도 1, 2, 3호선'은 고려 시대의 생활상을 보여주는 타임캡슐과 같다. 발굴된 유물 중에는 곡물을 담았던 청자와 함께 젓갈, 포, 죽 등을 기록한 목간(木簡)이 대량으로 발견되었다. 이는 당시 조운선에 실렸던 세곡뿐만 아니라 선원들이나 관리들이 먹었던 '당대의 음식'에 대한 구체적인 정보를 제공한다.

이 발굴 조사를 통해 확인된 사실은 당시에도 조기젓, 게젓 등 해산물을 이용한 발효 음식이 일상화되어 있었다는 점이다. 이는 충남 섬 음식관광이 단순히 현대적인 창작물이 아니라, 천 년 전부터 이어져 온 역사적 실체가 있음을 뒷받침한다. '조운선의 무덤'이라 불리던 슬픈 역사가 이제는 '식문화 역사의 보고'로 재탄생하여 관광객들에게 풍부한 서사적 경험을 제공하고 있다.

2) 험난한 물길이 남긴 지명과 식문화의 단초

안흥량의 거친 바다는 지역민들의 언어와 식문화에도 지대한 영향을 미쳤다. '가기 어렵다'는 뜻의 난행량(難行梁)이 안녕을 기원하는 안흥량으로 바뀐 것이나, 침몰한 조운선의 쌀이 바닷물에 젖어 썩어 쌓였다는 의미의 '쌀썩은여'라는 지명은 당시의 처절했던 상황을 반영한다.

이러한 해난 사고는 역설적으로 섬 지역 주민들에게 새로운 식재료 공급원이 되기도 했다. 난파된 배에서 흘러나온 곡물과 식자재들은 척박한 섬 생활에서 일시적인 풍요를 제공하기도 했으며, 이는 바다를 경외하고 달래기 위한 제례 의식과 결합하여 독특한 민속 신앙과 공동체 식문화를 형성하는 배경이 되었다.

3) 운하 굴착을 통한 지형의 인위적 변천

안흥량의 해난 사고를 근본적으로 해결하기 위해 국가 차원에서 추진된 것이 바로 운하 굴착 사업이다. 이는 인공적으로 지형을 바꾸어 섬과 육지의 운명을 재편한 대규모 토목 역사의 기록이다.

운하 명칭	추진 시기	특징 및 결과
굴포운하	고려~조선 중종	천수만과 가로림만 연결 시도, 암반 지대로 인해 실패
안면도 운하	조선 인조(1638년)	판목(굴항)을 절개하여 안면도를 반도에서 섬으로 분리
의항운하	조선 시대	태안반도 북단 굴착 시도, 기술적 한계로 중단

가장 성공적인 사례는 1638년 완성된 안면도 운하다. 당시 충청감사 김육의 주도로 태안반도의 좁은 허리 부분인 판목을 파내어 물길을 냄으로써, 조운선이 험한 안흥량을 거치지 않고 천수만 안쪽으로 안전하게 운항할 수 있게 되었다. 이로 인해 안면도는 육지에서 섬으로 변모하였으며, 이는 단순히 지리적 변화를 넘어 안면도만의 독자적인 생태계와 해양 문화가 발달하는 결정적 계기가 되었다.

3. 섬 주민의 전통 생업과 생활 양식

충남의 섬들은 토지가 척박하고 농경지가 부족한 환경적 제약 속에서 주민들이 바다와 땅을 동시에 일구는 독특한 생존 전략을 수립해 왔다.

1) 반농반어의 생존 전략

충남 도서 지역 주민들의 전통적인 생활 양식은 '반농반어(半農半漁)'로 요약된다. 섬 안의 작은 평지에서는 쌀, 보리, 마늘, 고구마 등을 재배하고, 바다에서는 멸치, 주꾸미, 바지락 등을 채취하며 가계의 안정을 도모했다.

보령의 효자도나 삽시도 같은 섬들은 대표적인 반농반어 지역으로, 주민들은 철에 따라 어업 활동에 종사하면서도 농번기에는 밭을 일궈 자급자족 체계를 유지했다. 이러한 생활 방식은 식단에서도 육지 농산물과 해산물의 조화로운 결합을 이끌어냈다. 예를 들어, 섬에서 재배한 마늘과 고구마는 해산물의 비린 맛을 잡거나 부족한 열량을 보충하는 핵심 부재료로 활용되었으며, 이는 오늘날 충남 섬 지역 향토 음식의 레시피에 고스란히 남아 있다.

(1) 반농반어 생업의 계절적 순환과 식단 구성

섬 주민들의 하루와 일 년은 바다의 물때와 농사 절기에 맞추어 정교하게 설계되었다. 봄에는 바지락과 실치를 잡고, 여름에는 밭에서 고구마와 마늘을 돌보며, 가을에는 대하와 꽃게를 수확하고, 겨울에는 굴을 채취하며 한 해를 보낸다.

이러한 계절적 순환은 '제철 음식'이라는 개념을 섬 주민들의 삶 속에 깊이 각인시켰다. 쌀이 귀하던 시절, 고구마와 보리를 섞어 지은 밥에 갯벌에서 갓 잡아 올린 낙지를 넣어 만든 낙지비빔밥이나, 추운 겨울 바닷바람에 말린 우럭을 넣고 끓인 우럭젓국은 섬 주민들의 지혜가 담긴 고열량 영양식이었다. 이러한 전통적인 반농반어 식단은 인위적인 조미료보다는 식재료 본연의 맛과 발효된 젓갈의 깊은 맛을 강조하며, 이는 건강을 중시하는 현대 미식 관광객들에게 강력한 소구력을 지닌다.

2) 섬별 특화된 생업 활동과 생산물

각 섬은 지리적 위치와 해저 지형에 따라 서로 다른 주력 생산물을 보유해 왔다. 이는 각 섬의 고유한 음식 문화를 형성하는 기초가 되었다.

- **보령 외연도:** 충남 최서단의 섬으로 원거리 어업이 발달하였으며, 천연기념물 상록수림과 연계된 약초 채취 등 산림 자원 활용도 활발했다.
- **보령 삽시도:** 수려한 경관과 함께 멸치, 주꾸미 어장이 잘 형성되어 있어 이를 활용한 염장 및 건조 가공업이 발달했다.
- **보령 고대도:** 국내 최초 개신교 선교 활동의 역사를 품고 있으며, 멸치와 실치 어업이 주민들의 주 수입원이었다.
- **서산 · 태안 연안 도서:** 갯벌이 발달하여 바지락, 굴, 낙지 등 조간대 어업이 중심을 이루었으며, 이는 게국지나 굴밥과 같은 서산 지역 대표 음식의 근간이 되었다.

이러한 섬별 특화 생산물은 과거에는 생존을 위한 자원이었으나, 현재는 섬 음식관광의 핵심 콘텐츠로서 관광객들에게 차별화된 미식 경험을 제공하는 요소가 되고 있다.

4. 간척 사업과 환경적 변화가 식문화에 미친 영향

20세기 후반 충남 서해안에서 전개된 대규모 간척 사업은 섬과 연안 주민들의 삶의 터전을 근본적으로 뒤흔든 일대 사건이었다. 이는 자연지형의 변화를 넘어 식문화의 원천인 식재료 공급 체계의 거대한 전환을 의미했다.

1) 천수만 A · B지구 간척의 역사적 맥락

1980년대 현대건설에 의해 추진된 서산 천수만 간척 사업은 '정주영 공법'으로 불리는 유조선 물막이 공사를 통해 바다를 육지로 바꾼 인류 기술의 집약체였다. 이 사업으로 인해 여의도

면적의 수십 배에 달하는 대규모 농경지와 담수호(간월호, 부남호)가 조성되었다.

그러나 이러한 성장의 이면에는 갯벌의 상실과 생태계 교란이라는 아픔이 있었다. 천수만 북단의 수로가 차단되면서 유속이 약화되었고, 이는 인근 해역의 해양 생태계 변화로 이어져 정치망 어업과 김 양식업이 중단되는 결과를 초래했다. 특히 바지락과 낙지의 생산량이 급감하면서 이를 기반으로 생활하던 섬 주민들의 생업 구조는 어업 중심에서 농업 및 서비스업으로 강제적 전환을 맞이했다.

2) 식재료의 변화와 새로운 음식관광의 탄생

간척 사업 이후 갯벌 생산물은 줄어든 반면, 드넓은 간척지에서 생산되는 '서산 쌀'과 육지화된 환경에서 발달한 축산업 산물은 새로운 지역의 맛을 형성했다. 갯벌에서 채취한 굴로 담근 '어리굴젓'과 간척지 쌀로 지은 굴밥의 조합은 간척 이전과 이후의 산물이 만난 대표적인 사례다.

또한, 간척으로 조성된 담수호와 갈대밭이 세계적인 철새 도래지가 되면서, 생태 관광과 미식 관광이 결합한 형태가 나타나기 시작했다. 천수만 일대에서 겨울철 별미로 꼽히는 새조개와 남당항의 대하 축제 등은 간척 이후 변화된 해양 환경 속에서 주민들이 찾아낸 새로운 생존원이자 관광 자원이다. 이는 역사적 격변 속에서도 지역의 고유한 식재료를 발굴하고 상품화해 온 섬 주민들의 복원력을 상징한다.

(1) 간척지 농산물과 해산물의 융복합 관광 전략

서산과 보령의 간척 사업은 지역 경제의 구조를 1차 산업에서 관광 서비스업으로 전환하는 계기가 되었다. 간척지로 인해 갯벌이 줄어든 것은 분명한 손실이지만, 대신 얻게 된 넓은 들녘은 섬 음식의 외연을 확장했다.

현재 천수만 일대에서 열리는 각종 음식 축제들은 이러한 역사적 변천을 담아내고 있다. 간척지의 쌀과 6쪽마늘, 그리고 인근 해역에서 잡히는 새조개가 만나는 지점이 바로 남당항이나 간월도다. 정책 담당자들은 이러한 역사적 배경을 활용하여 '바다와 땅이 만난 식탁'이라는 테마로 관광 상품을 고도화할 필요가 있다. 이는 간척 사업의 명암을 균형 있게 조명하면서도 주민들의 새로운 생업을 지원하는 지속가능한 관광 모델이 될 것이다.

5. 역사적 신앙과 문화 유산의 결합

섬 주민들에게 바다는 삶을 지속하게 해주는 어머니인 동시에 목숨을 앗아가는 공포의 대상이었다. 이러한 극한의 환경은 독특한 민속 신앙과 축제 문화를 낳았으며, 이는 섬 음식관광의 서사적 깊이를 더해준다.

1) 풍어제와 공동체 식사 문화

보령 외연도의 풍어당제나 태안의 안파사 기원 등은 거친 바다에서 안녕을 기원하던 주민들의 간절함이 담긴 문화유산이다. 이러한 제례 의식에는 반드시 음식이 수반된다. 제물로 바쳐진 생선과 고기, 섬에서 귀하게 얻은 곡물로 만든 음식들은 제사가 끝난 뒤 마을 주민들이 함께 나누어 먹는 '음복(飮福)'의 과정을 거친다.

이 공동체 식사 문화는 섬 지역 음식의 원형을 보존하는 창구 역할을 해왔다. 대량 생산된 현대식 식품이 들어오기 전까지 섬 주민들이 공유하던 조리법과 식자재 활용법은 이러한 의례 음식을 통해 전승되었으며, 이는 현재 섬 음식관광에서 '스토리텔링'의 핵심 소재로 활용되고 있다.

2) 전설과 역사가 깃든 섬의 명소들

충남의 섬들은 곳곳에 역사적 인물이나 사건과 관련된 이야기를 품고 있다. 효자가 많아 이름 붙여진 '효자도,' 선교사 귀츨라프가 최초로 도착한 '고대도,' 활과 화살의 형상을 닮은 '삽시도' 등은 각각의 서사를 지니고 있다.

이러한 역사적 서사는 단순한 볼거리를 넘어 미식 체험의 가치를 증폭시킨다. 예를 들어 고대도에서 선교사들이 주민들에게 감자를 전파했다는 역사적 사실은 '선교사의 식탁'과 같은 테마 음식 개발의 단초가 될 수 있다. 역사는 섬의 공간에 의미를 부여하고, 음식은 그 의미를 체득하게 하는 매개체가 되어 충남 섬 음식관광의 차별화를 이끄는 동력이 된다.

(1) 고대도 귀츨라프 선교사와 초기 서양 식문화의 흔적

1832년 독일 선교사 귀츨라프는 고대도에 도착하여 주민들에게 감자 재배법을 가르치고 포도주를 건넸다는 기록이 있다. 이는 한국 역사상 서양 식문화가 도서 지역에 직접적으로 전파된 매우 이례적인 사건이다.

이러한 역사적 사실은 고대도 음식관광의 독보적인 자산이다. 단순히 해산물을 먹는 것을 넘어, '한국 최초의 감자 재배지'라는 서사는 관광객들에게 인문학적 호기심을 자극한다. 고대도 주민들은 이러한 역사를 바탕으로 '귀츨라프 감자'를 브랜드화하거나 서양식 조리법과 지역 해산물을 접목한 퓨전 메뉴를 개발함으로써, 다른 섬들과 차별화된 관광 경쟁력을 확보할 수 있다.

6. 역사가 빚어낸 충남 섬의 맛과 미래

충남 섬의 역사적 배경을 분석한 결과, 이 지역의 식문화는 '저항과 적응'의 산물임을 알 수 있다. 안흥량의 위협에 맞서 운하를 뚫었던 의지, 간척 사업이라는 거대한 환경 변화 속에서 새로운 식재료를 찾아낸 생존력, 그리고 조운로라는 국가적 요충지로서 지켜온 자부심이 융합되어 있다.

- **역사적 연속성:** 고려와 조선의 조운 체계는 충남 도서를 국가 물류의 중심으로 만들었으며, 이는 해산물 유통과 가공 기술의 발달로 이어졌다.
- **환경적 전환:** 20세기 간척 사업은 생태적 손실을 가져왔으나, 농경지의 확대로 인해 농어업이 결합한 복합적인 식재료 기반을 마련했다.
- **문화적 보전:** 섬 특유의 고립성과 신앙 체계는 외부의 영향으로부터 고유의 향토 조리법을 지켜내는 방어막 역할을 했다.

이러한 역사적 배경에 대한 이해는 향후 충남 섬 음식관광 정책 수립 시, 단순히 맛있는 음식을 제공하는 수준을 넘어 '역사를 먹는 경험'을 설계하는 데 핵심적인 통찰을 제공한다. 섬 주민들의 삶의 궤적과 바다의 서사를 음식 속에 녹여낼 때, 충남의 섬 음식관광은 지역 경제 활성화와 문화 보전이라는 두 마리 토끼를 잡을 수 있을 것이다.

1) 정책적 제언: 역사적 서사를 입힌 섬 미식 관광 브랜드 구축

충남 도서 지역의 역사적 배경을 분석한 결과, 성공적인 섬 음식관광을 위한 정책 방향은 다음과 같이 요약된다.

- **역사 기반의 스토리텔링 강화:** 안흥량의 해난 사고, 안면도 운하 굴착, 간척 사업 등 섬의 지형을 바꾼 역사적 사건들을 음식 메뉴와 연계하여 관광객의 몰입도를 높여야 한다.
- **반농반어 산물의 융합형 상품 개발:** 섬에서 생산되는 농산물과 해산물의 결합을 강조하는 '섬 식탁' 브랜드를 구축하여 지역 내 자급자족 체계의 가치를 홍보해야 한다.
- **문화 보전과 관광의 조화:** 풍어제나 공동체 식사 문화 등 무형의 유산을 관광객이 체험할 수 있는 프로그램으로 상설화하여 섬의 고유성을 유지해야 한다.
- **지속가능한 환경 정책 병행:** 간척 사업의 교훈을 바탕으로 남은 갯벌과 해양 생태계를 보전하며, 이를 '청정 식재료'의 근거로 삼는 친환경 관광 정책을 추진해야 한다.

충청남도의 섬들은 수천 년의 시간 동안 거친 파도와 싸우며 그들만의 맛을 지켜왔다. 이제 그 역사의 갈피 속에 숨겨진 맛의 이야기를 세상 밖으로 끄집어내어, 누구나 공감하고 즐길 수 있는 고품격 미식 관광의 장으로 승화시켜야 할 시점이다.

제2절 충남 섬 식재료의 특징

1. 충남 도서 지역 식재료 생산의 지리적 환경과 생태적 특성

충청남도 도서 지역은 서해안의 독특한 지형적 구조와 해양 환경이 결합하여 차별화된 식재료 생산 기반을 형성하고 있다. 충남의 섬들은 보령, 서산, 태안, 당진, 서천 등 연안 시군을 중심으로 분포하며, 이곳에서 생산되는 식재료는 단순한 영양 공급원을 넘어 지역의 고유한 문화와 경제적 가치를 함축한다. 특히 서해의 완만한 대륙붕 지형과 큰 조수간만의 차는 육지와 섬 사이의 광활한 조간대를 형성하며, 이는 전 세계적으로도 희귀한 갯벌 생태계를 구축하는 근간이 된다.

1) 조수간만과 갯벌 생태계가 결정하는 수산물의 육질

충남 도서 지역 식재료의 가장 핵심적인 특징은 조석 현상에 따른 반복적인 노출과 침수 과정에서 기인한다. 서해안은 조수간만의 차가 매우 커 바닷물이 빠지는 시기에 광활한 갯바위와 여, 그리고 갯벌이 드러난다. 이러한 환경에서 자생하는 식재료들은 극한의 환경 변화에 적응하며 독특한 물리적, 화학적 특성을 갖게 된다.

(1) 조간대 노출에 따른 생리적 저항성과 맛의 응축

갯벌이나 암초에 서식하는 패류와 해조류는 물이 빠지는 시기에 공기 중에 노출되며 태양광과 온도 변화를 견뎌야 한다. 이 과정에서 유기체는 생존을 위해 체내 당 함량을 높이거나 조직을 더욱 견고하게 발달시킨다. 예를 들어, 보령과 서산의 섬 연역에서 채취되는 자연산 굴은 양식 굴에 비해 크기가 작지만 육질이 단단하고 감칠맛이 응축되어 있는 특징을 보인다. 이는 섬 음식관광에서 원물 식재료가 가진 강력한 경쟁력으로 작용하며, 지리적 표시제와 결합하여 고부가가치 상품화를 가능하게 하는 기초가 된다.

(2) 갯벌의 영양 순환과 블루카본의 가치

충남도 연안의 갯벌은 단순한 생산지를 넘어 거대한 탄소 흡수원이자 영양염류의 저장고 역할을 수행한다. 충남연구원의 분석에 따르면, 도내 연안 갯벌과 해조류, 패류에 저장된 블루카본의 경제적 가치는 연간 약 15억 2천만 원에 달하며, 이는 식재료 생산 환경의 건강성을 상징하는 지표가 된다. 서산 가로림만과 태안 근소만 등 주요 섬 연역에서는 칠면초와 갈대 등 염생식물 군락지가 조성되어 생태계가 복원되고 있으며, 이러한 식생은 저서동물의 먹이원이 되어 바지락, 쏙, 꽃게 등 주요 식재료의 품질을 높이는 유기적 순환 고리를 형성한다.

2) 해양 기후와 토양 환경이 빚어낸 도서 농산물의 고유성

충남의 섬 식재료는 해산물에만 국한되지 않는다. 유인도 내부의 농경지와 초지에서 생산되는 농산물은 해풍과 섬 특유의 토양 조건에 의해 육지 농산물과는 다른 식미를 나타낸다.

(1) 해풍의 생리적 자극과 미네랄 공급

보령의 외연도, 삽시도, 원산도 등지에서 재배되는 고구마나 태안 도서 지역의 마늘, 달래는 사시사철 불어오는 강한 해풍의 영향을 받는다. 바닷바람을 타고 날아오는 미네랄 성분은 토양과 식물체에 자연스럽게 흡수되어 작물의 맛을 풍부하게 만든다. 또한, 해풍은 식물에게 적절한 생리적 스트레스를 주어 조직을 단단하게 하고 저장성을 높이는 효과를 유도한다. 이는 특히 마늘과 같은 양념 채소류에서 알리신 함량을 높이거나 고구마의 당도를 높이는 결정적인 요인이 된다.

(2) 섬 토양의 배수 특성과 사질 지형

충남 섬의 상당수는 수심이 얕고 간만의 차가 심한 해안 지형과 연계되어 사질 토양이 발달해 있다. 보령의 여러 섬에서 주곡인 쌀보다 고구마와 같은 구황작물 재배가 활발했던 이유는 이러한 배수성 좋은 토양 환경 때문이다. 사질 토양에서 자란 고구마는 표피가 매끄럽고 형태가 고르며, 수분 함량이 적절해 구웠을 때 당도가 극대화되는 특징을 지닌다. 또한, 섬의 초지를 이용한 전통적인 가축 사육 방식은 유기질 비료 공급의 원천이 되어 농산물의 품질을 지속적으로 유지시켜 왔다.

3) 수산 자원의 생태적 분포와 어획 시기

충남 섬 수산물의 품질은 수온과 저질의 상태, 그리고 성숙 주기에 따라 결정된다.

주요 품목	서식 환경 및 분포 특징	최적 어획 및 성숙기	품질 특성
꽃게	수질 맑고 조류 소통 원활, 수심 10~15m 사질 바닥	6~8월 성숙, 수온 17도 이상에서 성장 가속	살의 감칠맛이 강하고 껍질이 단단함.
바지락	조간대 하부 갯벌, 입도 조성이 균일한 지역	봄~초여름(산란기 전)	국물 맛이 진하며 조갯살의 탄력이 우수함.
고구마	배수가 잘되는 사질 토양 및 섬 초지 인근	가을(9~10월)	해풍 영향으로 당도가 높고 저장성 우수

꽃게의 경우 수온 8~10도에서 성장이 시작되어 17도 내외에서 가장 활발한 발육을 보이며, 암초와 사질이 섞인 바닥에서 자란 개체가 특히 품질이 높은 것으로 평가받는다. 바지락은 보

령 주교 갯벌과 같이 퇴적물 입도 조성이 연간 유지되는 안정적인 환경에서 높은 생체량을 유지하며, 이는 섬 음식관광의 핵심 식재료로서 안정적인 공급을 가능하게 한다.

2. 주요 품목별 식재료의 우수성과 품질 요인

충남 섬 식재료의 경쟁력은 지리적 표시제(GI) 등록 현황과 지역 특유의 가공 문화에서 명확히 드러난다. 이는 지역 식재료에 대한 과학적 근거 기반의 품질 관리가 이루어지고 있음을 의미한다.

1) 지리적 표시제를 통해 검증된 농수산물의 명성

충청남도는 전국에서 지리적 표시제 등록이 매우 활발한 지역 중 하나이다. 이는 도내 도서 및 연안 지역 식재료가 가진 역사성과 품질의 차별성을 국가적으로 인정받았음을 시사한다.

(1) 서산과 태안의 양념 채소 및 구근류

서산과 태안은 지리적 표시제의 중심지로, 마늘, 달래, 감자 등이 대표적이다. 서산 마늘은 제4호로 등록되어 가장 오랜 역사적 정통성을 인정받고 있으며, 태안 달래(제106호)와 서산 팔봉산 감자(제89호) 역시 그 품질이 입증되었다. 특히 태안 달래는 전국 생산량의 상당 부분을 차지하며, 온화한 해양성 기후 덕분에 겨울철에도 줄기가 굵고 향이 진한 고품질 달래가 생산된다. 이러한 식재료들은 섬 지역 음식의 풍미를 결정짓는 핵심 부재료로서 관광객들에게 '충남의 맛'을 각인시키는 역할을 한다.

(2) 서산 어리굴젓과 원료 굴의 특성

서산 어리굴젓은 2016년 지리적 표시 단체표장 등록을 마친 충남의 대표적인 가공 식재료이다. 간월도 지역을 중심으로 생산되는 어리굴젓이 명성을 얻은 이유는 원료가 되는 굴 자체가 일반적인 양식 굴과는 다르기 때문이다. 섬의 암초에 붙어 자라는 작은 굴은 수축률이 적고 양념이 잘 배어드는 구조를 가지고 있어, 발효 과정에서 독특한 풍미와 식감을 형성한다. 이는 원료의 지리적 특성이 가공 식품의 경쟁력으로 전이된 전형적인 사례이다.

2) 수산 식재료의 다변화와 전략 품목의 육성

충남도는 기후 변화에 대응하여 기존의 자연 채취 위주에서 벗어나 전략적 양식 품목을 선정하여 식재료의 질적 향상을 도모하고 있다.

(1) 김, 해삼, 개체굴, 바지락의 4대 핵심 전략

충남 수산업의 지속가능성을 위해 선정된 4대 전략 품목은 김, 해삼, 개체굴, 바지락이다. 특히 해삼은 연간 생산량을 5,000톤까지 확대하기 위해 국가 해삼특구 지정을 추진 중이며, 이는 고부가가치 건강 식재료로서 섬 관광의 핵심 요리 재료로 활용될 전망이다. 개체굴은 기존의 뭉쳐서 자라는 수하식 굴과 달리 하나씩 떨어뜨려 키우는 방식으로, 모양이 예쁘고 맛이 담백하여 프리미엄 식재료로서의 가치가 높다.

(2) 양식 기술 혁신과 위생 안전성

식재료의 품질은 생산 기술과 직결된다. 당진과 태안 등지에 조성되는 스마트 양식 클러스터는 ICT 기술을 기반으로 수온과 수질을 실시간 제어함으로써 항생제 사용을 최소화한 친환경 수산물을 생산한다. 이러한 스마트 양식 시스템은 섬 지역 식재료에 대한 위생적 신뢰도를 높여 관광객들이 안심하고 소비할 수 있는 기반을 제공한다.

3. 기후 변화 및 환경 요인이 식재료에 미치는 영향

최근의 급격한 기상 변화와 해양 오염은 충남 섬 식재료의 생산성뿐만 아니라 품질의 균질성에도 큰 영향을 미치고 있다. 이는 생산자와 정책 담당자가 직면한 가장 큰 도전 과제이다.

1) 수온 상승에 따른 수산 자원 지도의 변화

지구 온난화는 수심이 얕은 충남 연안 해역에 직접적인 타격을 주고 있다. 고수온 현상은 기존 한해성 어종의 퇴출과 난류성 어종의 유입을 가속화하며 식재료의 구성을 변화시키고 있다.

(1) 어획 어종의 이동과 새로운 식재료의 등장

과거 충남의 주력 어종이었던 대하, 주꾸미, 참조기, 황복 등은 생산량이 감소하고 있는 반면, 멸치, 대구, 살오징어의 비중은 점차 높아지고 있다. 특히 서해 대구는 기후 변화로 인해 새롭게 부상한 주요 자원으로, 산란기인 1월에 금어기를 설정하는 등 자원 관리의 대상이 되고 있다. 이러한 어종 변화는 섬 지역의 향토 음식 콘텐츠가 전통에만 머무르지 않고 변화하는 생태계에 맞춰 진화해야 함을 시사한다.

(2) 양식 품목의 적응 전략과 구조 개선

생산성이 낮아진 바지락 어장을 개체굴이나 해삼 등 고부가가치 품목으로 전환하려는 시도가 활발하다. 또한, 수온 상승에 강한 바리과 어류나 새우류, 심지어 황해 냉수를 활용한 연어류 양식 방안도 검토되고 있다. 이는 기후 변화라는 위기를 식재료의 다양화와 고급화의 기회로 전환하려는 정책적 의지를 반영한다.

2) 해양 오염 및 폐기물이 식재료 품질에 미치는 위협

섬 식재료의 청정 이미지를 저해하는 가장 큰 요인은 해양 폐기물 문제이다. 충남 도서 지역으로 유입되는 쓰레기는 연간 400톤 이상으로 추정되며, 이는 어장 환경을 악화시키고 수산자원의 서식을 방해한다.

(1) 어장 환경 오염과 생산성 저하

폐어구, 플라스틱 병, 스티로폼 부표 등은 미세 플라스틱 문제를 야기하며 수산물의 안전성을 위협한다. 서산, 태안, 보령 지역의 섬들은 이러한 쓰레기 유입에 특히 취약하며, 주민 고령화로 인해 수거 인력마저 부족한 실정이다. 깨끗한 바다 환경은 식재료의 품질을 결정하는 가장 기본적 요소이므로, 광역 단위 해양자원순환센터 건립과 주민 주도형 관리 체계 도입이 시급한 상황이다.

(2) 지속가능한 수산업을 위한 정책적 대응

충남도는 '사람과 자연이 공존하는 생태 섬'을 목표로 기후 변화 대응형 친환경 정책을 추진하고 있다. 노후된 면허어장의 정화와 위판장 현대화 사업은 안전하고 위생적인 수산물 공급 체계를 구축하기 위한 필수 과정이다. 이러한 노력은 섬 식재료의 가치를 보전하고 관광객들에게 지속가능한 먹거리라는 인식을 심어주는 데 기여한다.

4. 식재료 생산과 지역 경제의 선순환 구조

충남 섬 식재료의 특징은 단순한 생물학적 특성에 그치지 않고, 지역 공동체의 유지와 경제적 자립을 이끄는 동력으로 작용한다.

1) 6차 산업화를 통한 부가가치 창출

섬 지역은 원물 생산을 넘어 가공과 관광이 결합된 6차 산업 모델을 지향하고 있다.

(1) 수산식품 클러스터와 스마트 부엌

당진 석문간척지에 조성되는 수산식품 클러스터는 섬에서 생산된 새우, 김, 연어 등을 100% 활용하는 스마트 가공 처리 센터를 지향한다. 이는 단순 원물 판매에서 발생하는 소득의 한계를 극복하고, 밀키트나 가정간편식(HMR)[1] 개발을 통해 도시 소비자들에게 섬 식재료의 가치를 직접 전달하는 창구가 된다.

(2) 지역 순환형 공동체 경제와 섬 특산물

섬 주민들이 직접 참여하는 마을 공동 창고와 작업장 조성은 식재료의 선별과 저장 단계에서 품질을 균일하게 관리할 수 있도록 돕는다. 이는 '섬 특산물 기반 특성화 사업'으로 이어져, 지역 주민들이 주체가 되는 음식관광 콘텐츠의 핵심 기반이 된다.

2) 수산물 유통 구조의 변화와 가격 안정화

전통적인 위판장 경매 중심의 유통 구조에서 벗어나 소비자 직거래와 온라인 유통이 확대되

---

1) 가정간편식(HMR)은 Home Meal Replacement의 약자로, 집에서 간단히 조리하거나 데워서 먹을 수 있도록 미리 만들어 파는 가정식 대체 식품을 의미하며, 즉석밥, 냉동만두, 밀키트 등이 포함되는 편리미엄(편리함+프리미엄) 트렌드 상품이다. 복잡한 조리 과정 없이 짧은 시간 안에 식사를 해결할 수 있어 1인 가구 증가, 바쁜 현대인의 라이프스타일 변화와 함께 시장이 크게 성장하고 있다.

고 있다.

(1) 온라인 판로 확대와 소비자 신뢰 확보

수산물 이력제와 원산지 표시 강화는 소비자들에게 섬 식재료에 대한 신뢰를 제공하며, 이는 적정 가격 형성에 긍정적인 영향을 미친다. 산지거점유통센터(FPC) 확충을 통해 유통 단계를 간소화하고 유통 마진을 줄임으로써 생산자인 어민과 소비자 모두에게 이익이 돌아가는 구조를 만들고 있다.

(2) 가격 안정 기금과 수급 모니터링

주요 수산물의 가격 급락에 대비한 가격 안정 기금 운용과 생산량 모니터링은 섬 경제의 안정성을 확보하는 안전장치이다. 이는 어민들이 무리한 남획을 피하고 지속가능한 방식으로 식재료를 채취할 수 있게 하는 심리적, 경제적 토대가 된다.

5. 충남 섬 식재료의 미래적 가치와 보전 방향

충남 섬 식재료의 고유성을 유지하고 이를 관광 자산으로 승화시키기 위해서는 생태적 보전과 기술적 혁신의 조화가 필수적이다.

1) 기술 기반의 지속가능한 생산 시스템

4차 산업혁명 기술은 섬 식재료 생산의 불확실성을 제거하는 핵심 수단이다. 스마트 양식과 ICT 기반의 어장 관리 시스템은 기후 변화에 대한 적응력을 높이고, 고품질 수산물의 안정적인 공급을 가능하게 한다. 이는 '데이터가 채워지는 어장'이라는 비전 아래 청년들이 어촌으로 돌아오게 하는 유인책이 되기도 한다.

2) 생태계 보전과 주민의 삶의 질 향상

식재료의 품질은 그 식재료가 자라는 터전의 건강함에서 나온다. 가로림만 갯벌 식생 복원 사업과 같은 생태적 노력은 식재료의 질적 향상뿐만 아니라 섬 지역의 경관 가치를 높여 관광 경쟁력을 강화한다. 주민들의 정주 여건 개선과 생태계 관리가 병행될 때, 충남 섬 식재료는 단순한 음식을 넘어 지역의 생명력을 상징하는 자산으로 남을 수 있다.

충청남도의 섬 식재료는 서해의 거친 조류와 광활한 갯벌, 그리고 해풍이라는 자연의 선물에 주민들의 끈질긴 삶의 지혜와 도의 정책적 노력이 더해진 결과물이다. 꽃게와 대하의 감칠맛, 서산 마늘의 알싸한 향, 그리고 갯벌 바지락의 깊은 국물 맛은 충남 섬 음식관광을 지탱하는 가장 강력한 힘이다. 기후 변화와 오염이라는 도전 과제 속에서도 스마트 기술과 생태적 복원을 통해 고유성을 지켜나가는 충남의 식재료는 앞으로도 대한민국을 대표하는 미식 관광의 보고로서 그 역할을 다할 것이다.

제3절 충남 섬 음식의 메뉴 분석

충청남도의 도서 지역은 리아스식 해안과 광활한 갯벌, 그리고 난류와 한류가 교차하는 서해안의 생태적 특성을 바탕으로 독특한 식문화를 형성해 왔다. 충남에는 총 285개의 도서가 존재하며, 이 중 유인도는 37개로 보령시(15개), 태안군(10개), 당진시(5개), 서산시(4개), 서천군(3개) 순으로 분포한다. 이러한 지리적 기반은 각 섬의 고립성과 개방성을 동시에 반영하며, 외부와의 교류가 제한적이었던 과거에는 자급자족 중심의 보존식과 발효식이 발달하였고, 현재는 수도권과 높은 접근성을 바탕으로 고부가가치 미식 관광의 핵심 자원으로 재평가받고 있다. 본 절에서는 충남 도서 지역의 대표적인 향토 음식을 식재료, 조리법, 관광 상품화 현황 측면에서 정밀하게 분석하고, 이를 통한 지역 경제 활성화와 문화 보전의 인과관계를 고찰한다.

1. 충남 섬 음식의 구성 원리와 지역별 대표 메뉴 체계

충남 도서 지역의 음식은 농산물과 해산물의 결합, 양념의 최소화, 재료 본연의 맛 강조라는 세 가지 핵심 원리를 지닌다. 이는 척박한 섬 환경에서 확보 가능한 최소한의 농작물과 바다에서 얻은 풍부한 수산물을 조화롭게 운영해야 했던 주민들의 생존 지혜에서 기인한다.

충남 도서 지역 주요 메뉴 범주 및 특징

구분	주요 메뉴	식재료 및 조리적 특성	대표 지역
발효·염장류	게국지, 어리굴젓, 젓갈류	게장 국물이나 소금을 활용한 장기 보존 방식	서산, 태안, 보령
탕·찌개류	우럭젓국, 밀국낙지탕, 바지락찌개	쌀뜨물, 박속 등 천연 재료를 활용한 시원한 맛	태안, 서산, 당진
건어물·찜류	우럭포찜, 말린 생선찜, 간재미찜	꾸덕하게 말린 생선의 단백질 응축과 쫀득한 식감	보령(외연도, 원산도)
제철 회·무침	실치회, 간재미무침, 갑오징어회	산지에서만 맛볼 수 있는 극도의 신선도와 계절성	당진(장고항), 태안
구이·밥류	영양굴밥, 키조개 버터구이, 굴 구이	원재료의 풍미를 극대화하는 단순 조리법	보령(천북), 서산(간월도)

1) 서산·태안 권역의 메뉴 분석: 게국지와 우럭젓국을 중심으로

서산과 태안은 지리적으로 인접하여 식문화를 공유하며, 특히 게국지와 우럭젓국은 이 지역의 정체성을 상징하는 1차적 미식 자원이다. 이들 메뉴는 과거의 빈곤과 결핍을 극복하기 위한 수단에서 현재의 미식적 즐거움으로 그 가치가 완전히 전이되었다.

(1) 게국지의 원형과 관광적 재해석

게국지는 과거 충남 서안의 아낙네들이 김장 후 남은 시래기와 배추 겉잎을 염장하여 게장 국물(게국)에 버무려 끓여 먹던 전형적인 서민 음식이다. 원형의 게국지는 민물새우, 농게, 돌게 등을 넣고 삭힌 투박한 맛이 특징이나, 관광 상품화 과정에서 관광객의 기호를 반영하여 커다란 꽃게와 겉절이를 넣고 얼큰하게 끓이는 전골 형태로 변용되었다. 이러한 변용은 향토 음식의 생명력을 유지하는 전략적 선택이었으나, 원형의 구수한 맛을 선호하는 미식가들을 위해 전통 방식을 고수하는 식당들도 공존하며 메뉴의 층위를 형성하고 있다.

(2) 우럭젓국의 조리 과학과 제례 문화

우럭젓국은 서해안의 제례 풍습에서 유래한 독특한 메뉴이다. 서산과 태안 지방에서는 제사상에 반드시 우럭포를 올리는데, 제사가 끝난 후 남은 우럭포를 쌀뜨물에 넣고 새우젓으로 간을 하여 끓여 먹던 것이 우럭젓국의 시작이다.

식재료의 물리적 특성 및 가공 과정　우럭젓국의 주재료는 생우럭이 아닌 '우럭포'이다. 내장을 제거하고 반으로 갈라 소금 간을 한 뒤 서해의 해풍과 햇살에 사흘 정도 꾸덕꾸덕하게 말리는 과정을 거친다. 이 과정을 통해 우럭의 수분은 감소하고 단백질은 응축되어 생물 상태에서는 느낄 수 없는 쫀득한 식감과 깊은 감칠맛이 생성된다.

국물 베이스와 부재료의 조화　우럭젓국의 국물은 쌀뜨물을 기본으로 한다. 쌀뜨물의 전분 성분은 생선의 비린내를 흡착하고 국물을 뽀얗게 만들어 시각적인 포만감과 영양학적 균형을 제공한다. 여기에 새우젓으로 간을 맞추는데, 이는 소금만으로 낼 수 없는 발효 특유의 복합적인 맛을 더한다. 무, 대파, 다진 마늘, 두부, 청양고추 등을 추가하여 담백하면서도 칼칼한 맛을 완성하며, 이는 해장국이나 보양식으로서의 기능을 수행한다.

2) 보령 권역의 메뉴 분석: 패류 및 건어물 요리의 분화

보령의 섬 음식은 대천항과 오천항이라는 거대 수산물 집산지를 기반으로 하며, 삽시도, 외연도, 원산도 등 개별 도서의 특색이 반영된 메뉴가 발달하였다.

(1) 오천항 키조개와 천북 굴 요리의 산업적 구조

보령은 전국 키조개 생산량의 상당 부분을 점유하는 오천항을 중심으로 키조개 관자 회, 버터구이, 샤브샤브 등 전문 메뉴를 구축하였다. 또한, 천북면의 굴 구이는 겨울철 보령을 대표하는 관광 메뉴로, 석화를 직접 불에 구워 먹는 체험형 미식 구조를 지닌다. 이는 단순한 식사를 넘어 관광객의 참여를 유도하는 강력한 유인 요소로 작용한다.

(2) 도서 지역 건어물 요리의 보존적 가치

외연도와 원산도 등 육지에서 먼 섬들은 수산물의 신선도를 유지하기 어려운 환경적 제약으로 인해 건조 및 찜 요리가 발달하였다. 특히 원산도의 말린 생선찜은 콩나물과 비법 양념을 곁들여 수분을 보충하면서도 생선의 쫀득한 맛을 살리는 고도의 조리법을 보여준다. 이는 현대 미식가들에게 '슬로푸드'로서의 매력을 제공하며 섬 지역 고유의 생활상을 전달하는 매개체가 된다.

슬로푸드란?

슬로푸드(Slow Food)는 패스트푸드에 대항하여 지역의 전통적인 식문화와 우수한 식재료, 환경을 보호하고, 음식을 천천히 음미하며 삶의 즐거움과 건강을 되찾자는 운동이자 그 음식을 뜻하며, 신선하고 제철 재료로 만들며, 생산과 소비 과정이 친환경적이고 공정해야 한다는 철학을 담고 있다.

슬로푸드의 핵심 철학

- 지역 식문화 보존: 잊혀가는 지역의 전통 음식과 조리법을 지키고 발전시킨다.
- 생산자 및 환경 보호: 생산 과정이 환경에 해를 끼치지 않고, 소비자에게는 합리적 가격, 생산자에게는 공정한 보상을 제공하는 음식을 지향한다.
- 느림의 미학: 단순히 요리 시간이 긴 음식이 아니라, 음식을 만드는 과정과 먹는 행위를 즐기고, 함께 나누는 사람들과의 관계를 중요하게 여긴다.
- '좋고, 깨끗하고, 공정한(Good, Clean, Fair)' 음식: 신선하고 맛있는 음식(Good), 환경에 해롭지 않은 음식(Clean), 생산자와 소비자 모두에게 공정한 음식(Fair)을 추구한다.

대표적인 예시

- 오래 묵힌 된장, 고추장, 김치, 젓갈류와 같은 발효 음식
- 지역에서 나는 제철 식재료로 만든 전통 요리

시작 배경

1986년 이탈리아에서 패스트푸드의 범람으로 전통 식문화가 사라지고 환경이 파괴되는 것에 반대하며 시작된 운동이다.

3) 당진 권역의 메뉴 분석: 제철 한정성과 발효의 브랜드화

당진의 섬 음식은 장고항과 난지도를 중심으로 실치와 간재미 등 제철 수산물 메뉴와 '꺼먹지'[2]라는 독특한 발효 채소 메뉴가 결합되어 있다.

(1) 실치회와 산지 한정적 미식 가치

실치는 매년 3월 말부터 5월 초까지 매우 짧은 기간에만 채취되는 어종으로, 성질이 급해 잡

2) 꺼먹지는 '검은 김치'라는 뜻으로, 충남 당진의 향토음식이며 김장 후 남은 무청을 소금에 절여 5개월 이상 숙성시켜 만드는 음식으로, 서리태 콩물과 함께 끓여 먹는 시원하고 고소한 콩탕(서리태 콩탕) 형태로 즐기며, 수육과 함께 먹으면 맛있는 별미이다.

히는 즉시 죽기 때문에 산지인 장고항과 난지도 일대에서만 회로 즐길 수 있다. 이러한 '시간적 · 공간적 한정성'은 관광객들에게 강력한 방문 동기를 부여하며, 실치회 무침, 실치국, 실치전 등으로 구성된 코스 메뉴는 당진 미식 관광의 핵심이 된다.

(2) 꺼먹지 정식의 문화적 가치와 스토리텔링

꺼먹지는 무청을 소금에 절여 삭힌 당진의 전통 식재료이다. 과거에는 흔한 반찬이었으나 현재는 영양학적 가치와 건강식으로서의 측면이 부각되며 '꺼먹지 정식'이라는 브랜드로 상품화되었다. 특히 프란치스코 교황 방문 시 제공된 메뉴라는 스토리텔링은 이 음식에 종교적 · 문화적 가치를 부여하며 당진의 역사와 문화를 대표하는 메뉴로 격상시켰다.

2. 고부가가치 수산물 연계 신규 메뉴 개발 및 스마트 양식과의 인과관계

충청남도는 기존의 전통 향토 음식에 머물지 않고, 고부가가치 수산물인 개체 굴과 해삼을 활용한 신규 메뉴 개발을 통해 섬 음식관광의 현대화를 도모하고 있다.

스마트 양식 기술 기반 메뉴 고도화 분석

품목	기술적 배경	메뉴화 방향 및 상업적 가치
개체 굴	축제식 양식장을 활용한 낱개 생산 기술	고급 레스토랑의 생굴 플래터, 와인 페어링 메뉴
해삼	스마트 양식 및 가공 기술 개발	건해삼 요리, 고영양 해삼탕, 밀키트 형태
갑오징어	산지 직송 시스템 강화	갑오징어 회무침, 버터구이 등 캐주얼 메뉴

1) 개체 굴 양식과 미식의 프리미엄화

태안군 이원면 등지에서 추진 중인 개체 굴 양식은 기존의 덩어리 굴(알굴) 판매 방식에서 벗어나, 패각을 유지한 채 낱개로 키워내는 방식이다. 이는 일반 굴보다 가격이 1.5배 이상 높게 형성되며, 신선도가 시각적으로 강조되는 메뉴 구성을 가능케 한다. 관광객들은 이를 통해 서해안에서도 해외의 고급 '오이스터 바(Oyster Bar)'와 같은 프리미엄 미식 경험을 할 수 있게 되었으며, 이는 젊은 층의 섬 방문율을 높이는 계기가 된다.

2) 해삼 양식의 다각화와 가공 메뉴의 확장

충남 수산관리소는 해삼의 안정적 대량 생산을 위해 새로운 양식법을 개발하고 있으며, 이를 가공 산업과 연계하고 있다. 해삼은 그 자체로 회로 소비되기도 하지만, 가공 과정을 거쳐 고부가가치 식재료로 변모한다. 이는 섬 지역 음식점들이 단순히 생물 요리에 그치지 않고, 가공된 해삼을 활용한 다양한 보양식 메뉴를 개발할 수 있는 기반을 제공한다.

3. 섬 음식관광의 소비자 소비 패턴 및 미식 만족도 분석

섬 음식의 지속가능한 발전을 위해서는 공급자 중심의 메뉴 구성을 넘어 수요자인 관광객의 소비 패턴과 만족도에 대한 정밀한 분석이 수반되어야 한다.

관광객 미식 만족도 조사 결과 요약

평가 항목	만족도(5점 만점)	분석 의견
종합 만족도	4.12점	전반적으로 높은 수준의 만족도 형성
맛	4.35점	신선한 식재료와 지역 특유의 조리법에 대해 매우 긍정적
서비스 · 친절	3.85점	종사자 고령화에 따른 서비스 전문성 보완 필요
위생 · 청결	3.68점	노후화된 식당 시설 및 조리 환경 개선 요구
가격 적정성	3.21점	관광지 고물가 및 양 대비 가격에 대한 불만 존재

1) 소비 패턴 분석: 음식 중심의 여행 동기화

최근 충남 도서 지역 방문객의 82.3%가 섬 여행 시 음식을 가장 중요한 고려 요소로 꼽았으며, 미식 관광을 주 목적으로 하는 비율(35.6%)이 자연경관 감상(31.2%)을 추월하는 현상을 보이고 있다. 이는 섬 음식이 단순히 여행의 부수적인 요소가 아닌, 방문 자체를 결정짓는 핵심 동인이 되었음을 의미한다.

2) 가격 및 위생 만족도의 시사점

만족도 조사에서 가장 낮은 점수를 기록한 것은 가격 적정성(3.21점)과 위생(3.68점)이다. 관광객들은 섬 음식의 품질에는 동의하지만, 독점적 시장 구조에서 비롯된 고물가에 대해서는 저항감을 느끼고 있다. 또한, 갯벌과 바다라는 자연환경과 대비되는 식당의 노후화된 위생 상태는 전체적인 미식 경험의 질을 저하시키는 요인으로 분석된다. 이는 지자체가 식당 시설 현대화 지원과 투명한 가격 공시제 도입 등 정책적 개입을 강화해야 하는 근거가 된다.

4. 섬 음식의 보전과 관광 활성화를 위한 정책 – 산업 – 지역경제의 선순환 구조

충남 섬 음식의 메뉴 분석은 단순한 요리의 나열을 넘어, 지역의 수산업, 관광 서비스업, 그리고 지역 공동체의 지속가능성을 연결하는 거시적 관점에서 접근해야 한다.

정책 – 산업 – 음식 – 지역경제 인과관계 모델

단계	주요 내용	기대 효과
수산 정책	스마트 양식 및 개체굴 기술 보급	고부가가치 식재료의 안정적 공급 기반 마련
관광 산업	섬 미식 투어 코스 및 스토리텔링 개발	체류형 관광객 증대 및 지역 브랜드 가치 제고
음식 생산	향토 음식 조리법 보전 및 현대적 변용	지역 고유 문화 전승 및 미식 만족도 향상
지역 경제	주민 주도형 식당 운영 및 직거래 장터 활성화	어업인 소득 증대 및 지역 사회 재투자 선순환

1) 지역 고유성과 환경 지속가능성의 확보

섬 음식관광의 원천은 깨끗한 해양 환경과 그로부터 생산된 수산물이다. 최근 조사에 따르면 도서 지역의 해양쓰레기 문제는 관광객 유입과 어업 활동 과정에서 발생하는 생활폐기물 및 폐어구에 의해 심화되고 있다. 이는 미식 관광의 지속가능성을 위협하는 근본적인 요인이다. 따라서 섬 음식 메뉴의 고도화와 더불어, '클린 미식 섬' 캠페인 등 환경 보전 활동을 관광 상품에 결합하여 주민과 관광객이 함께 환경을 보호하는 사회적 미식 문화를 정착시켜야 한다.

'클린 미식 섬' 캠페인은 청정한 섬 환경을 보존(Clean)하면서 지역의 특색 있는 음식(美食, Gourmet)을 즐기는 친환경 여행 및 환경 정화 활동을 의미한다. 주로 제주도와 같은 섬 지역에서 관광객과 지역사회가 협력하여 해양 쓰레기를 수거하고, 지속가능한 관광을 실천하는 캠페인 형태로 진행된다.

주요 내용 및 특징

- 봉그깅(제주형 플로깅): 제주관광공사, 디프디 제주 등과 협업하여 해안가 쓰레기를 수거하는 '봉그깅(제주어로 '줍다'를 의미)' 활동이 대표적이다.
- 환경 정화 활동: 이호테우 해변 등 섬 내 주요 관광지 및 해안가 일대에서 활동적인 에너지로 쓰레기 수거 작업을 진행한다.
- 지속가능한 관광: 관광이 섬의 환경을 해치지 않고, 오히려 보호 활동에 기여하도록 유도하는 인식 개선 캠페인이다.
- 참여 유도: 이니스프리와 같은 기업들이 청정 섬 제주의 환경을 지키기 위해 직원 및 경영주와 함께 캠페인에 동참하기도 한다.

유사 캠페인 사례

- 해외 섬 정화 캠페인(Islands Cleanup): 지중해 몰타 등지에서 환경 보호를 위해 해안가 쓰레기를 수거하고, 수거한 쓰레기 무게에 따라 나무를 심는 등 환경에 미치는 영향을 최소화하는 활동이다.
- 쿠메지마 섬 클린업 워크: 섬의 아름다운 경치를 감상하며 쓰레기를 줍고, 지역 특산물을 즐기는 형태의 친환경 워킹 이벤트이다.

이 캠페인은 깨끗한 자연환경 속에서 미식을 즐기고자 하는 여행객들에게 환경 보호의 중요성을 알리고, 직접적인 실천을 유도하는 데 목적이 있다.

2) 주민 · 어민 · 생산자 관점의 균형적 반영

관광객의 만족도 제고 못지않게 중요한 것은 음식을 제공하는 주민과 식재료를 생산하는 어민들의 권익이다. 현재 충남 도서 지역은 인구 고령화로 인해 전통 조리법의 단절 위기에 처해 있으며, 고강도 노동이 필요한 어업 활동의 지속가능성도 낮아지고 있다. 이를 해결하기 위해 조리법의 표준화 및 디지털 기록화 작업을 지속하고, 젊은 층의 지역 유입을 유도할 수 있는 미식 창업 지원 프로그램이 필수적으로 병행되어야 한다.

5. 결론 및 향후 전망

충청남도 섬 음식 메뉴 분석을 통해 확인된 것은 서해안 특유의 '발효'와 '건조'라는 조리 과학이 현대 미식 시장에서 충분한 경쟁력을 갖추고 있다는 점이다. 게국지, 우럭젓국, 꺼먹지 등은 지역의 역사적 고난과 지혜가 담긴 문화유산이며, 스마트 양식 기술과 결합된 개체굴 등의 신메뉴는 미래지향적인 성장 동력이 된다.

향후 충남 섬 음식관광은 단순히 맛있는 음식을 먹는 행위를 넘어, 섬의 생태계를 이해하고 주민의 삶에 공감하는 '가치 지향적 미식 여행'으로 진화해야 한다. 이를 위해서는 지자체의 시설 지원과 위생 관리, 표준 레시피 개발이라는 하드웨어적·소프트웨어적 접근과 더불어, 지역의 고유성을 지키려는 주민들의 자발적인 노력이 조화를 이루어야 한다. 충남의 섬 음식은 서해안의 풍요로움을 상징하는 핵심 자산으로서, 대한민국을 대표하는 미식 관광의 메카로 거듭날 잠재력이 충분하다.

6장

전라북도의 섬 음식관광 현황 분석

대한민국 서해안을 따라 내려오는 우리의 미식 여정은 전라북도의 섬들로 향한다. 전라북도의 섬, 특히 군산을 중심으로 한 고군산군도(古群山群島)는 앞서 살펴본 다른 지역과는 또 다른 맥락의 역사적 배경을 품고 있다. 고군산군도는 전라북도 군산시 옥도면에 속한 63개의 섬(16개 유인도, 47개 무인도)으로 이루어진 군도이다. 신시도, 선유도, 무녀도, 장자도 등 아름다운 섬들이 새만금방조제로 연결되어 있으며, 신시도, 무녀도, 선유도, 장자도, 대장도 등 주요 섬들은 다리로 이어져 내륙과 접근성이 좋다. 이 지역은 '한국인이 꼭 가봐야 할 한국관광 100선'에 선정된 바 있으며, 맑은 바다와 독특한 해식애가 어우러진 천혜의 비경을 자랑한다. 특히, 이곳의 음식문화는 단순히 풍부한 어족자원이나 갯벌의 산물만으로는 설명할 수 없을 정도이다. 그것은 바로 '군산'이라는 근대 항구도시의 발전, 그리고 일제강점기라는 한국 근현대사의 아픈 역사와 매우 긴밀하게 연결되어 있기 때문이다. 따라서 전북 섬의 음식을 이해하는 것은, 곧 격동의 시대를 살아온 사람들의 삶과 역사를 맛보는 것과 같다.

제1절 전북 섬의 역사적 배경

전라북도(현 전북특별자치도) 도서 지역의 역사는 한반도 서해안의 해상 물류와 군사 방어, 그리고 풍요로운 어족 자원을 둘러싼 인간 활동의 집약체이다. 전북의 섬들은 단순히 육지의 부속물이 아니라, 고대부터 국제 교역의 관문이자 조운로의 핵심 기항지였으며, 근현대에는 전국 최대 규모의 파시(波市)를 형성하며 독특한 해양 식문화를 곧추세웠던 공간이다. 전북 섬의 역사적 배경을 고찰하는 것은 현대 섬 음식관광의 정체성을 확립하고, 지역 고유의 미식 자원을 발굴하기 위한 필수적인 토대이다.

1. 지리적 범위와 행정구역의 역사적 변천

전북특별자치도는 대한민국 남서부에 위치하며 서쪽으로 서해와 면하고 있다. 이 지역의 도서군은 군산시 옥도면을 중심으로 한 고군산군도와 부안군 위도면의 위도 열도 등으로 대표되며, 행정구역의 변천사는 지역 식문화의 귀속성과 정체성 형성에 심대한 영향을 미쳤다.

1) 고대 마한에서 조선 시대까지의 공간적 지위

전북 지역은 삼한 시대 중 마한의 중심지로, 54개 부족국가 중 15개가 위치할 만큼 인구와 물산이 풍부했다.[1] 백제 시대에는 정방제 하에서 중방(고섭성)이 위치하여 호남의 중심 역할을 수행했으며, 이는 도서 지역이 해상 실크로드의 거점으로 성장하는 배경이 되었다.

전라도라는 명칭은 1018년(고려 현종 9년) 전주와 나주의 첫 글자를 합쳐 탄생했으며, 당시 전주에 안찰사를 두어 도서 지역을 포함한 전역을 관할했다. 조선 시대에 들어서며 1413년(태종 13년) 행정구역이 8도제로 정비되었고, 전라북도는 전주 관찰사의 통치 하에 현재의 전남 및 제주도와 연계된 광범위한 해상 네트워크의 일부로 기능했다.

(1) 고군산군도와 위도의 해양 방어 식단 및 군수 물자 보급 체계

조선 시대 수군진(해안가 주둔군)이 설치된 전북 도서 지역의 식생활은 군사적 목적과 지역 생태계의 결합으로 독특한 양상을 띠었다. 고군산진과 위도진에 주둔했던 수군들은 육군에 비해 열악한 근무 조건 속에서도 바다의 자원을 활용한 식단을 유지했다.

- **수군진의 급식 구조:** 수군들은 1년에 6개월을 복무하며 배 위에서 생활하는 고역을 견뎌야 했다. 이들에게 지급된 식량은 주로 보리, 쌀 등의 곡류였으나, 부식은 현지에서 조달한 생선과 해조류가 중심이 되었다.
- **군수 물자로서의 해산물:** 수군진은 인근 어민들로부터 해산물을 징수하거나 직접 어로 활동에 참여하여 식량을 보충했다. 이는 현대의 '해물 뚝배기'나 '생선찜'과 같은 지역 음식의 원형이 군 진영의 급식 문화와 연결될 수 있음을 시사한다.
- **조운선 보호와 기항지 음식:** 조운선이 풍랑을 피해 고군산군도에 머물 때, 선원들과 관리들에게 제공된 음식은 지역의 신선한 식재료를 바탕으로 한 '포구 정식'의 초기 형태였다.

이러한 군사적 배경은 전북 섬 음식관광에서 '강인한 생명력'과 '호국 미식'이라는 스토리텔링 테마로 발전될 수 있다. 선유도와 위도의 수군 진영 터를 중심으로 당시의 식단을 재현하는 시도는 역사 교육과 미식 체험을 결합한 차별화된 관광 상품이 될 것이다.

---

1) 서기전 1세기~서기 3세기경 한강(漢江) 유역으로부터 충청·전라도 지역에 분포되어 있던 여러 정치 집단의 통칭이다. 『삼국지』「동이전」에는 마한지역에 있는 54개 소국(小國)의 명칭이 열거되어 있는데, 큰 것은 1만여 가(家), 작은 것은 수천 가(家)였다고 한다.

(2) 파시(波市)의 그림자와 빛: 접객 음식과 섬 여인들의 생계 수단

위도 조기 파시는 단순한 수산물 시장 이상의 사회 문화적 현상이었다. 수만 명의 남성 선원들이 섬으로 쏟아져 들어오면서, 이들의 소비를 겨냥한 독특한 음식 산업이 형성되었다.

- **주막과 색시집의 식문화:** 파시 기간 위도에는 수많은 술집이 들어섰으며, 이곳에서 제공된 음식은 선원들의 고단함을 달래주는 자극적이고 풍성한 안주 중심이었다. "술값을 옴팡 뒤집어씌우는 작사판"이라는 기록은 당시 파시의 치열한 상업주의를 보여주지만, 한편으로는 섬 내의 현금 유동성을 극대화한 원동력이기도 했다.
- **여성들의 어선 판매**(Peddling)**:** 섬의 여성들은 직접 술을 담그고 밑반찬을 만들어 정박 중인 어선에 팔러 다녔다. 이는 섬 지역 여성들이 가계 경제의 주체로서 식문화를 주도했음을 보여주는 대목이다.

파시의 쇠퇴 이후 이러한 화려한 음식 문화는 사라졌으나, 그 흔적은 여전히 섬 주민들의 손맛과 지역 특산물을 활용한 '인심 좋은 상차림'으로 남아 있다. 이를 현대의 '뉴트로(New-tro)' 트렌드와 결합하여 위도 파장금항의 골목 미식 테마로 복원하는 정책적 노력이 요구된다.

(3) 새만금 이후의 생태 미식: 상실된 맛과 새로운 기회

새만금 방조제는 전북 도서 지역의 식재료 지도(Ingredient Map)를 영구적으로 바꾸어 놓았다.

- **백합과 조개 문화의 변화:** 부안의 대표 식재료인 백합은 갯벌의 여왕이라 불렸으나, 간척으로 인해 생산량이 급감했다. 이는 백합죽이라는 향토 음식을 지속하기 위해 외부 식재료를 도입해야 하는 아이러니를 낳았다.
- **새로운 어항의 탄생:** 비응항과 같은 다기능 관광 복합 어항은 대규모 회 센터를 중심으로 한 '대중 미식'의 중심지가 되었다. 이는 전통적인 섬 음식의 고유성은 약화시켰으나, 다수의 관광객이 저렴하고 신선한 수산물을 즐길 기회를 제공했다.
- **역사적 경관의 재해석:** 새만금 박물관과 홍보관 등은 과거의 섬 문화를 기록하는 아카이브 역할을 수행한다. 이를 통해 관광객들은 '사라진 섬의 맛'을 학습하고, 현재의 음식을 더 깊이 있게 이해하게 된다.

전북 섬 음식관광은 이러한 변화의 파도를 수용하면서도, 섬 고유의 역사적 뿌리를 잃지 않는 균형 잡힌 시각이 필요하다. 새만금이라는 거대한 인공 구조물 위에 과거의 조기 파시 서사와 고려 시대의 세련된 해상 문화를 덧입히는 작업이야말로 전북만의 독보적인 섬 음식관광 경쟁력이 될 것이다.

2) 근대 행정구역 조정과 위도의 편입

1896년(고종 33년) 전국 13도제 시행으로 전라남·북도가 분리되었으며, 전라북도는 26군으로 구성되었다. 이 과정에서 섬 지역의 행정적 소속은 지리적 거리와 관리의 효율성에 따라 빈번하게 조정되었다. 특히 주목할 점은 충청남도에 속했던 개야도와 어청도 등이 전북으로 편입된 사례이다.

가장 결정적인 변화는 1963년 전라남도 영광군 소속이었던 위도가 전라북도 부안군으로 편입된 것이다. 위도는 역사적으로 칠산어장의 중심지로서 영광 법성포와 밀접한 경제권을 형성해 왔으나, 행정구역 개편을 통해 전북의 섬으로 확정되었다. 이러한 배경은 '영광굴비'의 원재료가 사실상 위도 인근 칠산바다에서 공급되었다는 역사적 사실과 맞물려, 전북 섬 음식관광의 핵심 자산인 조기 문화를 재조명해야 할 근거를 제공한다.

시기	행정구역 변화 주요 내용	도서 지역 관련 특이사항
고려 현종 9년 (1018)	전라도 명칭 확정 및 전주 안찰사 배치	강남도(전북)와 해남도(전남) 통합 관할
조선 태종 13년 (1413)	8도제 시행, 전주 관찰사 배치	제주도를 포함한 광역 전라권 관리
대한제국 고종 33년 (1896)	13도제 시행, 전라남·북도 분리	전북 26군 체제 확립
일제강점기 (1914)	부·군 통폐합 및 군산부 승격	옥구군 일원이 군산부로 개편
현대 (1963)	위도의 행정구역 변경	전남 영광군에서 전북 부안군으로 편입
현대 (2024)	전북특별자치도 출범	지방분권 강화 및 독자적 지역 발전 모델 구축

2. 고군산군도의 역사적 역할과 해상 교통의 중심성

고군산군도는 군산시 옥도면에 있는 63개의 섬으로 이루어져 있으며, 선유도, 무녀도, 장자도, 신시도 등이 주요 거점을 형성한다. 이 지역은 예로부터 황해를 횡단하는 국제 항로의 요충지이자, 한반도 남서부의 조운로를 지키는 관문이었다.

1) 고려 시대의 국제 교역과 송나라 사신단의 기항

고려 시대 고군산군도는 '군산도(群山島)'라 불리며 송나라와 고려를 잇는 무역로의 핵심 기항지 역할을 수행했다. 1123년 고려를 방문한 송나라 사신 서긍의 『고려도경』에는 선유도에 국빈을 맞이하는 숭산행궁과 관사(군산정), 그리고 해상 안전을 비는 오룡묘가 있었다는 기록이 전한다. 이는 당시 고군산군도가 단순한 어촌이 아니라, 외교와 무역이 이루어지는 국가적 차원의 접빈 공간이었음을 의미한다. 십이동파도와 비응도 앞바다에서 발견된 고려청자 운반선들은 당시 이 해역을 통해 막대한 물자가 유통되었음을 보여주는 고고학적 증거이다.

2) 조선 시대 수군진 설치와 군산진의 변천

조선 시대 고군산군도는 왜구의 침략을 막기 위한 해방(海防)의 보루였다. 세종 시대에 수군진인 군산진이 육지인 진포(현 군산 시가지)로 이전하면서, 원래 수군진이 있던 섬들을 '옛 군산'이라는 뜻의 '고군산(古群山)'이라 부르게 되었다.

- **수군진의 방어 기능:** 고군산진과 위도진은 호남 북부 해역의 수군을 총괄하며 왜구의 접근을 차단하고 조운선의 안전을 도모했다.
- **이순신 장군과 고군산:** 임진왜란 당시 명량해전에서 승리한 이순신 장군은 고군산진으로 이동하여 수군의 전열을 정비하고 승전 장계를 올렸다. 이는 고군산군도가 조선 수군의 전략적 요충지였음을 입증한다.
- **유배지로서의 생활사:** 조선 후기 고군산군도는 중앙 정치권에서 밀려난 사대부들의 유배지로도 이용되었다. 유배 온 양반들은 지역 주민들에게 문화를 전수하거나 음식을 나누며 섬 특유의 생활 문화에 변화를 주기도 했다.

3. 칠산어장과 위도 조기 파시의 경제적 전성기

전북 도서 지역 역사에서 가장 역동적인 장면은 칠산바다를 배경으로 펼쳐진 조기 파시이다. 칠산어장은 부안 위도에서 전남 영광에 이르는 해역으로, 조기 떼가 산란을 위해 북상할 때 형성되는 황금어장이다.

1) 파시의 형성과 상업 자본의 집중

매년 곡우 무렵이면 전국 각지에서 수천 척의 어선과 상선이 조기를 잡고 거래하기 위해 위도로 몰려들었다. 위도의 파장금항과 치도리 일대에는 '파시(波市)'라고 불리는 대규모 해상 시장이 형성되었다.

- **파시의 규모와 생활상:** 조기 철이 되면 위도에는 임시 집들이 들어서고 수천 명의 외지인이 거주하며 불야성을 이루었다. "칠산바다 조기 떼가 코코마다 걸렸다"는 노래가 나올 만큼 어획량이 막대했으며, 당시 위도 파장금[2]에는 수백 명의 접객 종사자가 있을 정도로 향락 문화와 상업 자본이 풍부했다.
- **경제적 파급 효과:** 파시를 통해 벌어들인 현금은 섬 내외의 경제를 지탱했다. 어민들은 "현금을 베개 삼아 잠을 잤다"고 회상할 정도로 부유했으며, 이는 식당, 여관, 선술집, 떡집, 이발관 등 다양한 서비스업의 번창으로 이어졌다.

2) 칠산어장의 식문화와 조기 가공업

칠산어장의 조기는 맛과 상품성이 뛰어나 전국적으로 명성이 높았다. 위도 인근에서 잡힌 조기는 법성포로 운반되어 '영광굴비'로 가공되었으나, 그 원천적 생산지는 위도를 포함한 칠산바다였다. 파시 시기에는 선원들을 위한 대량 급식 문화와 술과 함께 곁들이는 안주 문화가 발달했다. 비록 조기 외의 어종은 '잡어' 취급을 받으며 버려지기도 했으나, 이는 역설적으로

2) 위도(蝟島)는 전라북도 부안군에 속한 섬으로, 고슴도치(蝟) 모양을 닮아 붙여진 이름이며, 파장금(波長金)은 위도의 주요 항구 이름이자 마을로, '파도가 길게 이어지면 어선들이 모이는 풍요로운 곳'이라는 뜻으로, 과거 칠산어장의 중심지였던 역사와 전통을 담고 있는 지역 명칭이다. 위도의 관문 역할을 하는 파장금항을 통해 배가 드나들며, 이곳에는 고슴도치 조형물과 함께 파장금카페리호가 운항하고 있다.

아낙네와 아이들이 버려진 생선을 건조하여 찬거리로 활용하는 건어물 문화의 발달을 가져왔다.

구분	주요 특징	경제적 · 문화적 영향
파시 형성	파장금항, 치도리 중심의 해상 시장	전국 상인 및 어선 집결, 서비스업 번성
주요 품목	칠산조기(석수어)	법성포 굴비의 원료 공급, 고소득 창출
식문화 현상	선상 식사 및 파시 선술집 문화	술과 향락 중심의 소비 문화, 건어물 활용
쇠퇴 원인	동력선 보급 및 어군 감소(1960년대)	파시촌의 소멸과 지역 경제 위축

4. 섬 공동체의 민속 신앙과 의례 식문화

도서 지역의 척박한 생존 환경과 거친 바다는 강력한 공동체 의식과 민속 신앙을 낳았다. 이는 단순히 종교적 행위를 넘어, 지역의 식재료가 의례 음식으로 승화되고 공동체가 이를 나누는 '대동(大同)의 미식 문화'로 발전했다.

1) 위도 띠뱃놀이와 원당제의 미학

국가무형유산인 위도 띠뱃놀이는 정월 초사흘에 풍어와 마을의 안녕을 비는 마을굿이다. 대리 마을의 수호신인 원당마누라를 모시는 원당제와 바다의 용왕에게 비는 용왕굿이 핵심을 이룬다.

- **제물의 정성과 준비:** 제물은 마을 회의를 통해 추렴한 비용으로 준비하며, 과거에는 섬에 없는 물자를 사기 위해 육지인 곰소나 격포로 '장배'를 보냈다. 돼지 한 마리를 통째로 올리는 전통이 있으며, 생선, 과일, 떡, 술(제주) 등을 정성스럽게 차린다.
- **용왕밥과 고수레:** 용왕굿이 끝나면 부녀자들이 한지에 싼 '용왕밥'을 바다에 던지고, 제례 음식의 일부를 떼어 던지는 '고수레'를 한다. 이는 자연의 신령을 달래고 공존을 꾀하는 섬 특유의 나눔 의식이다.
- **띠배의 상징성:** 띠풀로 만든 배(띠배) 안에는 각종 제물과 허수아비 선원을 싣는다. 이는 마을의 모든 액운을 실어 보내고 풍요를 불러온다는 주술적 의미를 담고 있다.

2) 공동체 식사와 식문화의 보전

제의가 끝나면 마을 주민과 외지 어선 선원들이 모두 모여 제례 음식을 나누어 먹는 '대동마당'이 열린다. 이러한 의례 식문화는 섬 지역의 연대감을 강화하는 역할을 했다. 또한, 선유도의 오룡묘 당제3)나 위도의 초분 관행4) 등은 삶과 죽음, 그리고 생존을 위한 기원이 음식이라는 매개체를 통해 어떻게 표현되는지를 잘 보여준다.

5. 새만금 간척 사업과 도서 경관의 변천

1991년 시작된 새만금 간척 사업은 전북 도서 지역의 지리적, 경제적, 문화적 지형을 근본적으로 바꾸어 놓았다. 군산과 부안을 잇는 33.9km의 방조제 건설은 섬의 고립성을 해체하고 '육지화된 섬'이라는 새로운 정체성을 부여했다.

1) 지리적 연결성의 강화와 관광 패러다임의 변화

방조제 완공과 고군산군도 연결도로 개통으로 선유도, 무녀도, 장자도 등은 차량 접근이 가능해졌다. 이는 관광객의 폭발적 증가를 가져왔으나, 동시에 섬 고유의 정취와 느린 식문화를 '패스트 관광(Fast Tourism)'으로 변화시키는 결과를 초래했다.

패스트 관광(Fast Tourism)은 제한된 시간 내에 최대한 많은 명소, 명물을 빠르게 둘러보고 경험하는 여행 방식을 뜻한다. 슬로 투어리즘(Slow Tourism)의 반대 개념으로, '양(Quantity)'보다는 '속도'와 '효율'을 중시한다.

3) 선유도 오룡묘 당제는 뱃사람들의 안전과 풍어를 기원하며 매년 지내던 섬의 전통 제사로, 망주봉 기슭에 위치한 두 채의 당집(윗당, 아랫당)에서 5위의 신령(오룡)에게 올렸으나 현재는 명맥이 끊긴 상태이며, 과거에는 3년 주기의 별신제도 함께 지냈다.

4) 전라북도 부안군 위도 지역의 독특한 장례 관습인 초분(草墳) 관행은, 시신을 땅에 바로 묻지 않고 대나무 등으로 만든 가묘(假墓)인 초분 위에 안치한 후 일정 기간 뒤 뼈를 추려 찌면서(소금에 절이며) 굿을 하고 재매장하는 풍습으로, 뼈를 깨끗하게 정화하는 의미가 담긴 전통적인 의례이다.

패스트 관광의 특징

- 짧은 일정, 많은 곳 방문: 며칠 만에 여러 도시나 국가를 이동하는 여행, '찍고 오기' 식의 일정
- 효율성 극대화: 유명 관광지, 필수 인증샷 명소 위주의 속성 관광
- 인증샷 문화: 소셜 미디어(SNS)에 올릴 수 있는 대표적인 '핫플레이스' 중심의 인증샷 투어
- 편의성 추구: 교통, 숙박, 식사 등 모든 요소를 편리하게 예약하고 패키지나 가이드 투어를 활용

주요 사례 및 트렌드

- 도심 랜드마크 투어: 유럽 여행 시 34일 안에 34개국을 방문하거나, 부다페스트와 같은 도시에서 하루 만에 유람선, 왕궁, 온천 등 9가지 핵심 코스를 도는 방식
- 인증샷 명소 중심: 랜드마크 앞에서 인증샷을 찍고 바로 다음 장소로 이동
- MICE(마이스) 연계 관광: 국제회의나 비즈니스 여행 틈새에 즐기는 단시간 관광

패스트 관광의 장단점

- 장점: 짧은 시간 내에 대중적인 랜드마크를 모두 볼 수 있어 효율적이며, 여행 초심자에게 적합하다.
- 단점: 깊이 있는 현지 문화 체험이 어렵고, 관광지 혼잡을 가중시킨다. 또한, 바쁜 일정으로 인해 여행 후 피로감이 높을 수 있다.

최근에는 무한 경쟁에서 벗어나 여유를 찾는 '슬로 투어리즘'이 주목받고 있지만, 패스트 관광은 여전히 시간적 제약이 있는 여행자들에게 매력적인 선택지로 자리 잡고 있다.

✣ **관광 인프라의 확충:** 비응항은 다기능 복합 어항으로 건설되어 대규모 수산물 시장과 회센터가 들어섰으며, 고군산군도 관광의 거점 역할을 수행한다.

✣ **경관의 변화:** 갯벌이 사라지고 바다 물길이 막히면서 전통적인 어로 방식과 해산물 채취 문화가 위축되었다.

2) 생태적 손실과 식문화의 위기

간척 사업으로 인해 칠산바다와 줄포만 일대의 생태계가 급변했다. 갯벌의 상실은 백합, 바지락 등 조개류와 조기 등 어류의 서식지 파괴를 가져왔으며, 이는 지역 대표 음식인 백합죽

등의 원재료 수급에 영향을 미치고 있다. 어민들은 삶의 터전을 잃고 관광 서비스업으로 전업하거나 마을을 떠나는 등 공동체의 해체를 경험하고 있다.

6. 역사적 맥락에서 본 전북 섬 음식관광의 의의

전북 도서 지역의 역사는 해상 강국 백제의 기상, 고려 시대 국제 교역의 세련미, 조선 시대 파시의 역동성, 그리고 현대 간척 사업의 도전이 층층이 쌓여 있다.

- **정체성의 회복:** 위도 조기 파시의 역사를 복원하는 것은 전남 영광에 편중된 굴비 문화를 전북의 '칠산조기 문화'로 되찾아오는 과정이다.
- **문화적 자산의 활용:** 위도 띠뱃놀이와 같은 민속 의례는 단순한 볼거리가 아니라, 제례 음식과 대동 식사라는 독특한 미식 콘텐츠로 승화될 수 있다.
- **지속가능한 미식 관광:** 새만금으로 인한 생태적 변화를 직시하고, 사라져가는 갯벌 음식과 전통 어로 문화를 기록·보존하여 관광 자원화하는 '슬로 미식(Slow Gastronomy)' 전략이 필요하다.

슬로 미식(Slow Gastronomy) 전략

슬로 미식은 속도지상주의와 규격화된 맛을 추구하는 패스트푸드(Fast Food)에 반대하여, 음식의 생산, 조리, 소비 전 과정에서 '느림(Slow)'의 가치와 '미식(Gastronomy)'의 즐거움을 되찾자는 식문화 운동이다. 1986년 이탈리아의 카를로 페트리니(Carlo Petrini)가 주도한 '슬로푸드 운동'에서 발전된 개념으로, 단순히 천천히 먹는 것을 넘어 생태적이고 지속가능한 식생활을 지향한다.

슬로 미식의 핵심 특징

- 맛있고(Good), 깨끗하며(Clean), 공정한(Fair) 음식: 미각적으로 우수하고(Good), 환경과 건강을 해치지 않으며(Clean), 생산자에게 정당한 보상이 돌아가는(Fair) 식재료와 요리를 추구한다.
- 제철 및 지역 식재료(Local & Seasonal): 지역에서 생산된 제철 식재료를 사용하여 자연의 속도에 맞추고 탄소 배출을 줄인다.
- 전통과 발효의 미학: 된장, 고추장, 치즈, 와인 등 오랜 시간 발효와 숙성을 거쳐 만들어진 전통 음식을 보존하고 그 깊은 맛을 즐긴다.

• 식사 경험의 향유: 식사 시간을 단순히 허기를 채우는 시간이 아니라, 음식의 맛과 향을 음미하고 대화를 나누며 즐기는 문화적 행위로 본다.

슬로 미식(Slow Gastronomy)은 단순히 느리게 먹는 것을 넘어, 음식의 생산부터 소비까지의 전 과정에서 생태적, 윤리적, 문화적 가치를 추구하는 전략이다. 패스트푸드와 패스트 라이프(Fast Life)에 대응하여 '좋고, 깨끗하며, 공정한(Good, Clean, Fair)' 먹거리 문화를 조성하는 것이 핵심이다.

슬로 미식의 핵심 전략 및 원칙

• 좋은 음식(Good: 고품질 및 즐거움)
  - 신선하고 제철에 맞는 재료를 사용하여 풍미와 맛을 극대화한다.
  - 지역 전통 요리법과 향토 음식을 다시 발견하고 보존한다.
  - 음식을 먹는 즐거움을 소중히 여기며, 미각 교육을 통해 음식의 가치를 이해한다.
• 깨끗한 음식(Clean: 생태적 지속가능성)
  - 환경을 해치지 않고 생태계를 보호하는 방식으로 생산된 음식을 선택한다.
  - 유기농, 생물 다양성 유지, 지역 생태계 보존을 지향한다.
  - 식품 생산 과정에서 탄소 발자국을 줄이고 환경 영향을 최소화한다.
• 공정한 음식(Fair: 윤리적 생산 및 분배)
  - 생산자에게 합리적이고 정당한 가격을 지불하여 윤리적인 소득을 보장한다.
  - 소비자와 생산자를 연결하여 먹거리의 생산 과정을 투명하게 공개한다.
  - 전통적인 농업과 소규모 지역 농가를 지원하여 지역 경제를 활성화한다.

슬로 미식 전략의 구체적 실천 방안

• 생산자와 소비자의 연대: 'Terra Madre(지구의 어머니)' 네트워크처럼 전 세계의 식재료 생산자들을 연결하고 교류를 촉진한다.
• 지역 음식 문화 보존(Ark of Taste): 멸종 위기에 처한 전통 식재료나 음식 품종을 조사하고 보호한다.
• 미식과학 교육: 이탈리아의 미식과학대학(University of Gastronomic Sciences)과 같이 음식의 맛뿐만 아니라 생산, 문화, 생태적 측면을 종합적으로 다루는 교육을 강화한다.
• 식생활의 의식화(Mindful Eating): 식사 시간을 삶의 즐거움으로 인식하고, 음식의 배경과 이야기를 음미하며 천천히 즐기는 문화를 확산한다.

슬로 미식 전략은 단순한 식문화 캠페인을 넘어 '음식과 지구 사이의 연결고리'를 강화하여 생태적-미식(Eco-Gastronomy) 사회로 나아가는 지속가능한 생활 방식이다.

결론적으로 전북 섬의 역사적 배경은 현대 음식관광에 '시간의 깊이'와 '서사의 힘'을 부여한다. 과거의 파시가 상업적 이익만을 좇는 공간이었다면, 미래의 섬 음식관광은 그 역사를 기억하고 주민과 관광객이 지역의 맛을 통해 공존하는 성찰적 공간이 되어야 한다. 이를 위해 정책 담당자와 연구자들은 섬의 역사적 경관 속에 숨겨진 미식의 흔적을 발굴하고, 이를 현대적 감각으로 재해석하는 작업에 박차를 가해야 할 것이다.

제2절 전북 섬 식재료의 특징

전라북도의 도서 지역은 군산시의 고군산군도와 부안군의 위도를 중심으로 독특한 식재료 생태계를 형성하고 있다. 이들 지역의 식재료는 단순한 영양 공급원을 넘어 지질학적 토대, 해류의 역학 관계, 그리고 수 세기 동안 이어져 온 섬 주민들의 생존 전략이 투영된 결과물이다. 전북 섬 식재료의 특징을 분석하는 것은 지역 음식관광의 정체성을 확립하고, 지속가능한 정책적 대안을 마련하는 데 있어 필수적인 과정이다.

1. 지리적 및 지질적 기반과 생태 환경적 요인

식재료의 본질적인 품질은 그것이 생장한 환경의 물리적, 화학적 특성에 의해 결정된다. 전북 도서 지역의 지형과 토양은 내륙과는 차별화된 식재료의 원천이 된다.

1) 지형적 구성과 토양의 성분학적 특성

전북 도서 지역, 특히 고군산군도와 위도 일대는 지질학적으로 편암과 편마암으로 구성된 해발 190미터 이하의 낮은 구릉성 섬들이 원형으로 자리 잡은 형태를 띤다. 이러한 지질적 구조는 수만 년의 풍화 작용을 거치며 적황색 및 갈색 토양을 형성하였다. 이 토양은 미네랄 함량이 풍부하고 배수가 양호하여, 섬 지역의 척박한 환경에서도 작물이 강인한 생명력을 유지할 수 있는 기반이 된다.

지질 구성	토양 유형	주요 분포 지역	관련 식재료 영향
편암, 편마암	적황색 및 갈색 토양	고군산군도 구릉지	마늘, 고구마의 조직감 강화
제4기 퇴적층	간석지 및 갯벌 토양	선유도, 무녀도 해안	백합, 바지락의 미네랄 공급
변성암류	사질 점토	위도 전역	근채류의 저장성 향상

고군산군도의 신시도, 무녀도, 선유도 해안에 넓게 펼쳐진 간석지는 단순한 지형적 특징을 넘어 강력한 유기물 공급원 역할을 수행한다. 갯벌의 미세한 입자들은 해양 미네랄을 흡착하여 패류와 어류의 성장에 필요한 영양분을 제공하며, 이는 식재료의 풍미를 결정짓는 핵심적인 요소로 작용한다.

2) 기후 환경과 해양 수렴 지역의 생태적 지위

전북 섬 지역의 기후는 겨울철 강한 북서 계절풍과 여름철 고온 다습한 기후로 요약된다. 연 강수량은 약 1,100mm 수준으로 내륙에 비해 적은 편이지만, 겨울철 대설은 토양의 수분을 유지하고 해충을 억제하는 자연적인 조절 기제 역할을 한다.

특히 위도를 포함한 칠산바다 해역은 영광군에서부터 부안을 거쳐 고군산군도에 이르는 광범위한 황금어장으로, 한류와 난류가 교차하거나 저층 냉수대와 표층 온수대가 만나는 조경수역의 특성을 보인다. 이러한 생태적 지위는 조기, 갈치, 민어 등 회유성 어족이 산란을 위해 모여드는 배경이 되며, 식재료로서의 수산물이 풍부한 지방과 탄탄한 육질을 갖게 하는 원동력이 된다.

3) 갯벌 생태계와 패류 생산 기반의 상호작용

전라북도 연안의 갯벌은 세계적으로도 그 가치를 인정받는 생태계 서비스의 보고이다. 부안 위도와 변산반도 일대의 갯벌은 모래와 진흙이 적절히 섞인 혼합 갯벌의 특성을 보여, 백합과 같은 고부가가치 패류의 서식에 최적화되어 있다. 갯벌 내의 규조류와 유기 잔재물은 패류의 주된 먹이가 되며, 이는 전북 섬 지역 패류가 유독 크기가 크고 영양 성분이 뛰어난 이유를 설명해 준다.

2. 주요 수산 식재료의 어종별 특성과 문화적 배경

수산물은 전북 섬 음식 문화의 핵심이며, 특히 역사적 맥락과 결합한 특정 어종들은 단순한 식재료 이상의 상징성을 지닌다.

1) 칠산바다와 조기어업의 역사적 변천

위도와 칠산바다는 한국 조기어업의 성지와도 같다. 과거 곡우 무렵이면 산란을 위해 북상하는 조기 떼가 칠산바다를 가득 메웠으며, 이를 잡기 위해 전국에서 수천 척의 배가 모여드는 파시가 형성되었다. 조기는 『자산어보』5)에서 석수어로 기록될 만큼 중요하게 다루어졌으며, 특히 칠산바다에서 잡힌 조기는 육질이 담백하고 알이 꽉 차 있어 최상품으로 대접받았다.

시기	어업 특성	주요 생산물	문화적 현상
조선 시대	전통 자망 및 위어	곡우살조기, 굴비 원료	진상품 선정 및 지역 경제 기반
일제 강점기	동력선 도입 초기	대규모 조기 어획	치도리 파시 형성 및 외지인 유입
1950~1960년대	동력선 대중화	조기 어획량 정점	파시촌의 활성화 및 부안 임시 우체국 설치
현재	어족 자원 감소	멸치, 갑오징어 전환	위도 띠뱃놀이 등 무형 유산 보전

조기어업의 쇠퇴는 단순히 특정 어종의 소멸이 아니라, 그와 연결된 수많은 조리법과 가공 기술의 변화를 의미한다. 과거 조기를 말려 만들었던 굴비 문화는 현재 영광으로 중심지가 이동했으나, 그 역사적 뿌리는 위도와 칠산바다에 깊이 박혀 있다.

2) 군산 박대의 생태적 특성과 가공 기술

군산 지역의 섬 식재료 중 가장 개성 있는 어종은 박대이다. 가자미와 유사한 생김새를 지녔

5) 『자산어보(玆山魚譜)』는 조선 후기 실학자 정약전이 흑산도 유배 시절 쓴 우리나라 최초의 해양생물 백과사전으로, 흑산도의 다양한 해양 생물 226종의 이름, 생태, 요리법, 효능 등을 체계적으로 기록한 책이다. 어류, 무척추동물, 해조류 등을 분류하고 어부들의 지식과 자신의 관찰을 결합하여 실용적인 정보를 담았으며, 한국 해양학 연구의 중요한 기초가 되었다.

으나 몸이 더 길고 납작한 박대는 비린내가 거의 없고 가시가 적어 가공 식재료로서 탁월한 조건을 갖추고 있다. 박대는 주로 봄철에 많이 잡히며, 잡은 즉시 껍질을 벗겨 해풍에 건조하는 과정을 거치는데, 이 과정에서 박대 고유의 감칠맛이 응축된다.

군산 박대의 가공은 섬 지역의 기후적 특성인 건조한 바람과 강한 일조량을 활용한 지혜의 산물이다. 자연 건조된 박대는 생물 상태일 때보다 단백질 함량이 농축되고 식감이 쫄깃해져, 구이나 찜, 조림 등 다양한 음식관광 콘텐츠로 활용되고 있다.

3) 보양식으로서의 민어와 대형 어족 자원의 분포

민어는 고군산군도 일대에서 여름철 조업되는 대표적인 보양 식재료이다. 민어는 그 크기가 클수록 맛이 깊어지는데, 고군산군도의 깊은 수심과 풍부한 먹이 사슬은 대형 민어가 성장하기에 적합한 환경을 제공한다. 민어의 부레는 전통적으로 보양 식재료의 핵심으로 여겨졌으며, 이는 전북 섬 지역의 보양 음식 문화를 형성하는 데 기여하였다.

4) 회유성 어종의 계절적 이동과 조업 체계

전북 섬 지역의 수산 식재료는 철저히 계절의 흐름을 따른다. 봄의 조기와 박대, 여름의 민어와 병어, 가을의 갈치와 삼치, 그리고 겨울의 김과 미역은 섬 주민들의 식단과 조업 체계를 결정짓는 이정표이다. 이러한 계절적 수급 체계는 지역 음식관광에 있어 제철 식재료의 중요성을 부각시키며, 관광객들에게 시간적 고유성을 제공하는 요소가 된다.

3. 섬 지역 농산물의 생산 환경과 품질 고유성

도서 지역의 농업은 어업에 가려져 과소평가되는 경향이 있으나, 실제로는 섬 식문화의 균형을 맞추는 중추적인 역할을 담당한다.

1) 해풍(海風)의 물리화학적 작용과 작물 생육 특징

섬에서 재배되는 작물은 생장 과정에서 지속적으로 해풍에 노출된다. 해풍에 포함된 미량의 염분과 미네랄은 작물의 생리적 반응을 유도하여, 조직을 치밀하게 만들고 당도를 높이는 효과를 가져온다. 또한, 강한 바람은 작물의 수분 증발을 촉진하여 영양 성분을 응축시키는데, 이는 섬 지역 농산물이 내륙산에 비해 맛이 진하고 저장성이 뛰어난 이유가 된다.

2) 도서 지역 주요 작물의 품종별 특성

고군산군도와 위도에서 재배되는 주요 작물은 쌀, 보리, 고구마, 콩, 마늘 등이다. 특히 고구마는 사질 토양에서 자라 모양이 매끄럽고 당도가 높으며, 섬 마늘은 알은 작지만, 향이 강하고 살균 작용이 뛰어난 것으로 알려져 있다. 이러한 작물들은 섬 지역의 척박한 지형적 한계를 극복하기 위해 선택된 품종들로, 지역 식재료의 다양성을 확보하는 데 기여한다.

작물 구분	주요 특징 및 품질 요소	음식관광 활용 가능성
섬 고구마	높은 당도, 식이섬유 풍부, 해풍 건조 가능	지역 특산 간식 및 디저트 개발
위도 마늘	강한 매운맛, 높은 저장성, 유황 성분 함유	양념 및 기능성 식품 원료
섬 보리	찰기가 있고 구수한 맛, 미네랄 함유	보리밥 전문점 및 로컬푸드 상품화
콩류	단백질 함량 높음, 우수한 발효 적성	전통 장류 및 콩나물 국밥 콘텐츠

3) 농어업 병행 구조에 따른 식재료 자급 체계

전북 섬 지역 주민의 대다수는 농업과 어업을 병행하는 반농반어의 형태를 띤다. 이러한 경제 구조는 식재료 수급에 있어 높은 자급률을 보장하며, 육지와 바다의 재료가 혼합된 독특한 식문화를 탄생시켰다. 예를 들어, 어획한 생선을 농사지은 콩으로 만든 장에 조려 먹거나, 갯벌에서 채취한 패류를 보리밥에 곁들이는 식의 융합된 음식 문화를 보여준다.

4. 전통 식재료 보존 기술과 발효 문화의 정체성

섬이라는 지리적 고립성은 식재료를 장기간 보존하기 위한 고도의 기술 발달을 촉진하였다. 이는 전북 섬 음식의 풍미를 결정짓는 핵심적인 요소이다.

1) 염장 및 건조 기술의 원리과 지역적 변용

냉장 기술이 발달하기 이전, 전북 섬 지역에서 가장 널리 사용된 보존 방식은 염장과 건조였다. 소금을 이용해 수분을 제거하고 미생물의 번식을 억제하는 염장 기술은 생선뿐만 아니라 채소류에도 적용되었다. 또한, 서해안의 강한 햇빛과 바람을 이용한 자연 건조 방식은 북어, 무말랭이, 건나물 등 다양한 건조 식품을 만들어냈으며, 이는 재료 본연의 맛을 살리면서도 장기 보관을 가능하게 하였다.

2) 옹기 저장과 젓갈 발효의 과학적 메커니즘

숨을 쉬는 그릇인 옹기는 전북 섬 지역의 발효 문화를 지탱하는 핵심 도구이다. 옹기 내부의 미세한 구멍을 통한 산소 공급과 습도 조절은 젓갈과 장류의 발효를 최적화한다. 전북 섬 지역은 조기, 멸치, 새우 등 풍부한 어획물을 바탕으로 한 젓갈 발효 기술이 매우 발달하였으며, 이는 한국 전통 식문화의 정수로 평가받는다.

3) 지역 소금 자원과 가공품의 품질 연계성

염장과 발효의 기초가 되는 소금의 품질은 식재료의 최종 맛을 결정한다. 고군산군도의 신시도와 무녀도에는 과거부터 염전이 존재하여 양질의 소금을 직접 생산하였다. 지역에서 생산된 소금은 지역 수산물과 결합하여 품질의 일관성을 유지하게 하였으며, 이는 전북 섬 식재료의 지리적 표시제 등 브랜드화 전략에 있어 중요한 근거가 된다.

5. 환경 변화에 따른 식재료 수급 현황과 미래 전망

현대 사회의 급격한 환경 변화와 산업화는 섬 식재료 생태계에 위기와 기회를 동시에 제공하고 있다.

1) 새만금 방조제 건설 이후의 생태적 전이와 한계

새만금 사업은 전북 도서 지역의 지도를 바꾸어 놓았을 뿐만 아니라 생태계에도 막대한 영향을 미쳤다. 방조제 건설로 인한 조류 흐름의 변화와 갯벌의 소실은 백합 등 패류의 생산 환경을 위축시켰으며, 이는 지역의 대표 식재료 수급에 차질을 빚게 하였다. 갯벌의 상실은 단순한 생산량 감소를 넘어, 그곳에 의존하던 전통 어로 방식과 식문화의 단절을 야기하고 있다.

환경 요인	변화 양상	식재료 수급 영향
새만금 방조제	갯벌 소실 및 해수 순환 저하	백합 생산량 급감, 어장 고갈
지구 온난화	수온 상승 및 한류성 어종 북상	조기 어군 변화, 갑오징어 등 난류성 어종 증가
오염원 유입	수질 악화 및 침전물 증가	양식 수산물 품질 관리의 어려움
정주 환경 변화	고령화 및 어업 인구 감소	전통 가공 기술 전수의 단절 위기

2) 기후 위기와 어족 자원의 고갈 문제

전 지구적인 이상 기온과 해수면 상승은 칠산바다의 조기 어장 지도를 변화시키고 있다. 과거의 황금어장은 어족 자원의 고갈로 인해 전설 속의 이야기가 되어가고 있으며, 대신 멸치나 해삼 양식 등이 그 자리를 대신하고 있다. 이러한 어종의 변화는 지역 음식관광의 메뉴 구성과 스토리텔링에 있어 근본적인 수정을 요구하고 있다.

3) 지속가능한 식재료 확보를 위한 정책적 대응 과제

전북 섬 식재료의 지속가능성을 확보하기 위해서는 생태계 복원과 더불어 지역 먹거리 체계(Local Food System)의 구축이 시급하다. 로컬푸드를 단순히 지역 생산물 소비에 국한하지 않고, 생산자와 소비자 간의 거리를 좁히며 안전하고 건강한 먹거리를 보장하는 통합적 전략이 필요하다. 또한, 섬 지역 고유의 식재료를 발굴하고 이를 현대적인 미식 트렌드와 결합하여 고부가가치 상품으로 개발하는 노력이 병행되어야 한다.

전라북도 섬 식재료는 지리적 특수성과 역사적 우연이 결합한 귀중한 자산이다. 이를 보호하고 육성하는 것은 단순히 지역 경제를 활성화하는 차원을 넘어, 한국의 도서 문화를 보전하고 미래 세대에게 건강한 먹거리 환경을 물려주는 일이다. 향후 정책 담당자와 연구자들은 식재료의 생산부터 소비, 그리고 문화적 확산에 이르는 전 과정을 면밀히 분석하여 전북 섬 음식 관광의 질적 도약을 도모해야 한다.

제3절 전북 섬 음식의 메뉴 분석

전라북도의 섬 음식은 서해안의 풍부한 갯벌 생태계와 역사적인 해상 시장인 파시(波市) 문화가 결합하여 독특한 미식 체계를 형성하고 있다. 전북자치도가 한국관광공사의 관광 데이터랩 통계를 분석한 결과에 따르면, 전북 방문객의 43.7%가 방문 동기로 음식을 꼽고 있으며, 이는 섬 지역 관광 활성화에 있어 메뉴의 경쟁력이 핵심적인 요소임을 시사한다. 전북의 섬 메뉴는 군산시의 고군산군도와 부안군의 위도를 중심으로 지역별 고유성을 유지하면서도, 현대 관광객의 요구에 맞춘 융복합적 형태로 진화해 왔다.

1. 전북 섬 음식의 지역별 메뉴 정체성과 구조적 특징

전라북도 섬 음식의 메뉴 구조는 행정구역과 지리적 특성에 따라 군산권역의 정찬·단품 메뉴와 부안권역의 향토·기능성 메뉴로 구분된다. 군산권역은 고군산군도를 중심으로 박대, 꽃게, 아귀 등 풍부한 해산물을 활용한 상차림이 발달하였고, 부안권역은 위도와 곰소항을 중심으로 백합, 조기, 젓갈 기반의 식문화가 주를 이룬다.

1) 군산 고군산군도 권역의 메뉴 체계와 특화 요소

군산의 섬 메뉴는 근해 어장과 금강, 만경강이 만나는 지리적 요충지로서의 특성을 반영한다. 일찍부터 수산물이 풍부하여 임금님 수라상에 진상될 만큼 품질을 인정받았으며, 이러한 역사적 배경은 현대 고군산군도의 관광 메뉴 구성에 근간이 되었다.

(1) 박대 기반의 향토 음식과 정찬 구성

박대는 군산을 상징하는 대표 어종으로, 고군산군도 일대에서 잡히는 박대는 비린내가 적고 담백한 맛으로 정평이 나 있다. 박대는 주로 해풍에 말린 반건조 상태로 가공되어 메뉴화되는데, 이는 섬 지역의 전통적인 보관 기술이 현대적인 미식 자원으로 승화된 사례이다.

박대구이 및 조림의 조리 과학과 상차림 박대구이는 겉은 바삭하고 속은 쫄깃한 식감을 극대화하기 위해 기름에 튀기듯이 굽는 방식이 일반적이다. 박대는 잔가시가 적어 취식이 편리하다는 장점이 있어 가족 단위 관광객에게 높은 선호도를 보인다. 박대조림은 무, 대파, 양파 등 신선한 채소와 함께 매콤달콤한 양념장을 사용하여 박대의 감칠맛을 끌어올리는 것이 특징이다. 조림 과정에서 박대 살에 양념이 깊게 배어들어 풍미가 배가된다.

구분	박대구이 정식	박대조림
주재료	반건조 박대	반건조 박대, 무, 고추장, 간장
식감 및 맛	바삭함, 담백함, 쫄깃함	매콤함, 부드러움, 감칠맛
주요 반찬	밴댕이젓, 백합탕, 각종 나물	김치류, 장아찌, 마른반찬
관광객 만족 포인트	잔가시가 적어 먹기 편리함	얼큰한 국물과 조림무의 조화

(2) 고군산군도의 융복합 관광 메뉴와 공간적 소비

선유도, 무녀도, 장자도 등 고군산군도가 육지와 연결되면서 기존의 정식 위주 메뉴에서 벗어나 젊은 층을 겨냥한 이색 메뉴가 등장하고 있다. 무녀도의 마을버스를 활용한 포차 메뉴가 대표적이며, 이는 음식과 공간의 매력을 결합한 미식 관광의 새로운 형태를 보여준다.

해물라면 및 포차 메뉴의 대중화 무녀도 등에서 인기를 끄는 해물라면은 바지락, 소라, 꽃게 등 섬에서 갓 잡은 신선한 해산물을 아낌없이 넣어 시원한 국물 맛을 내는 것이 특징이다. 갈매기세트와 같이 해물라면, 파전, 음료를 결합한 세트 메뉴(약 30,000원)는 가성비와 시각적 만족을 동시에 제공하며, 바다 뷰를 배경으로 소비되는 경험적 가치를 창출한다.

(3) 기타 해산물 단품 및 별미 메뉴

고군산군도 일대 식당들은 박대 외에도 물회, 회덮밥, 칼국수 등 다양한 해산물 메뉴를 운영하고 있다. 특히 바지락칼국수(8,000원)는 저렴한 가격으로 섬의 신선한 조개 맛을 느낄 수 있어 대중적인 메뉴로 자리 잡았다. 물회와 회덮밥은 전복, 소라, 멍게 등 풍성한 재료를 사용하여 계절에 상관없이 인기가 높다.

2) 부안 위도 및 곰소 권역의 메뉴 체계와 특화 요소

부안군의 섬 음식은 갯벌의 자원을 활용한 백합(白蛤) 요리와 조기 파시의 역사적 기억을 담은 조기 메뉴로 대표된다. 위도는 전라북도에서 가장 큰 섬으로, 수려한 생태 환경과 더불어 곰소항의 젓갈 문화가 메뉴 구성에 깊이 관여하고 있다.

(1) 백합 요리의 위계화와 코스 메뉴의 정립

백합은 조개의 여왕으로 불리며 조선 시대 왕실 진상품으로 쓰일 만큼 고귀한 식재료로 취급되었다. 부안에서는 백합을 이용한 죽, 탕, 찜, 구이, 전 등 모든 조리법을 총동원하여 하나의 코스 요리로 체계화하였다. 백합은 해감이 적어 조리가 깔끔하고 담백한 맛이 일품이다.

<u>백합죽의 조리 특성과 뽕잎 가루의 활용</u> 부안 백합죽의 가장 큰 특징은 조리 과정에서 뽕잎 가루를 첨가한다는 점이다. 뽕잎 가루는 백합 특유의 미세한 비린 맛을 제거하는 동시에 영양적 가치를 높여준다. 불린 쌀과 다진 백합 살을 충분히 끓인 뒤 참기름과 천일염으로 간을 맞추고 김 가루와 참깨를 고명으로 올려 완성한다.

메뉴 구성(세트)	주요 특징	가격대(예시)
3인 풀코스	백합죽, 백합찜, 백합탕, 백합구이, 백합파전	88,000원
4인 풀코스	백합죽, 백합찜, 백합탕, 백합구이, 백합파전	109,000원
백합탕(단품)	맑은 국물, 대파와 고추로 맛을 냄	28,000원
백합파전(단품)	쫄깃한 백합과 파의 조화	14,000원

<u>백합탕과 구이의 재료 본연의 맛 강조</u> 백합탕은 별도의 조미료 없이 맹물에 백합과 대파, 홍고추를 넣어 끓여내며, 백합 자체에서 우러나오는 염분과 감칠맛으로 간을 맞춘다. 백합구이는 육즙의 손실을 막기 위해 은박지에 싸서 찌듯이 굽는 것이 비결이며, 조가비 안에 고인 짭조름한 국물과 하얀 속살을 함께 즐기는 것이 정석이다.

(2) 위도 조기 메뉴의 역사적 가치와 복원 노력

위도는 과거 칠산어장의 중심지로, 1930년대에는 수천 척의 어선이 모이는 조기 파시가 형성되었던 곳이다. 당시에는 요리점 9개소와 음식점 11개소가 운영될 만큼 미식 문화가 번성하였다. 현재는 어족 자원 고갈로 과거의 영광은 사라졌으나, 조기 소금구이와 매운탕을 통해 그 명맥을 잇고 있다.

위도 조기 메뉴의 현대적 상품화 위도 조기는 해풍에 자연 건조하여 깊은 맛을 내며, 이를 활용한 조기 찜이나 밀키트 형태의 상품화가 추진되고 있다. 특히 위도 띠뱃놀이와 같은 지역 민속 문화와 연계하여 음식에 스토리텔링을 입히는 작업이 진행 중이다. 조기 치어 방류 사업 등을 통해 원재료 수급 문제를 해결하려는 정책적 노력도 병행되고 있다.

2. 식재료의 영양학적 가치 및 식품 과학적 분석

전북 섬 음식의 메뉴 경쟁력은 뛰어난 영양학적 성분과 과학적인 조리법에서 기인한다. 박대, 백합, 굴, 꽃게 등 주요 식재료는 건강식을 선호하는 현대 관광객의 욕구를 충족시킨다.

1) 백합의 영양 성분과 기능성

백합은 고단백 저지방 식품으로 다이어트와 기력 회복에 탁월하다. 단백질 함량이 100g당 11.7%로 굴보다 높으며, 지방질은 1.0%에 불과하다. 또한, 칼슘 161mg, 철분 11.9mg을 함유하고 있어 어린이와 노약자에게 안성맞춤인 영양식이다.

(1) 타우린 성분과 숙취 해소 효과

백합 살의 끈적거리는 진액에 포함된 타우린 성분은 피로 해소와 간 기능 개선에 효과적이다. 이는 섬 지역을 방문하여 주류를 곁들인 관광객들에게 백합탕이나 백합죽이 최고의 해장 메뉴로 꼽히는 과학적 근거가 된다.

2) 기타 주요 해산물의 영양 특성

군산 고군산군도에서 소비되는 굴, 꽃게, 홍합 등도 풍부한 영양소를 자랑한다. 굴은 칼슘 함유량이 103mg으로 '바다의 우유'라 불리며, 홍합은 셀레늄과 요오드 등 미네랄이 풍부하여 피부 미용에 도움을 준다. 꽃게는 필수 아미노산이 풍부하고 소화 흡수가 잘되어 대표적인 보양식으로 꼽힌다.

3. 관광객 소비 패턴 및 메뉴 만족도 분석

전북 섬 음식을 즐기는 관광객들의 소비 행태는 단순한 식사를 넘어 지역의 문화와 정체성을 체험하는 방향으로 흐르고 있다. 군산의 경우 간장게장, 박대구이, 짬뽕 등이 주요 관광객 선호 메뉴로 상위권에 랭크되어 있다.

1) 데이터 기반의 만족도 분석 및 시사점

전북자치도의 분석에 따르면 음식이 관광객의 방문과 만족도에 미치는 영향은 절대적이다. 최근 조사에서 식사 장소의 편안함이나 나트륨 저감화 등 음식의 품질 측면에서 만족도가 소폭 상승하고 있는 추세이다. 이는 섬 지역 식당들이 매뉴얼화된 서비스와 위생적인 환경 조성에 주력하고 있음을 보여준다.

2) 공간적 · 경험적 미식 소비의 확산

섬 음식은 바다라는 공간적 배경과 결합할 때 그 가치가 극대화된다. 선유도와 무녀도의 식당들은 야외 포차나 바다가 보이는 테라스를 운영하며 관광객들에게 감성적인 미식 경험을 제공한다. 이러한 트렌드는 SNS를 통한 홍보 효과로 이어져 젊은 층의 유입을 촉진하는 선순환 구조를 형성한다.

4. 섬 음식 메뉴의 지속가능성 및 발전 과제

전북 섬 음식관광이 지속하기 위해서는 어족 자원의 보호와 지역 고유의 맛 보전이 필수적이다. 기후 변화와 남획으로 인해 조기와 같은 전통 식재료가 줄어드는 상황은 메뉴의 연속성에 큰 위협이 되고 있다.

1) 지역 생산자와의 상생 모델 구축

섬 음식 메뉴의 경쟁력은 생산자인 어민과 서비스 주체인 식당 간의 긴밀한 협력에서 나온다. 곰소 천일염, 부안 쌀, 지역산 수산물을 우선적으로 사용하는 로컬 푸드 체계를 강화하여 지역 경제 파급효과를 높여야 한다. 이는 관광객에게 식재료에 대한 신뢰를 제공하는 동시에 지역 공동체의 자생력을 키우는 핵심 전략이다.

2) 메뉴의 표준화 및 정보 제공 강화

관광객들이 섬 지역의 다양한 메뉴를 쉽고 정확하게 접할 수 있도록 디지털 플랫폼을 통한 정보 제공이 강화되어야 한다. 군산과 부안의 향토음식점 지정 제도를 활성화하고, 메뉴별 정확한 가격과 영양 정보를 공개하여 관광객의 선택권을 보장해야 한다. 또한, 뽕잎 가루와 같은 지역 특화 재료를 활용한 독창적인 레시피를 지속적으로 개발하여 메뉴의 차별화를 꾀해야 한다.

5. 결론 및 제언

전라북도 섬 음식의 메뉴 분석 결과, 군산의 박대와 부안의 백합은 지역의 역사와 생태적 가치를 담은 독보적인 관광 자산임이 확인되었다. 특히 43.7%에 달하는 미식 관광 수요를 충족시키기 위해서는 전통적인 정찬 메뉴와 현대적인 이색 메뉴의 조화로운 발전이 필요하다.

위도 조기 파시의 역사적 복원과 백합 요리의 과학적 고도화, 그리고 고군산군도의 융복합 미식 공간 창출은 전북 섬 관광의 미래를 밝히는 핵심 동력이 될 것이다. 향후 기후 변화에 대응한 대체 어종 발굴과 주민 중심의 지속가능한 개발 모델이 정착된다면, 전라북도의 섬 음식은 국내를 넘어 세계적인 미식 관광의 명소로 거듭날 수 있을 것으로 기대된다. 이를 위해 정부와 지자체는 단순한 홍보를 넘어 식재료 수급부터 조리 기술 전수, 서비스 품질 관리에 이르는 통합적인 정책적 지원을 아끼지 말아야 한다.

7장

전라남도의 섬 음식관광 현황 분석

지금까지 우리는 서해안을 중심으로 한 섬들의 음식관광 현황을 살펴보았다. 이제 대한민국에서 가장 많은 섬을 품고 있는, 명실상부한 '섬의 고향,' 전라남도로 향한다. 우리나라 전체 섬의 59.5%, 무려 2,018개(유인섬 277개 · 무인섬 1741개)의 섬과 15만 5,929명의 인구가 모여 사는 전남 섬이 보석처럼 흩뿌려져 있는 다도해(多島海)는 그 수만큼이나 다채로운 이야기와 독특한 음식문화를 간직하고 있다. 전남의 섬 음식은 단순히 하나의 지역 음식이 아니라, 한반도 해양 문화의 역사와 정체성이 응축된 결과물이다. 그 깊은 맛의 뿌리를 이해하기 위해서는 먼저 이 지역의 역사적 배경을 살펴볼 필요가 있다.

제1절 전남 섬의 역사적 배경

1. 전라남도 도서 지역의 지리적 특수성과 역사적 해상 거점의 형성

한반도의 서남단에 있는 전라남도는 그 지형적 특성상 리아스식 해안(rias式 海岸)[1]과 수천 개의 섬이 군락을 이루는 다도해의 핵심 지역이다. 이러한 지리적 환경은 고대부터 한반도와 외부 세계를 잇는 천연의 관문이자 해상 교역의 전략적 요충지로 기능하게 하였다. 특히 완도를 중심으로 한 다도해 해역은 조수간만의 차가 심하지 않고, 내해로 들어오면 파도가 잔잔하며 배후에 강진이나 해남과 같은 풍요로운 농경지가 존재하여 해상 세력이 거점을 마련하기에 최적의 조건을 갖추고 있었다. 이러한 공간적 배경은 단순히 육지의 부속물로서의 섬이 아니라, 독자적인 역사와 문화를 구축하는 토대가 되었다.

9세기 통일신라 시대에 설치된 청해진(淸海鎭)은 이러한 지리적 이점을 극대화한 역사적 사례로 꼽힌다. 828년 장보고가 흥덕왕의 허락을 얻어 설치한 이 해상 기지는 단순한 군사 거점을 넘어 당나라, 신라, 일본을 잇는 동아시아 해상 무역의 중추적 역할을 수행하였다. 당시 장보고는 완도의 장도(將島)를 본거지로 삼아 해적을 소탕하고 신라인의 노예 매매를 근절함으

1) 리아스식 해안은 육지의 침강 또는 해수면 상승으로 육지의 일부가 바다 속에 잠겨 이루어진 복잡한 해안이다. 육지가 침강하거나 기후 변화로 해수면이 상승할 때, 기존의 육지가 바다에 잠기면서 나타나는 해안 형태를 말한다. 이러한 경우 해안선은 매우 복잡해지는데, 과거 골짜기였던 곳은 만(灣)으로, 산의 능선이었던 곳은 곶(串)으로 변하게 된다. 또한, 산 대부분이 바다에 잠기고 정상만 육지로 남으면 섬이 된다. 리아스(rias)란 에스파냐 북서 해안에서 작은 만입을 가리키는 용어였으나 현재는 학술 용어로 널리 사용되고 있다.

로써 해상 질서를 확립하였다. 이는 서남해안 도서 지역이 중앙 정부의 통제권에서 벗어난 변방이 아니라, 국제적인 인적·물적 교류의 중심지였음을 시사한다.

청해진 유적에 대한 고고학적 조사 결과에 따르면, 장도는 섬 전체가 판축 기법으로 쌓은 성벽으로 둘러싸여 있으며, 해변에는 참나무 목책을 박아 외부의 접근을 차단한 견고한 요새였다. 성내에서 발견된 토기와 기와 조각, 그리고 인근 법화사터의 존재는 당시 이곳이 고도의 문명적 혜택을 누리던 지역이었음을 증명한다. 이 시기 형성된 해상 네트워크는 아라비아 상인들까지 참여하는 광범위한 교역망으로 확장되었으며, 이는 전남 도서 지역의 초기 식문화에 외래 문물의 영향이 유입될 수 있는 토대를 마련하였다. 장보고 사후 청해진은 851년에 철폐되었으나, 그가 구축한 해상 항로와 무역 거점으로서의 입지는 이후 고려와 조선 시대를 거쳐 이 지역의 정체성을 형성하는 핵심 요소가 되었다.

시대 및 구분	거점 지역	주요 기능 및 특징	역사적 의미
통일신라 (9세기)	완도 청해진 (장도)	해적 소탕, 당·일 중계 무역, 해군 기지	동아시아 최초의 민간 주도 국제 무역망 형성
고려 시대	전남 연안 섬	조운로 확보, 왜구 방어 거점	육지와 섬을 잇는 물류망의 고도화
조선 시대	흑산도, 진도 등	유배지, 파시(波市) 형성, 해안 방어	유배 문화와 상업적 식문화의 융합 거점

2. 전남 도서 지역 식문화의 형성 과정과 지리적 고립성의 상관관계

전남 도서 지역의 식문화는 풍부한 해양 자원과 지리적 고립성이라는 양면적 환경 속에서 독특하게 발전하였다. 육지와의 교류가 제한적이었던 과거 환경에서 섬 주민들은 제철에 쏟아져 나오는 해산물을 장기간 보관하고 소비하기 위한 고도의 보존 기술을 발달시켜야만 했다. 이러한 생존의 지혜는 염장(Salting), 발효(Fermentation), 건조(Drying)라는 세 가지 축을 중심으로 계승됐으며, 이는 단순한 조리법을 넘어 섬사람들의 생존 전략이자 지혜가 응축된 문화유산이다.

1) 염장

염장은 가장 기본적인 보존 방식으로, 전남 도서 지역은 천일염 생산이 용이한 기후와 지형을 갖추고 있어 젓갈 문화가 비약적으로 발전할 수 있었다.

2) 발효

발효는 염장된 해산물이 해양성 기후 특유의 온도와 습도 조건에서 미생물에 의해 숙성되는 과정으로, 이는 육지 식문화와 차별화된 깊은 풍미를 만들어냈다.

3) 건조

건조 역시 강한 해풍과 일조량을 활용하여 해조류와 어류의 부피를 줄이고 보관 기간을 늘리는 핵심 기술로 자리 잡았다.

이러한 보존 식문화는 흉어기나 기상 악화로 조업할 수 없을 때 비상식량의 역할을 수행하며 섬 공동체의 영속성을 보장하였다.

섬의 고립성은 역설적으로 식문화의 원형 유지에 기여하였다. 외부와의 물리적 거리와 교통의 불편함은 육지 식문화의 유입을 늦추었고, 이는 섬 고유의 전통 방식이 변형되지 않고 원형 그대로 전승될 수 있는 환경을 조성하였다. 각 섬마다 고유한 기후 조건과 자생하는 식재료가 다르기 때문에, 같은 종류의 어패류라 하더라도 섬에 따라 조리 방식과 발효 정도가 미세하게 차이를 보이는 다채로운 식문화 스펙트럼이 형성되었다. 최근 2022년에 발간된 『신안군 섬음식 백서』는 이러한 섬별 고유 조리법 340여 선을 집대성하여 실생활의 변화와 고령화로 소멸해가는 섬 음식의 가치를 재조명하고 있다.

3. 유배 문화가 식문화에 미친 영향: 사대부의 지식과 섬 식재료의 만남

조선 시대 전남 도서 지역은 중앙 정치권에서 밀려난 사대부들의 주요 유배지였다. 흑산도, 진도 등지로 보내진 유배객들은 상류층의 세련된 미적 감각과 지식을 지니고 있었으며, 이들이 현지의 거친 식재료와 만나면서 새로운 식문화의 융합이 일어났다. 유배인들은 대개 현지 주민들과 밀접하게 교류하며 생활하였고, 이 과정에서 한양의 고등 조리 기술이나 식문화적 관습이 섬 지역으로 유입되는 경로가 되었다.

특히 1801년 신유박해로 인해 흑산도로 유배된 정약전(丁若銓)은 이러한 문화적 충돌과 융합을 학문적으로 승화시킨 인물이다. 정약전은 유배지에서의 고립된 삶을 비관하는 대신, 흑산도 주변의 해양 생태계를 면밀히 관찰하고 기록하여 우리나라 최초의 해양 생물 백과사전인 『자산어보(玆山魚譜)』를 저술하였다. 이 책은 단순한 생물학적 분류를 넘어, 해당 어종의 맛, 효능, 조리법, 그리고 민간요법까지 담고 있어 당시 도서 지역의 식생활상을 엿볼 수 있는 귀중한 자료이다.

정약전은 홍어에 대해 “동지 후에 잡히기 시작하나 입춘 전후에 가장 살이 찌고 맛이 뛰어나다”고 기록하였으며, 임산부의 질병 치료에 미역이 탁월하다는 점을 명시하였다. 이는 당시 섬 주민들의 경험적 지식을 사대부의 체계적인 논리로 정리한 것이며, 이후 이 지역 식문화의 정통성을 뒷받침하는 근거가 되었다. 또한, 진도와 같은 유배지에서는 사제 관계나 유배인-지역민 간의 유대 관계를 통해 쌀 중심의 육지 식문화와 섬의 잡곡 및 해조류가 결합한 다양한 죽, 밥 문화가 발달하였다.

유배지	주요 유배인	식문화적 영향 및 기록	관련 저서/사례
흑산도	정약전	해양 생물 155종의 맛, 효능, 조리법 기록	『자산어보』
진도	다수의 유배인	상류층 식생활과 현지 잡곡·해조류의 결합	반지기밥, 감태밥, 전복죽 등
강진(인근)	정약용	유배 생활 중 지역 식재료를 활용한 음식 연구	정약전과의 교류를 통한 식문화 전파

4. 파시(波市)의 형성과 수산물 유통의 상업적 식문화 발달

파시(波市)는 특정 어종이 대량으로 잡히는 시기에 어장 인근의 섬에 일시적으로 형성되었다. 전라남도의 흑산도(홍어), 영광 조기, 위도 조기 등은 대표적인 파시 형성지로, 이곳에서는 조선 전기부터 해방 이후까지 활발한 상거래가 이루어졌다. 파시는 단순한 경제 활동의 장을 넘어, 섬 지역의 사회 구조와 식문화를 상업적으로 변모시킨 결정적인 계기였다.

어기(漁期)가 되면 수천 척의 어선과 상선이 파시 현장으로 모여들었고, 이에 따라 섬에는 일시적인 도시 취락이 형성되었다. 수많은 선원과 상인들을 수용하기 위해 숙박업, 요식업, 유흥업이 비약적으로 발전하였으며, 이는 섬의 폐쇄적인 자급자족 식문화가 대중적이고 상업적인 형태로 진화하는 결과를 낳았다. 특히 홍어나 조기와 같은 주요 어종을 대량으로 처리하기 위한 염장 기술과 가공 인프라가 파시를 중심으로 구축되었으며, 이는 오늘날 전남 지역 특산물 산업의 원형이 되었다.

파시는 또한 육지 물산이 섬으로 유입되는 통로였다. 쌀, 보리 등 곡물과 술, 면포 등이 수산물과 교환되면서 섬 주민들의 식생활은 더욱 풍요로워졌다. 이러한 상업적 교류는 섬 특유의 거친 식재료에 육지의 조미료나 식재료가 더해지는 융합의 장이 되었고, 이는 현재 우리가 알고 있는 다채로운 전남 도서 지역의 향토 음식으로 정착되었다. 흑산도 홍어의 경우, 파시를 통해 전국적인 인지도를 얻게 되었으며, 숙성 기술의 발달 또한 대량 유통 과정에서의 변질을 막기 위한 상업적 필요성에서 기인한 측면이 크다.

5. 전라남도 도서 개발 정책의 변천사와 패러다임의 전환

전남 도서 지역에 대한 정부 및 지자체의 정책은 시대별로 그 목적과 방식에서 뚜렷한 변화를 보여왔다. 초기 개발 정책은 주로 섬의 지리적 단절을 해소하기 위한 하드웨어 중심의 물리적 연결에 집중되었다. 1996년부터 시작된 대규모 연륙·연도교 사업은 여수-고흥, 완도-강진, 목포-신안 등을 하나로 묶으며 섬 주민들의 교통 편의와 물류 효율성을 획기적으로 개선하였다.

그러나 2000년대 중반에 들어서면서 기존의 대규모 난개발 방식이 섬의 생태적 가치와 공동체 문화를 훼손한다는 비판이 제기되었다. 2005년 '전남 섬 관광자원 개발사업 기본계획' 등을 통해 테마섬 개발이 추진되었으나, 민자 유치 실패와 주민 소외 문제로 인해 큰 성과를 거두지 못했다. 이러한 성찰을 바탕으로 전라남도는 2014년, 개발 중심에서 보전과 주민 참여 중심으로 정책의 방향을 근본적으로 전환하였다.

이러한 전환의 핵심이 바로 2015년부터 시작된 '가고 싶은 섬 가꾸기' 10개년 사업이다. 이 정책은 섬의 정체성을 유지하면서도 주민들이 주도적으로 섬을 가꾸어 관광 자원화하는 '주민 참여형 섬마을 가꾸기'를 지향한다. 선정된 섬에는 5년간 40~50억 원 규모의 예산이 지원되며,

정책 시기	주요 사업 및 명칭	특징 및 개발 방향	주요 성과 및 한계
1990년대~현재	연륙·연도교 사업	육지와 섬, 섬과 섬을 다리로 연결	접근성 혁명, 물리적 고립 해소
2005~2014년	테마섬 개발 사업	4개 클러스터, 15개 테마 개발	난개발 우려, 주민 소외 및 민자 유치 부진
2015년~현재	가고 싶은 섬 가꾸기	주민 주도, 생태·문화 보전, 마을 공동체 활성화	관광객 급증, 주민 소득 증대, 선순환 구조 구축

이는 둘레길 조성과 같은 인프라 정비뿐만 아니라 마을 식당 운영, 주민 교육(마을대학) 등 소프트웨어 강화에 투입된다.

6. '가고 싶은 섬' 사업을 통한 섬 음식의 자원화와 경제적 효과

'가고 싶은 섬' 가꾸기 사업은 전남 도서 지역의 전통 식문화를 현대적 관광 자원으로 재탄생시키는 데 결정적인 역할을 하였다. 전남도는 섬마다 고유한 특성을 살린 식재료와 조리법을 발굴하여 브랜드화하였고, 이를 마을 공동체가 직접 운영하는 식당을 통해 제공함으로써 경제적 성과를 창출하고 있다.

구체적인 성공 사례로 고흥 연홍도는 폐교를 미술관으로 리모델링하고 주민들이 직접 카페와 펜션을 운영하며 연간 2만 명 이상의 관광객을 유치하고 있다. 여수 낭도는 섬 특유의 젓갈 식당과 막걸리를 연계하여 식도락 관광객들의 필수 코스가 되었으며, 신안 반월·박지도는 '퍼플섬'이라는 시각적 테마와 지역 식재료를 결합하여 세계적인 명소로 발돋움하였다. 또한, 완도 생일도의 '해담식당'처럼 주민 공동체가 운영하는 식당은 저렴하고 정갈한 백반 메뉴로 관광객들에게 높은 만족도를 주고 있으며, 이는 지역 주민의 소득 증대로 직접 연결되고 있다.

이러한 정책적 노력은 관광객 수의 폭발적인 증가로 이어졌다. 2015년에 선정된 초기 5개 섬의 경우, 사업 추진 전인 2014년 약 27만 명이었던 방문객이 2022년에는 약 135만 명으로 5배 가까이 늘어났다. 이는 섬의 독특한 음식 문화가 단순한 먹거리를 넘어, 방문객들에게 그 섬만의 정체성을 체험하게 하는 강력한 관광 콘텐츠로 기능하고 있음을 증명한다. 또한, 섬 주민들이 마을 공동체 법인을 설립하여 스스로 식당과 숙박업을 경영하게 됨으로써, 과거 외부 자본이 수익을 독점하던 구조에서 벗어나 지역 내 소득 환류가 일어나는 선순환 구조가 정착되었다.

7. 섬 공동체 회복과 주민 역량 강화: 섬 코디네이터와 마을대학

도서 개발 정책의 성패는 결국 섬을 지키고 살아가는 주민들의 역량에 달려 있다. 전라남도는 '가고 싶은 섬' 사업의 지속가능성을 확보하기 위해 주민 교육 프로그램인 '마을대학'을 운영하고, 외부 전문가와 주민을 잇는 '섬 코디네이터' 제도를 도입하였다. 이는 물리적 시설 확충보다 인적 자본에 대한 투자가 섬의 미래를 결정한다는 인식의 전환을 보여준다.

마을대학을 통해 주민들은 자신의 섬이 가진 역사적 배경과 음식 문화의 가치를 새롭게 인식하게 되었으며, 서비스 교육과 경영 기법을 익혀 직접 관광 사업을 주도하게 되었다. 특히 주민 공동체 법인 설립은 개인 단위의 영세한 영업에서 벗어나 마을 전체가 혜택을 공유하는 협동조합 모델로 발전하는 계기가 되었다. 비록 주민 고령화로 인해 운영상의 어려움을 겪는 사례도 있으나, 이러한 공동체 활동은 인구 감소로 활력을 잃어가던 섬마을에 새로운 활기를 불어넣고 있다.

섬 코디네이터는 섬의 자원을 조사하고 브랜딩하며, 관광객들에게 섬의 진정한 매력을 전달하는 가교 역할을 수행한다. 이들은 단순한 행정 지원을 넘어 섬의 식재료를 활용한 메뉴 개발을 돕거나, 숲길과 같은 생태 자원을 정비하여 도보 여행 코스를 제안하는 등 다각적인 활동을 펼친다. 이러한 노력이 결집되어 전남의 섬들은 이제 '낙후된 변방'이 아니라 '찾아가고 싶은 치유의 공간'으로 탈바꿈하고 있으며, 이는 귀어・귀촌을 고민하는 젊은 층에게도 긍정적인 신호를 주고 있다.

8. 현대적 과제와 전남 도서 지역의 미래 비전

장보고의 해상 왕국부터 오늘날의 가고 싶은 섬 사업에 이르기까지 전남 도서 지역은 끊임없이 변화하며 발전해왔다. 그러나 여전히 해결해야 할 과제들도 산적해 있다. 가장 심각한 문제는 급격한 인구 감소와 고령화에 따른 '지방 소멸'의 위기이다. 40년 전 987개에 달했던 유인도는 현재 467개로 절반 이상 줄어들었으며, 이 중 상당수는 학교나 파출소, 보건소 등 기본적인 공공 서비스조차 받기 어려운 열악한 환경에 처해 있다.

이를 타개하기 위해 전라남도는 섬의 가치를 재발견하고 이를 국가적 차원의 의제로 격상시키기 위해 노력하고 있다. 2021년 목포에 설립된 '한국섬진흥원'은 섬 정책 연구의 컨트롤타워 역할을 수행하며 체계적인 섬 발전 전략을 수립하고 있다. 또한, 2026 여수세계섬박람회 개최를 통해 전남의 섬을 전 세계에 알리고, 해양 영토로서의 가치와 태양광, 풍력 등 청정 에너지 자원으로서의 무한한 잠재력을 실현하고자 한다.

앞으로의 도서 정책은 단순한 관광객 유치를 넘어, 섬 주민들의 실질적인 삶의 질을 높이는 '정주 여건 개선'과 '지속가능한 생태계 보전'이 균형을 이루어야 한다. 섬 음식 문화 또한 단순한 향토 요리에 머물지 않고, 현대적인 감각의 미식과 결합하여 전 세계인이 즐길 수 있는 'K-푸드'의 한 축으로 성장해야 한다. 신안군의 '섬음식 백서'와 같은 기록화 사업은 이러한 미래 산업화의 귀중한 기초 자산이 될 것이다.

9. 결론 및 제언

본 교재에서 살펴본 바와 같이, 전라남도 도서 지역은 고대 장보고의 해상 무역 네트워크부터 유배인들의 지적 향유, 파시의 역동적인 상업 활동에 이르기까지 풍부한 역사적 서사를 간직하고 있다. 이러한 역사는 지리적 고립성을 극복하기 위해 발달한 염장, 발효, 건조의 보존 식문화와 결합하여 전남만의 독특하고 깊이 있는 섬 음식 문화를 형성하였다.

최근 전라남도가 추진해온 '가고 싶은 섬' 사업은 이러한 유구한 역사와 문화적 자산을 현대적인 정책과 결합하여 성공적인 지역 발전 모델을 제시하였다. 하드웨어 중심에서 사람과 공동체 중심으로 패러다임을 전환함으로써 관광객 증가와 주민 소득 증대라는 두 마리 토끼를 잡을 수 있었다. 하지만 지속가능한 미래를 위해서는 고령화와 인구 감소라는 근본적인 위기를 극복할 수 있는 더욱 정교한 지원 대책이 필요하다.

결론적으로, 전남 도서 지역의 식문화는 단순한 음식을 넘어 섬사람들의 생존 지혜와 역사가 응축된 문화적 상징이다. 이를 보존하고 전승하는 것은 우리 해양 문화의 정체성을 지키는 일이며, 동시에 미래 고부가가치 관광 산업의 핵심 동력을 확보하는 일이다. 정부와 지자체는 앞으로도 섬 주민들의 삶을 최우선으로 고려하는 정책을 지속하고, 섬이 가진 무궁무진한 가치를 발굴하여 전남의 다도해를 세계적인 해양 문화의 허브로 육성해 나가야 할 것이다.

제2절 전남 섬 식재료의 특징

1. 전남 섬 식재료의 생태적 기반과 자연환경적 특성

전라남도의 도서 지역은 대한민국에서 가장 풍부하고 다양한 생물학적 자원을 보유한 공간으로 평가받는다. 전남의 섬 식재료는 단순한 먹거리를 넘어 지역의 독특한 지질 구조, 해류의 흐름, 그리고 수천 년간 형성된 갯벌의 유기적 결합체이다. 이러한 생태적 기반은 전남 섬 음식

관광의 정체성을 형성하는 가장 핵심적인 요소이며, 타 지역과 차별화되는 고유한 미식적 가치를 창출한다. 전남 도서 지역의 식재료는 청정 해역의 영양분과 미네랄이 풍부한 갯벌, 그리고 해풍이라는 세 가지 자연적 요소가 상호작용하며 완성된다.

1) 리아스식 해안과 갯벌의 미네랄 공급 기제

전라남도는 전 세계적으로 우수한 보전 가치를 지닌 갯벌을 보유하고 있다. 특히 신안, 보성, 강진, 장흥 등으로 이어지는 도서 연안의 갯벌은 수산물의 영양학적 질을 결정짓는 천연의 배양소 역할을 수행한다.

(1) 갯벌 퇴적물의 무기성분과 영양학적 가치 분석

전남도보건환경연구원의 연구 결과에 따르면 벌교, 장흥, 강진 등 주요 도서 지역의 갯벌 퇴적물은 인체에 유익한 무기성분과 미네랄을 다량 함유하고 있다. 이러한 갯벌에서 서식하는 패류와 연체동물은 외부로부터 유입되는 영양염류를 섭취하며 성장하는데, 이 과정에서 갯벌의 미네랄 성분이 수산물의 조직 내에 축적된다. 특히 게르마늄, 마그네슘, 칼슘 등의 함유량이 높아 전남 섬 수산물은 약리적 가치를 지닌 식재료로 인식된다. 이러한 영양학적 우수성은 섬 음식관광객들에게 건강과 치유라는 테마를 제공하는 과학적 근거가 된다.

패류의 맛 성분과 갯벌 유기물의 인과관계 갯벌에 서식하는 꼬막, 바지락, 키조개 등의 패류는 갯벌의 유기물을 정화하며 성장한다. 전남 섬 갯벌의 풍부한 미생물과 플랑크톤은 패류의 글리코겐 함량을 높여 특유의 단맛과 감칠맛을 배가시킨다. 이는 단순히 환경적인 깨끗함을 넘어 식재료 자체의 화학적 구성을 최적화하는 기제로 작용한다.

(2) 해류 환경과 어족 자원의 활동성

전남 도서 지역은 한류와 난류가 교차하는 길목에 위치하며, 섬 사이의 좁은 수로를 통과하는 조류의 흐름이 매우 빠르다. 이러한 물리적 환경은 수산물의 활동량을 강제적으로 높여 육질의 탄력을 강화하는 결과를 낳는다.

완도 및 진도 해역의 수질 특성 완도와 진도 앞바다는 깨끗한 수질을 유지하면서도 풍부한 용존 산소량을 자랑한다. 이는 전복과 같은 고부가가치 수산물이 서식하기에 최적의 조건을 제공한다. 특히 완도 해역의 맥반석 지질은 물을 정화하는 기능을 수행하여 이곳에서 자란 전복과 해조류가 타 지역보다 깨끗하고 영양가가 높다는 평가를 받는 배경이 된다.

2) 지리적 표시제(GI)를 통한 식재료의 공신력과 품질 관리

전라남도는 전국에서 가장 많은 농수산물 지리적 표시제 등록 건수를 보유하고 있다. 지리적 표시제는 식재료의 명성과 품질이 특정 지역의 지리적 특성에 기인함을 국가가 인증하는 제도로, 전남 섬 식재료의 경쟁력을 증명하는 지표이다.

(1) 수산물 지리적 표시 등록 현황 및 지역별 분포

전라남도는 총 24개의 수산물 지리적 표시 품목을 관리하고 있으며, 이는 청정 해역에서 생산되는 수산물의 브랜드 가치를 높이는 핵심 동력이다.

전라남도 주요 수산물 지리적 표시 등록 리스트

등록번호	품목명	등록단체	지역적 특성 및 품질 요인
제1호	보성벌교꼬막	보성벌교꼬막영어조합법인	갯벌의 미네랄이 풍부하고 육질이 쫄깃하며 풍미가 깊음.
제2호	완도전복	완도전복협회영어조합법인	맥반석 해저 지질과 해조류 먹이원을 바탕으로 크기와 품질이 우수함.
제3호	완도미역	(사)완도군미역협회	거센 조류를 견디며 자라 식감이 탄탄하고 바다 내음이 진함.
제4호	완도다시마	(사)완도군다시마생산자협회	맑은 바다에서 생산되어 감칠맛을 내는 글루탐산 함량이 높음.
제14호	고흥미역	(사)고흥미역다시마생산자연합회	부드러운 식감과 높은 영양 성분으로 전국적인 인지도를 보유함.

지리적 표시제는 단순한 인증을 넘어 생산자 단체의 자발적인 품질 관리 체계를 구축하게 함으로써 식재료의 지속가능성을 보장한다. 이는 관광객들에게 신뢰할 수 있는 먹거리를 제공하는 기반이 되며 지역 경제 활성화로 이어진다.

(2) 농산물 지리적 표시 등록 현황과 도서 지역의 특징

도서 지역의 농산물은 육지와 격리된 환경에서 해풍과 황토, 그리고 독특한 기후 조건 속에서 재배되어 독자적인 성분 구성을 나타낸다.

전라남도 도서 및 연안 지역 주요 농산물 지리적 표시 리스트

등록번호	품목명	지역	지리적 요인 및 우수성 근거
제42호	해남고구마	해남	황토 지대와 해풍의 영향으로 당도가 높고 식이섬유가 풍부함.
제67호	여수돌산갓	여수	알칼리성 토양에서 재배되어 매운맛이 적고 식감이 부드러움.
제85호	서문도쑥	여수	해양성 기후 덕분에 육지보다 수확이 빠르고 향이 진함.
제95호	진도울금	진도	배수가 잘되는 사질양토와 기후 조건으로 커큐민 함량이 높음.
제31호	무안양파	무안	게르마늄 황토밭에서 재배되어 저장성이 좋고 맛이 뛰어남.
제61호	진도대파	진도	해풍을 맞고 겨울을 나며 향과 조직감이 강화됨.

도서 지역 농산물의 지리적 표시 등록은 지역의 역사성과 유명성을 국가가 공인하는 과정이다. 특히 해남고구마와 같이 생산 전 과정을 영상으로 기록하고 농가 실명제를 실시하는 사례는 현대적인 품질 관리의 표준을 제시한다.

3) 섬 지역별 식재료의 생태적 다양성과 분포

전남의 섬 식재료는 각 권역의 해역적 특징과 토양의 성질에 따라 뚜렷한 개성을 보이며 분포한다. 이는 섬 음식관광의 공간적 다양성을 확보하는 중요한 자산이 된다.

(1) 신안권역: 천일염과 갯벌 수산물의 조화

신안군은 대한민국 최대의 천일염 생산지로서, 모든 섬 음식의 맛과 저장성을 결정짓는 근간을 제공한다. 신안의 천일염은 세계 최고의 미네랄 함량을 자랑하며, 이는 젓갈과 건어물 가공의 품질을 결정짓는 핵심 변수가 된다.

흑산도 홍어의 생태와 품질　흑산도 인근 수심 80m 이상의 깊은 바다에서 조업되는 홍어는 낮은 수온과 강한 조류를 견디며 성장하여 육질이 매우 찰지다. 홍어는 체내 삼투압 조절을 위해 요소 성분을 다량 함유하고 있는데, 이것이 발효 과정에서 암모니아로 변하며 홍어 특유의 향과 맛을 형성한다. 이는 신안 지역만의 독특한 미식 문화를 형성하는 생태적 배경이 된다.

(2) 완도권역: 양식 산업의 첨단화와 해조류 자산

완도는 전복과 해조류 양식의 중심지로서, 청정 해역을 기반으로 한 대량 생산 체계와 고품질화 전략을 동시에 추진하고 있다.

전복의 먹이 사슬과 품질 상관관계 완도 전복의 품질은 전복의 주 먹이원인 미역과 다시마가 완도 해역에서 대량 생산된다는 점에 기인한다. 신선한 해조류를 충분히 섭취하고 자란 완도 전복은 타 지역 전복보다 타우린과 아미노산 함량이 풍부하여 영양학적으로 우월하다. 이는 완도가 전복의 성지로서 관광객들에게 인식되는 생물학적 이유이다.

(3) 진도권역: 기능성 농산물과 수산물의 융합

진도는 농경지가 넓은 섬의 특징을 살려 수산물뿐만 아니라 기능성 농산물이 식문화의 큰 축을 담당한다.

진도 울금과 검정쌀의 약리적 가치 진도의 기후는 아열대성 작물인 울금 재배에 최적화되어 있으며, 진도 울금은 커큐민 성분이 매우 높아 항염 및 항암 효과를 기대하는 소비자들에게 인기가 높다. 또한, 진도의 검정쌀은 안토시아닌 성분이 풍부하여 밥의 색과 맛을 더해주는 건강 식재료로 널리 활용된다. 이러한 재료들은 진도만의 건강 음식 콘텐츠를 구성하는 핵심 요소이다.

(4) 여수 및 고흥권역: 해양성 기후와 조기 수확 작물

여수와 고흥은 온화한 해양성 기후의 영향을 받아 육지보다 이른 시기에 식재료를 공급할 수 있는 지리적 이점을 가진다.

여수 돌산 갓의 지질학적 배경 여수 돌산 지역은 알칼리성 토양과 온화한 기후가 결합하여 돌산 갓 특유의 부드러운 식감을 만들어낸다. 일반적인 갓이 톡 쏘는 매운맛과 거친 섬유질을 가진 것과 달리, 돌산 갓은 수분이 많고 맵지 않아 김치로 가공했을 때 풍미가 매우 뛰어나다. 이는 여수가 김치 관광의 메카로 성장하게 된 생태적 원인이다.

4) 전통 식재료 가공 및 보존 방식의 과학적 원리

도서 지역은 지리적 고립성으로 인해 신선한 식재료를 오래 보존하기 위한 독창적인 가공 기술이 발달해 왔다. 이러한 전통 지식은 현대 식품공학적 관점에서도 뛰어난 가치를 지닌다.

(1) 건정(전통 건조) 방식의 성분 농축 과정

전남 섬 지역의 '건정'은 생선을 천일염으로 염장한 뒤 해풍에 말리는 전통 생선 건조 방식이다. 이 과정에서 수분 활성도가 낮아져 미생물 부패를 막는 동시에, 생선 자체의 효소가 작용하여 단백질을 아미노산으로 분해한다.

아미노산 및 감칠맛 성분의 변화 분석 연구 데이터에 따르면 건조 과정에서 단백질 가수분해가 일어나며 글루탐산과 아스파르트산 같은 유리아미노산 함량이 유의미하게 증가한다. 특히 해풍에 포함된 미량의 염분과 태양의 자외선은 지방의 산패를 억제하면서도 풍미를 응축시키는 역할을 한다. 민어, 우럭, 농어 등을 건정으로 가공할 경우 육질이 쫄깃해지고 감칠맛이 극대화되어 고부가가치 식재료로 탈바꿈한다.

(2) 젓갈 및 발효 식품의 미생물학적 우수성

섬 지역의 풍부한 해산물과 천일염은 젓갈이라는 고도의 발효 문화를 낳았다. 멸치젓, 새우젓, 갈치속젓 등은 섬 음식의 간을 맞추는 천연 조미료이자 영양 보충원이다.

발효 숙성 중 아미노태 질소와 핵산의 변화 젓갈 숙성 시 단백질은 펩타이드와 유리아미노산으로 분해되며, 특히 아미노태 질소 함량의 증가는 젓갈의 깊은 맛을 결정짓는 지표가 된다. 또한, ATP가 분해되며 생성되는 이노신산(IMP) 등의 핵산 분해 산물은 아미노산과 상호작용하여 강력한 감칠맛 시너지 효과를 낸다. 전남 섬 지역의 천일염은 정제염보다 무기질이 풍부하여 발효 속도를 완만하게 조절하고 유익한 대사 산물의 생성을 돕는다.

5) 기후변화에 따른 식재료 생산 환경의 위기와 대응

최근 급격한 해수온 상승은 전남 섬 식재료 생산 기반에 중대한 변화를 야기하고 있다. 특히 김과 전복 등 저온성 및 정착성 양식 생물의 생산 안정성이 위협받고 있다.

(1) 수온 상승이 주요 양식 품목에 미치는 영향 분석

지난 30년간 해양 열파의 빈도가 증가하였으며, 전남 연안의 표층 수온은 지속적으로 상승하고 있다. 이로 인해 김의 생산 시기가 단축되고 황백화 현상 등 질병 발생률이 높아지고 있다. 전복 역시 고수온에 의한 대량 폐사 위험이 커지면서 양식 어가의 경영 불안정이 심화하고 있다.

(2) 지속가능한 생산 체계 구축을 위한 정책적 대응

해양수산부와 전라남도는 기후변화에 탄력적인 수산 및 양식업 생산 체계를 구축하기 위한 전략을 추진하고 있다.

수산 · 양식분야 기후변화 대응 종합계획 주요 전략(전남 중심)

전략 분야	세부 추진 과제	기대 효과
생산 체계 개편	총허용어획량(TAC) 제도 전면 확대 및 어업 관리 중심 개편	수산 자원의 지속가능한 이용과 생태계 보전
기후 적응형 품종 개발	고수온 내성 김 종자 및 전복 신품종 개발 보급	환경 변화에도 안정적인 식재료 공급망 확보
스마트 양식 확산	육상 스마트 양식 클러스터 조성 및 재해 예방 시스템 강화	외부 환경 변수 차단을 통한 생산 효율 극대화
어업 구조 지속성 확보	어선 · 양식장 임대 제도 도입 및 신규 인력 유입 지원	어촌 공동체의 유지와 전통 식문화 전승 토대 마련

이러한 정책적 대응은 섬 식재료의 안정적인 공급을 보장함으로써 섬 음식관광의 산업적 기반을 유지하는 데 필수적이다. 특히 고수온에 강한 신종자 개발은 전남 섬 식재료의 고유성을 지키기 위한 최우선 과제이다.

6) 섬 식재료의 유통 구조와 지역 경제적 가치

섬 식재료는 지리적 특성상 육지 시장으로의 이동 과정에서 높은 물류비용과 신선도 유지의 어려움을 겪는다. 이를 극복하고 식재료의 부가가치를 높이는 것은 지역 경제 활성화의 핵심이다.

(1) 지역 내 소비 체계와 음식관광의 결합

섬 식재료를 외부로 반출하기보다 관광객들이 섬 내부에서 직접 소비하게 하는 '섬 내 소비 체계'는 유통 비용을 절감하고 식재료의 신선도를 극대화하는 전략이다. 마을 식당과 연계한 식재료 활용 사례는 어민과 농민의 수익을 직접적으로 증대시키며, 관광객들에게는 산지에서만 느낄 수 있는 미식 경험을 제공한다.

(2) 지리적 표시제와 연계한 브랜드 마케팅 효과

지리적 표시 인증을 받은 품목은 일반 농수산물보다 높은 가격 경쟁력을 가진다. 소비자들에게 품질에 대한 확신을 심어줌으로써 온라인 쇼핑몰과 직거래 장터를 통한 판매량이 증가하며, 이는 섬 지역 어가와 농가의 안정적인 소득원으로 작용한다. 특히 네이버쇼핑 라이브 커머스 지원 등 현대적인 유통 채널과의 결합은 섬 식재료의 도달 범위를 전국으로 확장하고 있다.

7) 주민 · 생산자 중심의 지속가능한 식재료 관리 체계

섬 음식관광의 성공은 식재료를 생산하는 주민들의 삶이 보장될 때 비로소 완성된다. 관광객 중심의 정책을 넘어 생산자의 고충을 반영한 균형 있는 접근이 필요하다.

(1) 생산 현장의 고충과 환경 보전의 중요성

어민들은 기후변화에 따른 생산량 감소와 고령화로 인한 노동력 부족이라는 이중고를 겪고 있다. 따라서 무분별한 관광객 유입보다는 적정한 자원 이용 체계를 구축하고, 주민들이 식재료의 관리자로서 자부심을 가질 수 있도록 교육과 지원을 병행해야 한다. 갯벌의 미네랄과 청정 해역의 가치를 지키는 것은 주민들의 생존권이자 섬 음식관광의 미래 자산이다.

(2) 고유성과 문화적 가치의 보존

섬 식재료는 각 섬의 제사 음식, 절기 음식 등 독특한 식생활 문화와 결합되어 있다. 단순한 재료 분석을 넘어 그 재료에 담긴 주민들의 이야기와 전통 가공 방식의 역사성을 보존하는 노력은 섬 음식관광의 품격을 높이는 길이다. 지리적 표시제가 기술적 품질뿐만 아니라 역사적 근거를 중시하는 이유도 여기에 있다.

전라남도의 섬 식재료는 생태적 탁월함, 지리적 표시제의 체계적 관리, 전통 가공의 과학적 지혜, 그리고 기후변화에 대응하는 정책적 노력이 결집된 복합적인 자산이다. 이러한 식재료의 특징을 명확히 이해하고 보전하는 것은 전남 섬 음식관광이 글로벌 미식 관광의 중심지로 도약하기 위한 가장 근본적인 토대가 될 것이다.

제3절 전남 섬 음식의 메뉴 분석

전라남도의 섬 음식 메뉴는 단순한 먹거리를 넘어 해당 지역의 생태적 조건과 주민들의 삶의 역사가 응축된 문화적 산물이다. 전라남도는 전국에서 가장 많은 섬을 보유하고 있으며, 각 섬은 독립된 생태계를 바탕으로 고유한 식재료와 조리법을 발전시켜 왔다. 최근 추진되고 있는 가고 싶은 섬 가꾸기 사업은 이러한 섬 음식의 고유성을 관광 자원으로 전환하여 지역 경제의 선순환 구조를 구축하는 데 핵심적인 역할을 수행하고 있다. 본 절에서는 전남 섬 음식의 메뉴 구성을 체계적으로 분석하고, 지역별 사례와 정책적 성과, 그리고 기후변화와 주민 고령화 등 외부 환경 변화에 따른 메뉴의 지속가능성 문제를 심도 있게 고찰한다.

1. 전남 섬 음식 메뉴의 정책적 배경과 운영 구조

전남 섬 음식 메뉴의 개발과 운영은 중앙정부와 지자체의 정책적 지원 아래 마을공동체가 주도하는 방식을 취하고 있다. 이는 단순한 상업적 식당 운영을 넘어 지역 사회의 결속력 강화와 소득 증대를 동시에 도구화하는 전략이다.

1) 가고 싶은 섬 가꾸기 사업과 마을식당의 출현

전라남도는 섬의 고유한 특색을 살린 생태 관광지를 조성하기 위해 가고 싶은 섬 가꾸기 사업을 추진해 왔다. 이 사업은 섬당 5년간 40억 원에서 50억 원의 예산을 투입하여 기본계획 수립, 마을대학 운영, 주민 역량 강화 등을 지원한다. 이 과정에서 가장 핵심적인 성과 중 하나가 마을공동체 법인이 운영하는 마을식당의 설립이다.

(1) 마을공동체 법인의 운영 모델

마을식당은 주민들이 직접 법인을 설립하여 운영하며, 식당과 숙박시설을 연계한 수익 구조를 창출한다. 이러한 모델은 외부 자본의 유입에 따른 지역 자본 유출을 방지하고, 관광 수익이 주민들에게 직접 돌아가도록 설계되어 있다. 주민들은 마을대학을 통해 조리 교육과 서비스 마인드를 함양하며, 이를 바탕으로 섬의 고유 식재료를 활용한 메뉴를 개발한다.

(2) 마을식당 메뉴의 표준화와 품질 관리

마을식당의 메뉴는 주민들의 일상 식단을 기반으로 하되, 외지 관광객의 기호를 고려하여 재구성된다. 초기에는 표준화된 레시피의 부재로 인해 맛의 편차가 발생하는 문제가 있었으나, 마을대학과 섬 코디네이터의 개입을 통해 점진적인 개선이 이루어지고 있다. 특히 예약제를 기본으로 운영함으로써 식재료의 신선도를 유지하고 낭비를 최소화하는 전략을 사용한다.

2) 섬 음식 메뉴의 식재료 조달 및 유통 체계

섬 음식 메뉴의 경쟁력은 현지에서 생산된 신선한 식재료에 있다. 육지와의 접근성이 떨어지는 섬의 지리적 특성은 오히려 식재료의 지역성을 강화하는 요소로 작용한다.

(1) 지역 내 생산자와의 연계

마을식당은 해당 섬의 어민이나 농민이 직접 생산한 식재료를 우선적으로 구매한다. 이는 생산자에게는 안정적인 판로를 제공하고, 식당에는 고품질의 재료를 공급하는 상생 구조를 형성한다. 예를 들어 완도군의 생일도나 소안도에서는 주민들이 직접 채취한 전복과 김이 메뉴의 핵심 재료로 활용된다.

(2) 물류 비용과 메뉴 가격의 상관관계

연륙교나 연도교가 설치되지 않은 섬의 경우 외부 식재료 반입에 따른 물류 비용이 발생한다. 이는 메뉴 가격의 상승 요인이 되지만, 주민들은 이를 현지 식재료의 비중을 높임으로써 해결하고자 한다. 다만, 관광객들은 육지에 비해 다소 비싼 가격을 인지하게 되며, 이를 정당화하기 위한 푸짐한 상차림이나 고유한 경험의 제공이 필수적으로 요구된다.

2. 유형별 섬 음식 메뉴 분석 및 구성 특징

전남 섬 음식 메뉴는 크게 일상적인 정주형 메뉴, 특정 식재료를 강조한 전문형 메뉴, 그리고 전통 문화유산을 보존한 계통형 메뉴로 구분할 수 있다.

1) 백반 및 정식류 중심의 정주형 메뉴

가장 일반적인 형태는 섬의 계절 식재료를 활용한 백반이다. 이는 관광객들에게 섬 주민들의 일상을 체험하게 하는 효과를 준다.

(1) 10,000원 백반의 경제성과 가치

완도군의 생일도나 조약도 등에서 제공되는 10,000원짜리 백반은 저렴한 가격에도 불구하고 푸짐한 해산물 찬류를 제공하여 관광객의 만족도가 높다. 이 메뉴에는 주로 제철 생선구이, 해초 무침, 젓갈류 등이 포함되며, 섬의 인심을 상징하는 메뉴로 자리 잡았다.

(2) 마을 식당별 특화 백반 사례

섬마다 보유한 자원에 따라 백반의 구성이 달라진다. 손죽도는 생선구이 정식을, 연도는 해산물 정식과 회덮밥을 주력으로 한다. 이러한 정주형 메뉴는 대규모 단체 관광객보다는 소규모 가족 단위나 개별 여행객들에게 선호된다.

2) 특정 식재료 기반의 전문화 메뉴

전남의 주요 섬들은 전국적인 브랜드 인지도를 가진 수산물을 보유하고 있으며, 이를 코스 요리나 전문 메뉴로 발전시켰다.

(1) 완도 전복 코스 요리 분석

완도는 전복의 최대 산지로, 전복을 활용한 다양한 조리법을 한 번에 경험할 수 있는 코스 메뉴가 발달해 있다. 전복회, 전복구이, 전복찜, 전복물회, 전복죽 등으로 구성된 이 코스는 1인당 55,000원 선에서 제공된다.

메뉴 구성 요소	조리 방식 및 특징	비고
전복회	살아있는 전복을 얇게 썰어 오독오독한 식감을 강조	신선도 핵심
전복구이	버터나 소금을 사용하여 고소한 맛을 가미	대중적 선호도 높음
전복간장찜	간장 베이스의 소스로 조려내어 감칠맛을 극대화	전통 조리 방식
전복물회	채소와 함께 새콤달콤한 국물에 말아냄.	여름철 특화 메뉴
전복죽	전복 내장(게우)을 사용하여 진한 향과 영양을 담음.	마무리 식사

(2) 흑산도 홍어의 부위별 전문 메뉴

흑산도 홍어는 단순한 발효 음식을 넘어 생선 한 마리를 온전히 즐기는 미식 체계를 구축하고 있다. 홍어 정식은 날개, 등살, 뱃살, 볼살 등 부위별로 다른 식감을 제공하며, 특히 신선한 홍어에서만 맛볼 수 있는 애(간)는 고소하고 싱싱한 맛으로 평가받는다. 흑산도 홍어는 육지 홍어에 비해 삭힌 냄새가 적고 깔끔하며 박하향 같은 청량감이 느껴지는 것이 특징이다.

3) 전통 조리법 및 문화 보전형 메뉴

고흥의 피굴이나 진석화젓[2]과 같이 특정 지역에만 존재하는 전통 음식은 강력한 문화적 정체성을 형성한다.

(1) 고흥 피굴의 제조 및 문화적 가치

피굴은 굴을 껍질째 삶아 그 국물을 식혀서 먹는 냉국 형태의 음식이다. 고흥 두원면 풍류마을을 중심으로 전승되며, 인위적인 양념을 최소화하여 굴 본연의 바다 향을 극대화한다.

- **세척:** 갯벌에서 채취한 석화를 바닷물로 깨끗이 씻어 이물질 제거
- **삶기:** 물을 적게 붓고 껍질째 솥에 넣어 굴 입이 벌어질 때까지만 가열
- **추출:** 국물을 따로 받아 가라앉힌 뒤 맑은 윗국물만 분리
- **완성:** 까놓은 굴 알맹이를 식힌 국물에 담고 실파, 깨 등을 가미

2) 진석화젓은 전라남도 남해안, 특히 고흥 지역의 전통 젓갈로, 알이 꽉 찬 굴(석화)을 소금에 절여 만든 짭짤하고 감칠맛 나는 발효 식품으로, 밥과 함께 먹거나 볶음밥 등에 활용되며 진한 굴의 풍미를 느낄 수 있는 밥도둑이다. 굴 알맹이 자체를 삭히는 것이 특징이며, 오랜 시간 끓이고 식히는 과정을 거쳐 만들어져 변질 없이 오래 보관할 수 있다.

피굴은 고흥 출신 박치기왕 김일 선수가 즐겨 먹었다는 이야기가 전해지며, 지역 주민들에게는 기력 회복과 숙취 해소를 위한 소중한 보양식으로 인식된다.

(2) 진석화젓의 장기 보존 기술

진석화젓은 봄철 알 밴 굴을 소금에 절여 최소 1년 이상 삭힌 젓갈로, 일반 어리굴젓과는 달리 깊은 감칠맛과 곰삭은 풍미를 자랑한다. 이는 냉장 기술이 발달하기 전 굴을 장기간 보관하기 위한 조상들의 지혜가 담긴 메뉴이다.

3. 지역별 섬 음식 메뉴의 공간적 분포와 특징

전라남도 각 시군은 지리적 여건에 따라 차별화된 메뉴 전략을 구사하고 있다. 이는 섬의 접근성, 주요 생산물, 그리고 브랜딩 전략에 따라 결정된다.

1) 여수시: 산업화된 특산물과 마을식당의 공존

여수는 돌산 갓김치와 게장백반이라는 강력한 상업 메뉴를 보유하고 있으며, 이를 중심으로 한 섬 음식 산업이 발달해 있다.

(1) 돌산 갓김치와 게장의 유통 구조

여수 돌산 갓김치는 단순한 반찬을 넘어 전국적인 배송 체계를 갖춘 상품이다. 1kg당 약 12,000원에서 15,000원 사이의 가격대를 형성하며, 다양한 세트 구성을 통해 관광객의 구매를 유도한다. 마을식당에서도 이들 특산물은 기본 찬으로 제공되어 메뉴의 완성도를 높인다.

상품명	중량/구성	가격대
돌산갓김치	1~3kg	12,000~30,000원
간장/양념게장	일반 / 선물용	35,000원 선
황제세트(복합)	갓김치+고들빼기+알타리	40,000~60,000원

(2) 부속 섬의 독립적 메뉴 구성

손죽도와 연도 등 여수의 부속 섬들은 육지의 상업적 메뉴와는 다른 소박한 해산물 정식을 제공한다. 이는 복잡한 관광지를 벗어나 조용한 섬 여행을 즐기려는 수요층을 겨냥한 것이다.

2) 완도군: 전복과 해조류의 전략적 결합

완도는 전복이라는 고부가가치 식재료와 김, 미역 등 풍부한 해조류를 결합한 건강식을 메뉴의 핵심으로 삼는다.

(1) 소안도와 생일도의 메뉴 차별화

소안도는 독립운동의 성지라는 역사성과 함께 김국, 전복죽, 해초 비빔밥 등 정갈한 메뉴를 선보인다. 반면 생일도는 '생일'이라는 테마를 활용하여 방문객에게 축하의 의미를 담은 상차림을 제공하며, 이는 마을 전체의 브랜딩과 직결된다.

(2) 여서도의 자연산 특화 메뉴

접근성이 매우 낮은 여서도는 오히려 그 고립성을 활용하여 돌돔, 뱅에돔 등 자연산 활어회와 매운탕을 제공한다. 이는 낚시 관광객과 미식가들에게 강력한 유인책이 된다.

3) 신안군: 테마와 스토리텔링 중심의 메뉴

신안군은 퍼플섬(반월 · 박지도)과 순례길(기점 · 소악도) 등 강력한 테마를 바탕으로 메뉴를 구성한다.

(1) 퍼플섬의 시각적 메뉴 전략

퍼플섬에서는 섬의 정체성인 보라색을 강조하기 위해 자색 고구마나 비트 등을 활용한 메뉴가 연구되기도 하며, 낙지볶음과 연포탕 등 지역 특산물을 활용한 식단을 운영한다. 이는 관광객들에게 시각과 미각을 동시에 만족시키는 경험을 선사한다.

(2) 12사도 마을식당의 순례자 정식

기점・소악도는 12사도 예배당을 잇는 순례길 이용객들을 위해 담백하고 건강한 순례자 정식을 제공한다. 이는 과도한 상차림보다는 계절 식재료를 활용한 본질적인 맛에 집중하여 여행의 의미를 더한다.

4. 섬 음식 메뉴의 경제적 가치와 관광 효과 분석

섬 음식 메뉴는 관광객의 소비를 유도하고 지역 주민의 소득을 증대시키는 가장 직접적인 수단이다. 메뉴의 가격 설정과 구성은 관광객의 재방문 의사에 큰 영향을 미친다.

1) 관광객 증가와 소득 창출의 상관관계

가고 싶은 섬 사업 초기 선정 섬 5곳의 경우, 관광객 수가 사업 전인 2014년 대비 2022년에 약 5배 증가하는 비약적인 성장을 보였다. 이러한 방문객 증가는 마을식당의 매출 증대로 이어지며, 주민들이 직접 법인을 운영하기 때문에 수익의 지역 외 유출이 적다는 장점이 있다.

2) 가격 적정성과 소비자 만족도

섬 음식은 육지에 비해 높은 가격이 책정되기도 하지만, 현지에서만 느낄 수 있는 신선도와 푸짐함이 이를 상쇄한다. 예를 들어 고흥의 굴 구이나 완도의 전복 코스는 해당 지역에서만 가능한 가성비를 제공함으로써 소비자들의 심리적 장벽을 낮춘다.

5. 섬 음식 메뉴의 위기 요인과 지속가능성 과제

성공적인 메뉴 개발에도 불구하고, 기후변화와 인구 구조 변화는 섬 음식의 미래에 큰 위협이 되고 있다.

1) 기후변화에 따른 식재료 수급 불안정

수온 상승과 빈번한 자연재해는 섬 음식의 근간인 양식 및 채취 수산물의 생산성을 떨어뜨리고 있다. 2021년 기준 적조와 저수온 피해 외에도 연안 수온 상승으로 김, 미역 등 해조류의 입식 시기가 늦춰지고 품질이 저하되는 현상이 나타나고 있다.

(1) 메뉴 다변화와 대체재 발굴

기존 식재료의 수급이 불안정해짐에 따라, 기후변화에 강한 품종을 도입하거나 새로운 식재료를 발굴하여 메뉴를 다변화하려는 노력이 필요하다. 이는 단순히 식재료를 바꾸는 문제가 아니라 섬 음식의 정체성을 어떻게 유지할 것인가라는 본질적인 질문과 직결된다.

(2) 생물 다양성 보전과 지속가능한 미식

지속가능한 메뉴 개발을 위해서는 생물 다양성을 보전하고 환경 영향을 최소화하는 조리법이 장려되어야 한다. 이는 고품질의 안전한 먹거리를 안정적으로 공급하려는 정책적 목표와 일치한다.

2) 주민 고령화와 기술 전수의 단절

마을식당 운영의 주체인 주민들의 연령대가 높아지면서 식당 운영이 중단되거나 전통 조리법이 사라질 위기에 처해 있다. 완도의 한 섬에서는 주민들이 연로하여 식당 운영을 중단한 것을 아쉬워하는 사례가 보고되었다.

(1) 청년층 유입과 공동체 유지

섬 음식의 지속을 위해서는 청년 귀어·귀촌인들이 마을식당 운영에 참여할 수 있는 유인책이 필요하다. 주민들의 경험과 청년들의 감각이 결합된 메뉴 개발은 섬 음식관광의 새로운 돌파구가 될 수 있다.

(2) 전통 메뉴의 기록 및 표준화

사라져가는 향토 음식의 레시피를 체계적으로 기록하고 표준화하여 누구나 고유한 맛을 재현할 수 있도록 하는 디지털 아카이빙 작업이 시급하다. 이는 문화 보전적 차원에서도 매우 중요한 과업이다.

6. 결론 및 향후 전망

전라남도의 섬 음식 메뉴는 풍부한 자원과 주민들의 열정을 바탕으로 강력한 관광 콘텐츠로 성장했다. 마을공동체 주도의 운영 모델은 지역 경제 활성화의 모범 사례로 평가받으며, 정부의 K-관광 섬 육성사업의 토대가 되었다.

1) 정책적 시사점

정책 담당자들은 단순한 인프라 지원을 넘어 메뉴의 고도화와 지속가능한 수급 체계 구축에 집중해야 한다. 마을대학의 기능을 강화하여 위생과 서비스 수준을 상향평준화 하고, 지역 특산물과 연계한 가공식품 개발을 통해 부가가치를 높여야 한다.

2) 주민 및 실무자 제언

주민들은 섬 음식의 고유성을 지키는 수호자라는 자부심을 가지고, 전통을 현대적으로 재해석하려는 노력을 멈추지 않아야 한다. 또한, 외지 관광객뿐만 아니라 지역 주민들도 즐겨 찾을 수 있는 균형 잡힌 메뉴 구성이 장기적인 자생력을 확보하는 길이다.

3) 마무리

전남 섬 음식의 메뉴 분석은 단순히 요리의 종류를 열거하는 것을 넘어, 섬이라는 특수한 공간에서 인간과 자연이 어떻게 상호작용하며 미식 문화를 형성해 왔는지를 밝히는 과정이다. 기후변화와 인구 감소라는 거대한 파고 속에서도 전남의 섬 음식은 그 고유의 생명력으로 새로운 관광의 시대를 열어갈 것이다. 정성이 담긴 백반 한 상부터 장인의 손길이 닿은 홍어와 전복 요리까지, 전남의 섬 음식 메뉴는 한국 관광의 미식적 깊이를 더해주는 소중한 자산이다.

8장

경상남도의 섬 음식관광 현황 분석

한반도의 동남쪽, 한려해상국립공원의 수려한 경관을 품고 있는 경상남도의 섬들을 분석한다. 전라남도의 섬들이 드넓은 갯벌과 다도해를 중심으로 한 해상 교역의 역사를 보여준다면, 경상남도의 섬은 555개(유인 80개 · 무인 475개), 30만 3,274명으로서 이순신 장군의 위업으로 대표되는 '구국의 현장'이자, 근대화 과정에서 전통 어업을 양식 산업으로 성공적으로 전환한 '산업화의 역사'를 간직하고 있다는 점에서 그 특징을 찾을 수 있다. 특히, 경남의 섬들은 예로부터 '해상 교통로와 군사적 요충지'로서의 역할을 수행했다. 삼국시대부터 가야의 해상 활동 거점이 되었으며, 남해와 한려수도를 지나는 뱃길은 신라가 중국, 일본과 교류하는 중요한 통로였다. 그러나 이러한 지리적 중요성은 동시에 외세의 침입이 잦은 경로가 되기도 했다. 특히 고려시대에는 왜구[1)]의 출몰이 빈번하여, 이를 막기 위한 군사적 거점으로서 섬의 중요성이 부각되었다. 이러한 경남 섬의 독특한 역사적 배경은, 오늘날 이 지역의 음식문화와 관광의 정체성을 형성하는 가장 중요한 뿌리가 되고 있다.

제1절 경남 섬의 역사적 배경

1. 경상남도 도서 지역의 지리적 범위와 행정적 변천의 역사

경상남도 도서 지역은 대한민국 남해안의 핵심적인 지리적 자산으로, 전라남도에 이어 전국에서 두 번째로 많은 섬을 보유한 행역이다. 2024년 통계에 따르면 경상남도는 유인도와 무인도를 합쳐 총 555개의 섬을 관할하고 있으며, 이 중 유인도는 80개, 무인도는 475개에 달하는 것으로 집계되어 해양 자원의 보고로서의 위상을 공고히 하고 있다. 특히 거제, 통영, 남해, 사천 등 주요 도서 지역은 지형적으로 구릉성 산지가 많고 평지가 협소한 특징을 공유하며, 이는 섬 주민들이 바다와 육지를 동시에 개척해야 했던 독특한 생존 전략의 배경이 되었다.

거제도는 우리나라에서 두 번째로 큰 섬으로, 면적 399.89km^2, 둘레 280km에 달하는 방대한 규모를 자랑한다. 거제도는 역사적으로 통영군과 밀접한 행정적 연계를 맺어왔으나, 1953년 통영군에서 분리되어 독립된 거제군으로 승격되는 중요한 행정적 변천을 겪었다. 거제 연안은

1) 왜구(倭寇)는 글자 그대로는 '왜(倭)가 도둑질한다(寇)'는 뜻으로, 13세기부터 16세기까지 한반도와 중국 대륙의 해안 및 내륙 지역을 약탈하고 밀무역을 행하던 일본인 해적 집단을 가리킨다. 이들은 주로 대마도를 중심으로 활동하며 고려 말부터 조선 전기에 걸쳐 빈번한 약탈 행위로 동아시아 지역에 큰 피해를 입혔다.

대마난류와 한류가 교차하는 해역으로 약 720여 종의 수산 동물이 서식하는 천혜의 어장을 형성하고 있으며, 이는 고대부터 현대에 이르기까지 이 지역의 경제적 기반이 되어 왔다.

통영시는 조선 시대 경상・전라・충청 3도의 수군을 총지휘하던 삼도수군통제영이 설치되었던 군사 도시로서의 정체성을 지닌다. 사천 지역의 경우, 늑도와 비토도 등 역사적 가치가 높은 섬들이 산재해 있다. 특히 늑도는 선사 시대부터 한반도 남부와 일본 열도를 잇는 해상 무역의 거점으로, 패총과 철기 유물이 대거 발굴되어 고대 해양 교류사의 핵심적인 위치를 점하고 있다.

행정구역	도서 현황(유인/무인)	주요 지리적 특성	역사적 주요 사건
거제시	유인도 11개 / 무인도 51개	우리나라 제2의 도서, 280km 해안선	1953년 통영군에서 분리 승격
통영시	유인도 다수	삼도수군통제영 소재지, 구릉지 발달	조선 수군의 전략적 본부
남해군	남해 가천 등 주요 부속 도서	다랭이논 등 계단식 지형, 지족해협	죽방렴 어업의 발상지
사천시	늑도, 비토도 등	갯벌 발달, 선사 시대 유적 분포	별주부전 설화의 배경(비토도)

2. 해상 방어 거점으로서의 역사와 수군진의 식문화 형성

1) 이순신 장군과 조선 수군의 영양 공급 체계

임진왜란 당시 경상남도의 도서 지역은 이순신 장군이 이끄는 조선 수군의 핵심 방어 거점이었다. 전쟁이라는 극한 상황 속에서 형성된 수군진(해안가 주둔군)의 식문화는 단순한 섭생을 넘어 군사들의 전투력을 유지하고 사기를 진작시키기 위한 전략적 의미를 내포하고 있었다. 특히 난중일기에는 숭어 2,000마리를 한 번에 어획했다는 기록이 등장할 정도로, 현지의 풍부한 해산물은 수군들의 핵심 단백질 공급원이었다.

[박종평의 이순신 이야기: 해설 난중일기 20] 어부가 된 장군

1592년 2월 1일, 이순신은 수군들이 물고기를 잡는 곳에서 풍어 현장을 지켜보며, 봄볕을 즐겼다. 또 기쁨 가득한 미소를 띠고 물고기를 안주 삼아 술을 마셨다. 이순신에게 물고기는 단순한 물고기가 아니었다. 특히 군량이 절대 부족했던 전쟁 시기에 물고기는 이순신과 수군의 생명줄이었다.

- 1595년 11월 21일. 이날 저녁에 벽어(碧魚) 13,240두름(두름은 물고기를 한 줄에 10마리씩 두 줄로 엮어 20마리씩 묶어놓은 단위)으로 곡식을 사는 일로 이종호가 받아 갔다.
- 1595년 12월 4일. 황득중과 오수 등이 청어(靑魚) 7000여 두름을 실어왔다. 그래서 김희방의 곡식 판매 배에 계산해 주었다.
- 1596년 1월 6일. 오수가 벽어 1,310두름, 박춘양이 787두름을 바쳤다. 하천수가 받아다가 말렸다. 황득중은 202두름을 바쳤다.

수군이며 어부였던 수군

이순신의 수군이 물고기를 잡아 팔아서 군량을 마련한 일기들이다. 일하면서 싸우고, 싸우면서 일하는 모습들이다. 이순신은 육지 백성에게 군량을 공급받기도 했지만, 바닷가의 장점을 활용해 스스로 군량을 마련했다. 어부 이순신은 소금을 굽거나, 질그릇을 구워 팔기도 했다. 전쟁의 고통으로 백성들이 굶어 죽는 상황에서 백성들을 살리고 군대를 먹여 살리기 위한 지혜였다.

그는 또한 어부가 된 자신의 군사들을 배려했다. 1596년 10월 11일 일기 이후에 기록된 메모를 보면, 수군 어부들을 포상하기 그들의 이름을 각각 기록해 놓았다. 각자의 분야에서 최선을 다한 사람들을 잊지 않고, 격려하기 위한 조치였다. 위 일기 속의 인물들인 이종호·황득중·오수·박춘양 외에도 '송한련·송한·송성·유충세·강소작지·강구지' 등이 어부로 활약했음을 메모로 알 수 있다.

군량…… 청어·대구·숭어·조기

『난중일기』 속에 언급된 이순신 수군이 잡은 주요 물고기는 위의 일기 속에 나오는 벽어(碧魚), 거구(巨口, 1594년 11월 5일), 수어(秀魚, 1596년 2월 6일), 석수어(石首魚, 1596년 2월 17일) 등이 있다. 이중 벽어가 가장 많이 나온다. 벽어는 『난중일기』 1595년 12월 4일 일기처럼 청어(靑魚)이다. 우리나라 서남해에서 많이 잡히는 물고기다.

『자산어보』의 정약전에서는 "1월에 알을 낳기 위해 바닷가를 따라 무리 지어 올라오는데, 청어 무리 수억 마리가 열을 지어오면서 바다를 뒤덮을 지경"이라고 했다. 『명물기략』에서는 '비유어(肥儒魚)'라는 별명으로 나온다. 값이 싸고 맛있어 가난한 선비들을 살찌게 하는 물고기라는 의미다. 겨울에 잡은 청어를 그대로 그늘에 말린 것을 과메기라고 부른다.

거구(巨口)는 대구다. 대구에 대해 이수광의 지봉유설에서는 우리나라 동해에서 나는 물고기로 중국 사람들이 그 맛을 귀히 여기기에 북경에 가는 사람들이 사 간다고 했다. 『자산어보』에서는 "대두어(大頭魚) 또는 무조어(無祖魚)라고 칭하면서, 무조어라고 한 것은 대구가 그 어미를 잡아먹기 때문"이라고 설명했다. 조선시대 요리책인 『음식디미방』에서는 대구껍질느르미와 대구껍질채의 주재료로 사용되는 물고기라고 하고 있다.

수어(秀魚)는 숭어이다. 2월 1일 일기 속의 조어가 바로 그 '새끼 숭어'일 가능성이 있다. 석수어는 조기이다. 『자산어보』에서는 전라도 흥양[현 고흥군(高興郡)] 바깥 섬에서 춘분이 지나면 그물로 잡고, 칠산 바다에서는 한식 이후에 그물로 잡는다고 했다. 이것을 건조시킨 것이 '굴비(屈非)'다.

굴비란 명칭은 고려 인종 때, 이자겸으로 인해 생겨났다고 한다. 이자겸이 난을 일으키고 실패한 뒤 지금의 법성포로 귀양을 왔다가 말린 조기를 먹고는 임금에게 진상케 했고, 임금 역시 그 맛에 감동해 유배를 풀어주었다고 한다. 이자겸이 말린 조기를 진상할 때, 자신의 뜻을 '굽히지(屈) 않겠다(非)'는 의미를 담아 말린 조기에 '굴비'라는 이름을 붙였다고 한다.

영광 법성포 조기는 조선 시대에도 유명했다. 1480년대 전라관찰사로 법성포를 시찰했던 김종직은 3~4월에 각 지방의 장삿배들이 이곳에 모여 조기를 잡아서 말렸는데, 서봉 아래에서 꼭대기까지 발을 디딜 수 없을 정도였다고 했다. 같은 이야기가 『동국여지승람』에도 나온다. "매년 봄이면 전국의 장삿배들이 모여들어 그물을 던져 고기를 잡아 팔았는데, 서울의 시장과 같이 시끌벅적했다."

『난중일기』 속 어업 사례를 살펴보면, 이순신의 수군은 농한기라고 할 수 있는 겨울철과 초봄에는 물고기를 잡는 데 집중했다. 연말과 연초에는 청어, 2월에는 숭어와 조기를 잡았다. 한편에서는 전투를 했고, 다른 한편에서는 불철주야 경계를 하면서 농사철에는 농사를 짓고, 농한기에는 물고기를 잡았던 쉴 틈 없는 이순신과 그의 수군은 그렇게 기적을 만들어갔다.

끝없는 전쟁 준비

이순신은 2월 1일의 어부 활동을 끝내고, 자신의 자리로 돌아와 전쟁 준비에 몰두했고, 스스로 무예를 연마했다. 『난중일기』에는 활을 쏘는 이순신의 모습이 빈번히 나온다. 1592년 1월 12일 일기에 처음으로 활쏘기 기록이 나오지만, 이순신 자신의 활 쏘기는 아니다. 장교들의 활 쏘기 시험을 보았다는 기록이다. 이순신의 첫 활쏘기 기록은 2월 2일이 시작이다.

- 1592년 2월 2일. 맑았다. 동헌에서 공무를 처리했다. 쇠사슬을 가로로 설치하기 위한 큰 돌덩어리와 중간 돌덩어리 80여 개를 실어왔다. 활 10순을 쏘았다.
- 1592년 2월 5일. 맑았다. 동헌에 나가 공무를 처리한 뒤, 활 18순을 쏘았다.

이순신은 공무를 처리하고 전쟁 준비를 점검하고, 그런 뒤에 활을 쏘았다. 일기에 기록된 활 쏘는 단위인 1순은 화살 5대를 뜻한다. 2월 2일에는 50발, 2월 5일에는 90발을 쏘았다. 『난중일기』에 기록된 이순신의 최대 활쏘기 기록은 1595년 5월 19일의 30순(150발)이다.

이순신은 전라좌수사로 최고 책임자였지만, 그 스스로 군인으로서 무예를 갈고 닦았다. 그것도 활쏘기가 우선이 아니라, 좌수사로서 급한 공무를 먼저 처리한 뒤 여가시간을 활용해 쏘았다. 똥배 나온 장수, 화살 한 발 제대로 못 쏘는 장수가 아니었다. 행정을 우선해 책상에서 지시만 하고, 전략전술만 짜면서 실전 무예를 외면하지도 않았다. 활을 쏘며 용기를 키웠고, 몸을 다스렸다.

자료: 일요서울(https://www.ilyoseoul.co.kr), 2015.11.16.

당시 조선 수군의 '힘의 원천'으로 불렸던 대표적인 생선은 청어였다. 청어는 살이 부드럽고 영양이 풍부하여 대량으로 소비되었으며, 보존성을 높이기 위해 숯불에 훈연하거나 말려서 섭취하는 방식이 발달하였다. 이 훈연 과정은 현대의 과메기와 유사한 원형을 지니고 있으며, 불에 직접 구워 풍미를 더한 청어구이는 이순신 장군이 군사들과 함께 나누던 애민 정신이 담긴 밥상의 상징이 되었다.

2) 연포탕과 너물밥: 고급 식재료의 대중화와 군사적 실용성

16세기 후반부터 18세기까지 두부는 매우 귀하고 조리 과정이 까다로운 고급 음식이었다. 당시 수군진이 주둔하던 섬 지역 백성들은 절망적인 전쟁 상황 속에서도 장군과 군사들을 응원하기 위해 정성스럽게 두부를 만들어 대접하였는데, 이것이 연포탕의 유래가 되었다. 당시의 연포탕은 맷돌로 곱게 간 콩물에 간수를 넣어 굳힌 부드러운 순두부 형태의 국이었을 것으로 추정되며, 이는 육류가 부족했던 전쟁 시기에 제공할 수 있었던 최고의 정성스러운 보양식이었다.

연포탕(軟泡湯)의 유래에 대한 민간전승 또는 역사적 배경을 설명하면, 현재 우리가 알고 있는 낙지 연포탕과 다른 내용이다. 구체적인 의미는 다음과 같다.

일반적으로 낙지 연포탕은 낙지를 넣어 맑게 끓인 국을 의미하는데, 본래 연포탕은 지금과는 다른 의미였다. 조선 후기 문헌인 『고사십이집』에서 연포탕의 본래 의미를 찾을 수 있는데, 지금의 낙지탕과는 사뭇 다르다. 연포탕은 연포(軟泡)로 끓인 국(湯)을 뜻하는데, 여기서 연포란 부드러운 두부를 가리킨다. 연포탕은 원래 두부를 꼬챙이에 꿰어서 주로 닭고기나 새우젓 국물에 담가서 끓여 먹는 음식이었다. 조선시대 문헌 곳곳에 연포탕 끓이는 법이 나오는 것으로 봐서 당시 양반들이 즐겨 먹던 음식이었음을 짐작할 수 있다.

'연포'는 낙지가 아니라 두부(豆腐)를 의미

연포탕의 '포(泡)'는 거품 또는 부드러운 두부를 뜻하며, 원래 연포탕은 부드러운 두부를 꼬챙이에 꿰어 닭고기나 새우젓 국물에 넣어 끓인 두붓국이었다. 즉, 문장에서 말하는 "정성스럽게 두부를 만들어 대접"했다는 것은 당시 귀한 음식이었던 두부 요리를 의미한다.

전쟁 상황과 장군 / 군사 응원

임진왜란 등 절망적인 전쟁 상황 속에서 수군진(해안가 주둔군)의 백성들이 나라를 지키는 장군(이순신 장군 등)과 군사들에게 고마움과 응원의 마음을 전하기 위해 정성껏 요리(두부탕)를 대접했다는 유래를 담고 있다.

왜 낙지 연포탕이 되었나?

원래는 두부 중심의 요리였으나, 시간이 지나면서 해안 지방을 중심으로 쇠고기나 닭고기 대신 낙지를 넣어 끓이는 방식이 유행하게 되었고, 오늘날에는 낙지가 주재료인 연포탕으로 의미가 바뀌어 정착했다.

요약하면, 원래 '연한 두부로 만든 국'이었던 연포탕이, 전쟁 중 군사들을 응원하던 백성들의 정성 어린 두부 대접에서 유래되었다는 이야기를 뜻한다.

또한, 통영 지역의 독특한 식문화인 '너물밥'은 전쟁 중 신속한 식사가 필요했던 군사적 환경과 섬의 지형적 특성이 결합한 결과물이다. 제철 해초와 채소를 조갯살 간장에 무쳐 비빔밥 형태로 먹던 이 음식은, 긴박한 전투 상황 속에서 빠르게 후루룩 마실 수 있도록 물을 부어 국밥 형식으로 자박하게(물이 약간 있게) 말아 먹는 방식으로 변형되었다. 이는 현대 통영의 나물밥 문화로 계승되어 어간장과 조갯살을 활용한 감칠맛의 정수를 보여준다.

음식 명칭	역사적 유래 및 특징	영양학적/전략적 의미
청어 훈연구이	숯불에 직접 굽거나 말린 보존식	수군 전투력의 핵심 단백질 공급원
연포탕(두부국)	16세기 고급 음식이었던 두부를 활용	백성들의 정성이 담긴 보양식
너물밥(나물국밥)	제철 해초와 조갯살을 활용한 국밥	신속한 섭취가 가능한 실용적 전투 식량
숭어 요리	난중일기에 대량 어획 기록 존재	현지 조달을 통한 대규모 군량 확보

3. 전통 조업 방식과 농업 구조의 역사적 유래

1) 남해 죽방렴: 500년을 이어온 원시 어업의 지혜

남해군 지족해협에 위치한 죽방렴은 15세기부터 이어져 온 한국의 대표적인 전통 어업 방식이다. 죽방렴은 참나무 기둥에 대나무를 엮어 V자 형태로 설치한 구조물로, 밀물 때 들어온 물고기가 빠른 물살에 밀려 발통(원통) 안으로 갇히게 유도하는 방식이다. 1469년 발간된 『경상도 속찬지리지』에는 '남해 헌조 방전(防箭)'에 대한 기록이 남아 있어, 그 유래가 최소 500년 이상 되었음을 입증한다.

죽방렴은 시속 13~15km에 달하는 거센 물살을 이용하는 정치망[2]의 일종으로, 자연의 힘만을 이용하여 어획하기 때문에 생태 친화적이다. 특히 이곳에서 잡히는 멸치는 물살에 갇힌 상태에서 바로 건져 올려 상처가 적고 비린내가 없는 최고급 품질로 인정받는다. 현재 죽방렴 멸치는 국내 전체 멸치 생산량의 약 2%에 불과한 희소성을 지니며, 국가중요어업유산[3] 제3호로 지정되어 보전되고 있다.

2) 남해 가천 다랭이논: 척박한 지형의 극복과 생존의 경관

남해군 남면 홍현리에 있는 가천마을의 다랑이논(다랭이논)은 섬 지역 주민들이 겪었던 농지 부족 문제를 해결하기 위해 산비탈을 깎아 만든 계단식 논이다. 설흘산과 응봉산 아래 바다를 향한 급경사지에 100여 층의 논이 형성되어 있으며, 삿갓 하나로 가려질 만큼 작은 논배미들이 모여 있어 '삿갓배미'라고도 불린다.

다랑이논의 형성 시기는 고려 시대 이전으로 추정되며, 주민들은 한 뼘이라도 넓은 경작지를 확보하기 위해 석축을 수직에 가깝게 쌓아 올렸다. 바다가 인접해 있음에도 파도가 높아 어업이 불가능했던 지형적 한계 속에서, 주민들은 벼와 마늘을 주 작물로 하는 2모작을 통해 식량을 자급해 왔다. 이는 자연환경에 순응하면서도 이를 적극적으로 개척한 농경 문화의 정수를 보여주는 명승지로 평가받는다.

3) 거제 대구와 사천 비토도 굴 어업의 특징

거제도는 조선 시대부터 명태, 조기와 함께 대구를 3대 어업으로 꼽을 정도로 대구의 주요 산지였다. 특히 거제 외포리는 대구가 알을 낳기 위해 찾아오는 길목으로, 예로부터 '염(簾)'이라 불리는 대나무 발을 이용한 조업이 활발하였다. 거제 대구는 조선 왕실의 주요 진상품으로 기록되어 있으며, 현재도 전국 유통량의 30% 이상을 차지하는 거제의 대표적인 수산물이다.

---

2) 정치망(定置網)은 특정 장소에 그물을 고정시켜 놓고, 물고기가 자연스럽게 들어오도록 유도하여 잡는 어업 방식 및 그 그물을 말하며, '바다에 고정된 함정'과 같은 원리로, 일단 들어온 물고기는 빠져나가기 어렵게 설계되어 대량 어획이 가능하고, 정치망 어업은 허가를 받아야 하는 면허어업에 속한다.

3) "어업유산"이란 어업인이 해당 지역의 환경, 사회, 풍습 등에 적응하면서 오랫동안 형성시켜 온 유·무형의 어업자원을 말한다. 국가에서는 보전가치가 있는 유·무형의 어업자원을 발굴하여 "국가중요어업유산"으로 지정함으로써 체계적인 관리 및 어업활동에 활용할 수 있도록 하는 제도이다. 어업유산 지정 관리 기준 제2조에서는 "국가중요어업유산"을 어업유산 중에서 보전할 가치가 있다고 인정하여 해양수산부장관이 지정한 어업유산을 말한다고 정의하고 있다.

사천시 비토도는 지리산의 정기를 받은 장사인 과부 할매 전설과 함께 갯벌이 잘 발달한 지형적 이점을 활용한 굴 양식이 유명하다. 이곳의 굴은 바닷속에 매달아 키우는 수하식과 달리, 갯벌에 나무기둥을 세우는 '지주식' 방식을 고수한다. 지주식 굴은 물이 빠지면 장시간 햇볕을 쬐고 공기에 노출되어 육질이 단단하고 향이 깊은 것이 특징이며, 이는 비토도 주민들의 강한 자부심의 근원이 되고 있다.

4. 경남 섬 식문화의 미학: 천연 조미료와 향토 식재료

1) 어간장과 홍합: 감칠맛의 보고

경남 도서 지역, 특히 통영의 식문화는 화려한 양념보다는 식재료 본연의 맛을 극대화하는 방식을 취한다. 그 중심에는 멸치를 발효시켜 만든 '어간장(멸치 간장)'이 있다. 통영에서는 멸치젓이 삭으면 남은 진액을 달여 어간장을 만드는데, 이는 일반 간장보다 염도는 낮으면서도 단백질 발효를 통한 깊은 감칠맛과 달착지근한 맛을 낸다. 이 어간장은 나물을 무치거나 국을 끓일 때 밑간으로 사용되어 통영 음식 특유의 풍미를 완성한다.

또한, 잘게 다진 홍합은 통영에서 만능 천연 조미료로 활용된다. 홍합은 타우린이 풍부하여 숙취 해소에 도움을 줄 뿐만 아니라, 특유의 주황색이 식욕을 돋우고 감칠맛을 더해준다. 통영에서는 된장을 활용해 마른 생선의 비린내를 잡고 맛을 끌어올리는 방식도 발달하였는데, 이는 수산물이 넘쳐나던 과거에 생선을 말려 오래 보관하고 맛있게 섭취하려던 지혜에서 비롯되었다.

2) 방아잎과 제피: 섬 지역의 독특한 향채 문화

통영과 사천 등 경남 남해안 지역의 식문화에서 빼놓을 수 없는 요소는 방아잎(배초향)과 제피가루(초피가루)의 활용이다. 방아잎은 사찰 음식에서 오신채를 대신해 사용되던 향채로, 통영 음식과 깊은 연관을 맺고 있다. 특히 생선찜이나 매운탕, 비빔밥 등에 방아잎을 넣어 비린내를 제거하고 독특한 청량감을 부여한다. 이는 더운 해안 지역에서 음식의 변질을 막고 식욕을 돋우기 위한 생활의 지혜가 식문화로 정착된 사례이다.

주요 식재료/양념	특징 및 제조 방식	주요 활용 음식
어간장(멸치 간장)	멸치젓 진액을 달여 만든 천연 조미료	나물밥, 국, 모든 밑간
다진 홍합	천연 조미료 역할을 하는 단백질원	나물 무침, 해산물 요리
방아잎	독특한 향을 지닌 향신 채소	잉어찜, 매운탕, 방아전
된장	생선 비린내 제거 및 감칠맛 강화	시락국, 말린 생선 찜

5. 경남 도서 개발 정책과 연륙교 건설의 영향 분석

1) 도서종합개발계획의 변천과 패러다임의 전환

정부는 도서 지역의 낙후된 인프라를 개선하고 주민의 삶의 질을 높이기 위해 '도서종합개발계획'을 지속적으로 추진해 왔다.[4] 1990년대 중반(1994~1998년)에는 개발 중심의 정책으로 인해 준농림지역에 음식점 17,000여 개, 숙박시설 2,500여 개가 난립하며 자연경관이 훼손되고 수질 오염이 심화하는 등 무질서한 개발의 부작용을 겪기도 했다.

이에 따라 최근 제4차 및 제5차 도서종합개발계획은 과거의 시설 공급 위주에서 벗어나, 도서 지역이 보유한 자연 및 문화 자원을 신자원화하는 방향으로 선회하였다. 특히 경남도는 남해안 벨트를 글로벌 관광 거점으로 육성하기 위해 통영 폐조선소 재생, 오션뷰 명소화, 국립관광도로 조성 등을 추진하고 있으며, 이는 섬 지역의 고유한 정체성을 보존하면서도 새로운 활로를 모색하는 전략적 접근이다.

2) 연륙교 건설이 식생활 및 유통 체계에 미친 영향

남해대교, 거제대교, 거가대교, 삼천포대교 등으로 대표되는 연륙교의 건설은 경남 도서 지역의 지리적 고립성을 해소하고 물류 및 관광의 대전환을 가져왔다. 이러한 물리적 연결은 섬 주민들의 식생활에 다음과 같은 다각적인 변화를 초래했다.

첫째, 식재료 수급의 외부 의존도 심화와 식단의 다양화이다. 과거 섬 안에서 자급자족하던 구조에서 벗어나 육지의 대형 유통망이 섬 내부로 진입하면서, 계절과 지형에 구애받지 않는

---

4) '도서종합개발계획'은 섬 지역의 생활환경 개선을 통한 주민의 소득 증대와 복지향상을 위해 제정된 「도서개발 촉진법」에 따라 10년 단위로 수립하는 중장기 사업계획이다.

다양한 식재료의 섭취가 가능해졌다. 이는 전통적인 보존식(말린 생선, 젓갈 등)의 비중을 낮추고 현대적인 서구식 식단을 확산시키는 결과를 초래했다.

둘째, 향토 음식의 관광 상품화와 상업적 변용이다. 연륙교를 통해 접근성이 좋아지면서 거제 대구, 남해 멸치, 통영 굴 등 지역 특산물을 활용한 음식점들이 기업화・전문화되었다. 이는 지역 경제 활성화에는 기여했으나, 대중적인 입맛에 맞추기 위해 전통적인 조리법이 변형되거나 획일화되는 현상을 낳기도 했다. 예를 들어, 집에서 소박하게 즐기던 너물밥이나 시락국이 식당에서 고도화된 정식 형태로 제공되면서 원형과는 다른 세련된 맛을 지향하게 된 것이다.

셋째, 물류 혁신을 통한 원물 공급 체계의 변화이다. 죽방렴 멸치나 지주식 굴과 같이 생산량이 적고 품질이 높은 특산물들이 연륙교를 통해 신선한 상태로 전국의 고소득 소비층에게 직접 전달되는 시스템이 구축되었다. 이는 섬 주민들의 소득 증대로 이어졌으나, 역설적으로 섬 현지에서 최고급 원물을 소비하기보다는 외부로 유출되는 현상을 심화시키기도 했다.

구분	연륙교 건설 이전(고립형)	연륙교 건설 이후(개방형)	파급 효과 및 영향
식재료 수급	섬 내 자급자족, 보존식 발달	육지 물류 유통, 신선 재료 유입	식단 다양화 및 전통 보존식 약화
조업 / 농업	생존을 위한 일차 산업 중심	관광 연계 및 상업적 대량 생산	지역경제 활성화 및 브랜드화
식생활 패턴	마을 공동체 중심의 의례 음식	관광객 중심의 상업 음식 발달	향토 음식의 원형 변질 우려
유통 체계	소규모 재래시장, 물물교환	산지 직송, 온라인 유통 활성화	주민 소득 증대 및 가격 상승

3) 섬 문화의 보전과 향토 음식의 미래 가치

경남 도서 지역의 식문화는 단순한 먹거리를 넘어, '남해안 별신굿'과 같은 지역 공동체의 신앙 및 예술과 밀접하게 결합되어 있다. 별신굿 의례에서 준비되는 개불꼬지, 문어초, 군소꼬지 등의 음식은 평상시에는 보기 힘든 섬 토속 음식의 정수를 보여준다. 전문가들은 이러한 무형 문화재가 사라질 경우, 수백 년간 이어온 섬의 독특한 식문화 데이터베이스도 함께 소실될 위험이 크다고 지적한다.

따라서 향후 경남 도서 지역의 발전 정책은 연륙교와 같은 물리적 인프라 확충에 그치지 않고, 섬의 역사적 배경(수군진, 이순신 등)과 전통 기술(죽방렴, 지주식 양식 등)을 식문화와 융합하는 인문학적 접근이 필요하다. 주민 주도의 '관광두레'[5] 사업을 통해 섬의 고유한 이야

5) 관광두레는 '관광'과 '두레'를 조합해서 명명한 정책사업 명칭이다. 관광은 비즈니스를 의미하고 두레는 주민 공동체를 상징한다. 요컨대 관광두레란 주민 스스로 자기 지역의 관광 자원을 발굴하고 서로 연계해

기를 담은 밥상을 발굴하고, 이를 디지털 아카이브화하여 후대에 전승하는 노력이 병행되어야 한다.

6. 결론 및 제언

경상남도 도서 지역은 임진왜란의 구국 정신이 깃든 수군진의 역사와 척박한 지형을 극복한 다랭이논의 지혜가 공존하는 공간이다. 이순신 장군의 애민 정신이 담긴 연포탕과 너물밥, 그리고 500년 전통의 죽방렴은 단순한 유산을 넘어 현대의 미식 문화와 생태 관광의 핵심 자산으로 진화하고 있다. 연륙교의 건설은 섬의 삶을 편리하게 바꾸어 놓았지만, 동시에 고유한 식문화의 원형을 위협하는 양날의 검이 되기도 했다.

우리는 도서 개발 정책의 중심을 '시설'에서 '문화'로 옮겨야 한다. 섬 고유의 어간장과 방아잎 향이 살아있는 밥상을 지키는 것은, 곧 경남 해양 문화의 정체성을 수호하는 길이다. 정부와 지자체는 연륙교로 이어진 물리적 연결망 위에 섬의 역사와 맛이 흐르는 '문화적 혈맥'을 구축하여, 경남의 섬들이 전 세계인이 찾는 진정한 해양 미식의 성지로 거듭날 수 있도록 정책적 역량을 집중해야 할 것이다.

제2절 경남 섬 식재료의 특징

1. 경남 도서 지역의 지리적 특수성과 자원적 가치

경상남도 남해안에 있는 통영, 거제, 남해, 사천 등의 도서 지역은 복잡한 리아스식 해안과 풍부한 영양염류를 보유한 청정 해역을 바탕으로 대한민국 수산업과 농업의 핵심적 거점 역할을 수행하고 있다. 이들 지역은 한류와 난류가 교차하는 지점으로서 어족 자원이 풍부할 뿐만 아니라, 육지부와는 차별화된 해양성 기후와 미네랄이 풍부한 해풍의 영향을 받아 독특한 생태적 특징을 지닌 농산물을 생산해 왔다.

먹거리, 기념품, 숙박, 체험 등 관광 상품을 개발·판매하는 관광 사업 공동체다.

특히 통영의 굴과 멍게, 거제의 대구와 멸치, 남해의 죽방렴 멸치와 마늘, 사천의 전어와 비토섬 굴 등은 각 지역의 지형적 특성과 역사적 전통이 결합한 결과물이다. 이러한 식재료들은 단순히 지역 특산물을 넘어 지리적 표시제(GI)를 통해 국가적 차원에서 그 품질과 명성을 보호받고 있으며, 죽방렴과 같은 전통 어법은 국가중요어업유산으로서 그 보존 가치를 인정받고 있다.

본 교재는 경남 도서 지역의 주요 식재료인 수산물과 농산물의 생태적 메커니즘을 규명하고, 지형 및 해풍이 품질에 미치는 영향을 과학적으로 분석한다. 또한, 지리적 표시제 등록 현황과 전통 가공법의 보존 실태를 파악하며, 최근 심각해진 기후변화가 이들 자원의 생태계와 지역 경제에 미치는 파급 효과를 심층적으로 논의한다.

1) 통영 · 거제 해역의 수산 생태와 굴 · 멍게 · 대구의 품질 특성

(1) 통영 굴의 생태적 우수성과 양식 기술의 변천

통영은 대한민국 굴 생산량의 약 70% 이상을 차지하는 최대 거점으로, 통영 굴(Crassostrea gigas)[6]은 세계적으로도 그 품질을 인정받고 있다. 통영 해역은 다도해의 특성상 섬들이 천연 방파제 역할을 하여 파도가 잔잔하며, 진해만과 통영항으로 유입되는 풍부한 영양염류 덕분에 굴의 주 먹이인 플랑크톤이 매우 풍부하다.

통영 굴의 품질 우수성은 주로 '수하식(垂下式)' 양식법에서 기인한다. 수하식은 바다에 부표를 띄우고 그 아래로 굴 포자가 붙은 줄을 길게 늘어뜨려 키우는 방식인데, 굴이 24시간 내내 바닷속에 잠겨 있어 먹이 활동 시간이 길고 성장이 빠르다. 이로 인해 통영 굴은 알이 크고 육질이 통통하며, 단백질과 글리코겐 함량이 높아 '바다의 우유'라는 별칭에 걸맞은 영양학적 구성을 갖춘다.

최근 통영은 기후 변화로 인한 고수온 피해와 위생 관리 강화를 위해 '개체굴' 양식으로의 전환을 꾀하고 있다. 기존의 수하식 굴이 덩어리(클러스터) 형태로 자라는 것과 달리, 개체굴은 굴을 하나씩 떨어뜨려 키우는 방식으로 상품성이 뛰어나고 여름철에도 섭취가 가능한 삼배체 개체굴 생산이 가능하다. 이는 고부가가치 창출과 더불어 기후 변화에 대응하는 전략적 선

---

6) Crassostrea gigas는 참굴(태평양굴, Pacific oyster)의 학명이다. Crassostrea는 굴과(Ostreidae)의 한 속을 의미하며, '두꺼운 껍질'이라는 뜻이 있다. gigas는 '거대한' 또는 '큰'을 의미한다. 즉, 학술적으로는 태평양 지역에 널리 분포하는 가장 일반적인 식용 굴인 '참굴'을 뜻한다. 결국, Crassostrea gigas는 참굴의 학명으로, 한국어로 참굴 또는 영문으로 Pacific oyster(태평양 굴)라고 부른다. 전 세계적으로 가장 많이 생산되고 소비되는 대표적인 굴 품종이다.

택으로 평가된다.

(2) 거제 대구의 회귀 생태와 역사적 배경

거제도는 겨울철 냉수성 어종인 대구(Gadus macrocephalus)7)의 최대 산지이다. 대구는 한여름에는 동해의 깊고 찬 바다에 머물다 산란기인 12월부터 이듬해 2월 사이 산란을 위해 거제 가덕도 인근 해역과 진해만으로 돌아오는 회귀성 어종이다.

거제 대구의 품질적 우수성은 산란 직전의 상태에서 포획된다는 점에 있다. 이 시기의 대구는 산란을 위해 영양분을 몸에 축적하여 지방 함량이 높고 단백질이 풍부하며, 특히 '고니'와 '알'이 가득 차 있어 영양학적 가치가 극대화된다. 거제 지역에서는 이를 대구탕, 대구찜 등으로 요리하며, 조선시대부터 궁중에 진상될 만큼 그 명성이 높았다. 거제 대구의 생태적 보고인 진해만 일대는 금어기와 방류 사업을 통해 자원을 체계적으로 관리하고 있다.

(3) 멍게 및 성게의 생태적 특성과 품질

통영과 거제 해역에서 생산되는 멍게(우렁쉥이)는 5월경 수온이 상승할 때 풍미가 절정에 달한다. 멍게 특유의 향인 '신시아놀' 성분은 수온이 따뜻해질수록 그 농도가 짙어지는데, 남해안의 온화한 수온 조건은 멍게의 성장을 최적화한다.

멍게 특유의 향긋하면서도 쌉싸름한 맛을 내는 성분은 신티아놀(cynthianol) 또는 신티올(cynthiol)로 불리는 불포화 알코올 성분이다. 이 성분은 옥탄올(octanol)과 함께 멍게의 독특한 풍미를 구성한다.

신티아놀 성분에 대한 주요 내용은 다음과 같다.

- 숙취 해소 및 피로 회복: 신티아놀은 알코올 성분임에도 불구하고, 숙취 해소에 탁월한 효과가 있는 것으로 알려져 있다. 특히 술을 마신 다음 날 멍게를 넣은 국이나 찌개를 먹으면 해장에 도움을 준다.
- 특유의 풍미: 멍게의 바다 향을 내는 주성분으로, 이 향 때문에 호불호가 갈리기도 하지만 멍게의 가장 큰 매력으로 꼽힌다.
- 기타 효능: 멍게에는 신티아놀 외에도 콘드로이친, 타우린, 글리코겐 등이 풍부하여 피부 노화 방지, 혈압 조절, 당뇨 예방 및 피로 회복에 도움을 준다.

---

7) Gadus macrocephalus는 학명으로, 한국에서 주로 잡히는 어종인 대구(太平洋대구, Pacific cod)를 뜻한다. '크다(macro)'와 '머리(cephalus)'의 합성어로, '큰 머리 물고기'라는 의미이며, 우리나라에서는 주로 동해와 서해, 북태평양 등 차가운 바다에 서식하는 대표적인 냉수성 어류이다.

한편, 멍게의 맛을 높여주는 성분으로는 글루탐산, 글리신, 알라닌 등의 아미노산과 글리코겐 등이 있다.

거제 해역의 성게 또한 청정 해역의 해조류를 먹고 자라 품질이 우수하다. 특히 거제만에서 해녀들이 직접 채취한 성게는 인위적인 사료 공급 없이 자연의 풍부한 미네랄을 흡수하여 단맛과 씁쓸한 맛이 조화를 이룬다. 멍게와 성게는 비빔밥의 형태로 주로 소비되며, 이는 저온 숙성을 통해 향을 보존하는 지역 특유의 가공 지혜가 반영된 결과이다.

주요 수산물	주요 산지	생태적 특징	품질 우수성 요인
굴	통영, 거제	플랑크톤 섭식, 수하식 양식	풍부한 영양염류, 높은 글리코겐 함량
대구	거제	냉수성, 겨울철 산란 회귀	산란기 고단백·고지방 육질
멍게	통영, 거제	수온 상승기 향미 응축	신시아놀 성분의 풍부함
멸치	남해, 사천	강한 조류에서의 운동	단단한 육질, 낮은 지방 산패도

2. 남해 죽방렴 멸치와 도서 지역 농산물의 지형적 영향

1) 남해 죽방렴 멸치의 생태적 가치와 전통 어법

남해군 지족해협에서 이루어지는 '죽방렴(竹防簾)' 멸치잡이는 약 550년의 역사를 가진 전통 원시 어업이다. 죽방렴은 물살이 빠르고 좁은 물목에 대나무로 만든 V자형 발을 설치하여 조류의 힘에 떠밀려 들어온 물고기를 가두는 방식이다. 죽방렴 멸치가 일반 멸치에 비해 월등히 높은 가격에 거래되는 이유는 그 생태적·물리적 포획 과정에 있다.

첫째, 지족해협의 물살은 초속 수 미터에 달할 정도로 매우 빠르다. 이러한 강한 조류를 거슬러 헤엄치는 멸치는 운동량이 많아 육질이 탄탄하고 지방이 적절히 분산되어 있다.

둘째, 그물로 잡는 방식은 멸치가 그물에 부딪히며 비늘이 벗겨지고 스트레스를 받아 육질이 산패되기 쉽지만, 죽방렴은 멸치가 스스로 발 안으로 들어오게 유도하므로 상처가 거의 없고 원형이 온전히 보존된다.

셋째, 채취 즉시 인근 가공소에서 소금물에 삶아내는 자숙 과정을 거치므로 신선도가 극상으로 유지된다. 이러한 가치는 '국가중요어업유산 제3호' 및 '세계중요농어업유산'[8] 등재를 통해 세계적으로 인정받고 있다.

2) 해풍이 기르는 남해 마늘과 시금치

남해군의 농산물은 '해풍'이라는 천연 영양제의 혜택을 직접적으로 받는다. 남해는 사면이 바다로 둘러싸인 도서 지형으로, 끊임없이 유입되는 해풍에는 마그네슘, 칼륨 등 다양한 해양 미네랄이 포함되어 있다.

남해 마늘은 이러한 해풍의 영향으로 알리신 함량이 높고 저장성이 뛰어나다. 겨울철 온화한 기후와 해풍 덕분에 생육 기간이 길어지며, 이는 마늘 특유의 매운맛 뒤에 감도는 단맛을 형성하는 결정적 요인이 된다.

또한, 남해 시금치(보물초)는 한겨울 매서운 바닷바람을 견디기 위해 땅바닥에 낮게 엎드려 자라는 생태적 특징을 보인다. 추위로부터 스스로를 보호하기 위해 잎을 두껍게 만들고 당분을 축적하는데, 이 과정에서 시금치의 당도는 일반 노지 시금치보다 월등히 높아진다. 남해의 경사지 지형은 배수를 원활하게 하여 시금치의 뿌리가 썩지 않고 건강하게 자라도록 돕는다.

3) 욕지도 고구마와 도서 지역 토양의 상관관계

통영시 욕지도의 고구마는 도서 지역 농업의 정수를 보여준다. 욕지도는 경사가 급한 산비탈 지형이 많아 기계화 농업이 어렵지만, 오히려 이 점이 고구마의 품질을 높이는 배경이 된다.

욕지도의 토양은 미네랄이 풍부한 황토질이며, 바다에서 불어오는 해풍이 고구마 잎의 광합성을 촉진하고 전분 함량을 높인다. 또한, 섬 특유의 뛰어난 배수 조건은 고구마의 수분 함량을 적절히 조절하여 식감이 포슬포슬하고 당도가 높은 '밤고구마'로서의 특징을 완성한다.

---

8) 세계중요농업유산(GIAHS)은 유엔식량농업기구(FAO)가 전통 농업 시스템과 생물 다양성, 농촌 경관을 보존하기 위해 지정하는 국제 인증으로, 한국에서는 제주 밭담, 청산도 구들장논, 하동 차, 금산 인삼, 담양 대나무밭, 제주 해녀 어업, 하동/광양 섬진강 재첩잡이, 남해 죽방렴, 울진 금강송 산지농업 등 다수가 등재되어 있으며, 이는 지역의 독특한 농업 문화와 지식을 다음 세대에 물려주기 위함이다.

3. 사천 비토섬 굴과 전어의 지리적 특수성

1) 비토섬 지주식 굴의 생태적 차별성

사천시 서포면 비토섬은 별주부전의 전설이 깃든 곳으로, 이곳의 굴은 통영의 수하식 굴과는 전혀 다른 생태적 환경에서 자란다. 비토섬 굴은 갯벌에 나무 기둥을 세우고 그 위에 굴 포자를 붙여 키우는 '지주식' 양식을 고수한다.

지주식 양식의 핵심은 조수 간만의 차를 이용하는 것이다. 물이 차오르면 바닷속에서 영양분을 섭취하고, 물이 빠지면 수 시간 동안 뜨거운 햇볕과 차가운 해풍에 직접 노출된다. 이 과정에서 성장은 다소 느려지지만, 굴은 살아남기 위해 육질을 단단하게 응축시키고 특유의 향을 강화한다. 비토섬 굴은 알이 작고 동그란 형태를 띠며, 씹을수록 고소한 맛이 강한 것이 특징이다.

2) 사천 전어와 방아잎의 조화

사천은 자연산 전어의 주요 산지이다. 전어(Konosirus punctatus)[9]는 여름철 사천만 연안으로 유입되어 영양분을 섭취하며 지방을 축적한다. 사천 전어의 특징은 뼈가 부드럽고 살이 달다는 점이다. 특히 사천 지역에서는 전어회 무침에 '방아잎'을 넣어 먹는 전통이 있는데, 방아잎의 강한 향이 전어의 비린내를 잡아주고 소화를 돕는 생태학적·영양학적 조화를 이룬다. 삼천포항을 중심으로 매년 열리는 전어 축제는 이러한 지역 식재료의 명성을 대변한다.

---

9) Konosirus punctatus는 한국의 맛있는 생선인 '전어'의 학명이며, '점박이 청어' 또는 '점박이 모래주머니 청어(Dotted gizzard shad)'로 불리며, 속명 Konosirus는 일본명 '코노시로'에서 왔고, 종명 punctatus는 옆면의 점을 의미한다.

4. 지리적 표시제(GI) 등록 현황 및 국가중요어업유산

1) 지리적 표시제의 운영 현황과 경제적 효과

지리적 표시제는 특정 농수산물의 명성, 품질 등이 해당 지역의 지리적 특성에서 유래할 때 그 명칭을 법적으로 보호하는 제도이다. 2021년 기준 농산물 101건, 수산물 26건 등이 등록되어 관리되고 있다. 경남 도서 지역은 이 제도를 가장 적극적으로 활용하여 지역 자원의 브랜딩을 실현하고 있다.

등록 유형	명칭	지역	품질 및 명성 사유
수산물 제1호	보성 벌교 꼬막	(참고)	최초 등록 사례
수산물 주요 등록	남해 멸치	남해	죽방렴 어업의 전통성 및 육질 우수성
수산물 주요 등록	통영 굴	통영	청정 해역 생산 및 위생 관리의 엄격함
농산물 주요 등록	남해 마늘	남해	해풍 미네랄 함유 및 높은 알리신
농산물 주요 등록	하동 녹차	경남	섬진강 인근 기후 및 토양 특성

지리적 표시제 등록은 생산자들에게는 가격 경쟁력 확보를, 소비자들에게는 품질 보증을 제공한다. 정부는 등록 단체에 대한 정기적인 점검을 통해 품질 관리가 미흡한 곳을 선별하고 제도를 보완해 나가고 있다.

2) 국가중요어업유산 지정의 의의

해양수산부는 보전 가치가 높은 유・무형 어업 자원을 '국가중요어업유산'으로 지정하고 있다. 경남 지역에서는 2015년 남해 죽방렴 어업(제3호)에 이어 최근 2024년 사천 삼천포 죽방렴 어업(제16호)이 지정되었다.

삼천포 죽방렴은 연안의 좁은 물목을 이용한 전통적 어업 방식을 고수하며, 이를 통해 잡힌 물고기는 스트레스가 적어 최상의 품질을 유지한다. 정부는 지정된 유산을 보전하기 위해 3년간 복원 및 계승 예산을 지원하며, 이는 어촌 관광 활성화와 지역 브랜드 가치 향상으로 이어진다.

5. 전통 보존 가공법의 과학과 문화

1) 멸치 자숙(煮熟) 및 건조 기법의 미학

남해안의 멸치는 포획 직후의 처리가 품질을 결정한다. 죽방렴에서 건져 올린 멸치는 '자숙(삶기)'10) 과정을 거치는데, 이때 소금물의 농도와 삶는 시간이 핵심이다. 너무 오래 삶으면 맛 성분이 빠져나가고, 덜 삶으면 산패가 일어난다. 남해의 전통 가공업자들은 수십 년간의 경험으로 물의 끓는 모양만 보고도 최적의 자숙 시점을 찾아낸다.

자숙 후에는 남해안의 강한 햇빛과 해풍을 이용해 건조한다. 자연 건조된 멸치는 인공 건조기에서 말린 멸치보다 비린내가 적고 단맛이 깊다. 이는 햇빛의 자외선이 멸치 표면의 잡균을 제거하고 해풍이 지방의 산화를 억제하기 때문이다.

2) 전통 생선국과 발효 음식

해산물이 풍부한 남해와 통영에서는 독특한 생선 요리 문화가 발달했다.

- **생선 미역국:** 소고기 대신 돔, 농어, 우럭 등 제철 생선을 넣어 끓인다. 생선의 단백질이 우러나 국물이 시원하고 깔끔하며, 바다의 영양을 그대로 섭취하는 보양식 역할을 한다.
- **충무 김밥:** 통영의 전통 음식으로, 뱃사람들이 음식이 쉽게 상하지 않도록 밥과 반찬(꼴뚜기 무침, 섞박지)을 따로 분리한 지혜가 담겨 있다.
- **멸치 쌈밥 및 회무침:** 남해의 대표 음식으로, 생멸치를 매콤한 양념에 졸여 쌈을 싸 먹거나 새콤달콤하게 무쳐 먹는다. 이는 단백질 보충이 어려웠던 과거 도서 지역민들에게 중요한 영양원이었다.

10) 멸치 자숙(煮熟)의 한자는 煮(삶을 자), 熟(익을 숙)을 사용한다. '자숙(煮熟)'은 해산물 등을 포장・판매하기 전에 김으로 쪄서 익히거나, 물에 삶아 익힌 것을 뜻하는 말이다.

6. 기후변화에 따른 생태계 변화와 산업적 타격

1) 고수온 현상과 수산 자원 폐사 분석

지구 온난화로 인한 해수온 상승은 경남 도서 지역 수산업의 근간을 흔들고 있다. 통상적인 여름 수온인 28도를 훨씬 상회하는 31도 이상의 고수온 경보가 빈번하게 발생하고 있다.

이러한 수온 변화는 다음과 같은 직접적인 피해를 야기한다.

- **대규모 양식 어류 폐사:** 경남 지역 379개 어가에서 약 2억 6천만 마리의 어류가 폐사했으며, 특히 통영의 피해가 가장 컸다. 조피볼락(우럭), 쥐치, 볼락 등 저온성 및 온대성 어종들이 고온 스트레스를 견디지 못하고 대량 폐사한 것이다.
- **해조류 생산량 감소:** 김, 미역, 다시마 등은 수온에 매우 민감하다. 고수온으로 인해 입식 시기가 늦어지고 생장이 저해되면서 품질 저하와 생산성 하락이 동시에 나타나고 있다. 특히 전복의 먹이인 다시마 생산량이 전년 대비 9.1% 감소하며 전복 양식 산업에도 연쇄 타격을 주었다.
- **적조 및 질병 발생:** 수온 상승은 유해 적조 생물의 증식을 촉진하고, 어류의 면역력을 약화시켜 각종 수산 질병 확산의 원인이 된다.

2) 생태적 지표의 변화

해수온 상승은 어종의 지도 자체를 바꾸고 있다. 과거 남해안에서 보기 힘들었던 아열대성 어종들이 빈번하게 출현하고 있으며, 반대로 냉수성 어종인 대구의 산란 해역이 북상하거나 산란 시기가 변동되는 징후가 포착되고 있다. 이는 장기적으로 지역 식재료의 수급 불균형과 가격 상승을 초래하여 '밥상 물가'에 직격탄을 날리고 있다.

구분	전년 대비 생산량 변화	원인 분석
다시마	9.1% 감소	늦봄~여름 고수온으로 인한 작황 부진
전복	3.2% 감소	먹이(다시마) 부족 및 고수온 스트레스
굴	전년 수준 유지	양호한 생산 여건이나 고수온기 폐사 위험 잠재
어류(우럭 등)	대규모 폐사	최고 31도에 달하는 기록적 고수온

7. 미래 지향적 대응 방안 및 지속가능한 어업 기술

1) 적응형 양식 기술 개발

통영시와 국립수산과학원은 고수온 피해에 선제적으로 대응하기 위해 '적응형 양식업'으로의 전환을 추진하고 있다.

- **신품종 육성:** 고수온에서도 잘 견디는 '벤자리'와 같은 아열대성 품종의 종자 생산과 월동 시험에 성공하여 보급을 준비 중이다.
- **개체굴 양식 확대:** 수온 변화에 비교적 강하고 고부가가치를 창출하는 개체굴 양식을 적극 권장하고 있다.
- **스마트 양식 시스템:** 실시간 수온 모니터링과 자동 급이 시스템을 도입하여 환경 변화에 즉각 대응할 수 있는 체계를 구축하고 있다.

2) 농산물 재배 기술의 변화

농업 분야에서도 기후 변화에 대응한 노력이 이어지고 있다. 남해 마늘과 시금치의 경우, 파종 시기를 미세하게 조정하거나 가뭄과 고온에 강한 품종을 선발하는 연구가 진행 중이다. 또한, 해풍의 긍정적 효과를 극대화하면서도 태풍 등 자연재해로부터 시설물을 보호하는 스마트팜 기술이 도서 지역에 도입되고 있다.

8. 자원의 보존과 미래를 위한 제언

경상남도 도서 지역의 농수산 자원은 자연의 섭리와 인간의 지혜가 결합한 소중한 유산이다. 통영의 굴, 거제의 대구, 남해의 죽방렴 멸치와 마늘, 사천의 전어는 각기 다른 생태적 배경 속에서 지형과 해풍의 혜택을 입어 세계적인 품질을 완성했다. 지리적 표시제와 국가중요어업유산은 이러한 자원의 가치를 법적·문화적으로 뒷받침하며 지역 경제의 버팀목이 되고 있다.

그러나 기후 변화라는 전 지구적 위기는 이들 자원의 생태계를 근본적으로 위협하고 있다. 해수온 상승과 기상이변은 단순한 자연재해를 넘어 지역 산업의 생존 문제로 직결되고 있다. 따라서 향후 경남 도서 지역은 전통 어법의 가치를 계승하는 동시에, 과학적인 생태 모니터링과 신기술 도입을 통해 기후 위기를 극복해야 한다.

첫째, 고수온 및 기후 변화에 강한 신품종 연구와 보급을 가속화해야 한다.

둘째, 지리적 표시제 품목의 품질 관리를 더욱 엄격히 하여 브랜드 가치를 유지해야 한다.

셋째, 전통 어법과 농법을 관광 자원화하여 생산량 감소에 따른 소득 보전 대책을 마련해야 한다.

경남 도서 지역의 식재료는 단순한 음식을 넘어 지역의 역사와 정체성을 담고 있다. 이를 지켜내는 일은 미래 세대에게 풍요로운 바다와 땅을 물려주는 가장 가치 있는 투자가 될 것이다.

제3절 경남 섬 음식의 메뉴 분석

경상남도의 섬 음식은 남해안의 복잡한 리아스식 해안과 수많은 도서 지역이 가진 생태적 특수성이 결합하여 독창적인 미식 체계를 구축하고 있다. 특히 통영, 거제, 사천을 중심으로 한 섬 지역의 메뉴 구성은 단순한 영양 섭취를 넘어 역사적 서사와 지역 생산 체계, 그리고 섬 주민들의 생활 양식이 집약된 결과물이다. 본 절에서는 경상남도 주요 섬 지역의 메뉴를 권역별로 분류하고, 각 메뉴가 가진 조리 기술적 특징, 식재료의 계절성, 관광 자원으로서의 가치를 전문가적 시각에서 상세히 분석한다.

1. 통영 권역의 메뉴 자원 분석

통영은 남해안 수산업의 중심지이자 해상 교통의 요충지로서, 섬 지역 특유의 식재료를 상업화하고 관광 메뉴로 정착시키는 데 있어 독보적인 위치를 점하고 있다. 통영의 메뉴는 계절에 따른 어종 변화에 매우 민감하게 반응하며, 시장 중심의 식문화가 발달한 것이 특징이다.

1) 계절성 기반의 탕류 및 국물 요리

통영 섬 음식의 정수는 계절별로 교체되는 탕 요리에서 발견된다. 이는 수산 자원의 산란기와 이동 경로에 맞춘 최적의 미식을 제공하는 구조를 가지고 있다.

(1) 봄철 도다리쑥국과 식재료의 생태적 조화

통영의 봄을 상징하는 도다리쑥국은 산란을 마친 후 살이 오르기 시작하는 도다리와 해풍을 맞고 자란 햇쑥이 만나는 시기에만 제공되는 한정적 메뉴이다. 도다리는 이 시기에 단백질 함량이 높고 지방이 적절히 배어 있어 담백하면서도 부드러운 식감을 제공한다. 함께 사용되는 쑥은 겨우내 해풍을 견디며 자란 어린잎으로, 알싸한 향과 비타민 성분이 풍부하여 겨울철 굳어있던 인체의 신진대사를 돕는 역할을 한다. 통영의 어머니들은 이를 보양식으로 인식하여 자녀들에게 필수적으로 챙겨 먹였을 정도로 지역 내 영양학적 위상이 높다. 서호시장과 중앙시장을 중심으로 형성된 도다리쑥국 거리는 관광객들에게 봄의 시작을 알리는 미식 관광의 출발점으로 기능한다.

(2) 순환형 메뉴 운영 체계

통영의 식당들은 고정된 메뉴판에 의존하기보다 바다의 시계에 맞춘 순환형 메뉴 운영 방식을 채택하고 있다. 봄에는 도다리쑥국, 여름과 가을에는 볼락매운탕, 겨울에는 물메기탕을 주력으로 내세운다. 이러한 운영 방식은 식재료의 신선도를 극대화할 뿐만 아니라, 특정 어종의 과잉 포획을 방지하고 계절별로 다양한 수산 자원을 소비함으로써 지역 생태계의 균형을 유지하는 데 기여한다. 특히 물메기탕은 추운 겨울 섬 주민들의 속을 달래주던 해장 기능이 관광객들에게 알려지면서 동절기 통영을 찾는 핵심 동인으로 작용하고 있다.

2) 생활 밀착형 기능성 메뉴

통영의 지리적 환경은 이동의 편리함과 보관의 용이성을 강조하는 독특한 메뉴를 탄생시켰다. 이는 섬과 육지를 잇는 여객선 문화와 시장의 활력이 만들어낸 산물이다.

(1) 충무김밥의 구조적 진화와 상업적 정착

충무김밥은 약 60여 년 전 여객선 이용객들이 간편하게 식사를 해결하기 위해 고안된 메뉴로, 음식의 부패를 방지하기 위한 실용적 목적에서 출발했다. 일반적인 김밥과 달리 밥과 반찬을 분리하여 제공하는 것이 핵심적인 구조적 특징이다. 반찬으로는 맵고 자극적으로 양념한 주꾸미, 홍합, 어묵 등을 사용하며, 이는 해상 이동 중에도 변질되지 않도록 고안된 조리법이다. 곁들여지는 무김치와 시락국(시래기국)은 김밥의 퍽퍽함을 해소하고 소화를 돕는 보완적 기능을 수행한다. 강구안 문화마당 앞의 충무김밥 거리는 이러한 역사적 배경을 바탕으로 통영의 대표적인 관광 명소로 자리 잡았으며, 뚱보할매 김밥과 같은 원조 식당들은 지역 브랜드 가치를 높이는 데 기여하고 있다.

(2) 시락국과 시장 기반의 조식 문화

시락국은 장어 머리와 뼈를 고아 만든 육수에 시래기를 넣어 끓인 국으로, 통영 서호시장의 새벽을 여는 메뉴이다. 이는 밤새 조업을 마치고 돌아온 어민들과 시장 상인들에게 저렴하면서도 든든한 한 끼를 제공하던 생활 음식이었다. 현재는 관광객들에게 통영의 역동적인 아침 시장 분위기를 체험할 수 있게 하는 문화적 매개체 역할을 수행하고 있다.

3) 주류 중심의 코스형 메뉴: 다찌 문화

통영만의 독특한 선술집 문화인 다찌는 지역 수산 자원의 풍요로움을 가장 직관적으로 보여주는 메뉴 체계이다.

(1) 다찌의 원형과 운영 원리

다찌는 일본의 선술집을 뜻하는 '다찌 노미'[11]에서 유래된 용어로, 일정량의 주류를 주문하면 별도의 안주 비용 없이 당일 입고된 신선한 해산물을 코스 형태로 제공하는 방식이다. 이는 생산자와 식당 간의 긴밀한 네트워크를 전제로 하며, 그날그날 잡히는 어종에 따라 메뉴 구성이 달라지는 유연성을 가진다. 관광객들은 다찌를 통해 통영 바다의 사계절을 한 상에서 경험

11) '다찌 노미(立ち飲み)'는 일본어로 '서서 술 마시기'라는 뜻이며, 한국의 경남 통영에서는 술을 주문하면 다양한 해산물 요리(회, 구이 등)가 푸짐하게 따라 나오는 독특한 술집 문화를 일컫는 말로 정착되었다. 이는 서서 마시는 선술집(다찌노미)에서 유래되었으나, 통영에서는 앉아서 푸짐한 안주와 함께 술을 즐기는 형태로 발전했다.

할 수 있다.

(2) 현대적 변용과 반다찌의 등장

관광객의 증가와 물가 상승으로 인해 전통적인 다찌 운영 방식은 변화를 겪고 있다. 최근에는 기본 안주 메뉴가 설정되거나, 술값을 내리고 안주 가짓수를 조정한 반다찌 형태의 식당들이 늘어나고 있다. 무전동과 도천동 일대의 호두나무실비, 한바다실비 등은 이러한 현대적 다찌 문화를 선도하며 대중적인 접근성을 높이고 있다.

2. 거제 권역의 메뉴 자원 분석

거제도는 한국에서 두 번째로 큰 섬으로서, 대규모 양식 산업과 대형 어종 포획이 발달해 있다. 거제의 메뉴는 식재료의 압도적인 양과 싱싱함을 강조하며, 특히 겨울철 별미와 비빔밥류에서 강점을 보인다.

1) 대형 어종(대구) 및 패류 중심의 메뉴

거제는 전국 대구 생산량의 약 30%를 차지하는 집산지로서, 겨울철 대구 요리는 거제 섬 음식관광의 핵심적인 위치를 차지한다.

(1) 생대구탕의 조리 기술과 맛의 구현

거제 외포항을 중심으로 발달한 대구탕은 갓 잡은 생대구의 머리, 몸통, 고니, 알을 모두 활용한다. 조리의 핵심은 인위적인 조미료를 배제하고 무, 파, 다진 마늘, 소금만으로 간을 하여 대구 본연의 깊고 그윽한 맛을 살리는 데 있다. 끓이는 과정에서 국물이 곰탕처럼 뽀얗게 우러나는 것이 특징이며, 담백하고 시원한 끝맛은 겨울철 거제를 찾는 관광객들에게 깊은 인상을 남긴다. 특히 대구는 머리 부위의 볼살(뽈살) 풍미가 뛰어나 대구뽈탕이나 대구뽈찜으로도 인기가 높다.

(2) 건대구탕의 제조와 경제적 가치

대구는 생물 상태뿐만 아니라 해풍에 3~5일간 말린 건대구 형태로도 소비된다. 내장을 제거하고 말리는 과정에서 수분이 빠져나가 살이 더 차지게 변하며, 탕으로 끓였을 때 생대구보다 더 구수한 국물을 얻을 수 있다. 건대구는 보관과 유통이 용이하여 섬 외부로 판매되는 주요 특산품으로서 지역 경제에 기여한다.

(3) 굴구이와 굴코스 요리의 체험적 요소

거제 굴은 통영과 더불어 전국적인 명성을 가진다. 거제의 굴구이는 커다란 철판 위에 껍질째 굴을 가득 담고 뚜껑을 덮어 불 위에서 익히는 구우면서 동시에 찌는 방식을 사용한다. 이는 굴의 육즙을 보존하고 탱글탱글한 식감을 극대화하는 조리법이다. 관광객이 직접 장갑을 끼고 칼로 굴을 까먹는 체험적 행위는 미식의 즐거움을 배가시킨다. 또한 굴튀김, 굴무침, 굴전, 굴죽 등을 차례로 내놓는 굴코스 요리는 단일 식재료의 다양한 변주를 경험하게 하여 고부가가치 관광 메뉴로서 기능한다.

2) 발효 및 숙성 기술 기반의 해산물 비빔밥

거제의 비빔밥은 해산물의 선도를 유지하면서도 숙성을 통해 풍미를 끌어올리는 기술이 접목되어 있다.

(1) 멍게비빔밥의 숙성 과정과 특징

거제 멍게비빔밥은 생 멍게를 사용하지 않고, 제철에 수확한 멍게 살을 다져 양념한 후 저온에서 이틀 정도 숙성시킨 멍게젓을 사용한다. 이 숙성 과정을 통해 멍게 특유의 쌉싸름하면서도 달큰한 맛이 응축된다. 따뜻한 밥에 멍게젓, 김 가루, 참기름을 넣어 비벼 먹는 방식은 입안 가득 바다의 향을 전달하며, 멍게에 포함된 타우린 성분으로 인해 피로 회복에도 효과적이다.

(2) 성게비빔밥과 해산물 덮밥의 다양화

청정 해역에서 채취한 성게를 활용한 성게비빔밥은 멍게와는 또 다른 고소하고 진한 맛을 선사한다. 거제는 사면이 바다인 지리적 이점을 활용하여 도다리, 감성돔, 농어 등 제철 활어회를 곁들인 덮밥과 물회 등을 제공하며, 사시사철 다양한 비빔밥 메뉴군을 형성하고 있다.

3) 거제 8미(味) 및 9미(味) 정책과 메뉴의 연계

거제시는 지역의 대표적인 맛을 선정하여 체계적으로 홍보하고 있다. 대구탕, 굴구이, 멍게·성게비빔밥, 멸치쌈밥, 볼락구이, 간장게장, 생선회, 대구찜 등이 이에 포함된다. 특히 볼락구이는 거제 사람들이 구이용으로 가장 선호하는 생선으로, 짭조름하게 구워내면 내장과 대가리까지 모두 먹을 수 있는 고소함이 특징이다. 이러한 메뉴들은 외포항, 지세포항 등 주요 항구 도시의 식당가와 결합하여 강력한 미식 브랜드 효과를 창출하고 있다.

3. 사천 및 서부 권역의 섬 음식 분석

사천 비토도를 중심으로 한 서부 권역의 섬 음식은 갯벌 생태계와 전통 양식 기술이 결합된 독자적인 메뉴 체계를 가지고 있다.

1) 비토도 지주식 굴의 차별성

사천 비토도는 조수간만의 차가 큰 서부 남해안의 특성을 살린 지주식 굴 양식이 발달해 있다.

(1) 지주식 양식과 굴의 육질 특성

지주식 양식은 개펄에 나무기둥을 세우고 굴 포자를 붙인 패각을 매달아 기르는 방식이다. 물속에 계속 잠겨 있는 수하식과 달리, 비토굴은 하루 두 번 물이 빠지면 공기와 햇빛에 직접 노출된다. 이러한 혹독한 환경을 견디며 자란 굴은 크기는 다소 작지만 육질이 매우 단단하고 향이 응축되어 있어 맛이 짙다. 이는 일반적인 굴 요리와 차별화되는 비토도만의 핵심 경쟁력이다.

(2) 굴구이 식당의 상차림과 서비스

비토도의 굴구이 식당들은 숯불 위에 노릇하게 익혀 먹는 방식을 선호한다. 은지네굴구이, 순애민박굴구이 등 비토섬 내 식당들은 굴뿐만 아니라 전복, 가리비 등을 포함한 모둠구이 메뉴를 제공하여 다양성을 확보하고 있다. 사장님이 직접 굽는 법을 교육하거나 친절한 서비스를 제공하는 등의 감성적 요소가 더해져 젊은 층의 관광객 유입이 활발하다.

2) 갯벌 생태 기반의 계절별 해산물 구성

비토도 앞바다의 비옥한 갯벌은 굴 이외에도 다양한 제철 해산물을 공급한다.

(1) 제철 해산물 한상의 특징

비토도 식당가에서는 그날그날 조업 상황에 따라 낙지, 전어, 꽃게, 붕장어, 주꾸미, 문어 등을 제공한다. 특히 가을 전어회와 붕장어탕은 지역의 계절감을 드러내는 주요 메뉴이다. 이러한 해산물들은 가공을 최소화하고 원재료의 싱싱함을 살린 숙회나 볶음 형태로 제공되어, 인위적이지 않은 바다의 맛을 추구하는 관광객들에게 높은 만족도를 준다.

(2) 전복물회와 전복죽의 보양 메뉴화

비토도와 사천 섬 지역에서는 전복을 활용한 물회와 죽이 인기 메뉴 상위에 랭크되어 있다. 이는 섬 여행의 피로를 해소하려는 관광객들의 보양 욕구를 충족시키며, 지역 수산물의 고급스러운 이미지를 강화하는 데 일조한다.

4. 역사 · 문화 테마 복원 메뉴: 이순신 밥상

경상남도 섬 지역은 임진왜란 당시 구국의 현장이었으며, 이러한 역사적 서사를 음식 메뉴로 복원하여 관광 상품화하려는 노력이 지속되고 있다.

1) 고문헌 기반의 식재료 복원 및 조리 기술

이순신 밥상은 난중일기, 시의전서, 고문헌 및 지역 전래 조리법을 토대로 재현된 메뉴이다.

(1) 너물국밥의 조리법과 역사적 맥락

너물국밥은 통영의 너물밥 문화를 기반으로 하며, 시금치, 무, 톳, 미역 등 제철 해초와 나물을 활용한다. 핵심은 조개살 간장(어간장)에 나물을 무쳐 맛을 내는 데 있으며, 이는 해산물의 감칠맛을 나물에 입히는 고도의 조리법이다. 전쟁 중 장병들이 빠르게 식사하고 전투에 나갈 수 있도록 밥과 물을 자박하게 섞어 먹는 국밥 형태로 고안된 전투 식량이기도 하다.

(2) 청어 소금구이와 군사적 식량 가치

청어는 당시 조선 수군의 가장 중요한 단백질 공급원이었다. 임진왜란 시기는 소빙하기로 바닷물이 차가워 청어가 매우 흔했기 때문이다. 청어를 숯불에 훈연하듯 구워내면 향이 깊고 살이 부드러워 장병들의 기력을 보강하는 데 탁월했다. 또한 청어는 쌀과 교환하거나 기름을 짜는 등 군사적 요충지에서 전략 자산으로 활용되었다.

2) 애민 정신과 전투 상황을 반영한 메뉴 설계

이순신 밥상은 단순한 재현을 넘어 장군의 병사들에 대한 사랑과 실용주의적 지혜를 담고 있다.

(1) 동아(동과)의 기능적 활용

늙은 호박과 유사한 채소인 동아는 몸의 열을 내리고 수분을 공급하는 효능이 있다. 격렬한 노 젓기로 체온이 상승한 격군들에게 동아를 활용한 메뉴는 컨디션 조절을 돕는 보조 식단으로 작용했다.

(2) 주한쌍(술상)과 소통의 미학

장군은 부하들과 소통하며 팀워크를 다지기 위해 술상을 활용했다. 100% 쌀로 빚은 가화주와 함께 통영 약과(모약과), 대구알젓 등을 곁들여 장병들의 노고를 치하했다. 이는 음식 메뉴가 조직 내 갈등을 해소하고 승전을 위한 동기를 부여하는 정치적·사회적 도구였음을 보여준다.

5. 섬 음식 메뉴의 산업적 연계 및 지속가능성 분석

경남 섬 음식 메뉴는 지역 경제와 긴밀하게 연계되어 있으나, 지속적인 관광 자원화를 위해서는 몇 가지 정책적 고찰이 필요하다.

1) 공급망의 안정성과 생산자 수익 구조

섬 음식의 경쟁력은 현지 생산물의 신선도에서 비롯된다. 거제 외포항의 대구탕 거리나 사천 비토도의 굴구이 마을은 산지 직송 체계를 통해 유통 비용을 절감하고 생산자의 직접 수익을 높이는 모델을 제시한다. 이러한 직거래 기반의 메뉴 구성은 관광객에게는 가격 대비 높은 만족도를, 주민에게는 생업의 안정을 제공한다.

2) 전통 조미료의 보존과 어간장의 역할

통영 너물밥의 비밀 무기인 진진국(어간장)은 멸치와 해산물을 장기 발효하여 만든 천연 감칠맛의 정수이다. 이러한 전통 조미료의 계승은 섬 음식 메뉴가 대량 생산된 프랜차이즈 음식과 차별화되는 고유성을 확보하게 한다. 정부와 지자체는 이러한 발효 조미료 제조 기술을 무형 문화유산으로 보호하고 이를 메뉴에 적극 활용하도록 지원해야 한다.

3) 환경 변화와 메뉴의 유연한 대응

기후 변화로 인한 수온 상승은 대구, 청어, 도다리 등 냉수성 어종의 분포에 변화를 주고 있다. 이에 대비하여 대체 어종을 발굴하거나, 양식 기술의 개선을 통해 메뉴의 재료 공급 안정성을 확보하는 것이 지속가능한 섬 음식관광의 필수 과제이다. 또한, 지주식 굴 양식과 같은 친환경 생산 방식을 브랜드화하여 가치 소비를 중시하는 관광객을 공략할 필요가 있다.

지역별 주요 메뉴 비교표

지역	핵심 메뉴	주재료 및 특징	역사 · 문화적 맥락
통영	도다리쑥국	도다리, 햇쑥 / 맑고 향긋한 맛	봄철 보양 및 절기 음식
통영	충무김밥	김, 밥, 주꾸미, 섞박지 / 분리형	해상 여객 문화의 산물
통영	다찌	제철 해산물 / 술 중심 코스	선술집 기반의 수산 오마카세
거제	생대구탕	생대구, 미나리 / 뽀얀 국물	전국 최대 대구 생산지의 힘
거제	멍게비빔밥	숙성 멍게젓, 김 가루 / 응축된 향	발효 기술이 접목된 비빔밥
거제	굴구이	석화(생굴) / 철판 구이 – 찜	체험과 식사가 결합된 관광
사천	비토굴구이	지주식 굴 / 단단한 육질	전통 방식 보존 및 개펄 문화
공통	이순신 밥상	청어, 너물국밥, 동아 / 고증 재현	승전 역사와 애민 정신의 상징

경상남도 섬 음식 메뉴는 바다라는 거대한 식량 자원을 섬 사람들의 생존 지혜와 문화적 감각으로 빚어낸 예술품이다. 통영의 시장성, 거제의 산업성, 사천의 전통성이 어우러진 이 메뉴 체계는 앞으로의 미식 관광 시장에서 경남의 독보적인 자산이 될 것이다. 전문가와 실무자들은 이러한 메뉴의 고유성을 지키면서도 현대적 감각으로 재해석하여, 세계적인 수준의 섬 음식관광지로 도약하기 위한 구체적인 전략을 수립해야 한다. 특히 이순신 밥상과 같은 테마 메뉴의 코스화 및 고급화는 섬 음식의 가치를 한 단계 격상시키는 중요한 이정표가 될 것이다.

9장

경상북도의 섬 음식관광 현황 분석

한반도의 동쪽 끝, 깊고 푸른 동해의 두 섬, 울릉도와 독도를 품고 있는 경상북도의 섬은 총 22개(유인섬 3개, 무인도서 19개), 9,099명으로 나타났는데, 서해나 남해의 다도해처럼 수가 많거나 가깝게 연결되어 있지 않다. 대신, 육지로부터 멀리 떨어진 고독한 섬이라는 지리적 특성과, '대한민국의 영토'라는 강력한 상징성이 그 무엇과도 비교할 수 없는 독특한 역사적 배경을 형성한다. 경북 섬의 음식문화는 바로 이 고립과 상징성, 그리고 척박하지만 개성 강한 자연환경 속에서 피어난 상인한 생명력의 맛이라 할 수 있다.

그 중심에는 '울릉도'의 파란만장한 역사가 있다. 울릉도는 삼국시대 신라 이사부 장군의 정벌 기록이 『삼국사기』에 등장할 만큼 일찍부터 우리 역사의 일부였다. 고려시대에는 왜구의 침입을 막는 국방의 요충지였으며, 조선시대에는 왜구의 노략질과 행정의 어려움 때문에 주민들을 본토로 이주시키는 '공도(空島) 정책'이 오랜 기간 시행되기도 했다. 이 기나긴 공백의 시간은 울릉도의 생태계가 인간의 간섭 없이 보존되는 결과를 낳았지만, 동시에 섬의 역사를 단절시키기도 했다. 19세기 후반, 공도 정책이 폐지되고 본격적인 재개척이 시작되면서, 전국 각지에서 모여든 새로운 이주민들은 척박한 화산섬 환경에 적응하며 울릉도만의 독특한 생활양식과 음식문화를 만들어가야 했다. 이는 다른 섬 지역의 음식문화가 오랜 시간에 걸쳐 자연스럽게 전승된 것과는 다른, '개척의 역사'가 담긴 음식이라는 점에서 그 특징을 찾을 수 있다.

울릉도에서 1시간 거리의 '독도'는 그 자체로 역사이자 상징이다. 독도는 고대부터 울릉도에서 관측 가능한 부속 도서로 인식되었으며, 『세종실록지리지』를 비롯한 수많은 고문헌은 독도가 명백한 우리 영토임을 증명하고 있다. 역사적으로 독도는 동해를 항해하는 어민들에게는 중요한 길잡이이자, 풍부한 어족자원을 자랑하는 황금어장이었다. 오늘날 독도는 단순한 바위섬을 넘어, 대한민국 영토 주권의 상징으로 국민들의 가슴속에 깊이 자리 잡고 있다. 이러한 강력한 상징성은 음식관광에 직접적인 영향을 미친다. 비록 독도에 직접 내려 식사를 할 수는

트럼프 대통령 청와대 만찬 메뉴

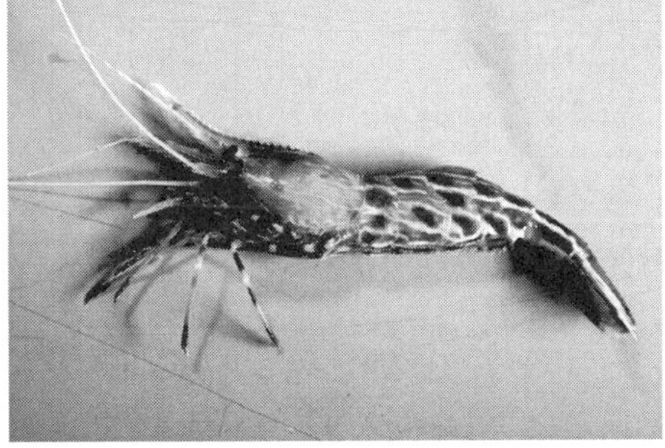

독도새우

자료: 청와대.

없지만, 독도 인근 해역에서 잡힌 '독도 새우'는 그 이름만으로도 특별한 가치를 지닌다. 2017년 11월 7일, 우리나라에 도널트 트럼프 미국 대통령이 방문했을 당시 저녁 공식 만찬에 청와대에서는 '독도 새우'를 넣은 잡채가 올랐다. 이로 인해 각종 포털 사이트 실시간 급상승 검색어에 '독도 새우'가 올랐다. 울릉도를 방문한 관광객들이 '독도 새우'를 맛보는 것은, 단순히 귀한 해산물을 먹는 것을 넘어, 우리 땅 독도를 기억하고 영토 주권을 확인하는 상징적인 미식 체험이 되는 것이다.

제1절 경북 섬의 역사적 배경

1. 우산국에서 근대 개척사와 현대 도서 정책에 이르는 연대기적 분석

1) 화산 활동으로 형성된 동해의 고도(孤島)와 초기 인류의 정착

동해의 거친 파도 한가운데 솟아오른 울릉도와 독도는 단순한 지리적 공간을 넘어 한국사의 외곽을 지탱해 온 영토적 자존심의 상징이다. 울릉도는 신생대 제3기 말인 플라이오세(Pliocene)에서 제4기 홀로세(Holocene)까지의 화산 활동으로 형성되었으며, 매우 높은 알칼리 함량을 보이며 대부분 K계열의 분화 경향($K_2O > Na_2O$)을 띠는 등 상당히 분화가 진행된 암석들로 이루어져 있다. 점성이 강한 조면암류와 응회암류가 분출되어 섬 전체를 덮었으며, 이는 울릉도 특유의 험준한 급경사지와 평지가 거의 없는 척박한 환경을 조성하였다. 이러한 지질학적 특성은 훗날 이 섬에 정착한 인간의 삶과 농업 체계, 그리고 식문화를 결정짓는 근본적인 제약 조건이 되었다.

울릉도에 인류가 정착하기 시작한 시점은 기원전 1000년 이전으로 추정되며, 이는 섬 곳곳에서 발견되는 고고학적 유물들을 통해 뒷받침된다. 외부 세계와 격리된 채 독자적인 문명을 일구어온 초기 거주민들은 '우산국(于山國)'이라는 고대 소국을 형성하였다. 우산국은 울릉도 본섬뿐만 아니라 부속 도서인 우산도(독도)를 하나의 통치 영역으로 관할하며 동해의 해상권을 장악했던 해상 왕국이었다. 이들은 풍부한 해양 자원과 울릉도의 자생 식생을 기반으로 독특한 생활 양식을 구축하였으며, 이는 한국 도서 문화의 시원적 형태를 보여준다.

2) 우산국의 신라 귀속과 영토적 정체성의 확립

우산국이 한국사의 주류 체계에 편입된 결정적인 계기는 512년(신라 지증왕 13년) 이사부(異斯夫) 장군의 정벌이다. 당시 우산국 주민들은 험준한 지형을 방패 삼아 강력하게 저항했으나, 이사부는 나무로 만든 사자상을 배에 싣고 가 "항복하지 않으면 이 맹수를 풀어 밟아 죽이겠다"는 위협적인 심리전을 전개하여 우산국의 항복을 받아냈다. 이 사건은 울릉도와 독도가 한반도의 중앙 정권과 공식적인 정치적 관계를 맺게 된 기점이자, 동해의 도서 지역이 우리 역사의 일부로 명문화된 중요한 순간이다.

조선의 관찬 지리지인 『세종실록』 「지리지」는 우산국 정벌을 울릉도와 독도가 자국령으로 편입된 기원으로 인식하고 있으며, 우산(于山)과 무릉(武陵) 두 섬이 서로 거리가 멀지 않아 날씨가 맑으면 바라볼 수 있다는 점을 명시하였다. 이러한 기록은 우산국이 울릉도와 독도를 아우르는 지리적 범위였음을 증명하며, 고대부터 독도가 울릉도의 부속 도서로서 인식됐음을 확증한다. 이후 『동국문헌비고』와 『만기요람』 등의 문헌에서도 "우산도와 울릉도는 모두 우산국의 땅이다"라는 인식을 계승하며 독도의 영유권적 정체성을 공고히 하였다.

3) 조선 시대의 쇄환 정책과 수토 체제의 운용

조선 왕조는 건국 초기부터 울릉도와 독도를 관리하기 위해 '쇄환(刷還)'[1]과 '공도(空島)'[2] 정책을 시행하였다. 1417년(태종 17년) 본격화된 쇄환 정책은 왜구의 약탈로부터 주민들을 보호하고, 섬으로 도망쳐 조세를 피하려는 백성들을 육지로 다시 불러들이기 위한 국가적 조치였다. 이로 인해 울릉도는 약 500년 가까이 공식적으로 거주민이 없는 비어 있는 섬으로 남게 되었으나, 이는 영토의 방기가 아닌 고도의 통치 전략의 산물이었다.

조선 정부는 섬을 비워두는 동시에 2~3년 주기로 '수토사(搜討使)'를 파견하여 섬의 식생,

1) 조선 시대의 쇄환 정책(刷還政策)은 왜구의 침입 등으로부터 백성을 보호하고 효율적인 통치를 위해, 울릉도와 같은 섬 주민들을 강제로 본토로 이주시키는 정책으로, 이는 울릉도(독도 포함)의 실효적 지배 포기가 아니라 영토 관리의 일환으로 실시되었다. 이 정책은 주민의 안전과 군역/부역 부담을 덜어주기 위함이었고, 일본의 주장을 반박하는 중요한 근거가 된다.

2) 조선 시대의 공도 정책(空島政策)은 섬 주민들을 본토로 이주시켜 섬을 비워두는 정책으로, 주로 죄인 도피 및 세금 징수의 어려움 때문에 태종 때 시행되었으며, 울릉도와 같은 주요 도서 지역에 적용되었으나, '빈 섬'을 만들었다는 의미와 달리 실제로는 수토(搜討) 제도를 통해 관리되며 일본의 침략 빌미를 제공하기도 했다.

지형, 그리고 일본인의 무단 침입 여부를 정기적으로 감시하는 수토 정책3)을 병행하였다. 특히 1694년(숙종 20년) 삼척영장4) 장한상(張漢相)의 수토는 역사적으로 매우 중요한 의미를 지닌다. 장한상은 울릉도 성인봉(중봉)에 올라 동남방 300여리에 위치한 독도를 육안으로 관측하고 그 형상을 기록에 남겼다. 그의 보고서인 『울릉도사적(鬱陵島事蹟)』은 당시 조선 정부가 독도를 울릉도의 부속 도서이자 수토 대상지로 명확히 인식하고 있었음을 보여주는 결정적 사료이다.

수토사들의 기록에는 당시 울릉도의 자연환경이 상세히 묘사되어 있다. 장한상은 비가 그치고 안개가 갠 날 대관령의 구불구불한 모습과 바다 가운데 있는 독도를 확인하였으며, 섬의 일면에 바다 대나무(海長竹)가 무성하게 자라고 있음을 보고하였다. 이러한 수토 활동은 일본과의 외교 분쟁인 '울릉도 쟁계'5) 과정에서 안용복의 활약과 맞물려, 일본 에도 막부로부터 울릉도와 독도가 조선의 영토임을 인정받는 국제법적 근거를 마련하는 데 기여하였다.

4) 근대 개척사와 초기 정착민의 생활상

19세기 후반, 대외적인 정세 변화에 따라 조선 정부는 500년 넘게 유지해 온 공도 정책을 폐지하고 본격적인 개척에 나섰다. 1882년(고종 19년) 반포된 '울릉도 개척령'6)은 울릉도를 자국민의 거주지로 활성화하여 영토 주권을 공고히 하려는 고종의 강력한 의지가 담긴 조치였다. 이규원 검찰사의 현지 조사를 거쳐 1883년 강원도 출신 주민 16가구 54명이 최초로 입도하면서 근대 개척의 서막이 올랐다.

당시 정부는 개척민들의 정착을 돕기 위해 파격적인 지원을 제공하였다. 강원도 관찰사는 선박 4척과 사공 40명을 동원하여 이주민들을 호송하였으며, 생존과 농경에 필수적인 자원들을 함께 보냈다.

3) 비어있는 섬을 정기적으로 조사하고 관리하는 '수토(搜討) 제도'를 병행하여, 행정권은 유지하려 했다

4) 영장(營將)은 조선 시대 지방 군대인 진영(鎭營)의 우두머리(장관)를 뜻한다.

5) 울릉도 쟁계(鬱陵島爭界)는 17세기 말, 조선과 일본 사이에 울릉도와 독도의 영유권을 두고 벌어진 외교적 분쟁으로, 안용복의 활약으로 일본 막부가 울릉도와 독도가 조선 영토임을 인정하고 자국민의 출입을 금지한 '죽도 도해 금지령'을 내리며 종결된 사건이다. 이 쟁계는 오늘날 독도 영유권 문제의 중요한 역사적 근거가 된다.

6) 1882년(고종 19년) 반포된 '울릉도 개척령'은 조선 정부가 약 400여 년간 유지해 온 공도 정책(空島政策, 섬을 비워두는 정책)을 폐기하고, 울릉도를 정식으로 개발 및 경영하기 위해 내린 명령이다. 이 조치는 당시 일본인들의 울릉도 불법 침입과 벌목 행위가 빈번해지자, 영토 주권을 강화하기 위해 취해진 결정이었다.

지원 항목 분류	세부 내용 및 수량	비고
식량 및 종자	벼 20석, 콩 5석, 조 2석, 팥 1석	초기 농경 기반 마련
가축	암수 소 한 쌍	가축 번식 및 농경력 확보
생활 도구	가마솥, 그릇, 수저, 항아리, 돗자리, 짚신 등	정주 생활 필수품
가공 및 의류	직물, 목수 2명, 대장장이 2명	주거지 구축 및 도구 제작
무기 및 방어	총, 창, 칼, 탄환, 화약 등	맹수 및 외부 침입자 방어

초기 개척민들은 울릉도 유일의 평지인 나리분지에 터를 잡았다. 나리분지는 화구 내부가 함몰되어 형성된 칼데라 지형으로, 주변 산세가 험해 눈이 많이 오는 겨울철에는 철저히 고립되는 환경이었다. 주민들은 이러한 기후에 적응하기 위해 집 외벽에 '우데기'7)라는 방설벽을 설치하고 투막집이나 너와집을 지어 생활하였다. 벼농사가 불가능한 지질 특성상, 이들은 산간 경사지를 화전으로 일구어 옥수수, 감자, 메밀 등을 재배하며 생계를 이어갔다.

2. 울릉 화산섬 밭 농업 체계의 형성과 국가중요농업유산

울릉도의 농업은 척박한 화산 지형과 끊임없는 투쟁 속에서 형성된 지혜의 산물이다. 전체 경작지의 80% 이상이 경사 15도 이상의 가파른 산간 지대에 있어, 전통적인 농법으로는 생존할 수 없었다. 이에 주민들은 경사지를 깎아 만든 단구형 밭이나 경사면을 그대로 활용하는 '화산섬 밭 농업 체계'를 발전시켰다.

초기에는 비옥한 숲을 태워 화전을 일구었으나, 시간이 지나 지력이 떨어지자 주민들은 새로운 대안을 모색했다. 이들은 가파른 경사지에서도 잘 적응하는 소를 키워 축분을 생산하고, 이를 다시 밭의 거름으로 활용하는 자원 순환형 농법을 정착시켰다. 특히 산림 훼손을 최소화하기 위해 농경지를 집약하지 않고 조각 형태로 분산 배치하였으며, 산나물을 재배하여 토양 유실을 방지하는 동시에 경제적 수익을 창출하였다. 이러한 독창적인 농업 방식은 2017년 '국가중요농업유산 제9호'8)로 지정되어 그 가치를 세계적으로 인정받았다.

7) 우데기(집)는 울릉도의 민가에서 본채의 벽 바깥쪽에 외벽인 우데기를 설치한 전통 가옥을 말한다. 다양한 재료를 사용하지만 사용하는 주재료는 억새이다.

8) 2017년 '국가중요농업유산 제9호'로 지정된 것은 '울릉 화산섬 밭농업시스템'으로, 가파른 화산섬 경사지에서 환경에 적응하며 발달한 독특한 밭농업 방식과 문화가 특징이다. 이는 급경사지에 일군 농업 방식의

울릉도 농업의 핵심은 자생 산채류의 재배이다. 부지갱이(섬쑥부쟁이), 산마늘(명이), 미역취, 삼나물(눈개승마), 참고비 등은 울릉도 농업 소득의 85% 이상을 차지하는 주력 작물로 성장하였다. 이 작물들은 화산재 토양의 높은 배수성과 비옥도를 바탕으로 야생의 맛과 향을 유지하며, 울릉도 식문화의 바탕을 이루고 있다.

3. 섬 음식문화의 핵심: 자생 산채와 구황의 지혜

울릉도의 음식문화는 고립된 섬의 환경적 제약을 극복하려는 생존의 의지에서 비롯되었다. 개척 초기, 식량이 부족했던 주민들은 산천에 널려 있는 산나물을 채취하여 끼니를 대신하였다. 가장 대표적인 사례가 바로 '명이나물(산마늘)'이다. 겨울철 비축 식량이 떨어진 시기, 눈이 녹자마자 가장 먼저 돋아나는 산마늘은 굶주림에 허덕이던 주민들의 목숨(命)을 이어주었다고 하여 이러한 이름이 붙여졌다.

나리분지의 지명 역시 주민들이 섬말나리의 뿌리를 캐 먹으며 연명했다는 사실에서 유래했다. 벼농사가 극히 제한되었던 울릉도에서 주민들은 쌀 대신 옥수수와 감자를 주식으로 삼았으며, 여기에 산나물을 섞어 죽이나 범벅을 만들어 먹었다. 특히 눈이 많이 오는 겨울철을 대비해 제철에 채취한 나물을 삶아 말리거나(건나물), 소금과 간장에 절이는(장아찌) 저장 식품 문화가 발달하였다.

4. 울릉도 전통 향토 음식의 체계

울릉도의 음식은 산의 풍요로움과 바다의 신선함이 조화를 이루는 특징을 지닌다. 쌀이 귀했던 시절의 고단함이 서린 구황 음식부터, 현대의 미식 자원으로 거듭난 별미까지 다양한 스펙트럼을 보여준다.

이러한 음식들은 단순히 영양 섭취의 수단을 넘어, 울릉도 주민들의 공동체적 유대감과 정체성을 확립하는 문화 매개체 역할을 해왔다. 특히 2017년 도널드 트럼프 미국 대통령 방한 당시 청와대 만찬에 올랐던 '독도새우'는 울릉도와 독도의 해양 자원이 지닌 상징적 가치를

우수성과 지역 문화의 가치를 인정받아 농림축산식품부가 지정했으며, 이후 세계중요농업유산으로도 등재될 가능성을 높인 유산이다.

음식명	주요 식재료	특징 및 문화적 배경
옥수수밥 / 감자밥	옥수수 알갱이, 감자, 소량의 쌀	벼농사 제한으로 인한 주식의 형태
대황밥	해조류 대황, 보리 또는 쌀	파도가 안겨준 식량으로 흉년을 이겨내던 음식
삼나물 육개장	눈개승마(삼나물), 고기	고기 맛이 나는 삼나물의 식감을 활용한 고급 나물 요리
명이 범벅	산마늘(명이), 옥수수가루	배고팠던 시절 목숨을 이어주던 구황 음식의 전형
오징어 누런창찌개	오징어 내장(누런창), 호박	수산 자원을 알뜰하게 활용한 주민들의 지혜
꽁치경단 물엉겅퀴국	꽁치, 물엉겅퀴	바다의 단백질과 산의 식이섬유가 만난 영양식

전 세계에 알리는 계기가 되었다.

5. 독도의 수산업 역사와 해양 자원의 정체성

독도는 울릉도 주민들에게 어머니와 같은 바다이자 풍요로운 자원의 창고였다. 조선 시대 수토사들은 독도 주변 바다에 수많은 물고기와 해조류가 서식하고 있음을 기록하였으며, 이는 울릉도 주민들이 독도를 생활권의 일부로 인식하게 된 배경이 되었다. 독도 해양 생태계의 비극이자 가장 큰 아픔은 '독도 강치(바다사자)'의 멸종사이다.

독도는 과거 수만 마리의 강치가 서식하던 세계적인 서식처였으나, 1900년대 초 일본인 어부 나카이 요자부로가 일제의 묵인 아래 무분별한 남획을 자행하면서 개체 수가 급감하였다. 일본은 강치 가죽과 기름을 얻기 위해 1904년 이후 8년 만에 초기 개체 수의 30% 이하인 8,500마리까지 도살하였으며, 이러한 반문명적 행위는 1994년 독도 강치의 공식 멸종 선언으로 이어졌다. 강치 사냥의 역사는 일제의 독도 주권 침탈 과정과 맞물려 있어, 오늘날 독도 영유권 수호의 역사적 정당성을 강조하는 중요한 사례로 인용된다.

강치의 빈자리는 현재 '독도새우'와 '독도게' 등이 채우며 독도의 새로운 식문화 정체성을 형성하고 있다. 도화새우, 가시배새우(닭새우), 물렁각시붉은새우(꽃새우) 등은 극한의 노동 환경 속에서 조업되는 귀한 식재료로, 독도의 실효적 지배를 공고히 하는 상징적 존재로 자리잡았다. 특히 경상북도는 매년 수십만 마리의 어린 독도새우를 방류하여 어족 자원을 회복시키는 동시에, 이를 통해 독도가 한국의 영토임을 세계에 알리는 무언의 외교적 압력으로 활용하고 있다.

6. 울릉도의 민속 신앙과 공동체 문화

울릉도의 혹독한 자연환경과 거친 바다는 주민들이 신앙에 의지하게 하였다. 울릉도의 동제(洞祭)는 산신제(山神祭)와 해신제(해신제)가 병존하는 독특한 양상을 띠는데, 이는 섬이라는 특수성 속에서 농업과 어업을 병행해야 했던 주민들의 삶을 투영한다.

개척 초기 주민들은 산간 지대에서 화전을 일구며 살았기에 산신당을 중심으로 마을의 안녕과 풍년을 기원하였다. 학포의 산왕각(山王閣)과 태하리의 성황당은 이러한 초기 정착민들의 신앙처였다. 특히 태하리의 성하신당(聖霞神堂)은 조선 태종 대 쇄환 정책 당시 섬에 남겨졌던 동남동녀의 슬픈 전설을 간직하고 있으며, 지금까지도 주민들의 정신적 지주 역할을 하고 있다.

현대에 들어서면서 이러한 민속 제례는 단순한 신앙을 넘어 마을 공동체의 결속력을 다지는 축제로 발전하였다. 해신제에서는 울릉군수와 군의회 의장 등이 제관으로 참석하여 어업인들의 안전 조업과 풍어를 기원하며, 제례 후에는 주민들이 음식을 나누며 화합을 다진다. 이러한 전통은 울릉도만의 독특한 정신문화 유산으로서 관광 자원화되고 있다.

7. 현대 도서 개발 정책과 정주 여건의 변화

광복 이후 울릉도와 독도는 국가 영토 수호의 핵심 거점으로 관리되었다. 1952년 평화선 설정[9]과 1953년 독도의용수비대의 조직[10]은 민간 주도의 영토 수호 의지를 보여주는 역사적 사건이었다. 그러나 육지와 격리된 지리적 한계는 인구 유출과 지역 소멸이라는 위기를 불러왔

9) 1952년 평화선 설정은 이승만 대통령이 1월 18일 발표한 '대한민국 인접해양의 주권에 대한 대통령 선언'으로, 독도를 포함한 한반도 주변 해역의 자원과 주권을 보호하기 위해 선포한 해양주권선으로, '이승만 라인(Lee Line)'이라고도 불린다. 이는 일본 어선의 무분별한 조업을 막고, 독도 영유권을 확고히 하며, 한국의 어업권과 해양 자원을 보호하는 조치로, 당시 국제적인 영해 개념(3해리)보다 훨씬 넓은 범위(평균 60해리)를 설정하여 선제적으로 해양 주권을 선언한 역사적 의미가 있다.

10) 1953년 독도의용수비대는 한국전쟁으로 독도 방어가 어려운 틈을 타, 울릉도 청년 홍순칠을 대장으로 33명이 결성하여 일본의 침입에 맞서 독도를 지킨 민간 조직으로, 대장은 홍순칠, 부대장은 황영문 등으로 구성되었으며, 열악한 환경 속에서 일본 순시선을 막고 독도 표석 설치 및 관리, 태극기 게양 등 활동을 펼치다 1956년 경찰에 인계하며 해산했다.

다. 1970년대 3만 명에 달하던 울릉도 인구는 현재 9천 명 수준으로 줄어들었으며, 주민의 66%가 여건이 되면 섬을 떠나고 싶어 할 정도로 정주 여건은 열악하다.

이러한 위기를 타개하기 위해 2023년 말 '국토 외곽 먼 섬 지원 특별법(울릉도 · 독도 지원 특별법)'이 국회를 통과하였다. 이 특별법은 육지에서 50km 이상 떨어진 도서 지역 주민들의 생활 환경을 개선하기 위해 정부가 직접 예산을 지원할 수 있는 법적 근거를 마련한 것이다.

주요 정책 분야	세부 사업 내용	기대 효과
기반 시설 확충	울릉공항 개항(2025 예정), 사동항 3단계 개발	접근성 강화 및 관광객 유입 증대
정주 여건 개선	교육비 지원, 의료 시설 우선 설치, 주민 안전 시설 보강	인구 유출 방지 및 주민 복지 향상
산업 활성화	수산물 복합 센터 착공, K-관광섬 사업(100억 투입)	지역 경제 자생력 확보 및 고용 창출
생태 및 문화 보전	유네스코 생물권 보전 지역 지정 추진	지속가능한 생태 관광 인프라 구축

특히 울릉공항의 개항은 '100만 관광 시대'를 여는 획기적인 전환점이 될 것으로 기대된다. 울릉군은 이를 대비해 수산물 복합 센터를 건립하고 일주도로를 개선하는 등 대대적인 인프라 확충에 박차를 가하고 있다.

8. 식생활 변화와 음식관광의 전략적 가치

현대화와 관광 산업의 발달은 울릉도의 식생활에도 큰 변화를 가져왔다. 과거 생존을 위한 '구황 식량[11]'이었던 산나물과 해산물은 이제 고소득을 창출하는 '미식 관광 자원'으로 탈바꿈하였다. 음식관광은 지역의 농어촌 고령자나 여성들에게 새로운 취업 기회를 제공하고, 지역 경제에 활력을 불어넣는 창의 관광의 핵심 콘텐츠로 각광받고 있다.

울릉도와 독도의 식재료를 활용한 향토음식의 산업화는 단순한 경제적 이득을 넘어, 주민들에게 지역에 대한 정체성과 자긍심을 확립시켜 주는 정서적 안정의 수단이 된다. 명이나물,

11) 구황 식량(救荒食糧)은 흉년이나 기근 시 주식(쌀, 보리 등)이 부족할 때, 가뭄 · 장마 등 척박한 환경에서도 비교적 잘 자라 굶주림을 해결해주는 대체 식량으로, 감자, 고구마, 옥수수 등이 대표적이며, 옛날에는 메밀, 명아주, 쑥, 칡 등도 중요한 구황작물 및 식품으로 활용되었다. 이는 보릿고개나 재난 시 생존을 위한 중요한 식량 자원이었으며, 현대에도 미래 식량으로 주목받고 있다.

삼나물 등 울릉도 고유의 산채는 이제 전국적인 브랜드가 되었으며, 독도새우는 한국을 방문하는 국빈들에게 대접하는 최고의 식재료로 인정받고 있다.

이러한 변화 속에서도 전통적인 음식문화 유산을 보존하려는 노력은 계속되고 있다. 사라져가는 울릉도 옥수수 엿청주나 꽁치 젓갈, 섬말나리 범벅 등의 제조법을 기록하고 복원하는 활동은 울릉도의 역사적 맥락을 잇는 중요한 작업이다. 또한, 울릉도에서 36년 만에 재개된 벼농사(2023년)는 비록 상업적 목적보다는 홍보와 상징적 의미가 크지만, 개척 초기부터 이어져 온 주민들의 오랜 염원과 영토적 지배권을 공고히 하려는 의지를 담고 있다.

9. 종합적 결론 및 미래 전망

경상북도 도서 지역인 울릉도와 독도는 고대 우산국의 해상 패권에서부터 조선의 철저한 수토 정책, 그리고 근대 개척민들의 눈물겨운 정착사를 거쳐 오늘날 대한민국의 영토적 자존심으로 우뚝 섰다. 척박한 화산 지형과 혹독한 기후는 주민들에게 산채 중심의 독특한 식문화와 자원 순환형 농업 체계를 강요했으나, 주민들은 이를 오히려 지역만의 독창적인 자산으로 승화시켰다.

독도 강치의 멸종이라는 아픈 역사를 뒤로하고 독도새우라는 새로운 상징을 만들어낸 것처럼, 울릉도와 독도는 끊임없이 변화하며 새로운 생명력을 불어넣고 있다. 최근 제정된 특별법과 울릉공항 개항은 이 지역을 '국토의 변방'이 아닌 '환동해의 중심 거점'으로 도약시킬 절호의 기회이다. 앞으로 울릉도와 독도는 단순한 관광지를 넘어, 자연 생태와 역사적 숨결, 그리고 독특한 섬 음식문화가 어우러진 세계적인 명품 도서로 발전할 것이다. 이러한 발전의 핵심은 과거 개척민들이 보여주었던 자연과의 공생 지혜를 현대적인 기술 및 정책과 조화시키는 데 있으며, 이는 곧 우리 영토의 실효적 지배를 가장 평화롭고 강력하게 지속하는 방법이 될 것이다.

제2절 경북 섬 식재료의 특징

1. 지질 및 생태적 환경에 따른 식재료의 기원

경상북도의 섬 지역, 특히 울릉도와 독도는 신생대 제3기와 제4기에 걸친 화산 활동으로 형성된 종상화산의 특성을 지니며, 이러한 지질적 기원은 육지와는 완전히 차별화된 식재료의 생태적 토대를 제공한다. 2012년 12월 27일 울릉도와 독도가 국가지질공원으로 인증된 것은 이 지역의 지질학적 가치가 단순한 경관을 넘어 식재료의 성분과 품질을 결정짓는 핵심 변수임을 시사한다. 화산섬 특유의 암석 구성과 그 풍화 과정에서 생성된 토양은 식물의 미네랄 함량에 직접적인 영향을 미치며, 이는 경북 섬 음식관광의 핵심 자산인 산채와 수산물의 독보적인 풍미를 형성하는 근간이 된다.

이처럼 울릉도의 독특한 기후와 지리적 조건에 의해 식재료의 특징이 큰 영향을 받았다. 대륙성 기후와 해양성 기후가 교차하는 독특한 환경은 다른 지역에서는 보기 힘든 고유한 식생을 만들어냈다. 예를 들어, 울릉도의 명물인 '호박엿'의 원재료가 되는 호박은, 울릉도의 화산토양과 큰 일교차 덕분에 다른 지역의 호박보다 훨씬 더 진하고 깊은 단맛을 갖게 되었다. 이는 특정 지역의 '떼루아(Terroir)'[12]가 식재료의 맛을 어떻게 결정하는지를 보여주는 좋은 사례다.

1) 화산 지질과 토양의 화학적 특성

울릉도의 지표는 대부분 현무암과 조면암, 그리고 조면암질 응회암으로 구성되어 있으며, 특히 북면과 울릉읍 일대에는 유백색 내지 백색의 부석층이 광범위하게 분포한다. 이러한 부석층은 물리적으로 풍화에 취약하여 토양층을 형성하기 용이한 조건을 갖추고 있으며, 여기서 형성된 사질양토는 배수성이 뛰어나면서도 화산재 특유의 풍부한 미네랄을 함유하고 있다.

---

12) 떼루아(Terroir)는 원래 프랑스어로 '토양' 또는 '풍토'를 뜻하는 말이지만, 와인이나 커피 등 농산물을 생산하는 데 영향을 미치는 지리적, 기후적, 자연적 환경 요소를 총체적으로 이르는 용어이다. 단순히 토양뿐만 아니라, 햇빛, 바람, 비, 습도, 산세, 경사도 등의 자연 조건과 포도 재배자의 정성, 노하우 등 사람의 요소까지 포함하는 포괄적인 개념이다.

(1) 독도 토양의 산도 변화와 식생 적응

독도의 토양은 산 정상부에서 풍화된 잔적토로 이루어져 있으며, 대부분의 지역에서 토심이 30cm 미만으로 매우 얇다. 독도 토양의 가장 독특한 특징은 계절에 따른 산도(pH)의 극심한 변화인데, 이는 pH 3.36에서 8.02 사이를 오가는 불안정한 특성을 보인다. 이러한 현상은 독도에 집단 서식하는 괭이갈매기의 배설물이 토양에 유입되면서 발생하는 화학적 반응으로 추정된다. 이러한 극한의 산도 변화와 강한 해풍, 염분의 유입은 독도 자생 식물들이 잎을 두껍게 하고 조직을 치밀하게 만드는 생태적 적응을 유도하며, 이는 식재료로서의 강한 향미와 영양적 농축을 가능하게 한다.

<u>식량 수급의 지리적 한계와 메뉴의 고착</u>　울릉도는 육지인 포항으로부터 217km, 묵호로부터 161km 떨어져 있어, 과거 범선 시대에는 물자 이동이 극도로 제한적이었다. 이러한 고립은 외부 식재료의 유입보다는 내부 자원의 극단적인 활용을 강제했으며, 그 결과 홍합이나 따개비처럼 손질이 까다롭고 노동력이 많이 드는 재료들이 주식의 자리에 올랐다. 이는 메뉴가 단순히 기호의 선택이 아닌, 지리적 결정론에 의한 산물임을 보여준다.

(2) 부석질 농토와 뿌리채소의 발달

울릉도 죽도와 같은 지역의 부석질 농토는 특히 더덕과 같은 뿌리채소 재배에 최적화되어 있다. 부석이 섞인 토양은 뿌리의 신장을 방해하지 않으면서도 적절한 산소를 공급하여 더덕의 조직을 연하게 하고 사포닌 함량을 높이는 결과를 가져온다. 이러한 지질적 특징은 울릉도 더덕이 육지산에 비해 향이 강하고 식감이 뛰어난 원인이 된다.

2) 해양성 기후와 다설 환경의 영향

울릉도와 독도는 난류의 영향을 강하게 받는 해양성 기후를 띠며, 연평균 기온은 약 14도 수준을 유지한다. 겨울철 기온이 비교적 온난하지만 지형적 특성상 발생하는 다설(多雪) 현상은 식재료의 생육 주기에 결정적인 역할을 한다.

(1) 저온 수분 유지와 산채의 품질

울릉도의 산채류는 4월부터 5월까지 고지대에 쌓인 눈 속에서 저온 상태를 유지하며 수분을 공급받는다. 이러한 환경은 식물이 갑작스러운 기온 상승에 노출되지 않도록 보호하며, 눈 속에서 서서히 싹을 틔우는 과정에서 조직이 부드러워지고 당도가 높아지는 효과를 낳는다. 육지의 하우스 재배 산채와 달리 울릉도 산채가 100% 자연 상태의 노지 재배 방식을 유지할 수 있는 것은 이러한 기후적 혜택 덕분이다.

(2) 일조량과 향미의 상관관계

울릉도는 지형적 특성상 안개가 잦고 일조량이 일정하지 않은 경우가 많다. 식물은 부족한 일조량 조건에서 광합성 효율을 높이기 위해 잎의 성분을 변화시키는데, 이 과정에서 그윽한 향기가 진하게 형성된다. 이는 육지의 취나물과 울릉도 미역취를 비교했을 때 씹는 맛과 향에서 큰 차이가 발생하는 과학적 근거가 된다.

3) 해류의 교차와 수산 생태계의 다양성

독도와 울릉도 주변 해역은 남쪽에서 북상하는 동한난류와 북쪽에서 남하하는 북한한류가 만나는 조경수역이다. 이러한 해류의 교차는 한대성 어종과 온대성 어종이 혼합되어 서식하는 환경을 조성하며, 풍부한 해조류 군락을 형성하여 수산 식재료의 종 다양성을 확보한다.

구분	주요 특징	식재료에 미치는 영향
지질	화산암, 부석층, 현무암	미네랄 함량 증대, 배수성 강화
토양	pH 3.36~8.02 변동, 잔적토	조직의 치밀함, 영양 성분 농축
기후	해양성 기후, 다설(多雪)	연한 식감, 고유의 향미 발달
해류	난류와 한류의 교차	수산물의 종 다양성 및 신선도 유지

2. 산채류의 식물학적 특성과 영양적 가치

울릉도의 밭 농업은 척박한 급경사지를 개간하여 형성된 독특한 농업 유산으로, 2017년 국가중요농업유산 제9호로 지정되었다. 이곳에서 생산되는 산채류는 단순한 식용 식물을 넘어 지역의 역사와 생존 지혜가 담긴 핵심 식재료이다.

1) 명이나물(산마늘)의 고유성과 약리 효과

명이나물은 울릉도 개척민들의 목숨을 이어준 구황식물로서의 역사를 지닌다. 울릉도산 산마늘은 강원도산 등 육지 품종과 형태적으로 명확히 구분되는데, 울릉도산은 잎이 넓고 둥근 반면 육지산은 잎이 길고 좁은 것이 특징이다.

(1) 성분 구성과 기능성

명이나물은 마늘 특유의 향을 내는 유황 성분을 함유하고 있으며, 비타민과 무기 성분이 풍부하다. 특히 식중독균에 대한 항균 효과와 인체 내 비타민 B의 흡수를 촉진하는 기능이 탁월하여 자양강장제로 활용된다. 또한, 항혈전 작용과 혈당 강하 효과가 밝혀짐에 따라 건강 기능성 식품으로서의 가치가 높게 평가받고 있다.

(2) 저장성 극복을 위한 가공 기술

명이나물은 생채 상태에서의 저장성이 매우 약하다는 단점이 있다. 이를 극복하기 위해 울릉도에서는 전통적으로 간장 절임 방식을 사용해 왔으며, 이는 현재 육지로 판매되는 주요 가공 형태가 되었다. 최근에는 장아찌 외에도 김치, 쌈, 튀김, 샐러드 등 다양한 미식 메뉴로 개발되어 관광객들에게 제공되고 있다.

2) 부지갱이(섬쑥부쟁이)의 산업적 가치와 영양

부지갱이는 울릉도 산채 중 가장 생산량이 많으며, 농가의 주 소득원으로 자리 잡고 있다. 임산물 지리적 표시 제8호로 등록되어 법적 권리를 보호받고 있는 이 작물은 울릉도의 밭 농업을 지탱하는 일등 공신이다.

(1) 영양 성분 분석 데이터

부지갱이는 비타민 A와 C가 매우 풍부하며, 단백질, 지방, 당질, 섬유질, 칼슘, 인 등을 고루 함유하고 있다. 특히 전초에는 사포닌이, 뿌리에는 프로사포게닌 성분이 포함되어 있어 면역력 증진에 도움을 준다.

주요 성분	부지갱이 함량(건조 분말 기준)	영양학적 기능
조단백질	15~29%	세포 성장 및 면역 유지
Thiamin	113mg%	탄수화물 대사 및 신경계 지원
조회분	8.7~10.5%	무기질 공급 및 체액 조절
지방산(Linolenic acid)	전체 지방산의 약 60%	혈행 개선 및 항염 작용

(2) 인지능력 개선 및 약용 활용

최근 연구에 따르면 부지갱이는 인지능력 개선에 유의미한 효과가 있는 것으로 확인되었다. 민간에서는 해열제나 이뇨제로 사용해 왔으며, 지상부는 소염과 천식 치료에도 활용된다. 울릉군은 이러한 부지갱이의 성분을 활용하여 만두와 같은 냉동 식품군으로 제품화를 시도하며 시장 확대를 도모하고 있다.

3) 삼나물(눈개승마)과 울릉미역취의 특성

삼나물은 인삼, 고기, 두릅의 세 가지 맛이 난다 하여 붙여진 이름으로, 울릉도 고지대에서 자생하는 대표적인 고급 산채이다.

(1) 삼나물의 화학적 조성

삼나물은 일반 성분 중 조단백질 함량이 29%에 달해 식물성 단백질 공급원으로서 우수하다. 특히 Riboflavin 함량이 90mg%로 다른 산채(2~3mg%)에 비해 압도적으로 높으며, 카테킨 성분인 (−) EGC[13]를 함유하고 있어 항산화 효과가 기대된다. 주요 유기산으로는 Succinic acid와 Citric acid가 검출되어 특유의 감칠맛과 산미를 형성한다.

(2) 울릉미역취의 변종 특성

울릉미역취는 전국에서 자생하는 미역취의 변종으로 울릉도에서만 재배되는 고유종이다. 고유의 진한 향취가 특징이며, 병충해에 강하고 연간 수확 횟수가 많아 경제성이 뛰어난 작물

---

13) 녹차의 주요 카테킨 성분 중 하나인 (−) EGC는 에피갈로카테킨(Epigallocatechin)을 의미한다. Epigallocatechin(에피갈로카테킨)의 약자로, 녹차에 함유된 폴리페놀(카테킨)의 일종이다. 구조적으로는 에피갈로카테킨 갈레이트(EGCG)에서 갈레이트(gallate) 그룹이 빠진 형태이다. (−)는 카테킨 분자의 입체 구조가 에피(epi) 구조(cis 형태)임을 나타내는 광학 이성질체 표기이다.

이다. 주로 봄철의 어린 잎과 줄기를 산채로 이용하며, 약용으로는 감기, 두통, 황달 치료에 쓰인다.

3. 수산 식재료의 분포와 품질적 차별성

울릉도와 독도의 수산물은 한난류의 교차와 심해의 청정 환경이 만들어낸 최고의 미식 자원이다. 특히 오징어와 독도새우는 경북 섬 음식관광의 정체성을 상징하는 품목이다.

1) 울릉도 오징어의 산업적 특성과 조업 시스템

울릉도 오징어 조업은 1902년경부터 시작되어 섬의 근현대사를 상징하는 브랜드로 성장했다. 울릉도 오징어가 타 지역산에 비해 우수한 품질을 유지하는 핵심 비결은 당일 조업(Day-catch) 방식에 있다.

(1) 당일 조업의 과학적 의의

울릉도 어선들은 대부분 15톤 미만의 소형 어선으로, 육지에서 30~50해리 이내의 근해에서 조업한다. 오후에 출항하여 다음 날 새벽에 복귀하는 이 방식은 오징어의 신선도를 극대화한다. 신선한 오징어는 육질이 탄력 있고 단맛이 강하며, 무엇보다 부산물을 식재료로 활용할 수 있는 상태를 유지한다.

(2) 오징어 내장과 부산물 식문화

신선도가 보장되는 당일 조업 덕분에 울릉도에서는 오징어 내장(생식소)을 활용한 오징어 내장탕과 간을 이용한 오징어 누런창 찌개와 같은 독특한 향토 음식이 발달했다. 이는 수산 자원의 완전 활용 측면에서 높은 가치를 지니며, 관광객들에게 울릉도에서만 맛볼 수 있는 특별한 경험을 제공한다.

2) 독도새우의 종별 특징과 미식적 가치

독도새우는 독도 인근 수심 150m에서 300m 사이의 심해에서 통발로 조업되는 새우들을 통칭하며, 도화새우, 물렁가시붉은새우(꽃새우), 가시배새우(닭새우)가 이에 해당한다.

(1) 심해 환경과 육질의 상관관계

독도새우는 연안 새우와 달리 차가운 고압의 심해에서 서식하기 때문에 서식 환경에 맞춰 껍질이 단단하고 색상이 진하다. 심해 미생물을 먹고 자란 이들은 단백질과 아미노산 함량이 높아 맛이 깊고 풍부하며, 회로 섭취했을 때 특유의 쫄깃하고 쫀쫀한 식감을 제공한다.

(2) 조업의 난이도와 희소성

독도새우 조업은 300m 심해에서 통발을 끌어올리는 과정에서 수온 관리가 생명이다. 수온이 조금만 상승해도 새우가 폐사하기 때문에 매우 정교한 기술과 노동력이 요구되며, 이는 독도새우의 높은 시장 가격과 희소성을 형성하는 요인이 된다. 특히 도화새우는 크기가 가장 크고 어획량이 매우 적어 최고급 식재료로 대우받는다.

3) 홍합과 따개비의 생태적 특성

울릉도 해안의 암초지대에서 채취되는 홍합과 따개비는 섬 주민들의 단백질 공급원이자 주요 미식 자원이다.

(1) 울릉도 홍합의 물리적 특징

울릉도 홍합은 수심 20m 이상의 깊은 바다에서 자생하며, 어른 손바닥만 한 크기로 육지의 양식 홍합과는 확연히 다르다. 해녀나 다이버들이 직접 손으로 채취하며, 육질이 붉고 맛이 쫄깃하여 홍합밥의 핵심 재료로 사용된다.

(2) 따개비의 식재료 활용

따개비는 과거 쌀이 부족했던 시절 밥의 양을 늘리기 위해 섞어 먹던 식습관에서 유래하여 현재는 따개비밥, 따개비칼국수 등 울릉도를 대표하는 별미로 정착했다. 청정 해역의 바위에 붙어 자라는 따개비는 특유의 감칠맛과 바다 향을 지니고 있어 관광객들의 선호도가 높다.

4. 제도적 관리와 지역 경제적 가치

경북 섬 식재료의 우수성을 유지하고 이를 관광 산업과 연계하기 위한 다양한 정책적 노력이 진행되고 있다.

1) 국가중요농업유산 및 지리적 표시제

울릉도의 화산섬 밭 농업은 급경사지에서의 순환적 공생 농업 가치를 인정받아 국가중요농업유산으로 지정 관리되고 있다. 또한, 부지갱이 등 주요 산채는 지리적 표시제를 통해 명성과 품질을 법적으로 인증받고 있으며, 이는 브랜드 이미지 제고와 농가 소득 증대로 이어진다.

2) 수산물 유통 및 지원 정책

최근 오징어 어획량 급감으로 인한 지역 경제 위기를 극복하기 위해 울릉군은 수산물 복합센터 착공과 물류비 지원 사업을 전개하고 있다. 특히 2025년까지 농수산물 내항화물 수송운임 지원을 통해 섬 식재료의 가격 경쟁력을 확보하려는 정책을 시행하였다.

제도적 보호 현황	대상 품목/지역	기대 효과
국가중요농업유산 제9호	울릉 화산섬 밭 농업	전통 농법 보전 및 관광 브랜드화
지리적 표시제 제8호	부지갱이(섬쑥부쟁이)	지식재산권 보호 및 품질 신뢰도 확보
국가지질공원 인증	울릉도 및 독도 전역	지질 자원과 연계한 식재료 스토리텔링
수산물 수송운임 지원	오징어 등 전 수산물	유통 비용 절감 및 시장 점유율 유지

3) 음식관광 활성화와 지역 공동체

음식관광은 지역의 고유한 식재료를 매개로 관광객과 주민이 소통하는 문화적 행위이다. 울릉도와 독도의 식재료를 활용한 향토음식의 상품화는 지역 고령자와 여성에게 새로운 고용기회를 제공하며, 사라져가는 지역의 식문화를 복원하고 보존하는 데 기여한다. 이는 지역 경제 활성화와 주민들의 정체성 확립에 중요한 역할을 한다.

5. 환경 변화와 식재료의 지속가능성 과제

기후 변화는 경북 섬 지역의 식재료 생산 기반에 심각한 위협이 되고 있다. 특히 동해안의 수온 상승은 기존 수산 자원의 분포를 변화시키고 있다.

1) 기후 변화와 수산 자원의 변동

오징어 어획량은 2000년대 초반 대비 90% 이상 감소하는 등 급격한 내림세를 보이고 있다. 이는 수온 상승으로 인한 어장의 북상과 남획이 복합적으로 작용한 결과이다. 이에 대응하여 아열대 어종 등 새로운 수산 자원의 발굴과 양식 산업 자립 기반 조성이 시급한 과제로 대두되고 있다.

2) 농업 자원의 지속가능한 관리

산채류도 기후 변화로 인한 생육 주기 변화와 병충해 발생 위험이 존재한다. 울릉도는 100% 노지 재배 방식을 고수하며 자연의 혜택을 이용해 왔으나, 안정적인 수급을 위한 과학적 모니터링과 종자 보존 노력이 강화되어야 한다.

3) 결론 및 정책적 제언

경북 섬 식재료는 지질, 기후, 해류라는 자연적 조건과 주민들의 오랜 지혜가 결합되어 탄생한 독보적인 자원이다. 산채류의 영양학적 우수성과 수산물의 뛰어난 신선도는 섬 음식관광의 핵심 경쟁력이다. 향후 지속가능한 음식관광을 위해서는 첫째, 기후 변화에 대응한 수산 및 농업 생산 체계의 고도화가 필요하다. 둘째, 지리적 표시제와 국가중요농업유산을 결합한 통합 브랜드 마케팅을 강화해야 한다. 셋째, 생산자인 어민과 농민의 권익을 보호하고 지역 주민의 삶의 질을 향상시키는 균형 잡힌 정책 지원이 수반되어야 한다. 이러한 노력을 통해 울릉도와 독도의 식재료는 대한민국을 대표하는 K-Islands 미식 콘텐츠로서 그 가치를 확고히 할 수 있을 것이다.

제3절 경북 섬 음식의 메뉴 분석

경상북도 섬 지역, 특히 울릉도와 독도의 식문화는 한반도 본토와는 차별화된 독자적 진화 과정을 거쳐 왔다. 이는 화산섬이라는 지질학적 특수성과 고립된 지리적 환경이 결합되어 나타난 결과로, 초기 개척민들의 생존을 위한 구황 식재료가 현대의 미식 관광 자원으로 변모한 독특한 사례를 보여준다. 경북 섬 음식의 메뉴 분석은 단순히 개별 요리의 맛과 형태를 기술하는 것을 넘어, 섬의 역사, 생태계, 그리고 지역 경제의 역학 관계를 포괄하는 다층적인 접근이 필요하다.

울릉도의 식문화는 삼무오다(三無五多)라는 지역적 상징성 속에서 이해된다. 도둑, 뱀, 공해가 없는 청정 환경과 미인, 물, 바람, 돌, 향나무가 많은 자연 조건은 식재료의 순수성을 보장하는 핵심 기반이다. 이러한 환경에서 채취된 식재료들은 육지의 것과는 크기와 성분에서 확연한 차이를 보이며, 이는 울릉도 메뉴만의 강력한 시장 경쟁력을 형성하는 근거가 된다.

1. 메뉴의 역사적 기원과 변용

울릉도 메뉴의 뿌리는 1883년 고종의 개척령 이후 이주한 정착민들의 생존 전략에 닿아 있다. 당시의 척박한 환경은 오늘날 우리가 즐기는 고급 별미들을 '구황 식품'이라는 생존의 도구로 탄생시켰다.

1) 구황 식품으로서의 초기 식단 구성

울릉도는 경사가 급한 화산 지형으로 인해 평지가 극히 드물어 논농사가 거의 불가능했다. 이러한 지형적 제약은 쌀을 제사나 명절에만 먹을 수 있는 귀한 식재료로 만들었으며, 부족한 곡물을 보충하기 위해 주변에서 흔히 구할 수 있는 해산물과 산나물을 밥에 섞어 양을 늘리는 방식이 정착되었다.

(1) 해산물 혼합 밥의 정착 배경

홍합밥과 따개비밥은 이러한 식량 부족 상황을 해결하기 위한 고육지책이었다. 초기 정착민들은 귀한 쌀의 소비를 줄이기 위해 씨알이 굵은 참담치(홍합)나 지천에 널린 따개비를 채취하여 밥과 함께 지어 먹었다. 이는 현대에 이르러 재료의 풍미가 밥알 하나하나에 배어드는 독특한 조리법으로 승화되어, 울릉도를 대표하는 시그니처 메뉴로 자리 잡았다.

(2) 명이나물의 명명과 생존의 역사

명이나물의 정식 명칭은 산마늘이지만, 울릉도에서는 '명(命)'을 이어준 나물이라는 뜻으로 명이로 불린다. 개척 당시 겨울철 식량이 바닥난 상황에서 눈을 뚫고 돋아난 이 나물을 먹으며 굶주림을 면했던 역사가 메뉴 명칭 자체에 투영되어 있다. 이는 음식 메뉴가 단순한 소비재가 아닌, 지역의 서사를 담은 문화적 아카이브임을 증명한다.

2) 관광 메뉴로의 상업화 과정

가정 내 구황 식단이었던 울릉도 음식이 상업적 관광 메뉴로 전환된 것은 1990년대 이후 관광객의 유입이 본격화되면서부터이다.

(1) 민박 기반 식문화의 확산

10여 년 전 한 민박집에서 손님들에게 내어주던 홍합밥과 지역 밑반찬이 입소문을 타면서 전문 식당들이 생겨나기 시작했다. 이는 지역 주민의 일상식이 관광객의 요구에 맞추어 상업화된 전형적인 사례로, 초기에는 소박한 상차림이었으나 점차 메뉴의 다양성과 전문성을 갖추게 되었다.

2. 주요 식재료 기반 메뉴 분석

경북 섬 음식 메뉴는 크게 해산물, 산채, 축산물의 세 가지 축으로 구성된다. 각 식재료는 울릉도만의 지질학적, 기후적 특성에 최적화되어 있다.

1) 해산물 기반 주식 및 별미 메뉴

울릉도 해산물 메뉴의 핵심은 수심 깊은 곳에서 채취되는 원재료의 희소성에 있다. 육지의 양식 해산물과는 비교할 수 없는 크기와 밀도가 메뉴의 가치를 결정한다.

(1) 울릉도 홍합(참담치) 요리 분석

울릉도 홍합은 육지의 진주담치와 달리 수심 20m 이상의 깊은 바다에서 해녀나 다이버가 수작업으로 채취하는 토종 홍합이다. 어른 손바닥만 한 크기의 이 홍합은 쫄깃한 육질과 진한 향이 특징이며, 홍합밥은 이를 주재료로 하여 참기름과 진간장으로 밑간을 해 짓는다. 결국, 울릉도 홍합은 국물용 부재료가 아닌 메뉴 그 자체로서의 주 재료적 지위를 확보하고 있음을 알 수 있다.

구분	울릉도 홍합(참담치)	일반 홍합(진주담치)
채취 환경	수심 20m 이하 자생	갯가 및 양식장
채취 방식	잠수 및 직접 수집	기계 및 도구 채취
물리적 특성	대형 크기, 단단한 껍질	소형 크기, 얇은 껍질
식감 및 맛	쫄깃하고 진한 바다 풍미	부드럽고 가벼운 맛

(2) 따개비 활용 메뉴의 다변화

따개비는 삿갓조개라고도 불리며, 울릉도에서는 전복과 유사한 맛과 식감을 가진 식재료로 평가받는다. 따개비밥, 따개비칼국수, 따개비죽 등 다양한 형태로 소비되며, 특히 필수 아미노산인 아르지닌 성분이 풍부하여 관광객들에게 피로 회복을 위한 웰빙 메뉴로 소구되고 있다.

따개비 조리 공정의 특이성 따개비는 크기가 작고 석회질 껍질을 제거하는 과정이 매우 번거로워 육지에서는 상업화가 어려운 재료이다. 그러나 울릉도에서는 이를 정성스럽게 손질하여 내장까지 포함된 진한 육수를 내어 조리함으로써, 녹색 빛을 띠는 고유의 색감과 맛을 구현해 냈다.

따개비 육수의 과학적 풍미 분석 따개비 요리의 핵심은 그 내장에서 우러나오는 독특한 감칠맛과 시각적인 녹색 빛에 있다. 따개비를 삶아낸 뒤 알맹이를 분리하고, 그 육수를 다시

졸여 밥물이나 국물로 활용하는 과정은 서양의 부야베스(Bouillabaisse)나 일본의 전복죽과 궤를 같이하는 고급 조리 기법이다. 이러한 조리 방식은 재료의 물리적 크기는 작지만 그 농축된 에너지를 효과적으로 섭취하기 위한 주민들의 오랜 경험에서 비롯되었다.

2) 산채(Wild Greens) 중심 메뉴 분석

울릉도의 화산토와 풍부한 수분은 육지의 나물보다 향이 진하고 육질이 부드러운 산나물을 길러낸다. 이는 약초 수준의 영양 성분을 함유하고 있어 산채 정식의 가치를 높인다.

(1) 삼나물(눈개승마)의 미식적 가치

삼나물은 인삼, 두릅, 소고기의 세 가지 맛이 난다고 하여 붙여진 이름으로, 고기 같은 식감을 가진 것이 특징이다. 사포닌 성분이 풍부하여 건강 지향적 관광객들에게 인기가 높으며, 주로 무침이나 산채비빔밥의 핵심 고명으로 사용된다.

(2) 부지갱이와 미역취의 상차림 역할

부지갱이(섬쑥부쟁이)와 미역취는 울릉도 산채정식의 양적, 질적 기반을 형성한다. 이들은 장아찌나 나물무침 형태로 제공되며, 해산물의 짠맛과 조화를 이루어 상차림의 균형을 맞춘다. 특히 명가식당과 같은 사례를 보면, 지역 매실청을 활용한 저염 장아찌 기법을 도입하여 원재료의 향을 보존하는 현대적 변용을 보여준다.

3) 부산물의 창조적 활용: 오징어내장탕

오징어내장탕은 울릉도 식문화의 자원 순환적 측면을 가장 잘 보여주는 메뉴이다. 9~11월 오징어 조업기 이후 남는 하얀 내장(곤이)을 무와 콩나물, 청양고추와 함께 끓여낸 이 탕은 비린내 없이 시원한 맛으로 정평이 나 있다. 이는 과거 버려지던 부위를 훌륭한 해장 및 숙취 해소용 메뉴로 승화시킨 사례로, 현재는 도동항 주변 식당가의 핵심 수익원이 되고 있다.

3. 프리미엄 및 미래 지향적 메뉴 분석

최근 경북 섬 음식관광은 고부가가치 식재료의 브랜드화와 푸드테크의 결합을 통해 새로운 국면을 맞이하고 있다.

1) 독도새우의 브랜드화와 미식적 가치

꽃새우, 닭새우, 도화새우를 통칭하는 독도새우는 독도라는 상징적 명칭과 결합하여 최고의 프리미엄 메뉴로 등극했다. 심해 냉수대에서 자란 이 새우들은 뛰어난 감칠맛과 시각적 화려함을 제공한다.

(1) 독도새우 배양육 개발과 지속가능성

자원 고갈 및 가격 변동성에 대응하기 위해 독도새우의 줄기세포를 활용한 배양육 개발이 시도되고 있다. 이는 생산 단가를 낮추고 사계절 내내 균일한 품질의 독도새우 버거, 파스타 등의 융복합 메뉴를 공급할 수 있는 토대를 마련할 것으로 기대된다.

배양육 기술의 지역 경제 파급 효과　셀미트[14)]가 추진 중인 독도새우 배양육 공장 건립과 메뉴 개발은 지역 경제에 두 가지 측면에서 기여할 수 있다. 첫째, 기상 악화로 조업이 불가능한 시기에도 안정적인 메뉴 공급이 가능해져 관광 식당들의 운영 안정성을 높인다. 둘째, '독도'라는 상징적 브랜드를 활용한 고부가가치 퓨전 메뉴(예: 독도새우 타코, 콜드파스타)를 통해 MZ세대의 유입을 가속화할 수 있다.

2) 울릉 약소 및 칡소 메뉴의 경쟁력

섬바디와 같은 약초를 먹고 자란 울릉 약소는 일반 소고기와 차별화된 향과 낮은 지방 함량을 자랑한다. 이는 단순한 육류 소비를 넘어 지역의 생태 자원을 섭취한다는 상징성을 지니며,

14) 셀미트(CellMEAT)는 세포 배양 기술을 활용해 '독도새우 배양육'을 개발하고 있으며, 2024년 말에는 무혈청 배양 배지로 만든 독도새우 배양육을 선보이고 상용화를 추진 중이며, 2025년 상반기에는 생산 공장을 가동하여 연간 100톤 생산 능력을 목표로 하였다. 이는 국내 최초의 수산물 배양육 제품 승인을 목표로, 승인 시 실험실에서 키운 독도새우를 맛볼 수 있게 될 전망이다.

명이나물과의 궁합을 강조하는 스토리텔링을 통해 소비 가치를 극대화하고 있다.

4. 메뉴의 경제적 구조 및 가격 분석

울릉도 식당의 메뉴 가격은 지리적 고립에 따른 물류비용과 채취 과정의 고위험성을 반영하여 육지 대비 높게 형성되어 있다.

아래 내용으로 할 때, 기본 식사 메뉴가 1만 원대 중반에서 시작하는 구조는 울릉도 음식이 저가형 대중 음식보다는 중고가형 체험 메뉴로서의 성격이 강함을 시사한다.

주요 메뉴	가격대(원)	비고 및 구성
홍합밥	15,000~17,000	2인 이상 주문 필수, 10여 종 반찬 포함
따개비밥	15,000~17,000	참기름과 진간장 기반의 별미 밥
산채비빔밥	10,000~13,000	나리분지 등 산간 지역 특화
오징어내장탕	10,000~14,000	맑은 지리 형태, 해장용 선호도 1위
따개비칼국수	10,000~12,000	면류 중심의 간편 식사 메뉴
삼나물무침	25,000~30,000	안주 및 추가 선택 메뉴

5. 전문가 및 실무자적 관점에서의 제언

경북 섬 음식 메뉴의 지속가능성을 확보하기 위해서는 생산자 보호와 소비자 만족 사이의 균형을 맞추는 정책적 접근이 필요하다.

1) 자원 보존과 메뉴 개발의 조화

따개비와 홍합 등 자연 채취에 의존하는 식재료는 조업 환경에 따른 공급 불균형이 심하다. 이를 극복하기 위해 냉동 보관 및 가공 기술의 표준화가 필요하며, 동시에 자원 고갈을 막기 위한 채취 제한 구역 설정 등 어민·생산자 보호 대책이 병행되어야 한다.

2) 스토리텔링 기반의 융복합 메뉴 육성

단순한 식사를 넘어 김태윤 셰프와 같은 전문가와의 협업을 통해 울릉도 식재료를 글로벌 감각으로 재해석한 파인다이닝 코스 개발이 확대되어야 한다. 독도새우 카르파초나 칡소 스테이크와 같은 메뉴는 울릉도 식문화의 스펙트럼을 넓히고 젊은 층과 외국인 관광객의 유입을 촉진할 수 있는 강력한 도구가 될 것이다.

파인다이닝 코스는 '좋은 / 고급스러운(fine)' 식사(dining)를 뜻하며, 고급 식재료와 예술적인 플레이팅, 최상의 서비스를 갖춘 격식 있는 레스토랑에서 에피타이저부터 메인, 디저트까지 순서대로 제공되는 정찬을 의미한다. 단순히 비싼 음식이 아닌, 음식의 맛, 분위기, 서비스, 스토리가 조화를 이루는 총체적인 미식 경험을 제공하는 것이 특징이다.

파인다이닝 코스의 주요 특징

- 고급 식재료: 트러플, 캐비어 등 최고급 식자재를 사용하여 요리의 맛과 가치를 높인다.
- 코스 요리: 샐러드, 수프, 생선, 육류, 디저트 등 여러 단계의 요리가 정해진 순서에 따라 제공된다.
- 예술적인 플레이팅: 요리가 하나의 예술 작품처럼 아름답게 담겨 시각적인 즐거움을 더한다.
- 최상의 서비스: 훈련된 전문 직원이 요리 설명, 와인 페어링(짝짓기) 등 격조 높은 서비스를 제공한다.
- 고급스러운 분위기: 세련된 인테리어와 격식 있는 분위기 속에서 식사를 즐길 수 있다.
- 긴 식사 시간: 요리가 순서대로 나오기 때문에 여유롭고 긴 시간 동안 식사를 경험한다.
- 다양한 장르: 양식뿐만 아니라 한식, 일식, 중식 등 다양한 종류의 파인다이닝이 존재한다.

쉽게 말해, 파인다이닝 코스는 특별한 날을 기념하거나 최고의 맛과 경험을 원할 때 찾는, 음식과 서비스, 분위기가 완벽하게 조화된 '미식의 정수'라고 할 수 있다.

3) 가격 정당성 확보를 위한 서비스 품질 향상

높은 메뉴 가격에 대한 관광객의 심리적 저항을 줄이기 위해서는 2인 이상 주문 강요 문화를 지양하고, 1인 여행객을 위한 메뉴 구성을 다양화해야 한다. 또한, 식재료의 출처와 영양

성분을 명확히 고지하여 '비싼 한 끼'가 아닌 '건강한 체험'으로서의 가치를 인식시켜야 한다.

경북 섬 음식의 메뉴는 척박한 자연이 선사한 결핍의 산물이자, 이를 지혜롭게 극복한 주민들의 삶의 기록이다. 이러한 역사적, 생태적 자산을 현대적 미식 트렌드와 결합하여 체계적으로 관리할 때, 경북 섬 음식관광은 지역 경제의 견고한 축으로 기능할 수 있을 것이다.

4) 지역 고유 식문화 보전을 위한 제도적 과제

산채비빔밥의 진미를 제공하는 나리분지의 야영장식당이나 산마을식당 같은 전문점들은 울릉도 고유의 맛을 지키는 최후의 보루이다. 이들이 사용하는 삼나물, 미역취 등의 원가 부담을 낮추기 위한 지자체의 산채 재배 단지 지원 사업과, 이를 활용한 메뉴를 표준화하는 '울릉도 맛 명인' 지정 제도의 도입이 검토되어야 한다. 이는 지역의 문화 자산이 상업적 경쟁에 밀려 변질되는 것을 막는 방어 기제가 될 것이다.

결론적으로 경북 섬 음식 메뉴 분석은 지질, 역사, 경제, 기술이 융합된 복합적인 결과물을 탐구하는 과정이다. 주민과 어민의 관점에서는 생계와 자원 보존의 균형을, 관광객 관점에서는 희소한 경험의 가치를 제공하는 이 메뉴들은 향후 글로벌 미식 관광 시장에서 경상북도를 상징하는 핵심 콘텐츠로 성장할 잠재력이 충분하다.

10장

강원도의 섬 음식관광 현황 분석

한반도의 등줄기인 태백산맥을 넘어, 동해안의 강원도는 남해나 서해처럼 수많은 섬이 흩뿌려진 다도해는 아니지만, 험준한 산맥이 내륙과의 길을 막고, 거친 동해의 파도가 외부와의 교류를 제약했던 독특한 지리적 환경을 가지고 있다. 이러한 환경은 강원도의 해안 지역과 29개(무인도서 29개)의 작은 무인도서처럼 강원도민은 실제 섬과 다름없는 '고립'과 '자급자족'의 문화를 형성하게 했다. 따라서 강원도의 섬 음식관광을 이해하는 것은, 섬이라는 지리적 정의를 넘어, 험난한 자연환경에 적응하며 살아온 강원 사람들의 강인한 역사와 문화를 이해하는 것과 같다.

첫째, '교통의 불편함과 외부와의 단절'은 강원도 해안 지역의 생활양식을 규정하는 가장 중요한 배경이었다. 태백산맥이라는 거대한 장벽은, 근대 이전까지 강원도의 해안(영동)과 내륙(영서)을 거의 다른 세상으로 만들었다. 육로 교통이 워낙 험난했기에, 해안 마을들은 오히려 바닷길을 통해 서로 교류하는 것이 더 수월했다. 이러한 지리적 고립은 자급자족적인 생활 방식을 강요했다. 주민들은 눈앞의 바다에서 잡은 해산물과 뭍에서 어렵게 구한 곡물을 바탕으로 자신들만의 독특한 식문화를 만들어야 했다. 특히 길고 추운 겨울을 나기 위해, 잡은 생선을 해풍에 말리거나, 해조류를 저장하고, 곡물을 오랫동안 보관하는 등 '보존식' 문화가 자연스럽게 발달했다. 이는 오늘날 강원도 향토 음식의 중요한 뿌리가 되고 있다.

둘째, '국방의 최전선이자 해양 영토 수호의 현장'으로서의 역사다. 강원도 동해안은 예로부터 북방의 이민족이나 왜구의 침입이 잦았던 경로였다. 조선시대에는 이를 막기 위한 수군 진영이 설치되기도 했으며, 근현대에 들어서는 남북 분단 이후 최북단 접경 지역으로서 군사적 긴장감이 항상 감도는 곳이 되었다. 이러한 역사적 배경은 음식문화에도 영향을 미쳤다. 군인들과 어민들이 바다 위나 군사 작전 중에 간편하게 먹을 수 있는 음식, 그리고 비상시를 대비한 보존식의 발달은, 생존과 직결된 현실적인 요구였다. 이는 화려함보다는 실용성과 기능성을 중시하는 강원도 음식의 특징을 형성하는 배경이 되었다.

셋째, '동해안의 독특한 어로 문화 전통'이다. 서해안의 드넓은 갯벌이나 남해안의 잔잔한 다도해와 달리, 동해는 수심이 깊고 파도가 거칠다. 이러한 환경 속에서 강원도의 어민들은 동해의 특성에 맞는 독특한 어업 기술을 발전시켜왔다. 동해는 수심이 깊고 해안선이 단조로운 특성상 문어잡이, 오징어잡이, 대게잡이, 가자미잡이와 같은 어업과 암석 해안 특성을 활용한 돌미역 채취 등이 주요 기술이며, 최근에는 지역 특성에 맞는 김 양식 기술과 스마트 양식 기술개발도 시도되고 있다. 봄철이면 산란을 위해 해안가로 몰려드는 '도루묵'을 잡고, 가을이면 '명태'를 잡아 기나긴 겨울을 대비했다. 이렇게 잡은 어획물은 험준한 산길을 넘어 내륙으로 공급되었고, 대신 내륙에서는 귀한 곡물과 생활필수품이 바닷가로 들어왔다. 이러한 교환 구조는, 거친 바다에서 얻은 해산물과 척박한 땅에서 자란 곡물이 결합하는 강원도 음식문화의 기본적인 골격을 만들었다.

마지막으로, 이러한 모든 배경이 '관광 자원으로의 전환'을 맞이하고 있다는 점이다. 과거 고립과 생존의 상징이었던 음식들이, 오늘날에는 그 희소성과 진정성 때문에 오히려 매력적인 관광 자원으로 재해석되고 있다. 혹독한 겨울을 나기 위해 만들었던 보존식은 이제 그 지역에서만 맛볼 수 있는 '향토음식'이 되었고, 거친 바다와 싸우던 어업 전통은 관광객들이 직접 참여하는 '체험 관광'이 되었다. 또한, 분단의 아픔과 실향민의 역사가 담긴 음식들은, 다른 곳에서는 찾아볼 수 없는 강력한 '스토리텔링 콘텐츠'로 음식관광과 결합되고 있다.

결론적으로, 강원도의 섬과 해안 지역은 지리적 고립과 군사・역사적 배경, 그리고 동해의 독특한 어로 전통 속에서 자신들만의 음식문화를 형성해왔다. 이는 화려함보다는 소박함과 강인함, 그리고 애환의 역사가 담겨 있다는 점에서 다른 지역과 차별화된다. 이러한 독특한 역사적 기반은, 현재 강원도의 음식관광이 단순한 미식 체험을 넘어, 한 지역의 정체성과 문화를 깊이 있게 이해하는 여행으로 발전할 수 있는 중요한 토대가 되고 있다.

제1절 강원 섬의 역사적 배경

1. 강원 연안 도서의 역사적 기원과 행정적 변천의 궤적

강원도 연안 도서 지역은 한반도의 동쪽 끝자락에서 해양 방어의 보루이자 자원 확보의 핵심적 요충지로 기능해 왔다. 이 지역의 역사는 단순한 지리적 경계를 넘어, 고대 국가의 형성 시기부터 현대에 이르기까지 국가 주권의 상징적 지표로서 작용해 왔다. 특히 울릉도와 독도를 중심으로 한 도서 지역은 신라 지증왕 13년(512년) 이사부(異斯夫)의 우산국 복속을 기점으로 한반도의 역사적・행정적 체계 내에 편입되었다. 이는 당시 신라가 동해 해상권을 장악하고 국가적 영역을 확장하려 했던 전략적 의지의 결과였으며, 이후 동해 도서 지역은 우리 민족의 생활권이자 주권이 미치는 영토로서 그 위상을 공고히 해왔다.

고려시대에 이르러 도서 지역에 대한 행정 관리는 더욱 구체화되었다. 고려 의종 11년(1157년)의 기록에 따르면, 울릉도는 고구려의 우진야현(于珍也縣), 즉 오늘날의 울진 지역과 긴밀하게 연결되어 있었으며,[1] 신라 경덕왕 시기에는 행정 명칭의 개편을 통해 중앙 정부의 통제 하에 놓였다. 당시 울릉도는 현(縣)의 동쪽 바다 한가운데 위치한 중요한 도서로 인식되었으며, 고려사 세가 기록은 이러한 지리적 인지가 국가적 차원에서 체계적으로 관리되고 있었음을 시사한다. 이러한 역사적 배경은 강원도 연안 도서가 단순한 고립된 섬이 아니라, 한반도 본토와 유기적으로 결합된 행정 단위였음을 보여준다.

조선시대에 들어서면서 도서 정책은 급격한 변화를 맞이한다. 태종 시기부터 본격화된 '공도 정책(空島政策)'은 왜구의 약탈로부터 백성을 보호하기 위해 섬의 거주를 금지한 조치였으나, 이는 영토의 포기를 의미하는 것이 아니었다. 오히려 조선 정부는 정기적인 관리를 파견하여 섬을 순찰하고 불법 거주자를 확인하는 '수토 정책(搜討政策)'을 통해 실효적 지배권을 유지하였다. 이 시기 울릉도와 독도는 강원도 삼척 영장의 관할 하에 있었으며,[2] 삼척은 동해안 해상 방어와 도서 관리의 행정적 거점으로서 독보적인 지위를 점유하게 된다.

2. 연대별 행정 구역 및 주요 변천 과정

강원도 연안 도서의 행정적 소속과 명칭의 변화는 당시의 정치적 상황과 영토 의식을 반영한다. 특히 근대적 행정 체계로의 전환기인 대한제국 시기에는 국제법적 정당성을 확보하기 위한 정교한 제도적 장치들이 마련되었다.

시대 및 연도	주요 행정적 조치 및 사건	관할 및 지리적 의미
신라(512년)	이사부의 우산국 복속	최초의 중앙 정부 관할권 편입
고려(1157년)	우진야현(울진) 소속 확인	동해 중앙 도서로서의 지리적 인지
조선(1694년)	삼척 영장 장한상의 수토	정기적 순찰 체계(수토 정책) 확립
1882년(고종 19)	울릉도 개척령 반포	공도 정책 폐지 및 주민 이주 실시
1900년(광무 4)	대한제국 칙령 제41호 공포	울도군 설치, 석도(독도) 관할 명시

1) 조선시대 울릉도와 독도는 행정구역상 강원도 울진현 관할이었다. 『세종실록』「지리지」(1454)는 두 섬을 울진현 정동쪽 바다에 위치한 '우산(독도)'과 '무릉(울릉도)'으로 기록하여 영토임을 명시했으며, 이후에도 조선의 부속 도서로 인식되었다.

2) 조선시대 울릉도와 독도는 행정적으로 강원도 울진현에 소속되어 있었으며, 17세기 말(안용복 사건 이후)부터는 삼척영장(三陟營將)이 주관하는 수토제(搜討制, 정기적으로 섬을 수색하고 조사하는 제도)의 관할 하에 실질적으로 관리되었다.

1906년	'독도' 명칭 공식 사용	울릉군수 심흥택의 보고서에 등장
1914년	일제 강점기 행정 개편	강원도에서 경상북도로 이관
1946년	SCAPIN 제677호 발표	일본 통치권에서 독도 제외 재확인
1952년	평화선(이승만 라인) 선언	대한민국의 영토 주권 전 세계 공표

이러한 행정구역의 변천사는 강원도 연안 도서가 역사적 맥락에 따라 유연하게 대응하면서도, 국가 주권의 핵심적인 일부로서 지속적으로 관리되어 왔음을 증명한다. 특히 1900년의 칙령 제41호는 울릉도를 울도군으로 승격시키고 그 관할 구역에 죽도와 석도(독도)를 포함함으로써, 근대 국제법 체계 하에서도 명확한 영토권을 선언한 기념비적 사건으로 평가된다.

3. 조선 후기 울릉도 · 독도 관할권과 삼척 영장의 실효적 지배

조선 후기 울릉도와 독도에 대한 영유권 수호는 강원도 삼척을 중심으로 전개된 수토 정책에 의해 뒷받침되었다. 17세기 후반, 안용복의 활약으로 촉발된 일본과의 울릉도 쟁계는 조선 정부로 하여금 동해 도서 관리의 중요성을 재인식하게 하는 계기가 되었다. 이에 따라 숙종 20년(1694년)부터 정기적인 수토사가 파견되었으며, 그 핵심적인 역할을 수행한 인물이 바로 삼척 영장 장한상(張漢相)이다.

1) 장한상의 수토 활동과 독도 지각의 실제

장한상은 6척의 선박과 150여 명의 대규모 수토단을 이끌고 울릉도에 입도하여 섬 전역을 정밀하게 조사하였다. 그의 기록인 『울릉도사적(鬱陵島事蹟)』에 따르면, 그는 울릉도의 가장 높은 지점인 중봉(성인봉)에 올라 사방을 조망하였다. 이때 그는 서쪽으로 대관령의 구불구불한 산맥을 확인하였고, 동쪽으로는 바다 한가운데 떠 있는 또 다른 섬을 목격하였다.

장한상은 이 섬이 울릉도의 남동쪽(진방, 辰方)에 위치하며, 크기는 울릉도의 3분의 1 미만이고 거리는 약 300여 리에 불과하다고 기록하였다. 실제 독도는 울릉도에서 약 87.4km(약 224리) 떨어져 있어, 장한상의 거리 추정치는 당시의 측량 기술을 고려할 때 매우 정확한 수준이었다. 특히 "비가 개고 구름이 걷힌 날" 육안으로 확인했다는 기술은 울릉도와 독도가 지리적으로 긴밀한 '모섬과 자섬'의 관계임을 고증하는 결정적 증거가 된다. 이러한 가시성(Visibility)은 세종실록지리지에서도 "우산(독도)과 무릉(울릉도) 두 섬은 서로 멀지 않아 날씨가 맑으면 바라볼 수 있다"고 기록된 바와 일맥상통하며, 조선의 지배권이 독도까지 미치고 있었음을 시사한다.

2) 수토 정책의 행정적 기능과 자원 관리

수토 정책은 단순한 군사적 순찰을 넘어, 자원 수탈을 방지하고 국가 자산을 관리하는 고도의 행정 행위였다. 수토사들은 울릉도 자생 식재료인 미역, 전복, 해삼 등을 수거하여 중앙 정부에 진상하였으며, 이는 해당 지역이 국가의 조세 체계 내에 있음을 의미했다. 또한, 장한상은 울릉도 내의 동굴인 '가제굴' 등지에서 가제(바다사자, 강치)를 관찰하거나 일본 어민들의 불법 흔적을 지우는 등 실효적 지배를 강화하는 데 주력하였다.

이러한 수토 활동은 19세기 말까지 지속되었으며, 1882년 검찰사 이규원(李奎遠)의 파견으로 정점에 달한다. 이규원은 『울릉도검찰일기』를 통해 당시 울릉도에 거주하던 사람들의 현황, 기후, 토질, 식생 등을 상세히 기록하여 고종에게 보고하였다. 이 보고는 이후 울릉도 개척령과 울도군 설치의 결정적인 근거가 되었으며, 조선의 도서 관리 정책이 전근대적 순찰에서 근대적 행정 통치로 이행하는 가교 역할을 수행하였다.

4. 강원 연안 무인도서의 생태와 전통 식재료 채취의 역사

강원도 연안에는 수많은 무인도서와 암초들이 산재해 있으며, 이곳들은 어촌 공동체의 생계를 지탱하는 중요한 경제적 터전이었다. 특히 고성 조도(鳥島)와 삼척 연안의 여러 섬은 미역, 전복, 해삼 등 고부가가치 수산물의 보고로 인식되어 왔다.

1) 자연산 미역의 관리와 곽전(藿田) 문화

강원도 연안에서 생산되는 자연산 미역은 전통적으로 '곽(藿)'이라 불리며 왕실의 진상품으로 귀하게 여겨졌다. 『신증동국여지승람』[3]에 따르면 강원도와 경상도 일대의 미역은 오랫동

3) 『신증동국여지승람』은 조선전기 문신 이행·윤은보 등이 『동국여지승람』을 증수하여 1530년에 편찬한 관찬 지리서이다. 총 55권 25책으로 이루어져 있다. 조선 전기 지리지를 집대성한 책으로, 속에 실린 지도와 함께 조선 말기까지 큰 영향을 끼쳤다. 경도와 한성부, 8도의 지리와 풍속뿐 아니라 정치·경제·역사·행

안 용동궁(세자궁)에 바치는 토산물이었다. 이러한 미역의 가치로 인해 어민들은 무인도서 주변의 미역밭을 '곽전(藿田)'이라 부르며 농사처럼 관리하였다.

어민들은 매년 음력 섣달과 정월 사이에 미역바위를 닦는 '기닦기' 작업을 수행하였다. 이는 바위에 붙은 잡조나 오물을 제거하여 미역 포자가 잘 달라붙도록 돕는 일종의 해상 경작 행위였다. 특히 고성 조도 지역에서는 썰물 때 드러나는 미역밭에 물을 뿌려 성장을 돕는 등 매우 정교한 관리 방식을 도입하기도 하였다. 이러한 공동체적 관리 방식은 무인도서가 주인 없는 공간이 아니라, 마을의 엄격한 규율 하에 관리되는 공동 자산이었음을 보여준다.

2) 해녀의 나잠업과 채취 기술의 변천

강원 연안의 수산물 채취에서 핵심적인 역할을 수행한 것은 해녀(잠녀)들이었다. 기록상 해녀들의 활동은 이미 17세기부터 확인되며, 이들은 2월부터 5월 사이에 차가운 바다에 들어가 미역을 베어냈다. 해녀들은 낫을 들고 자맥질하여 한 번에 여러 오리의 미역을 베어내고, 이를 '두릉박'이나 '망태'에 담아 올리는 고된 작업을 수행하였다.

삼척 근덕면 대진마을과 같은 지역에서는 이러한 채취 활동이 어촌계 중심의 공동체 문화로 정착되었다. 고령화로 인해 채취 방식이 변화하면서도, 미역바위의 채취권을 개인에게 한정하지 않고 마을 공동 소유로 유지하며 수익을 나누는 방식이 이어지고 있다. 예를 들어, 전체 생산량의 일부를 고생한 해녀의 몫으로 먼저 배정하고 나머지를 참여 인원수대로 나누는 합리적인 분배 시스템은 강원도 어촌 공동체의 결속력을 유지하는 핵심 기제가 되었다.

수산 식재료	채취 및 관리 방식	역사적 및 문화적 배경
자연산 미역	바위 닦기, 해녀 채취, 공동 건조	왕실 진상품, 구황 식물로서의 가치
전복	나잠업(해녀)에 의한 수확	제례 및 연회용 고급 식재료
해삼	잠수 채취 및 가공	열구자탕 등 궁중 보양식 재료
가제(강치)	도서 연안 동굴 포획	가죽 및 기름 추출, 수출 품목

정 · 군사 · 사회 · 민속 · 예술 · 인물 등 조선의 서울과 지방 사회의 모든 방면의 정보를 백과전서식으로 망라해 놓았다. 지도를 참고자료로 첨부함으로써 지리지에 수록된 내용의 공간적 파악과 정확한 인식을 제공하려 한 점에서 한 단계 진보한 지리지이다.

5. 삼척 해신당 민속 신앙과 해양 공동체 식문화의 상호작용

강원도 연안 도서 지역의 척박한 해상 환경과 예기치 못한 사고의 위험은 독특한 민속 신앙을 잉태하였다. 삼척시 신남마을의 해신당(海神堂) 신앙은 이러한 해양 민속의 정수를 보여주며, 이는 마을의 식문화 및 공동체 운영과 밀접하게 결합되어 있다.

1) 해신당 설화와 성기 신앙의 사회적 맥락

해신당 신앙의 중심에는 해초를 따러 나갔다가 익사한 처녀 '애랑'의 전설이 자리 잡고 있다. 처녀의 원혼으로 인해 고기가 잡히지 않자, 마을 총각이 당을 향해 오줌을 갈긴 후 만선이 되었다는 파격적인 설화는 음양의 조화를 통해 재앙을 막고 풍요를 기원하는 민중의 건강한 생명력을 상징한다. 마을 사람들은 매년 향나무로 깎은 남근(男根)을 제물로 바치며 풍어제를 지내는데, 이는 단순히 외설적인 행위가 아니라 거친 바다와 맞서 싸우는 어민들의 간절한 생존 의례였다.

2) 제례 음식과 마을 공동체의 음복 문화

해신당 제사에서 주목할 만한 특징은 제물 준비와 그 이후의 공동체적 소비 방식이다. 제례에 쓰이는 모든 비용은 어민들이 공동으로 무인도서에서 전복, 해삼 등을 채취하여 마련한 기금으로 충당된다. 이는 해양 자원의 획득이 개인의 이익을 넘어 마을의 안녕을 위한 영성적 활동과 직결되어 있음을 의미한다.

제사상에는 소고기가 제물로 올려지며 돼지고기는 엄격히 배제된다. 특히 정월 보름 제사 후에는 잡은 소를 이용해 미역국을 대량으로 끓여 마을 전체 주민이 나누어 먹는 '음복' 절차가 진행된다. 이 '소고기 미역국'은 바다의 신령에게 바친 신성한 음식을 공동체가 공유함으로써 내부적 결속을 다지고 다음 해의 풍어를 약속받는 상징적 매개체이다. 또한, 미역국이라는 메뉴 선정은 해양 자원의 보고인 무인도서에 대한 감사의 의미를 내포하고 있다.

6. 현대 도서 개발 정책과 국제법적 위상의 재정립

1945년 해방 이후, 강원도와 동해 연안 도서에 대한 국가적 관심은 영토 주권의 수호와 체계적인 개발 정책으로 이어졌다. 특히 독도는 현대사에 있어 대한민국 영토권의 상징적 결집점이 되었는데, 강원도가 크나큰 역할을 했다.

1) 국제법적 정당성 확보와 영토 수호 활동

제2차 세계대전 종료 후 연합국 최고사령부는 지령(SCAPIN) 제677호를 통해 독도를 일본의 통치 범위에서 명확히 제외하였다.[4] 이는 카이로 선언[5]과 포츠담 선언[6]에서 규정한 "폭력에 의해 약취한 영토의 반환"이라는 원칙에 따른 것이었다. 1952년 대한민국은 평화선을 선언하여 동해 해상 주권을 확고히 하였으며, 1953년 독도 의용수비대의 결성은 민간 차원에서도 영토 수호의 의지가 얼마나 강력했는지를 보여준다.

2) 현대적 행정 관리와 항공 · 군사적 위상

오늘날 울릉도와 독도는 행정구역상 경상북도에 소속되어 있으나, 그 역사적 계보와 문화적 뿌리는 강원도와 깊이 연관되어 있음을 명심해야 한다. 현대의 도서 정책은 자원 보호와 관광 개발을 넘어, 항공 교통 관리와 군사적 방위 체계로 확장되었다. 국제민간항공기구(ICAO)가

---

4) 연합국 최고사령부 지령(SCAPIN) 제677호는 1946년 1월 29일, 연합군 총사령부(GHQ)가 패망한 일본의 정치 · 행정적 권력 행사 범위에서 독도, 제주도, 울릉도 등을 제외하며 일본 영토에서 분리한 명령이다. 이 지령은 독도가 일본의 통치권에서 제외됨을 명시하여, 한국 영토임을 국제 사회가 인정한 근거로 사용된다.

5) 카이로 선언은 1943년 제2차 세계대전 중 미국, 영국, 중국이 이집트 카이로에서 만나 일본의 항복 후 처리 문제를 논의하며 발표한 공동 선언으로, 일본이 불법으로 빼앗은 모든 영토를 반환하고 한국을 '적절한 절차에 따라 독립'시키기로 국제적으로 약속하여 한국 독립의 최초 국제적 보장을 의미하지만, 독립 방식의 애매함으로 신탁통치 논란의 씨앗이 되기도 한 중요한 역사적 문서이다.

6) 1945년 7월 26일, 제2차 세계대전 막바지에 독일 베를린 교외 포츠담에서 열린 연합국 정상회담 중 발표한 연합국의 대일(對日) 공동선언이다. 연합국 정상들은 이 선언에서 일본에 대해 무조건 항복을 요구하였고, 또 제2차 세계대전 후의 대일처리방침을 밝혔다. 포츠담 선언은 제2차 세계대전 막바지에 연합국이 일본에 대해 최종적으로 무조건 항복을 요구하고, 또 제2차 세계 대전 이후의 일본에 대한 처리 방침을 포괄적으로 제시했다는 점에서 역사적 의의가 있다. 한국문제와 관련해서는 제8항에서 '카이로선언의 조항은 이행될 것'이라고 천명함으로써, 전후 독립을 재확인하였다.

지정한 인천비행정보구역(Incheon FIR) 내에 독도 상공이 포함되어 있으며, 이는 국제적으로도 대한민국의 행정권이 미치는 지역임을 확인하는 지표이다. 또한, 일본의 방공식별구역(JADIZ)에서 독도가 제외되어 있다는 사실은 군사적·실무적 차원에서도 우리의 영토권이 확립되어 있음을 시사한다.

7. 결론 및 향후 전망

강원도 연안 도서 지역의 역사는 끊임없는 외세의 도전과 이에 맞선 실효적 지배의 기록이다. 삼척 영장이 주도한 조선시대의 수토 정책은 오늘날 국제법적 영유권 주장의 핵심적인 근거를 제공하며, 무인도서의 식재료 채취사와 해신당 민속 신앙은 해양 자원을 공동체적으로 관리해 온 선조들의 지혜를 보여준다.

현대 도서 정책은 이러한 역사적 전통을 보존하는 동시에, 기후 변화에 따른 해양 생태계의 변화에 대응하고 도서 지역의 지속가능한 개발을 도모해야 한다. 특히 자연산 미역이나 강치(가제)와 같은 역사적 자원들의 생태적 복원과 식문화 콘텐츠화를 통해, 도서 지역이 가진 인문지리적 가치를 극대화할 필요가 있다. 강원 연안과 울릉도, 독도를 잇는 동해의 도서 체계는 단순한 섬들의 집합이 아니라, 한반도의 생명력과 주권을 상징하는 거대한 해양 네트워크이기 때문이다.

이 교재에서 분석한 역사적 문헌과 생태적 사실들은 동해 도서 지역이 과거부터 현재까지 우리 민족의 엄연한 영토이자 생활공간이었음을 명확히 실증한다. 특히, 울릉도와 독도를 강원 지역의 섬으로 인식하며 분석한 것은, 위와 같은 문헌적 고증을 바탕으로, 현대적 해양법 체계 내에서의 권리 강화를 위한 보다 다각적인 정책 제언을 위해 경북의 섬이자 강원의 섬이었다는 관점에서 이루어진 것이다.

제2절 강원 섬 식재료의 특징

강원도 동해안의 북부 연안 지역인 삼척, 고성, 속초, 양양을 잇는 해역은 한반도 수산업에서 독보적인 위상을 차지한다. 이 지역의 해양 생태계는 동해 한류의 강력한 영향과 수심의 급격한 변화, 그리고 복잡한 수중 암초지대(짬)[7]라는 지형적 특성이 결합하여 타 해역에서는 찾아볼 수 없는 고품질의 수산 식재료를 생산하는 기반이 된다. 본 교재는 이 지역의 주요 수산 자원인 미역, 전복, 해삼, 문어의 생태학적 메커니즘을 심층 분석하고, 전통적 자원 관리 체계인 곽전(藿田)과 기닦기의 역사적 가치를 조명하며, 현대의 기후 변화가 초래한 갯녹음 현상과 그에 따른 수급 변동 및 보전 전략을 다각도로 고찰한다.

1. 동해 연안 해역의 물리적 환경과 생태계 형성 기전

강원도 연안은 수심이 깊고 해안선이 단조로운 특성을 지니지만, 수중에는 수천 년에 걸쳐 형성된 거대한 암초지대가 산재해 있다. 이러한 암초지대는 '짬'이라는 고유 명칭으로 불리며, 해조류의 부착 기질이자 어패류의 산란장 및 은신처로서 기능한다.

1) 동해 한류의 생리학적 영향

강원도 연안 생태계를 규정하는 가장 핵심적인 물리적 요인은 리만 한류에서 기원하여 남하하는 북한 한류이다. 이 차가운 해류는 영양염류가 풍부하며, 수심에 따른 수온 약층을 형성하여 해양 생물의 대사 과정에 결정적인 영향을 미친다. 저수온 환경은 해양 생물의 성장 속도를 늦추는 대신, 체내에 단백질, 미네랄, 그리고 감칠맛을 내는 아미노산을 농축시키는 결과를 낳는다. 특히 수심 10~20m 지점에서 형성되는 냉수대는 고온에 취약한 한류성 어패류가 여름철에도 안정적으로 서식할 수 있는 환경을 제공한다.

7) 수중 암초지대에서 쓰이는 '짬'은 바다 속에 튀어나온 바위나 암초(暗礁)를 뜻하는 토속어(방언)이다.

2) 수중 암초지대(짬)의 지형적 특성

강원도 연안의 무인도서 주변은 경사가 급하고 파도가 거세며, 투명도가 높은 청정 해역을 유지한다. 이러한 환경은 광합성 효율을 높여 해조류의 수직 분포 범위를 넓히며, 수중 암초의 돌출 부위와 함몰 부위마다 서로 다른 미세 생태계를 형성한다. 암초의 상부에는 광량이 풍부한 곳을 선호하는 미역이 자생하고, 암초의 틈새와 하부에는 전복과 해삼이 외부 포식자를 피해 군락을 이룬다. 이러한 입체적인 공간 활용은 제한된 면적 내에서 수산 자원의 밀도를 극대화하는 요인이 된다.

2. 주요 수산 식재료의 생태적 특징 및 품질적 우수성

강원도 연안에서 생산되는 수산물은 그 우수한 품질로 인해 지리적 표시제(GI)를 통해 법적 보호를 받고 있다. 이는 해당 품목의 명성과 품질이 강원도라는 지리적 특성에 기인함을 국가가 인증한 결과이다.

1) 강원도 돌미역의 성분학적 차별성

자연산 돌미역(Undaria pinnatifida)은 강원도 어민들의 가장 중요한 소득원 중 하나이다. 양식 미역과 달리 파도가 거센 암초 지대에서 자라는 돌미역은 거친 물살을 견디기 위해 세포벽이 매우 조밀하게 발달한다. 이러한 구조적 특징은 식재료로서의 물리적 성질과 영양학적 가치를 동시에 결정짓는다.

연구 결과에 따르면, 강원도 돌미역은 남해안의 양식 미역에 비해 칼슘(Ca), 마그네슘(Mg) 등 필수 미네랄 함량이 유의미하게 높으며, 특히 알긴산(Alginic acid)의 축적량이 풍부하다. 알긴산은 체내 중금속 배출과 혈중 콜레스테롤 저하에 탁월한 효능을 보이는 수용성 식이섬유로, 돌미역이 거친 환경에서 몸체를 지탱하기 위해 합성하는 핵심 성분이다. 또한, 글루탐산과 아스파르트산 등 감칠맛을 내는 아미노산의 비율이 높아 국을 끓였을 때 깊은 풍미를 내며, 조직이 단단하여 장시간 가열해도 탄력을 유지하는 내열성을 보유하고 있다.

주요 성분 및 특성	강원도 돌미역(자연산)	일반 양식 미역	품질적 함의
알긴산 함량(%)	28.5~32.0	18.2~22.1	기능성 식이섬유의 탁월한 함유량
칼슘(mg/100g)	1,150	850	골밀도 강화 및 영양 공급 우수
조단백질(%)	18.4	12.6	풍부한 단백질 공급원
조직의 탄력성	매우 강함	보통	장시간 가열 시 식감 유지력 우수
감칠맛 아미노산	높음	보통	국물 맛의 깊이와 풍미 결정

2) 전복과 홍해삼의 저온 생리 특성

강원도 연안의 전복(Haliotis discus hannai)은 북방형 참전복으로, 남해안 전복에 비해 패각이 두껍고 육질이 단단하다. 수온이 낮은 환경에서 서서히 자라기 때문에 근육 조직 내의 글리코겐 함량이 높고, 씹을수록 단맛이 나는 특징이 있다. 수심 15m 이하의 깊은 짬에서 채취되는 전복은 주로 품질 좋은 다시마와 미역을 먹고 자라며, 동해의 높은 산소 농도 덕분에 활력이 매우 뛰어나다.

해삼(Apostichopus japonicus)의 경우, 강원도 연안에서 특히 가치를 인정받는 것은 '홍해삼'이다. 홍해삼은 일반 청해삼에 비해 사포닌 성분이 풍부하고 콜라겐 조직이 치밀하여 식감이 뛰어나다. 특히 동해안은 냉수층의 발달로 인해 해삼이 여름철에 활동을 멈추는 '하면(夏眠)' 기간이 짧아, 1년 중 대부분의 기간 지속적인 영양 축적이 가능하다. 이는 강원도 해삼의 돌기가 뚜렷하고 크기가 큰 생태적 원인이 된다.

3) 대문어의 수심별 분포 및 생태적 주기

속초와 고성 지역의 명물인 대문어는 차가운 물을 선호하는 한류성 연두족류이다. 수심 50m 이상의 깊은 곳에서 서식하다가 산란기가 되면 연안의 암초지대로 이동한다. 대문어는 체구가 크고 타우린 함량이 매우 높은데, 이는 저수온 고압 환경에서 신진대사를 조절하기 위한 생존 전략이다. 강원도 연안의 대문어는 육질이 부드러우면서도 쫄깃하여 식재료로서 최상의 평가를 받으며, 타 지역산에 비해 고유의 감칠맛이 강한 것으로 분석된다.

3. 전통적 자원 관리 체계: 곽전(藿田)과 기닦기

강원도 삼척시 신남마을을 중심으로 전승되어 온 곽전 제도와 기닦기 문화는 한국 어촌 사회의 독특한 자원 관리 모델을 보여준다. 이는 "바다에도 주인이 있고 밭이 있다"는 개념을 바탕으로 수백 년간 지속되어 온 자율적 관리 체계이다.

1) 곽전(藿田) 제도의 역사적 유래와 법적 성격

곽전은 미역이 자생하는 바다 암반(짬)을 마치 육지의 밭처럼 사유화하여 관리하던 제도이다. 조선 시대 미역은 국가의 진상품이자 민간 경제의 핵심 화폐 역할을 했기에, 암반에 대한 배타적 이용권이 일찍부터 형성되었다.

신남마을의 사례를 보면, 바닷속 암반마다 '큰짬,' '작은짬,' '마당짬' 등 고유한 명칭이 부여되어 있으며, 각 짬의 소유권은 '명문(明文)'이라는 문서를 통해 증명되었다. 이 권리는 자손에게 상속되거나 타인에게 매매될 수 있었으며, 심지어 조상의 제사 비용을 충당하기 위한 '위토'의 성격으로 곽전을 지정해 관리하기도 했다. 이러한 사유지 개념의 바다 관리는 어민들이 자신의 짬을 정성껏 가꾸게 만드는 강력한 동기가 되었으며, 자원의 남획을 막고 생산성을 유지하는 생태적 순기능을 수행했다.

2) 기닦기(짬닦기)의 운영 원리와 생태적 기능

기닦기는 미역의 포자가 바위에 안정적으로 부착될 수 있도록 매년 가을에서 초겨울 사이 어민들이 바닷속 암반의 이물질을 긁어내는 공동체적 작업이다. 이는 농경 사회의 김매기와 유사한 행위로, 수산 자원의 생산성을 높이기 위한 인위적 개입의 대표적 사례이다.

- **기술적 과정:** 어민들은 떼배를 타고 바다로 나가 길다란 장대에 쇠갈고리를 달아 바위에 붙은 잡조류, 홍합, 성게 등을 제거한다. 최근에는 스킨스쿠버 장비를 동원하기도 하지만, 전통적인 방식은 여전히 공동체의 협력을 강조한다.
- **시기와 천문:** 기닦기의 시기는 미역 포자가 방출되는 절기와 물때에 맞춰 엄격하게 결정된다. 너무 일찍 닦으면 다시 잡조류가 덮이고, 너무 늦으면 포자 부착이 어려워지기 때

문이다.

- **공동체적 결속:** 곽전은 사유지임에도 불구하고 기닦기는 마을 어촌계 단위의 협동으로 이루어지는 경우가 많다. 이는 해양 자원 관리가 개인의 이익과 공동체의 존속이 맞물려 있음을 시사한다.

3) 해신당 신앙과 자원 보호의 심리적 기제

삼척 신남마을의 해신당은 미역을 따러 나갔다가 목숨을 잃은 처녀 '애랑'의 전설을 배경으로 한다. 마을 사람들은 처녀의 원혼을 달래기 위해 남근(기물)을 깎아 바치는 제례를 지내며 풍어와 안녕을 기원해 왔다. 이러한 민속 신앙은 단순히 미신에 그치지 않고, 거친 바다 환경에서 어업에 종사하는 주민들에게 강력한 심리적 위안을 제공하며, 마을 내부의 규율을 준수하게 만드는 보이지 않는 사회적 통제 장치로 기능했다. 즉, 해신당 제례와 곽전 관리는 신앙과 경제 활동이 결합한 총체적인 문화 시스템이라 할 수 있다.

4. 현대적 보전 실태와 수산물 지리적 표시제 운용

전통적 관리 체계가 현대의 법적·제도적 틀 속에서 어떻게 계승되고 보완되고 있는지는 강원도 수산물의 미래 경쟁력을 결정짓는 핵심 요소이다.

1) 수산물 지리적 표시제(GI)의 성과와 과제

강원도는 우수한 수산 자원의 명성을 보호하기 위해 지리적 표시제를 적극적으로 활용하고 있다. 2021년 기준, 강원도의 수산물 관련 지리적 표시 등록 건수는 26건에 달하며, 이는 전국적으로도 높은 비중을 차지한다. 지리적 표시제로 등록되면 해당 명칭은 법적으로 보호받으며, 품질 관리 기준을 엄격히 준수해야 하므로 소비자에게 높은 신뢰를 줄 수 있다.

그러나 최근 조사에 따르면 일부 등록 개소에서 지리적 표시품의 출하 실적이 미흡하거나 품질 관리 체계가 느슨해지는 등의 운영상 문제점도 발견되고 있다. 이를 극복하기 위해 국립수산물품질관리원 등 유관 기관은 정기적인 일제 점검과 품질 분석을 강화하고 있으며, 생산자 단체의 법인화를 통해 체계적인 브랜드 관리를 도모하고 있다.

2) 무인도서 생태계 모니터링 및 복원 사업

강원도 연안의 무인도서들은 육지로부터 격리된 지리적 특성 덕분에 희귀 해양 생물의 원종 보존지 역할을 한다. 정부는 '무인도서법(무인도서의 보전 및 관리에 관한 법률)'에 의거하여 이들 지역을 절대보전, 준보전, 이용가능, 개발가능 도서로 분류하여 관리하고 있다. 특히 삼척과 고성 연안의 주요 무인도서 주변 해역은 수산 자원 관리 구역으로 지정되어, 허가받지 않은 자의 채취 활동을 엄격히 제한하고 있다.

3) 기후 변화에 따른 수산 자원 수급 변동 및 위기 요인

지구 온난화로 인한 동해안의 급격한 수온 상승은 강원도 수산 생태계의 근간을 뒤흔들고 있다. 특히 갯녹음 현상은 주요 식재료인 미역, 전복, 해삼의 생산량 감소를 초래하는 가장 심각한 요인이다.

(1) 갯녹음(백화 현상)의 확산과 해조류 서식지 파괴

갯녹음은 연안 암반에서 해조류가 사라지고 석회 조류가 하얗게 뒤덮이는 현상으로, '바다의 사막화'라고도 불린다. 강원도 연안의 갯녹음은 수온 상승과 더불어 성게 등 조식동물의 과도한 증식이 주요 원인으로 분석된다.

- ✣ **미역 생산량의 급감:** 과거에는 연안 전역에서 돌미역 채취가 가능했으나, 최근에는 갯녹음이 심화되면서 미역의 자생 면적이 축소되고 있다. 이는 어민들의 소득 감소뿐만 아니라 돌미역의 희소성을 높여 가격 상승을 유발하고 있다.
- ✣ **생태계 연쇄 반응:** 해조류가 사라지면 이를 먹이로 삼는 전복과 해삼의 성장도 저해되며, 어린 물고기들이 숨을 수 있는 '바다 숲'이 소실되어 전반적인 수산 자원 밀도가 낮아진다.

(2) 수산 자원의 북상 현상과 어종 변화

기후 변화는 수산물의 서식 지도를 바꾸고 있다. 과거 남해와 경북 연안에 주로 분포하던 곰피, 감태 등의 해조류 서식지가 수온 상승에 따라 차츰 북상하고 있다. 반대로 한류성 어종인 명태는 이미 동해안에서 자취를 감췄으며, 대문어 역시 수온이 낮은 더 깊은 수심으로 이동하는 경향을 보이고 있다.

연도별 기후 변화 영향	주요 현상	수산 자원 변화 내용
1990년대 이전	안정적인 한류 유입	돌미역, 명태, 대문어 풍부
2000년대 초반	수온 상승 시작	갯녹음 현상 국지적 발생, 명태 감소
2010년대 이후	급격한 아열대화	곰피 등 난류성 조류 북상, 돌미역 자생지 축소
현재	바다 사막화 심화	성게 등 조식동물 급증, 인공 바다숲 조성 확대

(3) 바다숲 조성 및 조식동물 구제 사업

갯녹음 위기에 대응하기 위해 한국수산자원공단(FIRA) 동해본부는 강원도와 협력하여 대규모 바다숲 조성 사업을 전개하고 있다. 이는 갯녹음이 진행된 암반에 인공 어초를 투입하고, 해조류 종자를 이식하여 생태계를 복원하는 프로젝트이다.

- **해조류 이식 기술:** 저수온에 강한 곰피나 대황 등을 이식하여 훼손된 해조류 군락을 복원하는 성과를 도출하고 있다.
- **성게 구제 작업:** 해조류를 갉아먹는 성게를 잠수 인력을 동원하여 직접 제거하거나, 성게의 천적인 어종을 방류하는 등의 작업이 병행되고 있다. 이러한 노력은 소실되었던 해조류 군락의 회복 가능성을 보여주는 가시적인 사례로 평가받는다.

5. 결론 및 지속가능한 발전을 위한 제언

강원도 연안 무인도서 및 암초지대는 한류와 수중 암반이 빚어낸 천혜의 수산 식재료 저장고이다. 돌미역의 탄력 있는 식감, 전복의 깊은 풍미, 해삼의 단단한 육질은 모두 동해의 차가운 물살과 거친 환경 속에서 축적된 생명의 결과물이다. 곽전과 기닦기로 대변되는 전통적 자원 관리 방식은 현대의 생태계 보전 전략에도 중요한 시사점을 제공한다.

그러나 기후 변화라는 거대한 파고는 이러한 자연의 혜택을 위협하고 있다. 갯녹음으로 인해 사라져가는 바다 숲을 복원하기 위해서는 정부와 지자체의 기술적 개입뿐만 아니라, 전통 어업 공동체가 보유한 현장 지식과의 결합이 필수적이다. 또한, 지리적 표시제의 내실 있는 운영을 통해 강원도 수산물의 프리미엄 가치를 지켜내고, 수심별 수온 변화에 따른 맞춤형 자원 조성 정책을 수립해야 한다.

결론적으로, 강원도 수산 식재료의 보존과 수급 안정을 위해서는 전통의 지혜와 현대 과학

(GI / Sea Forest Restoration)을 융합한 통합적 거버넌스 구축이 요구된다. 이는 단순히 식재료의 공급을 넘어, 동해안의 고유한 해양 문화와 생태계를 미래 세대에게 물려주기 위한 필수적인 여정이다. 향후 기후 변화 시나리오에 기반한 정밀한 자원 변동 예측 모델이 구축된다면, 강원도 연안은 변함없이 풍요로운 바다의 보고로 남을 수 있을 것이다.

제3절 강원 섬 음식의 메뉴 분석

1. 강원 연안 '섬 음식'의 정의와 생태문화적 가치

강원도의 해안선은 전형적인 리아스식 해안인 남해나 서해와 달리 단조로우면서도 수심이 깊고 물살이 거센 특징을 지닌다. 이러한 지형적 특성으로 인해 강원 연안에는 사람이 거주하는 유인도보다는 조도(鳥島)와 같은 무인도서와 '짬'이라 불리는 수중 암초지대가 발달해 있다. 본 교재에서 다루는 '강원 섬 음식'은 단순히 섬 내부에서 소비되는 음식을 넘어, 이러한 무인도와 연안 암초지대라는 특수한 생태적 거점에서 채취된 최고급 수산물을 주재료로 하는 식문화를 의미한다. 삼척, 고성, 속초, 양양으로 이어지는 이 지역의 수산물은 한류와 난류가 교차하는 청정 해역의 영양분을 흡수하며 성장하여, 맛과 영양 면에서 독보적인 가치를 지닌다. 특히 삼척의 돌미역, 고성의 대문어, 속초와 양양의 홍해삼과 전복은 이 지역 섬 음식관광의 핵심 자산으로 기능하고 있다.

강원 연안의 암초지대는 수산 생물의 산란처이자 서식처로서, 여기서 생산되는 식재료는 지리적 특성에 기인한 명성과 품질을 바탕으로 지리적 표시제와 같은 국가적 인증 체계 속에서 관리되고 있다. 이러한 식재료들이 지역의 전설, 제례 문화와 결합하여 하나의 완성된 '메뉴'로 정착되는 과정은 강원도만의 독특한 미식 관광 콘텐츠를 형성한다. 본 분석에서는 각 지역의 대표 수산물을 활용한 메뉴의 구성과 조리법, 그 속에 담긴 서사적 가치를 심층적으로 고찰한다.

1) 삼척 돌미역: 지리적 표시 등록을 위한 노력과 해신당의 서사적 결합

삼척의 섬 음식 문화를 상징하는 가장 대표적인 자원은 단연 '삼척 돌미역'이다. 이는 수산물 지리적 표시 등록을 위해 노력함으로써 그 가치를 공식적으로 인정받기 위해 추진 중이다. 삼척 돌미역은 일반적인 양식 미역과 달리 파도가 거센 연안 암초(짬)에 붙어 자생하며, 이를 채취하는 과정부터 조리에 이르기까지의 모든 단계가 지역 공동체의 문화적 정체성과 밀접하게 연결되어 있다.

(1) 삼척 돌미역의 생태적 특성과 품질 경쟁력

삼척 연안의 무인도서 주변 암초지대는 수심이 깊고 조류가 빨라 미역이 자라기에 최적의 조건을 제공한다. 이곳에서 자라는 돌미역은 거친 환경을 견디기 위해 엽채가 두껍고 조직이 치밀해지는 특성을 갖는다. 이는 일반 양식 미역이 장시간 가열 시 쉽게 퍼지는 것과 달리, 삼척 돌미역은 오래 끓일수록 국물이 뽀얗게 우러나오고 식감은 더욱 쫄깃해지는 기술적 우위를 점하게 한다.

비교 항목	삼척 돌미역(자연산 암초)	일반 양식 미역
서식지	연안 암초 및 무인도 주변(짬)	연안 양식장(부표)
식감	두껍고 쫄깃하며 저작감이 강함.	부드럽고 얇으며 쉽게 퍼짐.
조리 특성	장시간 가열 시 진한 육수 배출	가열 시 형태가 흐트러짐.
인증 현황	수산물 지리적 표시 제42호 등록	일반 수산물

이러한 품질 특성은 삼척 돌미역을 단순한 식재료에서 '고급 식문화 자산'으로 격상시켰다. 지역 경제 측면에서도 지리적 표시제 등록은 품질 향상과 소비자 보호를 목적으로 하며, 농산물 품질관리원 및 수산물 품질관리원의 엄격한 관리 하에 지역 특화 산업으로 육성되고 있다.

(2) 문화적 스토리텔링: 해신당 전설과 미역국

삼척 돌미역의 메뉴 분석에서 결코 빠질 수 없는 요소는 신남마을의 '해신당 전설'이다. 이 전설은 음식이 단순한 영양 섭취의 수단을 넘어 치유와 위로, 그리고 풍요를 기원하는 문화적 매개체임을 보여준다. 전설에 따르면 옛날 신남마을에 결혼을 약속한 처녀와 총각이 살고 있었는데, 어느 날 처녀가 미역을 따기 위해 바다 가운데 있는 '애바위'에 내렸다가 갑작스러운 풍랑을 만나 목숨을 잃게 되었다. 이후 마을에는 고기가 잡히지 않는 기근이 닥쳤고, 죽은 처녀의 원혼을 달래기 위해 남근을 깎아 제사를 지내자 비로소 만선이 되었다는 이야기가 전해진다.

이 서사는 '해신당 돌미역국'이라는 메뉴에 강력한 서사적 생명력을 부여한다. 관광객들이 소비하는 성게 미역국은 단순히 성게와 미역의 조합이 아니라, 처녀가 따려고 했던 그 미역, 그리고 그녀를 기리는 마을 사람들의 정성이 담긴 '음복(飮福)'의 현대적 변용이다. 해신당 공원은 현재 연간 30만 명의 관광객이 찾는 명소가 되었으며, 이곳에서 행해지는 성기 신앙과 해신제는 미역국이라는 메뉴를 매개로 관광객들에게 강렬한 체험적 가치를 전달한다.

(3) 대표 메뉴: 성게 돌미역국 정식의 조리 및 상차림

삼척 신남마을 일대에서 제공되는 대표적인 섬 음식 메뉴는 '성게 돌미역국 정식'이다. 이 메뉴는 제례 음식으로서의 전통성과 관광 음식으로서의 상업성이 조화를 이룬다.

- **조리 방식의 특이성:** 삼척 돌미역국 조리의 핵심은 미역을 참기름에 충분히 볶아 미역 고유의 지용성 영양소를 끌어내는 데 있다. 물을 붓고 난 뒤에는 미역 조직이 충분히 부드러워지면서도 탄력을 유지할 때까지 장시간 끓인다. 이때 가미되는 성게알은 국물에 바다의 감칠맛을 더하며, 별도의 인공 조미료 없이도 깊은 풍미를 완성한다.
- **상차림 특징:** 정식 상차림은 돌미역국을 중심으로 동해 연안에서 채취한 다양한 찬류가 곁들여진다. 뚝배기를 사용하여 국의 온도를 끝까지 유지하며, 함께 나오는 밥은 미역국의 진한 국물을 잘 흡수할 수 있도록 갓 지은 쌀밥을 제공한다. 반찬으로는 가오리찜이나 명태회무침 등 강원도 특유의 수산물 찬이 포함되어 미역국의 담백한 맛과 조화를 이룬다.

2) 고성 조도 대문어: 왕실 진상품에서 현대적 미식 브랜드로

강원도 최북단 고성은 '문어의 본고장'으로 칭송받는다. 특히 고성 앞바다의 조도(鳥島)와 그 주변의 암초지대는 거대한 대문어(동해 피문어)가 서식하기에 완벽한 환경을 갖추고 있다. 고성의 대문어는 예로부터 임금님 상에 오르던 진상품이었으며, 오늘날에는 고성 대문어 축제와 연계되어 지역을 대표하는 핵심 관광 메뉴로 자리 잡았다.

(1) 대문어의 생태와 식재료적 가치

대문어는 전 세계적으로 동해안 일대에서 주로 발견되는 대형 문어 종으로, 고성 연안은 조수간만의 차가 거의 없고 수심이 깊어 연중 안정적인 문어 채취가 가능하다. 고성 대문어는 육질이 연하면서도 쫄깃하며, 특유의 단맛이 강해 별도의 복잡한 양념 없이도 훌륭한 맛을 낸다.

특히 고성의 식당들이 자부심을 갖는 '빙장(氷藏)'[8] 기법과 문어 삶기 기술은 이 지역 메뉴의 경쟁력을 결정짓는 핵심 요소이다. 문어는 온도 변화에 민감하여 잡자마자 얼음 속에 보관해 신선도를 유지해야 하며, 삶을 때는 다리의 컬(Curl) 모양을 살리면서도 질기지 않게 익히는 고도의 숙련도가 요구된다.

강원도 고성 지역 식당에서 활용되는 빙장(氷藏) 기법은 주로 명태, 도루묵 등 지역 특산물을 최상의 신선도로 보관하고, 이를 활용해 깊은 맛을 내는 전통 방식이다.

- 자연 친화적 저온 숙성: 냉동고 대신 얼음(빙장)을 활용하여 명태를 서서히 삭히거나 얼렸다 녹이는 과정을 반복한다. 이는 생선의 육질을 단단하게 만들고 감칠맛을 극대화한다.
- 명태의 다채로운 가공: 고성 식당에서는 빙장 기술을 활용해 명태를 말리거나(북어), 얼려(황태), 찰밥과 함께 섞어 삭히는 등 다양한 방식으로 보관하며, 이를 통해 밥식해나 찜 요리의 별미를 만들어낸다.
- 해풍과 추위의 활용: 단순히 얼리는 것뿐만 아니라, 겨울철 태백산맥에서 불어오는 찬바람과 눈을 활용하여 자연 건조 및 얼림(덕장 방식)을 병행, 맛의 깊이를 더한다.
- 해양심층수 활용(현대적 보완): 전통적인 빙장 기술에 청정 해양심층수를 접목하여 명태의 품질을 높이는 등 특허를 받은 전통 가공법을 보완하여 사용하기도 한다.

이러한 빙장 기법을 통해 고성 지역 식당들은 명태 맑은탕, 도루묵 찌개, 문어 숙회 등 특산물을 활용한 담백하고 시원한 로컬 음식을 선보인다.

(2) 대표 메뉴 분석: 문어 숙회와 문어국밥

고성 지역의 대문어 요리는 전통적인 방식의 '숙회'와 현대적으로 고안된 '문어국밥'으로 대별된다.

<u>**문어 숙회와 탕**</u> 문어 숙회는 대문어의 본연의 맛을 가장 잘 느낄 수 있는 방식이다. 갓

8) '빙장(氷藏)' 기법은 크게 수산물 등 식재료의 선도를 유지하는 보존 기술(수산업)을 말한다.

삶아낸 따끈한 문어를 얇게 저며 초고추장이나 기름장에 찍어 먹는다.

- **조리 특징:** 문어를 삶을 때 무를 넣어 육질을 부드럽게 하거나, 지역 비법 육수를 사용하여 문어 표면에 윤기를 더한다.
- **상차림:** 문어 숙회를 주문하면 문어를 삶은 물에 각종 채소와 해산물을 넣어 만든 시원한 국물 요리가 서비스로 제공되는 경우가 많아 가성비 면에서도 훌륭한 평가를 받는다.

현대적 변용: 문어국밥 고성에서 최근 큰 인기를 끌고 있는 문어국밥은 미식 관광객의 취향을 반영한 혁신적인 메뉴이다.

- **조리 방식:** 뜨거운 고기 육수나 해물 육수를 베이스로 한 국밥 위에 숙주를 듬뿍 얹고, 그 위에 얇게 슬라이스한 문어를 샤브샤브처럼 살짝 익혀 먹는 방식이다.
- **미식 포인트:** 문어를 육수에 오래 두면 질겨질 수 있으므로, 문어와 숙주를 먼저 소스에 찍어 먹고 나중에 밥을 말아 먹는 가이드라인이 제공된다. 이는 문어의 식감을 최상의 상태에서 즐길 수 있게 하는 조리 공학적 배려이다.

메뉴명	주요 특징	관광객 만족도 포인트
대문어 숙회	전통적 방식, 쫄깃하고 탄력 있는 식감	원재료의 신선함과 푸짐한 국물 서비스
문어국밥	현대적 퓨전, 숙주와 문어의 식감 조화	시원하고 담백한 육수, 샤브샤브 형태의 재미
명태새우버거	어촌 특화 메뉴, 명태 패티와 새우의 결합	이색적인 맛, 젊은 층과 아이들 선호

상차림의 지역적 특색: 명태와 수육의 조화 고성의 문어 요리 상차림에서 눈에 띄는 특징은 '명태회무침'과 '돼지 수육'의 동반 등장이다. 고성은 과거 명태의 주산지였던 역사적 배경을 가지고 있어, 문어숙회와 함께 부드러운 돼지 수육, 그리고 매콤달콤한 명태회무침을 삼합 형태로 즐기는 문화가 발달해 있다. 또한, 열무김치와 백김치 같은 깔끔한 찬류는 자칫 무거울 수 있는 문어와 수육의 맛을 정돈해주는 역할을 한다.

3) 속초 · 양양의 홍해삼과 전복: 암초 생태계의 미식적 재발견

속초와 양양 연안의 무인도서 주변은 한류의 영향으로 해삼 중에서도 가장 귀하게 대접받는 '홍해삼'의 주요 채취지이다. 홍해삼은 일반 해삼보다 크기가 크고 색이 붉으며, 사포닌 함량이 높아 '바다의 인삼'이라 불린다.

(1) 홍해삼 물회와 전복 요리

속초와 양양의 암초지대에서 해녀들이 직접 채취한 자연산 전복과 홍해삼은 '물회'라는 메뉴를 통해 대중과 만난다.

- **조리 및 구성:** 속초식 물회는 고추장과 된장을 적절히 배합한 육수에 과일즙을 더해 청량감을 높인다. 여기에 단단한 식감의 홍해삼과 오독오독한 전복을 듬뿍 넣어 식감을 극대화한다.
- **문화적 배경:** 이 지역의 해녀 문화는 제주 해녀들이 강원 연안으로 이주하며 형성된 '출가 해녀'의 역사를 담고 있다. 따라서 속초와 양양의 전복, 해삼 요리에는 제주와 강원의 식문화가 융합된 독특한 색채가 묻어난다.

2. 어촌 마을 식당의 메뉴 고도화 사례

최근 강원도 어촌 지역은 고령화 문제에 대응하고 관광 경쟁력을 높이기 위해 메뉴의 고도화 사업을 진행하고 있다. 단순히 원재료를 삶아 내는 방식에서 벗어나, 지역 특산물을 활용한 베이커리나 디저트, 퓨전 일식을 도입하고 있다.

- **성공 사례:** 고성의 '명태새우버거'는 지역 수산물인 명태를 패티로 활용하여 조기 품절될 정도로 높은 인기를 끌고 있다. 또한, 강원도 특산물인 두부와 감자를 활용한 푸딩 등은 미식 관광객의 후식 수요를 공략하며 마을 식당의 수익 구조를 다변화하고 있다.

3. 관광객 만족도 분석 및 경제적 파급효과

강원 섬 음식관광에 대한 관광객들의 만족도는 대체로 '식재료의 신선도'와 '지역 특유의 서사'에서 기인한다.

1) 만족도 지표와 평가 요인

관광객들은 강원 연안 수산물 메뉴에 대해 다음과 같은 요인에서 높은 만족도를 보였다.

- **원재료의 신선도:** 현지 무인도와 암초지대에서 갓 채취한 수산물이라는 점이 강력한 신뢰를 형성한다.
- **경관과의 조화:** 바다가 보이는 세련된 공간에서 지역 음식을 즐길 때 만족도가 증폭된다.
- **가성비의 재해석:** 비록 문어나 전복 등 주재료의 가격은 비싸지만, 함께 제공되는 풍성한 국물과 찬류가 이를 상쇄하며 전체적인 가성비를 높인다고 인식한다.

만족도 항목	주요 내용	비고
맛의 신선도	갓 채취한 문어, 돌미역의 깊은 풍미	최상위 만족 요인
스토리텔링	해신당 전설 등 인문학적 배경과 연계	체험적 가치 증대
공간 서비스	바다 조망권, 친절한 먹는 법 안내	만족도 보완 요인
가격 적정성	계절 및 바다 컨디션에 따른 가격 변동성 존재	일부 아쉬운 점으로 지적

2) 경제적 파급효과와 지리적 표시제의 역할

삼척 돌미역과 같은 지리적 표시제 등록 수산물은 지역 경제에 상당한 기여를 한다. 이는 단순한 매출 증대를 넘어 지역 브랜드 가치를 제고하고, 유사 제품으로부터 지역 특산물을 보호하는 법적 장치가 된다. 품질 관리 기준을 엄격히 적용함으로써 소비자들에게는 안전한 먹거리를 제공하고, 어민들에게는 안정적인 판로와 고부가가치를 보장하는 선순환 구조를 만든다.

4. 강원 섬 음식관광의 지속가능한 발전 방향

강원 연안의 무인도서 및 암초지대 수산물을 기반으로 한 섬 음식은 강원도 관광 산업의 핵심 축이다. 삼척의 돌미역, 고성의 대문어, 속초와 양양의 전복 및 해삼은 각각 고유의 생태적 우수성과 문화적 서사를 바탕으로 독자적인 메뉴 체계를 구축하고 있다.

향후 강원 섬 음식관광이 한 단계 더 도약하기 위해서는 다음과 같은 노력이 요구된다.

첫째, 전통과 현대의 공존이다. 해신당 돌미역국과 같은 전통 제례 음식의 원형을 보존하되, 젊은 층을 겨냥한 문어국밥이나 명태새우버거와 같은 혁신적인 메뉴 개발이 지속되어야 한다.

둘째, 스토리텔링의 고도화이다. 단순히 음식을 먹는 행위를 넘어, 그 식재료가 자란 암초지대의 생태와 마을의 역사, 전설을 디지털 콘텐츠나 체험 프로그램을 통해 풍부하게 전달해야 한다.

셋째, 수산 자원의 지속가능한 관리이다. 지리적 표시제와 같은 인증 제도를 더욱 강화하여 청정 해역의 자원을 보호하고, 기후 변화에 따른 어종 변화에 선제적으로 대응하는 메뉴 개발 전략이 필요하다.

강원도의 거친 바다가 길러낸 돌미역 한 줄기, 대문어 한 마리에는 동해안 사람들의 삶과 신앙, 그리고 끈질긴 생명력이 담겨 있다. 이를 미식 관광의 관점에서 체계적으로 분석하고 육성하는 것은 단순히 지역 경제를 살리는 일을 넘어, 강원도만의 독보적인 해양 문화유산을 계승하는 길이다. 본 교재에서 분석한 삼척, 고성, 속초, 양양의 섬 음식 메뉴들이 세계적인 미식 관광 콘텐츠로 거듭나기를 기대한다.

11장

제주도의 섬 음식관광 현황 분석

제주는 다른 섬들과는 그 위상과 역사적 무게가 다르다. 제주는 단순한 섬이 아니라, 독자적인 문화와 언어, 그리고 강인한 정체성을 간직한 하나의 작은 '나라'와도 같은 곳이다. 화산이 빚어낸 척박한 자연환경과, 육지와의 교류사이에서 형성된 제주의 독특한 역사는, 오늘날 세계적인 관광지로서 제주의 음식문화를 이해하는 가장 중요한 열쇠가 된다.

제주의 역사는 고대 '탐라국(耽羅國)'이라는 독립 왕국에서 시작된다. 일찍부터 제주인들은 바다를 통해 한반도의 삼국은 물론, 중국, 일본과도 활발히 교류하는 해양 세력이었다. 이 과정에서 제주의 말, 감귤, 해산물 등은 중요한 교역품이었으며, 외부의 문화가 제주에 유입되는 통로가 되기도 했다. 고려와 조선시대에 들어서면서 제주는 중앙 정부의 직접적인 통치를 받게 되지만, 그 역할은 더욱 특수해졌다. 제주는 국가가 관리하는 최고의 말을 키워내는 목장이자, 임금님께 진상하는 귀한 세곡(稅穀)과 특산물을 조달하는 특별한 섬이었다. 이러한 역사는 제주에 '왕에게 바치는 최고급 식재료의 생산지'라는 명예로운 이미지를 부여했다.

근현대에 들어서면서, 제주 경제와 문화를 이야기할 때 '해녀(海女)'를 빼놓을 수 없다. 척박한 땅을 대신해 가족의 생계를 책임져야 했던 제주의 어머니들은, 아무런 산소 장비 없이 거친 바다로 뛰어들어 전복, 소라, 성게, 미역 등을 채취했다. 이들의 강인한 생명력과 공동체 문화는 유네스코 인류무형문화유산으로 등재될 만큼 세계적으로 그 가치를 인정받고 있으며, 해녀들이 갓 잡아 올린 신선한 해산물은 오늘날 제주 음식의 상징이자 가장 중요한 식재료가 되었다. 해방 이후, 한국전쟁과 4・3 사건이라는 비극적인 역사를 겪기도 했지만, 1960년대 이후 본격적인 관광 개발이 시작되면서 제주는 새로운 전환기를 맞는다. '국내 제1의 관광지'로 자리매김하면서, 과거 제주인들의 밥상에 오르던 소박한 음식들이 관광객을 위한 '향토음식'으로 재탄생하고, 상품화되기 시작한 것이다.

제주의 음식문화를 만든 또 다른 주인공은 바로 '화산섬'이라는 독특한 자연환경이다. 물이 쉽게 빠져나가는 현무암 토양은, 한국인의 주식인 벼농사를 거의 불가능하게 만들었다. 이 때문에 제주 사람들은 쌀밥 대신, 척박한 땅에서도 잘 자라는 보리, 조, 메밀, 고구마 등을 주식으로 삼아야 했다. 이는 제주 음식이 육지의 음식과 근본적으로 다른 맛의 체계를 갖게 된 이유다. 동시에, 바다에 인접한 생활환경은 어업과 해산물 채취를 필수로 만들었다. 결국 제주인들은 밭에서 나는 것과 바다에서 나는 것을 함께 활용하는 독특한 '복합 생계 구조'를 발전시켰고, 이는 돼지고기 육수에 모자반(해초)을 넣어 끓이는 '몸국'처럼, 땅과 바다의 재료가 하나의 그릇 안에서 만나는 독창적인 음식들을 탄생시켰다.

이러한 제주 섬은 8개의 유인도와 59개의 무인도서로 이루어졌다[유인섬은 제주특별자치도 본도(1)가 제외된 통계임]. 그래서 제주 섬의 모든 역사는 오늘날 음식관광의 소중한 자산이 되고 있다. 해녀들의 물질 문화는 관광객들이 해녀와 함께 해산물을 맛보는 '해녀 음식 체험 프로그램'으로 이어지고, 척박한 땅을 일구던 농업의 역사는 '보리빵'이나 '메밀빙떡'과 같은 향토음식을 통해 이야기된다. 즉, 제주의 역사적 배경은 음식의 맛에 깊이를 더하는 '스토리텔링'의 원천이자, 제주 음식관광의 브랜드 가치를 높이는 핵심적인 기반으로 활용되고 있다. 결국 제주에게 섬이라는 지리적 한계는, 오히려 그 어떤 곳과도 비교할 수 없는 독창적인 음식문화와 관광 자원을 발전시키는 가장 강력한 원동력이 되었던 것이다.

제1절 제주 섬의 역사적 배경

제주도는 한반도 본토와는 이질적인 지질학적 형성과정과 독특한 역사적 궤적을 지닌 섬으로, 이러한 배경은 제주만의 독특한 섬 음식 정체성을 형성하는 근간이 되었다. 제주 음식문화의 역사적 배경은 크게 지질학적 환경에 따른 농업 및 어업 구조의 형성, 탐라국 시기부터 이어진 독립적 문화권의 유지, 고려 말 몽골 지배기에 유입된 유목 문화의 습속, 그리고 조선 시대 진상제도와 유배 문화가 결합된 복합적인 양상을 띤다. 특히 척박한 자연환경을 극복하기 위해 발달한 공동체 중심의 생활 방식은 오늘날 제주 섬 음식관광의 핵심적인 인문적 자산으로 기능하고 있다.

1. 지질학적 형성과정과 척박한 자연환경의 대응

제주도의 식문화적 원형은 화산 활동이라는 지질학적 특수성에서 출발한다. 수억 년 전 형성된 한반도 본토의 노년기 지형과 달리, 제주는 비교적 최근에 분출한 신선한 화산암 지대로 구성되어 있다. 이러한 지질적 조건은 제주의 농업 생산 체계와 식재료 확보 방식에 결정적인 제약을 가했다.

1) 현무암질 토양과 다공성 지반의 식생활적 함의

제주의 토양은 다공성 현무암(Basalt)이 주를 이루고 있어 비가 오면 물이 곧바로 지하로 스며드는 특성을 지닌다. 이러한 지질적 한계로 인해 논농사에 필수적인 저수 능력이 결여되어 있었으며, 이는 제주 식문화에서 쌀이 귀한 대접을 받게 된 근본적인 원인이 되었다. 해안가 일부 지역을 제외하고는 벼농사가 거의 불가능했기 때문에, 제주인들은 물을 가두지 않고 재배할 수 있는 밭농사 중심의 생산 구조를 구축하게 되었다.

(1) 밭농사 중심의 잡곡 문화 형성

논농사할 수 없는 척박한 화산회토 환경에서 제주인들은 조, 보리, 메밀, 피, 콩, 팥 등 가뭄과 척박한 토양에 강한 잡곡을 주식으로 선택했다. 특히 조와 보리는 제주의 주된 생산 곡물이었으며, 이는 일상식인 잡곡밥뿐만 아니라 오메기술(조껍데기술)과 같은 양조 문화의 바탕이 되었다. 메밀 또한 생육 기간이 짧고 기후 적응력이 뛰어나 제주 식문화의 핵심 식재료로 자리 잡았으며, 이는 빙떡이나 메밀범벅 같은 독특한 향토 음식을 낳았다.

(2) 용천수와 식수원 확보를 위한 생활 문화

하천이 발달하지 못한 제주의 지질 구조는 식수 확보를 위한 독특한 생활 양식을 만들어냈다. 비가 스며들어 해안가에서 솟아오르는 용천수는 제주 사람들의 생명수였으며, 이를 중심으로 마을이 형성되었다. 물을 길어 나르기 위해 고안된 물허벅(물항아리)과 물구덕(대나무 바구니)은 제주 식생활의 상징적 도구가 되었으며, 깨끗한 지하수는 후대 제주의 주류 산업이 발전하는 데 중요한 기초 자원이 되었다.

제주와 육지의 지질 및 농업 환경 비교

구분	제주도(화산섬)	한반도 육지(내륙)
토양 특성	다공성 현무암, 화산회토	화강암, 편마암 기반의 점토질/사질토
물 관리	투수성이 높아 지표수 부족, 용천수 의존	하천 개발을 통한 수로 및 저수지 발달
주식 작물	조, 보리, 메밀, 감자, 고구마 등 잡곡	쌀(벼) 중심의 단작 또는 이모작
식문화 영향	쌀이 귀한 의례 음식으로 취급(곤밥)	쌀밥이 일상적인 주식의 표준

2. 탐라국에서 고려 시대까지의 식문화 원형

제주는 역사적으로 탐라국이라는 독립적인 해상 왕국을 유지해 왔으며, 고려 시대 이후 중앙 정부의 통제를 받으면서도 지리적 고립성으로 인해 고유의 문화적 틀을 유지했다. 특히 13세기 원나라(몽골)의 직할령이었던 탐라총관부 시대는 제주의 식문화 역사에서 가장 극적인 전환점이 되었다.

1) 몽골 침입 130년과 육식 문화의 정착

1231년부터 약 130년간 이어진 몽골의 침입은 제주에 목축 중심의 육식 문화를 이식했다. 유목 생활을 하던 몽골인들은 제주에 전마장(말 목장)을 설치하고 양과 소, 말을 사육하며 그들의 식습관을 전파했다. 이는 수산물과 채소 중심이었던 섬 식단에 육류라는 새로운 단백질 공급원이 대규모로 결합하는 계기가 되었다.

(1) 소주와 육가공 기술의 전래

제주의 전통 소주인 고소리술은 몽골 군대가 주둔하면서 전한 증류 기술에서 유래했다. 또한, 돼지의 피와 곡물 가루를 내장에 채워 만드는 제주의 순대(수애)는 몽골의 전통 피순대인 '게데스 초스(гэдэс цус)'와 조리 원리가 일맥상통하며, 육포(유표)와 같은 고기 보존 기술 또한 이 시기에 정착된 것으로 분석된다.[1]

(2) 몸국과 고기 국물 문화의 탄생

몽골의 탕 문화(슐렝, Shulen/Schulen)[2]는 제주의 척박한 환경과 결합하여 새로운 형태의 향토 음식을 만들어냈다. 돼지고기를 삶은 육수에 해조류인 모자반을 넣어 끓인 몸국은 고기가 귀했던 시절, 적은 양의 고기로 많은 마을 주민이 함께 나누어 먹기 위해 고안된 지혜의 산물이다. 이는 몽골의 고기 국물 문화가 제주의 해산물(모자반)과 융합된 대표적인 사례로 평가받는다.

---

1) 몽골의 전통 피순대는 몽골어로 초산 히암(Цусан хиам)이라고 한다. 칭기즈칸 시대 몽골군이 긴 전투 중 먹었던 고열량 전투 식량을 게데스라고 한다.

2) 유목 생활과 척박한 자연환경에서 탄생한 고기 중심의 뜨겁고 영양가 높은 수프 문화를 말한다.

몽골 문화가 제주 식문화에 미친 영향 분석

제주 음식	몽골 원형 및 영향	특징 및 변용
고소리술	증류식 소주 기술	개성, 안동과 함께 소주 문화의 발상지
수애(순대)	게데스(Gedes)	돼지 피와 메밀가루 등을 사용한 선지순대 형태
몸국	슐렝(Shulen)	돼지 육수에 모자반을 넣어 걸쭉하게 끓임.
빙떡	메밀 전병 문화	메밀 가루를 얇게 부쳐 무채를 넣어 말아냄.
상애떡	몽골식 찐빵(만두)	막걸리로 발효시킨 밀가루 떡, 휴대용 음식

3. 조선 시대 중앙 집권 체제와 진상 제도의 고통

조선 시대 제주도는 중앙 정부에 바치는 귀한 특산물의 공급처로서 중요한 경제적 위상을 가졌다. 그러나 이는 동시에 제주 도민들에게 가혹한 노동과 수탈의 원인이 되었으며, 이러한 고난의 역사는 제주의 식재료 보존 방식과 조리법에 깊은 흔적을 남겼다.

1) 왕실 진상품으로서의 전복과 해녀 노동의 전이

전복은 왕실의 존재 이유라고 불릴 만큼 중요한 진상품이었다. 초기에는 남성인 포작(鮑作)들이 주로 전복을 캤으나, 가혹한 부역을 견디지 못한 남성들이 섬을 탈출하거나 사망하면서 그 짐은 여성인 해녀들에게 고스란히 전가되었다. 전복은 진상용이었기에 정작 제주 사람들은 전복의 내장(게우)을 젓갈로 담가 먹거나, 적은 양의 전복으로 양을 늘린 전복죽을 보양식으로 섭취하는 등 최소한의 소비에 그칠 수밖에 없었다.

(1) 감귤 진상의 폐단과 도민의 저항적 생산 행태

감귤은 조선 시대 지체 높은 양반조차 쉽게 맛볼 수 없는 귀물이었다. 귤이 진상되면 이를 축하하기 위해 황감제라는 특별 과거시험을 열 정도였다. 그러나 관리들의 가혹한 수량 책정과 수탈로 인해 농민들은 차라리 귤나무를 죽이는 편을 택하기도 했다. 끓는 물을 붓거나 구멍을 뚫어 후추를 넣어 나무를 고사시킨 기록은 당시의 처절한 생활상을 보여준다.

(2) 유배 문화를 통한 외부 식생활의 전파와 변용

조선 시대 제주도는 중앙 정계에서 밀려난 사대부와 왕족들의 주요 유배지였다. 광해군을 비롯해 추사 김정희, 우암 송시열 등 당대 최고의 지식인들이 제주에 머물며 그들의 식습관과 조리법을 전파하거나, 제주의 환경에 적응하며 새로운 식문화를 기록으로 남겼다. 유배인들은 제주에 오면서 육지의 장(醬) 문화와 소금기가 강한 김치 등을 요구했다. 추사 김정희는 부인에게 보낸 한글 편지에서 제주의 싱거운 음식에 적응하지 못해 서울에서 보낸 김치와 반찬을 찾는 미식가적 면모를 보였다.

조선 시대 제주의 주요 진상품 목록

품목 분류	세부 항목	역사적 맥락 및 용도
축산물	말(馬), 흑우, 사슴	군사적 목적 및 왕실 제례용
수산물	전복, 참돔, 은갈치, 오징어	왕실 수라상 및 연회용 핵심 식재료
과실류	감귤(청귤, 유감 등), 표고버섯	귀한 약재 및 기호품, 황감제의 상징
약재류	당귀, 천초 등	제주의 기후에서 자라는 특화 약재

4. 공동체 중심의 노동 민속과 음식 분배 방식

제주의 척박한 자연환경은 개인의 힘만으로는 생존이 불가능한 구조였다. 이를 극복하기 위해 발달한 협동 노동 방식인 수눌음[3]은 식문화에도 고스란히 반영되어, 화려함보다는 효율과 나눔에 집중한 검박한 조리법을 낳았다.

1) 수눌음 정신과 협동 노동의 식사 메뉴 구성

제주 여성들은 농사와 물질을 병행해야 했기에 요리에 긴 시간을 들일 여유가 없었다. 따라서 양념을 최소화하고 재료 본연의 맛을 살려 빠르게 끓이거나 데치는 조리법이 발달했다. 싱

3) 제주도의 전통적인 협동 노동 방식인 '수눌음'은 이웃끼리 서로의 일손을 품앗이하는 제주 고유의 상부상조 문화를 의미한다. 척박한 환경 속에서 생존을 위해 자연스럽게 형성된 제주인의 공동체 의식이 담겨 있다. 이러한 수눌음의 뜻은 "손들을 눌다(쌓다)"라는 의미로, 사람들이 모여 일손(손)을 합친다는 뜻이다.

싱한 생선을 그대로 넣고 끓인 생선국(갈치국, 자리국 등)과 된장을 베이스로 한 물회는 이러한 바쁜 일상이 빚어낸 최적의 결과물이다.

(1) 돗제와 돗추렴을 통한 육류 소비

제주전통사회에서 육류 섭취는 매우 귀한 기회였다. 마을의 경조사나 의례가 있을 때 돼지를 잡는 돗제[4]와 이를 마을 사람들이 나누어 갖는 돗추렴 문화는 단순한 육류 소비를 넘어 공동체의 연대감을 확인하는 자리였다. 돼지의 모든 부위를 알뜰하게 사용하여 몸국, 돔베고기, 접작뼈국 등을 만들어 나누어 먹음으로써 공동체의 자원 배분과 사회적 안전망 역할을 수행했다.

(2) 해녀 공동체의 바다밭 관리와 지속가능한 채취

해녀들은 바다 속을 바다밭으로 인식하여 공동으로 청소하고 종묘를 뿌리는 등 자원을 관리했다. 이는 오늘날의 관점에서는 환경 지속가능성을 고려한 선구적인 어로 방식이며, 제주의 해산물 요리가 철저히 제철 식재료에 기반하게 된 배경이기도 하다. 기량이 떨어지는 고령 해녀를 위한 할망바당이나 어린 해녀를 위한 애기바당 운영은 공동체 내의 약자를 배려하는 제주의 정신을 잘 보여준다.

해녀의 주요 채취 도구 및 관련 음식

도구 명칭	용도	관련 식재료 및 음식
테왁 / 망사리	부력 기구 및 수확물 망	소라, 전복, 성게 등 전반
빗창	전복을 바위에서 떼어냄	전복죽, 전복회
정게호미	미역 등 해조류 채취	미역국, 성게미역국
소살	물고기를 잡는 작살	자리물회, 생선구이

4) 돗제는 제주도 지역의 전통적인 민간 신앙 의례로, 돼지를 잡아 마을 신이나 조상신에게 제물로 바치고 마을의 평안과 안녕을 기원하는 의식을 의미한다. 명칭은 제주도 방언으로 돼지를 뜻하는 '돗'과 제사를 의미하는 '제(祭)'가 합쳐진 말이다. 주요 특징은 돼지 한 마리를 통째로 제물로 바치는 것이 특징이다. 돼지는 예로부터 다산과 부, 행운을 상징하는 신성한 동물로 여겨졌다.

5. 근현대 제주의 변화와 관광 자원화 과정

해방 이후 제주도는 1960년대 감귤 산업의 육성과 1970년대 본격적인 관광 개발을 통해 획기적인 전환기를 맞이했다. 이 시기부터 제주의 전통 음식은 가계의 생존을 위한 수단에서 방문객을 위한 향토 음식이라는 관광 상품으로 재정의되기 시작했다.

1) 1960년대 감귤 산업의 육성과 농가 경제의 전환

1950년대 일본으로부터 묘목이 도입되면서 감귤은 제주의 주력 산업으로 급성장했다. 감귤은 더 이상 고통의 진상품이 아니라 농민들에게 부(富)를 가져다주는 대학나무[5]이자 제주의 쌀로 여겨지게 되었다. 이는 제주의 농업 구조를 근본적으로 바꾸어 놓았으며, 감귤을 활용한 다양한 가공식품이 현대 제주 관광의 대표 기념품으로 자리 잡는 기반이 되었다.

(1) 종합개발계획 이후 대중 관광과 전통 음식의 상품화

1970년대 이후 제주가 국제적인 관광지로 부상하면서 고기국수, 돔베고기 등 마을의 의례 음식이었던 메뉴들이 대중화되었다. 특히 고기국수는 과거 잔칫날에만 먹던 음식이 외식 산업과 결합하여 제주의 상징적인 메뉴로 정착된 사례이다. 이러한 과정에서 전통적인 단순 조리법은 관광객의 입맛에 맞게 일부 퓨전화되거나 정교화되는 과정을 거치게 되었다.

(2) 고립된 섬의 정체성에서 개방된 미식 도시로의 도약

최근에는 대량 생산된 관광 음식에 대한 반성으로, 해녀의 밥상이나 마을 공동체의 수눌음 문화를 직접 체험하는 마을 음식관광에 대한 관심이 높아지고 있다. 이는 과거의 척박한 역사와 고난의 식문화가 오히려 현대인들에게는 진정성(Authenticity) 있는 문화 콘텐츠로 소비되고 있음을 의미한다.

---

5) 제주에서 감귤이 귀하던 시절 감귤나무 몇 그루만 있으면 자식을 대학에 보낼 수 있어 '대학나무'라 불리기도 했다.

6. 역사적 배경이 현대 제주 섬 음식관광에 주는 통찰

제주 섬의 역사적 배경은 단순한 고립이 아니라, 척박한 지질적 환경과 외세의 영향, 그리고 국가적 수탈이라는 거친 풍파를 견디며 형성된 역동적인 생존의 역사이다.

1) 자급자족의 미학과 절검 정신

물자가 부족한 상황에서 주변의 식재료를 낭비 없이 활용하고, 양념보다는 재료 본연의 맛을 존중하는 제주의 식문화는 현대의 슬로푸드 및 로컬푸드 철학과 맞닿아 있다. 식량이 늘 부족했던 과거, 제주인들은 식재료를 아끼는 절검 정신[6]을 실천했다. 곡물의 속껍질까지 활용한 메밀범벅이나, 남은 보리밥을 발효시켜 만든 음료인 쉰다리 등은 척박한 환경에서 탄생한 지혜로운 구황 음식이자 별미가 되었다.

(1) 공동체와 공유 경제의 가치

해녀의 바다밭 관리나 수눌음 노동, 그리고 음식의 공평한 분배 문화는 현대 사회가 직면한 이기주의와 자원 고갈 문제를 해결할 수 있는 대안적 모델로서 가치를 지닌다. 마을 사람을 단골이라 부르며 각 집에서 정성껏 음식을 마련해 참여하는 당굿 등은 음식관광이 단순히 맛을 넘어 사회적 관계망의 회복으로 나아가야 함을 시사한다.

(2) 문화적 하이브리드와 콘텐츠의 확장

몽골의 유목 문화와 사대부의 유배 문화, 그리고 제주 원주민의 해양 문화가 층층이 쌓여 만들어진 제주의 식탁은 그 자체로 거대한 역사 박물관이다. 이러한 역사적 맥락에 대한 깊은 이해는 제주를 찾는 관광객들에게 음식에 담긴 서사를 전달하고, 지역 주민들에게는 자신들의 고유한 삶의 방식에 대한 자긍심을 고취하는 데 필수적이다. 향후 제주 섬 음식관광 정책은 이러한 역사적 층위를 세밀하게 복원하고 콘텐츠화하는 방향으로 추진되어야 한다.

---

6) '절검(節儉) 정신'은 부지런하고(勤) 검소하게(儉) 돈이나 물건을 아껴 쓰는 태도를 의미하며, 흔히 근검절약 정신으로 불린다.

제주 음식 역사 테마의 관광 자원적 활용 가치

역사적 테마	핵심 키워드	관광 프로그램 적용 방안
화산 지형의 삶	용천수, 밭작물, 구황음식	지질 공원 연계 잡곡 밥상 체험
몽골의 흔적	고소리술, 말고기, 몸국	전통 증류주 양조장 투어 및 몽골식 유목 식사
진상과 수탈	감귤, 전복, 해녀의 삶	역사 사료 기반의 왕실 진상 수라상 체험
유배자의 식탁	추사 김정희, 차 문화, 귤중옥	유배지 유적 중심의 인문학 다도 투어
공동체의 맛	수눌음, 돗제, 반(泮) 문화	마을 공동체 단위의 돗추렴 잔치 음식 체험

결론적으로, 제주 섬의 역사적 배경은 독립적인 해양 왕국으로서의 자부심, 척박한 자연환경에 맞서 싸운 강인한 생활력, 그리고 현대적인 관광지로의 성공적인 변신 과정이 모두 녹아 있는 한 편의 대서사시다. 이 깊이 있는 역사는 제주 음식을 단순한 먹거리가 아닌, 제주의 정신을 맛보는 문화적 체험으로 만들며, 제주가 세계적인 음식관광 목적지로 나아갈 수 있는 가장 튼튼한 기반이 되고 있다.

제2절 제주 섬 식재료의 특징

1. 지질학적 근원과 화산회토 기반의 식생 구조

제주도의 식재료를 이해하기 위한 근본적인 토대는 이 섬의 지질학적 형성과정에 있다. 제주도는 화산 활동에 의해 형성된 화산섬으로, 전체 토양의 약 77%, 경작지의 약 60%가 화산회토로 이루어져 있다. 이러한 지질적 배경은 일반적인 육지의 토양과는 판이한 물리적, 화학적 특성을 부여하며, 이는 결과적으로 제주산 식재료만이 가지는 독특한 풍미와 영양학적 구성을 결정짓는 핵심 요인이 된다.

1) 화산회토의 이화학적 특성과 작물 생산의 관계

제주의 화산회토는 현무암 모재가 풍화되어 형성된 토양으로, 알루미늄과 철 성분이 풍부하게 함유되어 있다. 이 토양의 가장 두드러진 화학적 특징 중 하나는 높은 인산 고정력이다. 토양 내에 시용된 인산 비료의 대부분이 알루미늄 등과 결합하여 불용화됨에 따라 식물이 실제로 이용할 수 있는 유효 인산 함량은 매우 낮은 수준에 머문다. 이러한 척박한 토양 환경은 작물의 생육 속도를 늦추고 결실에 부정적인 영향을 미칠 수 있으나, 반대로 식물이 생존을 위해 특정 영양 성분을 응축하거나 독특한 식감을 형성하게 만드는 기제가 되기도 한다.

(1) 화산회토(VDBS)와 비화산회토(DBS)의 영양 성분 비교

제주 토양은 크게 화산회토와 비화산회토로 구분되며, 이들 사이에는 영양학적 조성에서 뚜렷한 차이가 존재한다. 화산회토는 유기물과 전질소 함량이 비화산회토에 비해 높은 편이다. 특히 칼륨 함량은 비화산회토보다 1.8배에서 3.4배가량 높게 나타나는 특징이 있다. 이러한 미네랄 구성의 차이는 작물의 맛과 저장성에 직접적인 영향을 미친다.

(2) 토양의 물리적 구조와 경작 방식의 분화

제주 토양의 물리적 특성은 투수성이 매우 강하다는 점이다. 강수량이 많음에도 불구하고 비가 내린 직후 물이 빠르게 지하로 빠져나가기 때문에 논농사가 거의 불가능하며, 이는 제주가 밭농사 중심의 식재료 생산 구조를 갖게 된 결정적인 원인이 되었다. 경작토의 평균 깊이는 약 18.3cm로 매우 얕으며, 자갈 함량이 40%에 달하는 돌밭이 많아 농업 여건은 매우 척박하다. 제주 사람들은 이러한 환경을 극복하기 위해 '뜬 땅'과 '된 땅'의 특성에 맞춰 재배 작물을 철저히 구분해 왔다.

제주 토양 유형별 재배 작물 및 특징 비교

토양 구분	주요 특징	대표 재배 작물
화산회토(뜬땅)	투수성 강함, 유기물 높음, 푹신한 질감	무, 감귤, 고구마, 메밀
비화산회토(된땅)	입자 치밀, 지지력 강함, 상대적 높은 비옥도	마늘, 양배추, 양파
모래땅(사질토)	배수 극대화, 통기성 우수	당근

2) 제주밭담 농업시스템과 식재료의 보존 기작

척박한 지질 환경과 강한 바닷바람으로부터 식재료를 보호하기 위해 형성된 제주밭담[7]은 단순한 경계석 이상의 생태적 기능을 수행한다. 이는 세계중요농업유산(GIAHS)으로 지정되어 그 가치를 인정받았으며, 제주 식재료의 원형을 보존하는 핵심적인 장치로 작동한다.

(1) 방풍 효과와 작물의 품질적 안정성

현무암을 이용해 쌓은 밭담은 구멍이 숭숭 뚫려 있어 강한 바람을 부드럽게 걸러주는 파풍 효과[8]를 제공한다. 이는 겨울철 강한 북서계절풍으로부터 작물의 줄기가 꺾이거나 뿌리가 뽑히는 것을 방지하며, 농경지 내부의 미기후를 조절하여 지온을 유지하는 보온 효과를 창출한다. 이러한 미세 기후 조절 능력은 제주산 월동 채소가 겨울에도 얼지 않고 당분을 축적할 수 있게 하는 물리적 기반이 된다.

(2) 토양 유실 방지와 표토 보호의 지속가능성

가벼운 화산재로 구성된 제주의 표토는 바람과 비에 의해 쉽게 유실될 위험이 크다. 밭담은 이러한 가벼운 토양이 날아가거나 빗물에 씻겨 내려가는 것을 막아주는 둑 역할을 수행하며, 농업 생산의 영속성을 보장한다. 이는 제주 식재료가 수천 년간 동일한 지질적 특성을 유지하며 고유의 품질을 이어올 수 있었던 생태적 배경이다.

2. 육상 식재료: 주요 밭작물의 영양학적 우수성과 산지 특성

제주도는 우리나라 밭작물 수급의 핵심 기지로서, 특히 메밀, 당근, 감자, 무 등은 전국 최고의 품질과 생산량을 자랑한다. 제주의 기후와 토양에 최적화된 이들 작물은 육지산 작물과는

7) 제주밭담은 척박한 화산 토양과 강한 바람을 극복하기 위해 돌을 쌓아 만든 제주 고유의 농경지 경계석으로, 2014년 FAO 세계중요농업유산(GIAHS)으로 지정되었다. 약 2만 km 이상 이어져 '흑룡만리(黑龍萬里)'로 불리며, 토양 유실 방지와 방풍, 목축 문화가 결합한 독특한 생태·문화적 가치를 지닌다.

8) 파풍 효과(破風效果)는 틈새가 있는 구조물(돌담, 그물망 등)을 통해 바람을 찢어지게 하여 바람의 세기를 약화시키는 과학적 원리이다. 주로 제주 돌담이나 파풍망에서 사용되며, 바람을 완전히 막는 대신 분산시켜 구조물의 붕괴를 막고 농작물 피해를 줄이는 효과가 있다.

차별화된 영양 성분을 보유하고 있다.

1) 제주 메밀의 루틴 함량과 기능성 분석

제주는 전국 메밀 생산량의 약 50퍼센트 이상을 점유하는 최대 주산지다. 제주 메밀은 특히 항산화 물질인 루틴 성분의 농도가 타 지역산에 비해 높게 형성되는 경향을 보인다.

(1) 메밀 부위별 루틴 함량과 영양 가치

연구 데이터에 따르면 메밀의 부위별 루틴 함량은 가공된 가루보다 꽃과 잎에서 압도적으로 높게 나타난다. 이는 제주 메밀을 활용한 음식관광에서 종실뿐만 아니라 어린 잎이나 꽃을 활용한 가공식품 개발의 필요성을 뒷받침한다.

메밀 부위별 및 가공품별 루틴 함량 분석

분석 부위/가공품	루틴 함량(mg/100g)	특징
메밀꽃	2,810.0	가루 대비 약 141배 함량
메밀잎	2,166.4	가루 대비 약 108배 함량
메밀줄기	373.1	식이섬유 및 미네랄 풍부
메밀차	223.4	제조 과정에서 성분 농축
메밀가루	19.9	종실 가공의 기본 형태

(2) 제주 토종 품종의 유전적 경쟁력

제주에서 재배되는 토종 메밀은 외래종에 비해 루틴 함량이 상대적으로 높게 유지되며, 개화기에 수확할 경우 항산화 성분이 정점에 달하는 것으로 분석된다. 이는 제주 메밀이 단순한 식재료를 넘어 고기능성 건강 식품으로서의 시장 가치를 지니고 있음을 의미한다.

2) 구좌 향당근의 당도와 향기 성분 특성

제주시 구좌읍의 사질 화산회토에서 생산되는 당근은 전국 생산량의 절반 이상을 차지하며, 맛과 향에서 독보적인 위치를 점하고 있다.

(1) 테르페노이드 성분과 풍미의 상관관계

당근 특유의 향을 결정짓는 테르페노이드 함량 분석 결과, 제주 구좌 당근은 다른 지역의 당근보다 훨씬 많은 양의 향기 성분을 함유하고 있음이 확인되었다. 이는 화산회토 특유의 유기물 함량과 배수성이 당근의 생리 활성 물질 합성을 촉진한 결과로 해석된다.

(2) 당도와 수분 함량의 타 지역 비교

구좌 향당근은 육지부나 중국산 당근과 비교했을 때 당도가 1.5에서 2.1 브릭스(Brix) 가량 높게 나타난다. 또한, 토양이 수분을 적절히 머금고 있어 식감이 부드럽고 수분 함량이 풍부하여 주스나 생식용으로 매우 적합하다.

3) 고산 지역 화산회토 감자의 품질적 특성

제주시 한경면 고산 지역은 대지 품종 감자의 주산지로, 이곳의 화산회토는 감자의 전분가와 미네랄 함량을 높이는 데 최적의 조건을 제공한다.

(1) 물리적 성상과 식감의 우수성

고산 화산회토 감자는 타 지역산에 비해 개당 평균 무게가 약 150.31그램으로 크고 실하며, 비중이 1.082로 높아 전분 함량이 풍부하다. 이는 쪘을 때 포슬포슬한 식감을 극대화하며, 경도(Hardness) 또한 높게 측정되어 조리 시 형태가 잘 유지되는 장점이 있다.

(2) 비타민 C 및 미네랄 구성

영양 분석 결과, 고산 감자는 비타민 C 함량이 22.45mg/100g으로 대조군보다 높으며, 특히 칼륨, 마그네슘, 칼슘 등 주요 무기질 함량이 월등히 높다. 또한, 환원당 함량이 낮아 고온 조리 시 갈변 현상이 적게 발생하므로 가공 적성이 매우 우수하다.

3. 육상 식재료: 고유종 가축의 유전적 자산과 영양적 우수성

제주의 축산 식재료는 섬이라는 고립된 환경에서 오랫동안 적응하며 고유한 유전적 특징을 갖게 된 가축들로 구성된다. 흑돼지, 흑우, 제주마는 모두 천연기념물로 지정되어 국가 차원의 보호를 받고 있으며, 이는 제주 음식관광의 프리미엄을 형성하는 핵심 자산이다.

1) 제주 흑돼지의 육질 특성과 생태적 사육 역사

천연기념물 제550호인 제주 흑돼지는 일제강점기와 근대화를 거치며 개량종과의 교잡으로 멸실 위기에 처했으나, 1986년부터 순수 혈통 보존 사업을 통해 그 명맥을 이어오고 있다.

(1) 돗통 사육과 생태 순환 시스템

전통적인 제주의 돗통[9] 사육 방식은 배설물 처리와 퇴비 생산이라는 생태적 원리가 반영된 시스템이다. 이러한 환경에서 자란 흑돼지는 체질이 매우 튼튼하고 질병에 강한 특성을 갖게 되었다. 비록 성장 속도는 느리고 새끼 수가 적어 생산성은 낮으나, 이는 결과적으로 육질의 치밀함과 맛의 깊이를 더하는 요인이 되었다.

(2) 근내 지방(마블링)과 식감의 차별성

제주 흑돼지는 일반 돼지에 비해 근내 지방 함량이 3에서 4배가량 높으며, 지방 입자가 작아 육질이 매우 쫄깃하고 고소하다. 특히 육색의 적색도가 일반 돼지보다 유의적으로 높으며, 고기의 탄력성과 응집성이 뛰어나 씹을수록 풍미가 깊어지는 특징을 보인다.

2) 제주 흑우의 유전적 고유성과 영양학적 지표

천연기념물 제546호인 제주 흑우는 일반 한우나 일본 와규와는 다른 독자적인 유전적 진화 트리를 가지고 있음이 최근 과학적으로 입증되었다.

---

9) 제주 방언 '돗통'은 돼지를 뜻하는 '돗'과 우리(통)가 합쳐진 말로, '돼지우리'를 뜻한다. 과거 제주의 재래식 화장실인 '돗통시'에서 유래했으며, 흑돼지에게 인분과 음식 쓰레기를 처리하게 했던 독특한 생활 문화 공간을 의미한다.

(1) 기능성 물질: 올레인산과 글루타민

제주 흑우의 고기에는 감칠맛을 결정하는 올레인산(Oleic acid)과 면역력을 높여주는 글루타민 함량이 다른 품종에 비해 현저히 높다. 이는 흑우가 단순한 진상품으로서의 역사성을 넘어 영양학적으로도 최상위급 육류임을 보여주는 지표다.

주요 소 품종별 불포화지방산 및 아미노산 함량 비교

분석 항목	제주 흑우(%)	일본 와규(%)	일반 한우(%)
불포화지방산	62.23	57.30	54.75
올레산(감칠맛)	55.1	49.9	48.5
글루타민(아미노산)	29.67	25.76	18.73

(2) 소비자 기호도와 맛의 정체성

소비자 블라인드 테스트 결과, 제주 흑우는 향미, 연도(부드러움), 다즙성 모든 부분에서 일반 한우보다 우수한 평가를 받았다. 포화지방산 비율이 낮아 많이 먹어도 물리지 않는 장점이 있으며, 이는 제주 흑우만의 강력한 브랜드 경쟁력이 된다.

3) 제주마와 말고기의 식용 문화 및 약용 가치

말고기는 제주에서 선사시대부터 식용되어 온 역사를 지니고 있으며, 조선시대에는 암말을 잡아 건마육을 만들어 조정에 바치는 토산물로 대접받았다.

(1) 철분과 글리코겐 함량의 특성

말고기는 저지방 고단백 식품의 대명사로, 특히 철분 함량이 쇠고기의 약 2.3배에 달해 빈혈 예방과 체력 회복에 탁월하다. 또한, 글리코겐 함량이 다른 육류보다 3배 이상 높아 특유의 단맛을 내며 에너지 생성에 즉각적인 도움을 준다.

(2) 불포화지방산의 구성비와 기능

분석 결과, 제주산마의 지방산 중 불포화지방산 비율은 62.51%로 포화지방산보다 훨씬 높다. 특히 오메가-3 및 오메가-6 계열의 지방산이 풍부하여 혈관 건강 개선에 도움을 준다. 전통적으로 제주에서는 말뼈를 관절염과 골다공증 치료를 위한 약재로 사용해 왔는데, 이는 말고기가 단순한 음식을 넘어 기능성 식재료로 인식되어 왔음을 시사한다.

28개월령 제주산마 말고기 주요 성분 분석

성분 구분	주요 항목	함량 값	특징
무기질(mg/kg)	철(Fe)	39.18	쇠고기(17mg/kg) 대비 2.3배
	칼륨(K)	3,421.12	체내 나트륨 배출 및 혈압 조절
아미노산(%)	글루탐산	2.851	감칠맛 성분의 핵심
	루신	1.847	근육 합성 및 단백질 대사
지방산(%)	올레익산	38.22	콜레스테롤 저하 효과
	불포화지방산	62.51	성인병 예방 기능성 육류

4. 해양 식재료와 해녀 어업: 생태적 공존과 지속가능한 채취

제주 섬 음식의 또 다른 축은 해녀 어업 시스템을 통해 공급되는 수산물이다. 이는 자연의 이치를 거스르지 않는 무호흡 잠수 기술과 공동체적 자원 관리 체계가 결합한 독특한 식재료 수급 모델이다.

1) 해녀의 생태적 물질과 자원 보존의 철학

해녀들은 산소 공급 장치 없이 맨몸으로 바닷속에 뛰어들어 다 자란 생물만을 골라 채취한다. 이러한 방식은 기계적 남획을 방지하고 바다 생태계의 복원력을 유지하는 최선의 방법으로 평가받는다.

(1) 물때와 산란기를 고려한 채취 시간표

해녀들의 작업은 철저하게 생태적 주기에 맞추어져 있다. 한 달에 약 15일가량 물때가 좋은 시기에만 작업을 수행하며, 나머지 기간은 바다의 회복을 위해 휴식한다. 또한, 주요 수산물의 산란기에는 채취를 엄격히 금지하는 전통을 유지하고 있다.

주요 수산물별 산란기 및 금채기 현황

품목	산란기(금채기)	채취 적기	생태적 가치
전복	10~12월	1~5월	산소 장치 없는 수작업 채취
소라	6~9월	10~5월	크기가 규정 이상인 것만 채취
성게	7~8월	5~7월	해조류 숲의 생태 균형 조절
우뭇가사리	시기별 유동적	4~6월	한천 제조 및 저칼로리 식재료

(2) 헛물질[10]과 헛숨의 무형문화적 가치

해녀들은 자맥질 과정에서 수확을 하지 못하더라도 바다 지형을 익히고 자원의 상태를 확인하는 헛숨[11]을 쉰다. 이는 식재료를 단순한 상품으로 보지 않고 바다라는 밭을 가꾸는 농민의 마음으로 대하는 해녀들만의 독특한 세계관을 반영한다.

2) 연안 수산물의 품질 특성과 계절적 풍미

제주 해역은 쿠로시오 난류의 영향으로 연중 다양한 어종이 서식하며, 수온 변화에 따라 육질과 지방 함량이 민감하게 변화한다.

(1) 제주 은갈치와 먹갈치의 구분 및 영양

제주 은갈치는 채낚기나 주낙으로 한 마리씩 잡아 올리기 때문에 비늘의 은분(구아닌 성분)이 손상되지 않아 외관이 화려하고 신선도가 높다. 10월 이후의 갈치는 겨울을 대비해 지방을 축적하여 맛이 가장 쫄깃하고 고소하며, 이 지방은 대부분 불포화지방산으로 구성되어 혈관 건강에 이롭다.

10) 제주 해녀의 '헛물질'은 전복, 소라, 성게 등 주요 해산물을 캐러 바다에 들어갔으나, 수확이 없거나 적어 노력에 비해 소득이 없는(헛된) 물질을 뜻하는 제주어이다. 이는 위험을 무릅쓰고 자맥질을 했으나 수확물이 없을 때를 이르는 말로, 해녀들의 고된 생업 환경을 잘 보여준다.

11) 해녀의 '헛숨'은 물질(잠수) 전, 물속이 어둡거나 지형(여)을 살피기 위해 물 위에서 가늘고 길게 숨을 내쉬며 준비하는 호흡이다. 제주학 아카이브 이는 실제 잠수할 때 들이마시는 '숨'과는 구분되며, 작업장 상황을 파악하고 호흡을 가다듬는 초기 단계의 행동을 의미한다.

(2) 옥돔과 자리돔의 식문화적 가치

옥돔은 제주에서 유일하게 생선이라는 이름으로 불리는 고급 어종으로, 수심이 깊은 곳에 서식하여 살이 단단하고 담백하다. 반면 자리돔은 연안에 서식하며 보리 수확기인 5월에서 6월 사이에 뼈가 부드러워져 물회나 젓갈로 가장 인기가 높다.

5. 기후 변화에 따른 식재료 생태계의 위기와 대응 정책

지구 온난화와 해수면 상승은 제주의 전통적인 식재료 수급 체계에 근본적인 변화를 요구하고 있다. 특히 수온 상승으로 인한 해양 생태계 황폐화와 작물 재배 지도의 변화는 심각한 수준이다.

1) 수온 상승과 바다 사막화(갯녹음)의 영향

제주 해역의 표층 수온은 지난 56년간 약 1.44도 상승했으며, 이는 전국 평균보다 높은 수치다. 이로 인해 감태, 미역, 톳 등 대형 갈조류가 사라지고 석회조류가 번성하는 갯녹음 현상이 가속화되고 있다.

(1) 수산 자원량의 변화와 해녀 생계의 위협

해조류의 감소는 이를 먹이로 하는 전복, 소라 등 패류의 생산 감소로 직결된다. 전복 채취량은 2000년 11톤에서 2024년 0.7톤 수준으로 급감했으며, 이는 해녀 공동체의 붕괴와 전통 향토음식의 실전 위험을 초래하고 있다.

(2) 바다숲 조성 및 수산 자원 회복 성과

한국수산자원공단은 2011년부터 제주 연안에 대규모 바다숲을 조성하여 생태계 복원을 추진하고 있다. 초분광 항공영상 분석 결과, 바다숲 조성 사업을 통해 갯녹음 발생 비율이 약 7.6%P 감소하는 성과를 거두었으며, 해조류 생체량과 종 다양성이 유의미하게 증가하고 있다.

2) 농축산업의 지속가능성 전략과 신품종 보급

기후 위기에 대응하여 제주는 기존의 월동 채소 중심에서 아열대 작물로의 전환을 꾀하고 있으며, 동시에 고유 식재료의 권리를 보호하기 위한 제도적 장치를 강화하고 있다.

(1) 지리적 표시제(PGI) 및 품질 인증(JQ) 고도화

제주 돼지고기, 녹차, 한라봉 등은 이미 지리적 표시제로 등록되어 법적 보호를 받고 있으며, 향후 은갈치와 참굴비 등으로 확대될 예정이다. 또한, JQ인증 제도[12]를 통해 제주산 원료를 사용한 가공식품의 안전성과 신뢰성을 도지사가 직접 보증함으로써 상품 가치를 높이고 있다.

(2) 아열대 소득 작물의 도입과 미래 대응

온난화대응농업연구소를 중심으로 망고, 바나나, 올리브, 아보카도 등 아열대 작물의 제주 적응성 연구가 활발히 진행 중이다. 이는 기후 변화라는 위기를 새로운 미식 자원 발굴의 기회로 전환하려는 정책적 노력의 일환이다.

이처럼 제주 섬 식재료의 특징은 화산 지질의 척박함을 극복한 농축산물의 강인한 생명력과, 바다와 공존해 온 해녀들의 생태적 지혜가 어우러진 결과물이다. 흑돼지, 흑우, 메밀, 당근 등 고유 식재료가 가진 유전적, 영양적 우수성은 제주 음식관광의 실질적인 경쟁력이며, 이를 기후 위기 속에서도 지속가능하게 유지하기 위한 민관의 유기적인 협력이 요구된다. 정책-산업-음식-관광으로 이어지는 인과관계의 핵심은 바로 이러한 식재료의 고유성과 생태적 가치를 보존하는 데 있다.

12) JQ(Jeju Quality) 인증제도는 제주특별자치도가 제주의 우수 농수축산물 및 원료를 사용한 가공식품의 품질을 엄격한 기준을 통해 공식 보증하는 제도이다. 제주 우수제품 품질인증(JQ) 홈페이지 및 블로그에 따르면, 생산, 가공, 위생 관리 등 전 과정을 심사하여 '메이드인제주' 제품의 신뢰성을 확보하고 소비자 안전을 보장하는 우수제품 품질인증 마크이다.

제3절 제주 섬 음식의 메뉴 분석

1. 제주 섬 음식의 범주화 및 구성적 원형

제주도의 섬 음식은 한반도 본토와 구별되는 독특한 생태적, 지질학적 환경 속에서 형성된 독립적인 식문화 체계를 보유하고 있다. 화산섬이라는 지형적 특성상 논농사가 어려워 잡곡과 밭작물 중심의 주식이 발달하였으며, 사면이 바다로 둘러싸인 지리적 조건은 해산물을 주된 단백질 공급원으로 활용하게 하였다. 제주 음식 메뉴의 본질은 재료가 가진 본연의 맛을 가감 없이 살리는 단순한 조리법과 양념의 최소화에 있으며, 이는 척박한 환경에서 생존하기 위한 지혜와 식재료의 신선함에 대한 자신감이 결합된 결과다. 제주 섬 음식은 지형적 위치에 따라 해안 마을(어촌), 중산간 마을(농촌), 산간 지역(산촌)의 식생활 양식이 차별화되며, 이는 현대 관광 산업에서 각각 독특한 메뉴 군으로 기능하고 있다.

1) 주식류의 계층적 분류와 식문화적 맥락

제주의 주식은 쌀의 귀함으로 인해 보리, 조, 메밀, 팥, 녹두 등 다양한 잡곡이 중심을 이룬다. 이러한 잡곡 기반의 주식 문화는 현대에 이르러 건강식과 로컬 푸드라는 관점에서 재해석되어 관광객들에게 매력적인 메뉴로 제공되고 있다.

(1) 잡곡밥 및 해물 죽류

제주에서 쌀로 만드는 밥이나 떡은 명절과 제사에만 사용될 정도로 귀한 음식이었다. 일상적인 식탁에서는 보리와 조를 섞은 잡곡밥이 주를 이루었으며, 이는 거친 식감에도 불구하고 높은 영양가와 포만감을 제공하였다.

전복죽의 상업적 진화와 원형 전복죽은 제주의 대표적인 보양 주식으로, 해녀들이 채취한 전복을 얇게 저며 쌀과 함께 쑤어낸다. 제주의 전통 전복죽은 내장인 게웃을 함께 넣어 녹두빛의 진한 색과 고소한 풍미를 내는 것이 특징인데, 이는 전복의 영양소를 온전히 섭취하려는 지혜에서 기인한다. 과거에는 해안 마을의 귀한 손님 접대용이었으나, 현재는 제주 전역의 음식점에서 관광객들이 가장 선호하는 메뉴 중 하나로 자리 잡았다.

<u>해산물 기반의 다양한 죽 메뉴</u> 전복 외에도 옥돔을 활용한 옥돔죽, 게를 으깨어 만든 깅이죽, 표고버섯을 넣은 초기죽 등이 주식의 범주에 포함된다. 깅이죽은 특히 해녀들이 물질 후 기력을 회복하기 위해 즐겨 먹던 힐링 푸드로, 해안가의 작은 게를 껍질째 갈아 만들어 미네랄과 칼슘이 풍부하다.

(2) 분식 및 국수류의 사회적 기능

제주의 면 요리는 단순한 식사를 넘어 공동체의 의례와 밀접한 연관을 맺고 있다. 특히 메밀을 활용한 면류는 제주의 기후와 토양에 최적화된 메뉴 구성이다.

<u>고기 국수의 잔치 문화적 유래</u> 고기 국수는 돼지를 잡아 뼈와 고기를 고아낸 육수에 면을 말고 수육을 올려 먹는 요리로, 과거 마을 잔치나 경조사 때 손님들에게 대접하던 음식에서 유래하였다. 뽀얗고 진한 육수는 제주의 흑돼지 문화를 상징하며, 현대에는 제주시 국수거리 등을 중심으로 대중적인 관광 메뉴로 브랜딩되었다.

<u>메밀 및 보말 활용 국수</u> 메밀칼국수와 보말칼국수는 제주의 자생 재료를 극대화한 메뉴다. 메밀은 찰기가 적어 면이 짧게 끊어지는 독특한 식감을 주며, 보말(바다 고둥)은 진한 바다 향과 고소한 맛을 내어 칼국수의 육수로 주로 사용된다. 보말은 특히 여름철에 맛이 가장 좋아 계절 메뉴로서의 가치가 높다.

2) 찬류의 구성과 식재료의 지리적 전개

제주의 찬류는 바다의 풍요로움과 육지의 거친 환경이 공존하는 메뉴 체계를 보여준다. 양념을 적게 사용하고 주재료의 맛을 강조하는 경향은 모든 찬류에서 공통적으로 나타난다.

(1) 어패류 및 해조류 기반의 찬류

섬이라는 환경적 특성상 해산물의 비중이 압도적으로 높다. 옥돔구이, 갈치조림, 자리회 등은 제주의 계절감을 나타내는 핵심 찬류다.

메뉴 분류	대표 품목	주요 특징 및 조리법
구이류	옥돔구이, 자리돔구이, 고등어구이	소금 간을 한 뒤 숯불이나 팬에 노릇하게 구워냄.
조림류	갈치조림, 고등어조림, 복쟁이지짐이	무와 고춧가루 양념을 넣어 자박하게 끓여냄.
회류	자리물회, 한치물회, 고등어회, 소라회	선도를 최우선으로 하며 된장이나 초고추장 곁들임.
찜 및 기타	오분쟁이찜, 전복김치, 해물뚝배기	해산물의 감칠맛을 응축시킨 조리법 활용

(2) 육류 및 채소류의 보완적 역할

소의 사육이 적었던 제주는 돼지고기와 꿩고기가 주요 육류 찬거리로 활용되었다. 채소류는 한라산에서 채취한 고사리, 표고버섯 등이 중심이 되며, 이는 된장찌개나 나물 무침의 주재료가 된다. 특히 고사릿국과 돼지고기 육개장은 중산간 지역의 채취 문화와 돼지 사육 문화가 결합된 독특한 형태를 띤다.

3) 떡류 및 후식류의 문화적 특수성

제주의 떡은 쌀보다 메밀, 조, 보리, 고구마를 주원료로 하며, 이는 타 지역에 비해 종류는 적으나 그 형태와 맛이 매우 독특하다.

(1) 제례와 관혼상제의 필수 음식

빙떡은 메밀가루 반죽을 묽게 하여 팬에 부치고 무채나물을 소로 넣어 길게 말아 만드는 떡이다. 담백하고 시원한 맛이 특징이며, 관혼상제 때 빠지지 않는 제주의 상징적 메뉴다. 오메기떡은 차조 가루를 둥글게 빚어 삶아낸 것으로, 원래 술을 빚기 위한 밑떡이었으나 현재는 팥고물을 묻힌 대중적 디저트로 진화하였다.

(2) 약용 및 보양 성격의 후식

제주의 후식은 단순히 입가심을 넘어 보양의 의미를 담고 있다. 꿩엿과 닭엿은 꿩이나 닭의 고기를 곡물과 함께 고아 만든 것으로, 겨울철 기침을 멎게 하거나 기력을 보충하는 약용 음식으로 소비되었다. 조과류로는 약과가 있으나 쌀이 귀해 흔치 않았으며, 음청류로는 밀감화채와 소엽차 등이 발달하였다.

2. 주요 식재료별 메뉴 분석 및 상업적 가치

제주 음식관광의 핵심은 흑돼지, 갈치, 전복 등 대중적 인지도가 높은 식재료를 어떻게 메뉴화하여 소비자에게 전달하느냐에 있다. 이는 지역 경제와 직결되는 고부가가치 산업의 영역이다.

1) 흑돼지 및 축산물 메뉴의 시장 지배력

제주 흑돼지는 일반 돼지보다 사육 기간이 길고 육질이 탄탄하여 관광객들이 가장 선호하는 메뉴 1순위로 꼽힌다. 흑돼지는 단순한 고기구이를 넘어 멜젓(멸치젓)과의 조화라는 독특한 식문화를 형성하며 브랜드화되었다.

(1) 흑돼지구이의 조리 과학과 풍미

흑돼지는 불포화 지방산 함량이 높아 고소한 풍미가 강하며, 숯불에 구워 기름기를 제거했을 때 그 맛이 극대화된다. 특히 제주산 소주인 한라산과 멜젓을 곁들이는 방식은 돼지기름의 느끼함을 잡아주는 미식적 장치로 관광객들에게 강력하게 어필하고 있다. 흑돼지구이는 메뉴의 만족도 조사에서 회를 제치고 1위를 차지할 만큼 강력한 상업적 경쟁력을 보유하고 있다.

(2) 돔베고기의 정체성과 메뉴화

돔베고기는 덩어리째 삶은 돼지고기를 도마(돔베) 위에서 즉석으로 썰어 내는 수육 요리다. 이는 고기의 온기를 보존하면서도 시각적인 현장감을 제공하는 메뉴 구성으로, 흑돼지 본연의 담백한 맛을 즐기고자 하는 소비자들에게 인기가 높다. 돔베고기는 단독 메뉴뿐만 아니라 고기 국수의 고명이나 정식 메뉴의 메인 찬으로 다양하게 변주되고 있다.

(3) 말고기의 희소성과 전문 메뉴

제주는 국내 유일의 식용 말고기 산지로서 구이, 육회, 찜, 조림 등 코스 요리 형태의 메뉴를 제공한다. 말고기는 지방 함량이 적고 부드러우며 특유의 단맛이 나는 것이 특징인데, 이는 미식가형 관광객들에게 차별화된 경험을 선사하는 고부가가치 메뉴다.

2) 해산물 메뉴의 선도와 다양성

제주 바다의 거센 해류를 이겨낸 수산물은 단단한 육질과 깊은 맛을 자랑한다. 갈치, 옥돔, 전복은 제주의 3대 핵심 수산 메뉴로 군림하고 있다.

(1) 갈치 조림과 구이의 대형화 추세

제주 갈치는 채낚기 방식으로 어획하여 비늘이 살아있는 은빛 외형이 특징이다. 최근 관광 시장에서는 1m가 넘는 통갈치를 그대로 조리하는 통갈치조림이나 통갈치구이가 시각적 만족감을 중시하는 MZ세대와 가족 단위 관광객들에게 큰 인기를 끌고 있다. 이는 SNS 인증샷 문화와 결합하여 제주의 필수 미식 코스로 자리 잡았다.

(2) 옥돔과 고급 생선 메뉴의 전통성

옥돔은 단백질과 미네랄이 풍부하여 산후조리나 성장기 어린이를 위한 보양식으로 인식되어 왔다. 옥돔구이는 겉은 바삭하고 속은 촉촉한 식감으로 인해 전통적인 고급 한정식 메뉴의 핵심 역할을 한다. 또한 제주 근해에서만 즐길 수 있는 고등어회는 산지에서만 가능한 신선도를 바탕으로 담백하고 고소한 맛을 제공하는 차별화된 메뉴다.

(3) 전복 및 오분자기의 메뉴 계층화

전복은 바다의 산삼으로 불리며 회, 구이, 뚝배기, 죽 등 가장 폭넓은 메뉴 스펙트럼을 보유하고 있다. 반면 전복의 친척인 오분자기는 크기가 작고 매끈한 껍질을 가졌으며, 주로 해물뚝배기의 주재료로 사용되어 깊은 국물 맛을 내는 역할을 한다. 최근에는 전복 내장을 활용한 전복김밥 등 퓨전 메뉴가 개발되어 젊은 층의 가벼운 식사 메뉴로 소비되고 있다.

3) 메밀 및 향토 분식의 인문학적 가치

제주의 메밀은 벼농사가 힘든 척박한 땅에서 생존을 위해 선택된 작물이다. 이러한 역사적 배경은 메뉴에 독특한 서사를 부여한다.

(1) 꿩메밀칼국수와 역사적 사냥 문화

꿩메밀칼국수는 꿩 육수에 메밀 반죽을 썰어 넣은 요리로, 1702년 탐라순력도의 교래대렵 장면에 나타난 제주의 사냥 문화와 맥락을 같이 한다. 겨울철 단백질원인 꿩과 구황작물인 메밀의 결합은 제주의 생존 역사를 가장 잘 대변하는 메뉴다. 메밀의 루틴 성분과 꿩의 고단백은 영양학적으로도 훌륭한 조화를 이룬다.

(2) 빙떡과 음식 궁합의 지혜

빙떡은 메밀의 차가운 성질을 따뜻한 성질의 무채와 결합하여 소화를 돕는 조상들의 지혜가 담긴 메뉴다. 무채를 데쳐 양념한 소의 삼삼한 맛과 메밀 전병의 담백함은 자극적인 현대 음식에 지친 관광객들에게 담백한 미식 경험을 제공한다.

3. 지역별 · 계층별 메뉴 구성의 지리적 차별성

제주도 내에서도 지리적 입지에 따라 메뉴의 구성과 소비 양상이 뚜렷하게 갈린다. 이는 식재료의 조달 가능성과 지역 주민의 생활 양식이 메뉴에 투영된 결과다.

1) 해안 지역의 해산물 중심 메뉴 구조

해안 마을은 해녀들이 직접 채취한 신선한 해산물을 즉각적으로 소비하는 메뉴가 발달하였다. 깅이죽, 성게미역국, 소라회 등은 해안가의 일상적인 식단이자 관광객들을 위한 핵심 메뉴다.

(1) 성게미역국과 해녀 미식

성게미역국(성게탕)은 해녀들이 직접 채취한 자연산 성게알을 미역과 함께 끓여낸 것으로, 양식이 불가능한 성게의 희소성으로 인해 고가의 보양 메뉴로 취급된다. 비타민 A와 B가 풍부하여 바다의 향을 가득 품은 영양식으로 인식된다.

(2) 계절 물회 메뉴의 역동성

자리물회와 한치물회는 제주의 여름을 상징하는 메뉴다. 자리돔은 5~8월, 한치는 여름철에 주로 잡히며, 이를 된장 베이스의 국물에 채소와 함께 말아 먹는 방식은 제주만의 독특한 물회 문화를 형성한다. 이는 해상 작업 중 간편하게 기력을 보충하던 어민들의 식문화가 관광 상품화된 사례다.

2) 중산간 및 산간 지역의 육류 · 잡곡 메뉴 구조

한라산 기슭의 중산간 마을(웃드르)은 꿩, 돼지 등 육류와 메밀, 보리 등 밭작물을 결합한 메뉴가 주를 이룬다.

(1) 꿩엿과 약용 보양 메뉴

중산간 지역에서 발달한 꿩엿은 꿩고기와 곡물을 고아 만든 것으로, 단순한 간식을 넘어 호흡기 질환을 다스리는 상비약이자 보양식으로 소비되었다. 이는 해안의 해산물 메뉴와 대비되는 내륙 산간 지역의 특색 있는 메뉴다.

(2) 접짝뼈국과 고사리육개장의 걸쭉함

접짝뼈국은 돼지 머리와 갈비 사이의 뼈를 고아 메밀가루를 넣어 걸쭉하게 끓인 국으로, 제주의 잔치 문화에서 유래하였다. 고사리육개장 역시 잘게 찢은 고사리와 돼지고기를 메밀가루와 섞어 끓여내는데, 이러한 걸쭉한 형태의 국물 요리는 적은 양의 고기로 많은 인원이 영양을 섭취하려 했던 제주의 식문화적 전통을 보여준다.

4. 관광객 소비 패턴 분석과 메뉴 선호도

제주 음식관광의 성공 여부는 관광객의 소비 패턴을 정확히 파악하고 이에 맞는 메뉴를 제안하는 데 달려 있다. 최근의 통계는 관광객의 니즈가 다변화되고 있음을 보여준다.

1) 국가별 선호 메뉴 및 미식 페르소나

해외 소셜 미디어 분석 결과, 국가별로 제주 음식에 대한 관심사와 선호 메뉴가 뚜렷하게 구분된다.

국가(언어권)	선호 메뉴 및 키워드	미식 페르소나 특징
영어권	해녀 해산물, 흑돼지, 전통시장	탐험가형: 독특한 식문화 체험과 공유 중시
중어권	전복, 고급 해산물, 뷰 카페	트렌드세터형: 시각적 요소와 SNS 인증샷 중시
일어권	전복죽, 갈치구이, 감귤 디저트	미식가형: 원재료의 맛과 정갈한 로컬 미식 추구

(1) 흑돼지의 글로벌 인지도

흑돼지는 일본, 대만, 싱가포르 등 모든 국가에서 공통적으로 가장 높은 관심을 받는 메뉴다. 이는 흑돼지가 제주의 가장 강력한 음식관광 브랜드임을 증명하며, 국가별로 선호하는 조리 방식(구이, 찜, 수육 등)에 맞춘 메뉴 세분화 전략이 필요함을 시사한다.

(2) K-콘텐츠와 연계된 미식 소비

일본 관광객의 경우 방탄소년단(BTS) 등 K-팝 아티스트가 방문한 식당에 대한 언급이 전체의 25%를 차지할 정도로 K-콘텐츠의 영향력이 크다. 이는 메뉴 자체의 맛뿐만 아니라 '누가 먹었는가'라는 서사가 메뉴 선택의 중요한 기준이 됨을 보여준다.

2) 가격 인지와 만족도의 상관관계 분석

제주 음식의 가격은 관광객들에게 가장 큰 불만 요소인 동시에 만족의 원천이 되기도 하는 이중성을 띤다.

(1) 비싸지만 만족하는 소비 구조

관광객의 70% 이상이 제주의 외식비가 비싸다고 느끼지만, 절반 이상(58.6%)은 동시에 만족감을 표했다. 이는 소비자가 단순히 가격 수치만이 아니라 제주 특유의 분위기, 식재료의 희소성, 서비스 품질을 포함한 총체적 가치에 지불할 의사가 있음을 의미한다. 특히 중국 관광객은 1인당 평균 6만 3천 원의 높은 객단가를 기록하며 고가의 미식 소비를 주도하고 있다.

(2) 선택적 소비와 가성비의 공존

외국인 개별여행객(FIT)은 과거 면세점 쇼핑 지출을 줄이는 대신 숙박과 식음료(F&B)에 더 많은 비용을 투자하는 '선택적 소비' 경향을 보인다. 동시에 내국인 관광객은 고물가에 대응하여 전통시장 먹거리나 1인 메뉴, 가성비 좋은 로컬 맛집을 찾는 경향도 함께 나타나고 있다.

3) 배달 및 포장 메뉴의 부상

최근 제주 여행의 트렌드는 '숙소에서의 편안한 식사'로 이동하고 있다. 관광객의 33.2%가 배달 앱을 이용하며, 치킨에 이어 회가 배달 만족도 상위권을 차지한다. 이는 식당 내 어린이·반려동물 동반 제한이나 음주 후 이동의 불편함을 해결하기 위한 대안으로, 배달 및 포장 전문 메뉴 개발의 필요성을 제시한다.

5. 메뉴 브랜딩 및 로컬 푸드 활성화 전략

제주 섬 음식의 경쟁력을 지속시키기 위해서는 생산자와 소비자를 잇는 건강한 공급망 구축과 세련된 브랜딩이 필수적이다.

1) 생산자 연계 로컬 푸드 메뉴 개발

기존의 복잡한 유통 단계를 줄이고 생산 주체가 직접 소비자에게 전달하는 산지 직송 시스템이 강화되고 있다. '나는제주다(https://www.imjeju.com/)'와 같은 플랫폼은 농가와 어가의 신선한 재료를 낮은 가격에 공급하여 메뉴의 가성비를 높이는 데 기여한다.

(1) 체험형 미식 메뉴의 확산

단순히 음식을 먹는 것을 넘어, 재료의 기원을 체험하는 메뉴가 인기를 끌고 있다. 안덕면의 '한라산 아래 첫 마을'은 메밀밭 체험과 메밀국수 메뉴를 결합하여 생산 현장의 감동을 맛으로 연결시켰다. 구좌읍의 꿩엿 피자 체험 등은 전통 식재료를 현대적인 메뉴로 재해석하여 전 세대의 호응을 얻고 있다.

(2) 제주다움의 세련된 제공

제주관광공사는 관광객에게 사랑받는 식당의 비결로 '제주다움을 세련되게 제공하는 능력'을 꼽았다. 이는 전통의 원형을 유지하되 현대적 플레이팅, 위생적인 공간, 친절한 서비스를 결합하는 것을 의미한다. 가격 논란을 잠재울 수 있는 것은 결국 판매 가격에 상응하는 '좋은 서비스'와 '확실한 미식적 가치'다.

2) 데이터 기반의 맞춤형 메뉴 추천 시스템

비짓제주(Visit Jeju)와 제주관광 빅데이터 플랫폼은 관광객의 성별, 연령, 지역별 이동 패턴을 분석하여 실시간 인기 메뉴와 맛집 정보를 제공한다. 예를 들어 우진해장국, 자매국수 등은 실시간 내비게이션 목적지 상위권을 차지하며 데이터 기반의 마케팅 효과를 증명하고 있다. 이러한 디지털 기술의 활용은 관광객의 정보 탐색 비용을 줄이고 지역 소상공인에게는 효율적인 홍보 수단을 제공한다.

6. 결론 및 정책적 제언

제주 섬 음식의 메뉴 분석을 통해 확인된 핵심 과제는 전통의 보존과 현대적 변용 사이의 균형이다. 흑돼지, 갈치, 전복 등 스타 식재료에 편중된 소비 구조를 개선하기 위해 꿩메밀칼국수, 몸국, 보말 요리 등 인문학적 서사가 풍부한 향토 음식의 성장을 지원해야 한다.

첫째, 가격 안정화 및 품질 관리 정책이 선행되어야 한다. 고물가 논란은 제주 관광 전체의 이미지에 부정적인 영향을 미치므로, 착한가격업소 지정 확대나 농수산물 직거래 활성화를 통해 메뉴 가격의 거품을 제거해야 한다.

둘째, 지역별 특색을 살린 미식 클러스터 구축이 필요하다. 해안의 해녀 미식과 중산간의 농경 미식을 지역별 관광 코스와 연계하여, 관광객들이 제주의 지리적 다양성을 맛으로 체험할 수 있도록 유도해야 한다.

셋째, 글로벌 스탠다드에 맞는 메뉴 정보 제공이다. 국가별로 선호하는 키워드와 소비 양상이 다른 만큼, 다국어 메뉴판 보급뿐만 아니라 각 문화권의 미식 취향(예: 비주얼, 건강, 로컬리티)을 저격하는 타겟 마케팅이 강화되어야 한다.

제주 섬 음식은 단순한 먹거리를 넘어 제주의 역사, 생태, 공동체 정신이 응축된 문화 유산이다. 이를 정교하게 분석하고 전략적으로 메뉴화하는 과정은 제주 관광의 지속가능성을 담보하는 가장 강력한 수단이 될 것이다. 정책 입안자와 현장 실무자들은 메뉴의 맛뿐만 아니라 그 뒤에 숨겨진 생산자의 노고와 지역의 고유성을 소비자에게 전달하는 '가치 중심의 음식관광'을 지향해야 한다.

12장

경기도의 섬 음식관광 현황 분석

경기도에는 대한민국 전체에서 보면 비교적 작은 해안선에도 불구하고 여러 크고 작은 섬들이 분포한다. 공식 통계에 따르면, 경기도에는 6개의 유인섬과 37개의 무인도서로 이루어져 총 43개의 섬이 있는 것으로 알려져 있다. 대표적인 경기도 섬으로는 대부도, 제부도, 풍도, 육도, 입파도, 국화도 등이 있다.

경기도 섬 음식관광은 단순히 음식만을 즐기는 여행이 아니라 섬의 자연, 역사, 생태, 그리고 식문화를 통합적으로 체험하는 관광 형태를 말한다. 다음과 같은 요소들이 핵심 내용으로 포함된다.

첫째, 해양 생태 기반의 로컬 식재료 체험이 가능하다. 경기도 섬의 음식관광은 바다와 갯벌에서 채취되는 해산물과 갯벌 식재료를 중심으로 한다. 바지락, 꽃게, 낙지, 조기 등 갯벌과 해안에서 나는 식재료는 지역 고유의 풍미와 즉석 채취 체험이라는 콘텐츠로 관광에 활용된다.

둘째, 제철성과 자연 순응형 음식이다. 경기도 섬 음식은 제철 식재료를 기반으로 한 계절성 메뉴로 구성된다. 봄・여름・가을・겨울 각 계절마다 다른 어종과 해산물이 등장하며, 관광객은 계절별 섬 음식의 맛의 변화를 경험할 수 있다. 이는 관광객에게 '이곳에서만' 즐길 수 있는 특수한 경험을 제공한다.

셋째, 전통 저장・발효 음식 체험이 가능하다. 젓갈, 염장 생선, 말린 어패류 등은 섬 공동체의 전통적인 저장 및 보존 방식이다. 이러한 전통 저장 음식의 제조 과정과 시식은 지역 문화의 이해를 돕는 체험 요소로 기능한다.

넷째, 음식과 문화의 융합 콘텐츠이다. 음식관광은 단지 식사에 그치지 않고, 섬의 역사・생활・어업 문화와 결합된다. 예를 들면, 갯벌 채취 체험, 어촌 마을 방문, 어업인의 이야기 듣기 등 문화 맥락과 연결된 관광 요소가 포함된다.

이러한 경기도 섬 음식관광의 특징은 다음과 같다.

첫째, 수도권과의 접근성이 뛰어난 '당일치기 관광'이 가능하다. 경기도 섬들은 수도권에서 비교적 접근이 쉬워, 당일 관광 프로그램으로 구성 가능하다. 예컨대 대부도 방아머리항에서 여객선을 타고 풍도나 육도를 하루 일정으로 다녀오는 관광이 활성화되고 있다.

둘째, 지역 주민과의 상호작용이 강조된다. 소규모 어촌 마을이 관광지로 부상하면서, 음식 체험을 통한 지역 주민과의 상호작용이 중요한 관광 콘텐츠로 자리 잡고 있다. 이는 관광객이 단순히 소비자로 머무르지 않고 지역 공동체의 일상과 문화를 이해하는 데 기여한다.

셋째, 지속가능성과 생태 관광의 결합이 가능하다. 경기도 섬 음식관광은 생태 자원을 기반으로 하기 때문에, 자연환경 보전과 지속가능한 관광 콘텐츠로서의 가치가 강조된다. 관광객은 갯벌 보전 중요성을 체험하고, 현지 자원을 존중하는 식문화를 함께 체험하게 된다.

넷째, 스토리텔링 중심 메뉴 전략 추진이 가능하다. 섬 음식관광은 음식에 스토리텔링을 결합시켜 지역 정체성을 강화한다. 예를 들어, 특정 어종의 계절성, 전통 채취 방식, 어촌 공동체의 연중 행사 등은 음식메뉴와 결합되어 관광객에게 장소적 의미를 부여한다.

결국, 경기도 섬 음식관광은 해양 생태 기반 식재료 체험, 제철성 메뉴, 전통 저장·발효 음식, 지역 문화와의 융합을 핵심으로 한다. 특징적으로는 수도권 접근성, 주민과의 상호작용, 지속가능 생태관광, 스토리텔링 기반 콘텐츠가 두드러진다.

제1절 경기도 섬의 역사적 배경

1. 경기도 섬의 역사적 배경 이해

경기도의 섬들은 한강 하구와 서해 중부 해역에 분포하며, 지리적으로 수도권과 인접해 있으면서도 오랜 기간 독특한 생활문화와 식문화를 유지해 온 공간이다. 대부도, 제부도, 풍도, 육도, 선감도 등은 행정구역상 경기도에 속하고, 바다와 조수간만의 차, 갯벌 환경에 의해 형성된 섬이라는 특성으로 인해 육지와는 다른 역사적 궤적을 보여준다. 이들 섬은 단순한 자연지형이 아니라, 국방·교통·어업·염업·농업이 복합적으로 얽힌 생활공간이자 문화경관으로 이해할 필요가 있다.

먼저, 경기도 섬의 역사적 형성은 조석 작용과 퇴적 환경과 밀접하게 관련되어 있다. 서해안 특유의 넓은 갯벌과 하천 유입으로 인해 일부 섬은 본래 독립된 섬이었으나, 간척과 제방 건설, 토사 퇴적으로 반도화되거나 육지와 연결되었다. 대부도는 대표적인 사례로, 이러한 지형 변화는 주민의 생업 구조와 식재료 이용 방식에 큰 영향을 미쳤다. 바다 중심의 어로 생활과 함께 농경이 병행되며, 해산물과 곡물, 염생식물 등이 결합된 복합적인 섬 음식문화가 형성되었다.

역사적으로 경기도의 섬들은 국가적 차원에서 전략적 요충지로 기능해 왔다. 이러한 역사적 경험은 섬 주민들에게 자급자족 중심의 식생활 구조를 강화시키는 계기가 되었으며, 저장식품, 염장식품, 발효음식의 발달로 이어졌다. 젓갈, 장류, 염장 해산물 등은 단순한 식품을 넘어 생존과 공동체 유지의 수단이었다.

근대 이후 경기도 섬은 어업과 염업을 중심으로 지역 경제를 유지해 왔다. 서해안 일대의 풍부한 어족 자원과 천일염 생산은 섬 주민들의 주요 생계 기반이었으며, 이는 자연스럽게 해산물 중심의 음식문화로 연결되었다. 특히 조기, 꽃게, 바지락, 낙지, 숭어 등 계절성과 이동성이 뚜렷한 수산물은 섬 음식의 계절성을 강화하는 요소로 작용하였다. 이러한 식문화는 외부 유입보다는 지역 환경과 노동 방식에 기반한 생활 음식으로 발전해 왔다.

한편, 산업화와 도시화가 본격화된 1970년대 이후 경기도 섬은 급격한 변화를 겪었다. 교량 건설과 연륙·연도화 사업은 섬의 고립성을 완화시켰지만, 동시에 전통적인 어촌 공동체와 식생활 구조에 변화를 가져왔다. 관광객 증가와 외식 산업의 유입은 섬 음식을 '생활 음식'에서 '소비 대상'으로 전환시키는 계기가 되었으며, 일부 지역에서는 토속 음식이 관광 메뉴로 재구성되기 시작하였다.

최근에는 경기도 섬이 수도권 인접 관광지로 주목받으면서, 역사와 음식, 경관을 결합한 음식관광 자원으로 재해석되고 있다. 과거의 생존과 노동의 산물이었던 섬 음식은 이제 지역 정체성과 스토리텔링을 담은 관광 콘텐츠로 확장되고 있으며, 이러한 변화의 맥락을 이해하기 위해서는 경기도 섬의 역사적 배경에 대한 체계적인 고찰이 선행되어야 한다. 이는 단순한 음식 소개를 넘어, 섬 음식관광의 지속가능성과 차별성을 논의하는 데 중요한 기초가 된다.

2. 경기도 섬 음식 문화의 근간

이처럼 경기도의 섬은 지리적으로 한반도의 중심부에 위치하며, 고대부터 현대에 이르기까지 정치, 군사, 경제적 요충지로서 독특한 역사적 궤적을 그려왔다. 경기도 섬의 역사적 배경은 크게 세 가지 관점에서 분석할 수 있으며, 이는 현대 경기도 섬 음식 문화의 근간을 형성하고 있다.

1) 서해의 지정학적 위치와 해상 물류의 관문

경기도의 주요 섬들(대부도, 제부도 등)은 중국과 서해가 만나는 접점에 위치하여 예로부터 수도 한양(서울)을 지키는 외곽 방어선이자 해상 물류의 핵심 거점이었다. 즉, 경기도의 도서 지역은 지리적으로 한반도의 중서부에 위치하며, 고대부터 중국 대륙과 한반도를 잇는 최단거리 해상 루트의 요충지 역할을 수행해 왔다. 특히 대부도와 제부도를 포함한 경기만 일대의 섬들은 서해의 거대한 갯벌과 복잡한 해안선을 끼고 있어, 외래 문물이 유입되는 전초기지이자 내륙으로 향하는 물류의 관문으로서 중요한 지정학적 위상을 점해왔다.

(1) 대중국 교류의 교두보와 문화적 혼재

대부도와 제부도는 삼국시대부터 대중국 무역의 핵심 항로인 '당은포(현 화성시 서신면 일대)'와 인접하여, 중국 선박들이 정박하거나 물때를 기다리는 기착지였다.

- **문화적 유입:** 이러한 지정학적 특성은 섬의 식문화에도 영향을 미쳤다. 해상 물류를 담당하던 선원들과 상인들을 통해 외지의 식재료와 조리법이 섬으로 흘러들었으며, 이는 경기도 섬 음식이 폐쇄적인 도서 지역의 특성을 넘어 개방적이고 융합적인 성격을 띠게 된 역사적 배경이 되었다.

(2) 서해안 조운로(漕運路)의 핵심 기착지

고려와 조선 시대에 이르는 물류의 핵심은 조운(漕運)이었다. 충청, 전라, 경상도에서 거두어들인 세곡과 특산물을 실은 배들이 한양으로 진입하기 위해서는 반드시 경기만 도서 지역을 통과해야 했다.

- **물류의 정체와 소비:** 대부도는 그 명칭에서 알 수 있듯 '큰 언덕'과 같은 지형을 갖추어 험한 바닷길을 지나는 배들의 쉼터가 되었다. 이 과정에서 섬은 물자가 풍부하게 유통되는 시장의 기능을 수행하게 되었고, 이는 섬 내부의 자급자족적 식단에 외부의 풍부한 곡류와 식재료가 결합되는 계기를 제공하였다.
- **교류의 허브:** 섬들은 조운선이 정박하며 물때를 기다리는 기착지 역할을 했으며, 이 과정에서 외부 물자와 다양한 조리법이 섬으로 유입되었다.
- **경제적 배경:** 물류의 흐름이 활발했던 만큼 다른 도서 지역에 비해 일찍이 상업적 감각이 발달했으며, 이는 현대에 이르러 수도권 근교 관광지로 빠르게 변모하는 기초가 되었다.

(3) 해양과 육지를 잇는 '길'로서의 섬

제부도와 같이 조석 간만의 차에 의해 육지와 연결되는 '모세의 기적' 현상은 섬을 고립된 공간이 아닌 '육지와 해양의 전이 지대(Transition Zone)'로 인식하게 만들었다.

- **식재료의 다양성:** 이러한 환경은 갯벌의 수산물과 육지의 농산물이 실시간으로 교환되는

경제 구조를 형성했다. 이는 현대 경기도 섬 음식관광의 핵심 메뉴인 칼국수, 조개구이 등이 단순한 어촌 음식을 넘어 육지의 곡물 문화와 결합된 형태로 발전하는 근거가 되었다.

(4) 군사적 방어와 경제적 풍요의 공존

지정학적 요충지로서의 성격은 강화도와 마찬가지로 대부도 인근 섬들에 방어 기지(영, 보 등)가 설치되는 결과를 낳았다. 군사 시설의 존재는 섬 내부에 일정 규모 이상의 인구 상주를 유도하였고, 이는 식재료의 대량 소비와 유통 체계를 발달시켜 오늘날 경기도 섬들이 갖는 '관광 음식 거점'으로서의 역사적 토대를 마련하였다.

2) 갯벌 문화와 농 · 어업의 공존

경기도 도서 지역은 조수간만의 차가 큰 서해안의 특성상 광활한 갯벌을 보유하고 있다.

- **반농반어**(半農半漁)**:** 경기도의 섬들은 척박한 암초 위주의 섬들과 달리 평지가 발달하여 논농사와 밭농사가 활발히 이루어졌다. 따라서 순수한 어촌 문화보다는 농경 문화와 어로 문화가 긴밀하게 결합된 양상을 보인다.
- **생활사적 특징:** '나문재,' '함초' 등 갯벌 염생식물을 식재료로 활용하거나, 농번기와 어번기가 교차하며 발생하는 독특한 절기 음식이 발달하는 배경이 되었다.

3) 근현대의 변화와 관광 자원화

경기도 도서 지역은 근현대사 속에서 행정구역의 개편과 대규모 토목 사업을 거치며 그 성격이 근본적으로 변화하였다. 이러한 변화는 섬의 물리적 환경뿐만 아니라, 섬 음식이 생산되고 소비되는 방식에도 커다란 전환점을 마련하였다.

(1) 행정구역 재편과 정체성의 변화

근대화 과정에서 가장 큰 변화 중 하나는 1981년 인천시의 직할시 승격과 이후 강화군, 옹진군의 인천광역시 편입이다. 이 과정에서 경기도에 남게 된 대부도, 제부도, 국화도 등의 섬들은 행정적으로 경기도의 정체성을 유지하면서도, 인천이라는 거대 해양 도시와 차별화된 '수도권 근교형 도서 관광지'로서의 독자적인 노선을 걷게 되었다. 이는 경기도 섬 음식이 인천의 대형 어시장 문화와는 또 다른, 지역 밀착형 관광 음식문화로 발전하는 계기가 되었다.

(2) 간척 사업을 통한 육지화와 음식 문화의 재편

시화방조제 건설을 필두로 한 대규모 간척 사업은 대부도와 같은 섬들을 사실상 육지화(陸地化)시켰다.

- ✣ **접근성의 획기적 개선:** 과거 배를 타고 접근해야 했던 고립된 공간이 자동차로 상시 이동 가능한 공간으로 변모하면서, 섬 음식은 섬 내부의 자급자족적 '고립된 전통'에서 탈피하였다.
- ✣ **대도시 소비형 관광 음식으로의 진화:** 주말이면 수도권에서 유입되는 수만 명의 관광객을 수용하기 위해, 대부도 바지락 칼국수나 조개구이와 같은 메뉴들이 규격화되고 브랜드화되었다. 이는 전통적인 조리법이 현대인의 입맛과 대량 소비 체제에 맞춰 '대도시 소비형 관광 음식'으로 빠르게 재편되었음을 의미한다.

(3) 역사적 가치의 재발견과 스토리텔링

최근 경기도의 섬들은 단순한 유흥지를 넘어 역사적 가치를 재발견하여 이를 관광 자원화하는 단계에 진입했다.

- ✣ **해상 실크로드의 증거, 당성**(唐城)**:** 화성시 서신면 일대의 당성은 과거 대중국 교류의 중심지였음을 입증하며, 제부도와 대부도를 잇는 해역이 고대부터 국제적인 소통의 장이었음을 보여준다.
- ✣ **고선박**(고려선) **발굴의 함의:** 대부도 인근 해역에서 발견된 고려시대 고선박들은 이 지역이 세곡을 운반하던 조운로이자 물류의 핵심 요충지였음을 증명한다. 이러한 역사적 유물들은 경기도 섬 음식이 단순한 먹거리를 넘어, '천 년 전 물길을 따라 흐르던 풍요로운 식문화'라는 강력한 스토리텔링 자원을 보유하고 있음을 시사한다.

(4) 역사와 현대의 공존

결론적으로 경기도 섬의 근현대사는 '고립'에서 '연결'로, '생존'에서 '여가'로의 전환 과정이었다. 간척을 통한 육지화는 물리적 장벽을 허물었고, 당성과 고선박으로 대표되는 역사적 자산은 경기도 섬 음식관광에 인문학적 깊이를 더해주고 있다. 이러한 배경은 향후 경기도 섬 음식관광이 나아가야 할 방향이 단순한 맛의 소비를 넘어 역사적 맥락을 체험하는 고부가 가치 산업으로의 발전임을 시사한다.

제2절 경기도 섬 식재료의 특징

경기도 섬 지역의 식재료는 서해안 특유의 광활한 갯벌에서 채취되는 수산 자원과 비옥한 도서 내 평야에서 생산되는 농산물이 결합한 '반농반어(半農半漁)'적 특성을 강하게 띤다. 이는 타 지역 섬들과 차별화되는 경기도만의 풍성하고 다채로운 식문화 기반을 형성한다.

1. 광활한 갯벌이 선사하는 저서생물(Benthos)[1] 자원

경기도 서해안은 세계 5대 갯벌 중 하나로 꼽힐 만큼 미네랄이 풍부한 점토질 갯벌이 발달해 있다. 이곳에서 생산되는 수산물은 섬 음식의 핵심 식재료가 된다.

- **바지락과 가무락**(모시조개): 대부도와 제부도 일대 갯벌은 바지락의 최대 생산지 중 하나다. 이곳의 바지락은 살이 차지고 감칠맛이 강해 '대부도 바지락 칼국수'와 같은 지역 대표 메뉴의 근간이 된다.
- **낙지와 박하지**(민꽃게): 갯벌의 포식자인 낙지와 돌 틈에 서식하는 박하지는 경기도 섬 사람들의 주요 단백질 공급원이었다. 특히 박하지는 껍질이 단단하고 맛이 진해 '게장'이나 '탕'의 재료로 널리 쓰인다.
- **굴**(石花): 경기도 도서 지역의 굴은 크기는 작지만 육질이 단단하고 향이 응축되어 있어 어리굴젓이나 굴밥의 핵심 재료가 된다.

1) 저서생물(Benthos)은 바다, 강, 호수 등 수중 환경의 바닥(퇴적물 위, 내부, 바위 표면)에 서식하는 모든 생물을 말한다. 갯벌의 조개, 게, 해조류 등 눈에 보이는 대형종부터 입자 사이에 사는 미세한 종까지 다양하며, 생태계 내 영양염류 순환과 환경 오염 모니터링의 지표로 활용되는 중요 생물군이다.

2. 해풍(海風)과 사질토가 길러낸 농산물

경기도의 섬들은 지형적으로 고도가 낮고 평지가 발달하여 농업이 활발하게 이루어졌다. 섬 특유의 미세기후는 농산물의 저장성과 당도를 높이는 역할을 한다.

- **도서 지역 채소:** 대부도를 포함한 경기만 일대의 해풍을 맞고 자란 배추와 무는 조직이 치밀하여 김치를 담갔을 때 쉽게 무르지 않는 특징이 있다.
- **포도와 과실류:** 대부도는 전국적으로 유명한 포도 생산지다. 염분이 섞인 해풍과 큰 일교차, 그리고 배수가 잘되는 사질토양은 포도의 당도를 높이고 향을 짙게 만들어, 최근에는 와인 등 가공 식품을 통한 관광 자원화로 이어지고 있다.
- **섬 쌀:** 간척지를 중심으로 생산되는 쌀은 미네랄이 풍부한 토양 덕분에 밥맛이 뛰어나며, 섬 음식의 기본이 되는 '밥'의 품질을 결정짓는 요소가 된다.

3. 갯벌의 염생식물(Halophyte)과 기능성 식재료

최근 음식관광에서 주목받는 식재료는 갯벌 주변에서 자생하는 염생식물이다.

- **함초**(통통마디)**와 나문재:** 과거 식량 부족기에 구황작물 역할을 했던 함초와 나문재는 최근 건강 기능성이 알려지면서 천연 조미료나 나물 요리로 재발견되고 있다.
- **소금**(천일염)**:** 대부도 동주염전 등지에서 생산되는 옹기토 천일염은 식재료의 맛을 잡는 가장 기초적이면서도 중요한 자원이다. 쓴맛이 적고 미네랄이 풍부하여 경기도 섬 음식의 간을 맞추는 핵심적인 역할을 수행한다.

4. 육 · 해산물의 융복합적 구성

경기도 섬 식재료의 가장 큰 특징은 '식재료의 자급자족적 완결성'에 있다. 바다에서 얻는 수산물(조개, 낙지 등)과 육지에서 얻는 농산물(쌀, 포도, 순무 등)이 한 상차림 안에서 조화를 이룬다. 이는 관광객들에게 바다의 신선함과 땅의 풍성함을 동시에 제공할 수 있는 경기도 섬 음식관광만의 강력한 경쟁력이 된다.

5. 경기도 섬 식재료의 전반적 특징 이해

경기도 섬 식재료의 가장 큰 특징은 서해 중부 해역의 자연환경이 만들어낸 갯벌 중심의 해양 생태계와 육지와 섬이 공존하는 이중적 생산 구조에 있다. 조수간만의 차가 크고, 한강과 여러 하천에서 유입되는 영양염류가 풍부한 서해안은 다양한 수산물과 염생 생물을 생산하는 환경을 제공하며, 이는 경기도 섬 음식의 기초 재료를 형성한다. 이러한 자연조건은 다른 해역의 섬과 차별화되는 식재료 구성을 가능하게 한다.

첫째, 경기도 섬 식재료는 갯벌 수산물 중심 구조를 보인다. 바지락, 동죽, 백합, 굴, 낙지, 주꾸미, 게류 등은 대표적인 갯벌 기반 식재료로, 조석 주기에 따라 채취가 이루어진다. 특히 바지락과 꽃게는 경기도 섬 음식관광을 대표하는 핵심 식재료로 자리 잡고 있으며, 계절에 따른 맛의 변화가 뚜렷해 관광객에게 '제철 음식'이라는 경험 가치를 제공한다. 이러한 식재료는 단순한 해산물이 아니라, 채취 노동과 생태 환경이 결합된 생활 자원이라는 점에서 의미를 갖는다.

둘째, 경기도 섬 식재료의 또 다른 특징은 어류 중심의 연안성 수산물이다. 조기, 숭어, 농어, 망둥어 등 연안 회유성 어종은 섬 주민의 식생활에서 중요한 비중을 차지해 왔다. 이들 어종은 회, 찜, 조림, 건어물 등 다양한 조리 방식으로 활용되며, 염장과 건조를 통한 저장 기술과 결합되어 섬 고유의 음식 문화를 형성하였다. 특히 건어물과 젓갈은 섬의 식재료가 시간성을 극복하는 방식으로 발전했음을 보여준다.

셋째, 경기도 섬 식재료는 염업과 발효 문화와의 결합이라는 특성을 지닌다. 서해안 일대에서 생산된 천일염은 수산물 가공과 발효 음식의 핵심 요소로 작용해 왔다. 젓갈류, 염장 생선, 장류 등은 염분을 활용한 보존 기술의 산물이며, 이는 섬 주민의 자급자족적 식생활 구조를 반영한다. 염업은 단순한 산업을 넘어 섬 음식의 맛과 정체성을 규정하는 중요한 식재료 환경으로 기능한다.

넷째, 경기도 섬은 해산물과 농산물이 병존하는 복합적 식재료 체계를 지닌다. 대부도 등 비교적 큰 섬이나 연륙된 섬에서는 쌀, 콩, 마늘, 고추, 배추 등 기본적인 농산물 생산이 이루어지며, 이는 해산물과 결합된 섬 음식의 다양성을 확대한다. 예를 들어, 해산물 된장국, 젓갈을 곁들인 채소 반찬, 어패류와 곡물을 함께 사용하는 음식은 경기도 섬 식재료 구조의 복합성을 잘 보여준다.

다섯째, 최근에는 자연친화적・로컬 식재료로서의 가치 재조명이 이루어지고 있다. 갯벌 생태계의 중요성이 부각되면서, 경기도 섬의 식재료는 단순한 원재료를 넘어 생태 관광과 연계된 자원으로 인식되고 있다. 로컬 수산물, 소규모 어업, 전통 채취 방식은 지속가능한 음식관광의 핵심 요소로 평가되며, 이는 섬 식재료가 관광 콘텐츠로 확장될 수 있는 가능성을 보여준다.

종합하면, 경기도 섬 식재료는 갯벌 중심의 해양 자원, 연안 어류, 염업과 발효 문화, 농・수산 복합 구조가 결합된 독특한 체계를 형성하고 있다. 이러한 식재료의 특성은 제3절에서 다루게 될 경기도 섬 음식 메뉴의 구성과 조리 방식, 그리고 음식관광 콘텐츠의 방향성을 이해하는 데 중요한 기초가 된다.

제3절 경기도 섬 음식의 메뉴 분석

경기도 섬 음식의 메뉴 구성은 수도권이라는 거대 배후 시장의 요구와 섬 고유의 식재료가 결합하여 '대중적 관광식'과 '전통적 향토식'이 공존하는 양상을 띤다. 특히 접근성이 좋은 대부도와 제부도를 중심으로 상업화된 메뉴 분석을 통해 경기도 섬 음식관광의 현황을 파악할 수 있다.

1. 대중적 킬러 콘텐츠: 면류 및 분식형 메뉴

경기도 섬을 찾는 관광객들이 가장 보편적으로 소비하는 메뉴 군으로, 높은 가성비와 대중적인 맛을 특징으로 한다.

- **바지락 칼국수:** 대부도를 상징하는 대표 메뉴이다. 갯벌에서 채취한 풍부한 바지락을 주재료로 하며, 대량 소비 체제에 맞게 대형 그릇에 담아내는 '양의 미학'과 시원한 국물맛이 핵심이다. 이는 섬의 자급자족 식단이 관광 상품화된 전형적인 사례이다.

- **해물파전:** 섬에서 생산되는 쪽파와 각종 해산물을 듬뿍 넣어 제공되며, 칼국수와 동반 소비되는 세트 메뉴로서의 성격이 강하다.

2. 체험형 로컬 푸드: 패류 및 연체류 메뉴

관광객이 직접 조리 과정에 참여하거나 신선도를 시각적으로 확인할 수 있는 메뉴들이다.

- **조개구이와 찜:** 제부도와 대부도 해안가를 중심으로 발달한 메뉴이다. 키조개, 가리비, 바지락 등 다양한 패류를 직화로 구워 먹는 방식은 단순한 식사를 넘어 '해변의 낭만'이라는 관광 경험을 제공한다.
- **바지락 고추장찌개 및 짜글이:** 전통적인 어촌의 가정식에서 유래한 메뉴로, 조개류를 단순히 삶는 방식에서 벗어나 한국인의 입맛에 맞는 매콤한 양념과 결합하여 로컬 색채가 강한 식사 메뉴로 자리 잡고 있다.

3. 융복합적 특화 메뉴: 농 · 수산물 결합 메뉴

경기도 섬 특유의 '반농반어'적 환경이 투영된 메뉴들로, 지역의 브랜드 가치를 높이는 역할을 한다. 그래서 경기도 섬 음식의 메뉴 구성에서 주목해야 할 지점은 섬 내부에서 생산되는 농산물과 바다의 수산물이 결합하여 새로운 미식 가치를 창출하는 융복합적 특화 메뉴의 발달이다. 이는 대부도를 중심으로 한 경기 도서 지역이 단순한 어촌을 넘어 농경 문화가 공존하는 '반농반어'의 지리적 특수성을 가졌기에 가능한 결과이다.

1) 대부도 와인: 섬 포도의 테루아(Terroir)와 가공 기술의 결합

대부도는 서해안의 해풍과 풍부한 일조량, 그리고 배수가 원활한 사질토양이라는 천혜의 조건을 갖춘 국내 주요 포도 산지이다. 이곳에서 생산되는 캠벨얼리(Campbell Early) 품종을 기반으로 탄생한 대부도 와인(예: 그랑꼬또 등)은 섬 농업의 고도화된 형태를 보여준다.

- **미학적 분석:** 대부도 와인은 해풍을 맞고 자란 포도 특유의 높은 당도와 산미가 조화를 이루며, 이는 서해안 수산물의 비린 맛을 잡아주는 훌륭한 '마리아주(Mariage)'[2]를 형성한다.

✣ **관광 자원화:** 단순한 농산물 판매를 넘어 '와이너리 투어,' '와인 시음' 등 체험형 관광 콘텐츠와 결합함으로써, 경기도 섬 음식을 단순한 '식사'에서 '문화적 소비'의 영역으로 격상시켰다.

2) 해물파전: 섬 농산물과 갯벌 자원의 하모니

해물파전은 경기도 섬 지역의 농산물(쪽파, 밀가루)과 수산물(바지락, 오징어, 새우 등)이 하나의 조리 단위 내에서 융합된 대표적인 메뉴이다.

✣ **식재료적 특징:** 섬의 척박한 환경에서도 잘 자라는 쪽파는 해풍을 견디며 조직이 치밀해지고 향이 짙어진다. 여기에 대부도와 제부도 갯벌에서 채취한 신선한 바지락살을 듬뿍 가미한 해물파전은 섬의 땅과 바다를 동시에 맛보는 경험을 제공한다.

✣ **소비 패턴의 분석:** 해물파전은 주로 바지락 칼국수와 동반 소비되는 '보조 메뉴' 역할을 수행하지만, 최근에는 지역 특산 와인이나 막걸리와 결합하여 그 자체로 독립적인 미식 관광의 목적이 되고 있다. 기름에 부쳐낸 파전의 고소한 맛은 산미가 있는 대부도 로컬 와인과 최적의 조화를 이룬다.

3) 융복합 메뉴의 관광학적 함의

대부도 와인과 해물파전으로 대표되는 융복합 메뉴는 다음과 같은 관광학적 가치를 지닌다.

✣ **지역 정체성 강화:** 타 지역 어촌에서는 보기 힘든 '와인'이라는 세련된 아이템과 '해물파전'이라는 대중적 향토 음식을 결합하여 경기도 섬만의 독특한 브랜드 이미지를 구축한다.

✣ **경제적 파급효과:** 1차 산업(농·수산물 채취), 2차 산업(와인 양조), 3차 산업(관광 서비스)이 결합된 6차 산업의 전형을 보여주며, 섬 주민들의 소득원을 다각화하는 데 기여하고 있다.

---

2) 마리아주(Mariage)는 프랑스어로 '결혼'을 뜻하며, 와인과 요리가 만나 최고의 궁합을 이루는 환상적인 조화를 의미하는 용어이다. 음식의 풍미를 돋우는 완벽한 페어링(Pairing)을 강조하며, 서로의 맛을 향상시키는 결합을 연인들의 결혼에 비유한 로맨틱한 표현이다.

4. 미래 지향적 가공 메뉴: 고부가 가치 식품

섬 식재료를 현대적으로 재해석하여 기념품이나 선물용으로 발전시킨 사례이다.

- **대부도 와인**(그랑꼬또 등): 섬에서 재배된 캠벨얼리 포도를 원료로 한 와인은 지역 특산물을 2차 가공하여 관광 상품화한 성공 사례이다. 이는 섬 음식관광의 범위를 '식사'에서 '음료 및 기호품'으로 확장시켰다.
- **함초 및 기능성 가공식품:** 갯벌 염생식물을 활용한 함초 소금, 함초 차 등은 건강을 중시하는 현대 관광객의 소비 트렌드를 반영한다.

5. 소결 및 시사점

경기도 섬 음식 메뉴 분석 결과, 메뉴의 표준화와 스토리텔링의 강화라는 두 가지 과제가 도출된다. 첫째, 바지락 칼국수와 조개구이에 편중된 메뉴 구성을 다양화하여 지역별 차별성을 확보해야 한다. 둘째, 당성(唐城)이나 고선박 발굴 등 앞서 살펴본 역사적 배경을 메뉴의 명칭이나 서빙 방식에 도입하여 음식에 인문학적 가치를 입히는 노력이 필요하다.

경기도 섬 음식의 메뉴 구성은 서해안 갯벌 환경, 연안 어업 구조, 염업과 발효 문화, 그리고 농·수산 복합 식재료 체계를 바탕으로 형성되어 왔다. 이러한 메뉴들은 본래 섬 주민의 일상적인 생활 음식에서 출발하였으나, 최근에는 관광 수요의 증가와 함께 외식 메뉴 및 관광 상품으로 재구성되고 있다. 본 절에서는 경기도 섬 음식 메뉴를 생활 기반 메뉴, 제철·자연순응형 메뉴, 관광 특화 메뉴의 관점에서 분석하였다.

첫째, 경기도 섬 음식의 기본 구조는 생활 밀착형 해산물 중심 메뉴이다. 조기, 숭어, 농어, 망둥어, 바지락, 꽃게 등 지역에서 쉽게 확보 가능한 식재료를 활용한 국·탕·조림·찜 요리가 주를 이룬다. 바지락국, 꽃게탕, 조기찜, 숭어국 등은 조리법이 단순하면서도 재료 본연의 맛을 강조하는 메뉴로, 섬 주민의 노동 강도와 식생활 리듬을 반영한다. 이러한 음식은 화려함보다는 포만감과 영양 균형을 중시하는 특징을 지닌다.

둘째, 경기도 섬 음식 메뉴의 중요한 특징은 계절성과 제철성에 기반한 메뉴 구성이다. 봄철에는 주꾸미와 바지락, 여름철에는 낙지와 농어, 가을철에는 꽃게와 숭어, 겨울철에는 굴과 젓갈류가 주요 메뉴로 등장한다. 이러한 계절별 메뉴 변화는 섬 음식이 자연 환경과 밀접하게 연동된 식문화임을 보여주며, 음식관광 측면에서는 '지금 이곳에서만 가능한 맛'이라는 경험 가치를 창출한다.

셋째, 경기도 섬 음식 메뉴는 염장·발효 기반의 저장 음식을 중요한 축으로 한다. 젓갈류, 염장 생선, 말린 해산물은 단독 메뉴라기보다는 밥상 구성의 핵심 반찬으로 기능해 왔다. 새우젓, 조기젓, 밴댕이젓 등은 지역별로 맛과 염도, 숙성 방식이 달라 섬마다 고유한 풍미를 형성한다. 이러한 발효 음식은 경기도 섬 음식의 정체성을 상징하는 요소로, 관광객에게는 지역 고유의 식문화 자산으로 인식된다.

넷째, 최근 경기도 섬 음식 메뉴는 관광객 소비를 고려한 특화 메뉴로 재구성되고 있다. 꽃게 정식, 바지락 칼국수, 해물파전, 해산물 한상차림 등은 전통적인 생활 음식을 외식화한 사례이다. 특히 강화도와 대부도 등 접근성이 높은 섬에서는 해산물 중심의 정식 메뉴가 관광객의 주요 선택지가 되고 있으며, 이는 섬 음식이 '체험형 관광 콘텐츠'로 전환되고 있음을 보여준다.

다섯째, 경기도 섬 음식 메뉴에서는 해산물과 농산물의 결합이 두드러진다. 쌀, 채소, 장류와 해산물이 함께 사용되며, 이는 섬의 자급자족적 식생활 구조를 반영한다. 해물된장찌개, 젓갈을 곁들인 채소 반찬, 어패류를 활용한 밥류와 면류는 이러한 결합의 대표적 사례이다. 이러한 메뉴 구성은 섬 음식이 단순한 해산물 요리에 머무르지 않고, 종합적인 식문화 체계를 이루고 있음을 보여준다.

여섯째, 음식관광 관점에서 경기도 섬 음식 메뉴는 '스토리텔링과 장소성(place identity)'을 결합할 잠재력을 지닌다. 특정 어종의 제철 시기, 갯벌 체험과 연계된 음식, 어촌계 공동체의 식사 문화 등은 메뉴 자체를 넘어 관광 경험으로 확장될 수 있다. 이는 섬 음식 메뉴가 단순한 소비 대상이 아니라, 지역의 역사·생태·생활을 담은 문화 콘텐츠로 기능할 수 있음을 시사한다.

종합적으로 볼 때, 경기도 섬 음식의 메뉴는 생활 음식에서 출발하여 제철성, 발효 문화, 관광 소비 구조를 거치며 다층적으로 발전해 왔다. 이러한 메뉴 분석은 경기도 섬 음식관광이 단순한 맛 중심 관광을 넘어, 지역 정체성과 지속가능성을 담은 복합 관광 형태로 진화할 가능성을 보여준다.

13장

내륙지역의 섬 음식관광 현황 분석

지금까지 우리는 삼면이 바다인 한반도의 해양 섬들을 중심으로 섬을 논의하였다. 그러나 '섬'이라는 개념을 바다에만 한정할 필요는 없다. 우리의 시선을 내륙으로 돌리면, 강과 호수, 그리고 인간의 필요에 의해 만들어진 거대한 댐 저수지 속에도 또 다른 형태의 섬, 바로 '내륙 섬'이 존재한다. 본 교재에서는, 그동안 주목받지 못했던 이 특별한 공간, 내륙 섬의 음식관광 현황과 잠재력을 분석한다.

내륙 섬은 그 정의상 '바다에 위치하지 않은, 내수면(內水面)으로 둘러싸인 땅'을 의미한다. 그 형성 과정에 따라 크게 세 가지 유형으로 나눌 수 있다. 첫째는 큰 강의 흐름 속에서 오랜 시간 토사가 퇴적되어 자연스럽게 만들어진 '하천 섬'이다. 한강의 여의도나 밤섬, 낙동강의 하중도 등이 이에 해당한다. 둘째는 천연 호수나 댐 건설로 인해 형성된 인공 호수(저수지)에 자리한 '호수 섬'이다. 충주호나 소양호의 물이 차오르면서 과거의 산봉우리가 섬으로 변한 경우가 대표적이다. 마지막으로, 관광이나 특정 개발 목적을 위해 인위적으로 조성된 '인공 섬'이 있다. 이들 내륙 섬은 해양 섬에 비해 그 규모가 작고 생활 여건이 제한적인 경우가 많지만, 바로 그 점 때문에 외부와는 다른 독특한 자연환경과 공동체 문화를 형성하며 그 자체로 특별한 관광자원이 된다.

내륙 섬의 역사는 '수운(水運) 교통'과 '생계 기반'이라는 두 가지 키워드로 설명할 수 있다. 과거 도로 교통이 발달하기 전, 강은 사람과 물자를 실어 나르는 가장 중요한 교통로였다. 이때 강 한가운데에 있는 섬들은 배들이 잠시 쉬어가거나 물자를 교환하는 중요한 중간 기착지 역할을 했다. 섬 주민들은 섬 주변에서 민물고기를 잡는 어업과 비옥한 토양 위에서 밭농사를 지으며 자급자족적인 경제를 형성하고, 나아가 주변 내륙 지역과의 교류를 통해 생활을 이어갔다. 또한, 사면이 물로 둘러싸인 폐쇄적인 환경은 섬 외부의 급격한 변화로부터 고유한 생활양식을 지켜내는 역할을 하기도 했다. 섬 주민들은 자신들만의 민속놀이나 제사 의례, 그리고 독특한 식습관을 발전시켜왔으며, 이는 오늘날 다른 곳에서는 찾아볼 수 없는 소중한 문화적 자산으로 남아있다.

이러한 배경 속에서 형성된 내륙 섬의 음식문화는 해양 섬과는 뚜렷한 차이를 보인다. 가장 큰 차이는 바로 식재료다. 바다 생선이 아닌, 붕어, 잉어, 메기, 쏘가리 등 '민물 어종'을 활용한 음식이 중심을 이룬다. 이 민물고기들은 특유의 흙냄새를 잡고 맛을 더하기 위해, 맵고 칼칼한 양념을 사용하는 '매운탕'이나, 여러 재료와 함께 오랜 시간 푹 끓여내는 '어죽'의 형태로 발전했다. 또한, 섬 주변 내륙 지역과의 교류를 통해, 옥수수, 콩, 감자, 고구마 등 내륙의 농산물을 식재료로 적극적으로 활용하는 특징을 보인다. 이는 해산물과 밭농사 작물이 결합하는 해양 섬의 음식과는 또 다른 형태의 '융합 음식'이라 할 수 있다.

과거 내륙 섬은 교통의 불편함 때문에 소외된 공간으로 여겨졌지만, 댐 건설과 호수 관광지 개발이 늘어나면서 새로운 관광 자원으로 급부상하고 있다. 특히 최근에는 캠핑이나 수상 레저 활동과 그 지역의 음식을 함께 즐기는 관광 모델이 확산되면서, '내륙형 음식관광'의 가능성이 주목받고 있다. 충주호나 소양호 주변의 식당들이 민물 매운탕이나 어죽, 잡곡밥 등을 지역 특화 메뉴로 제공하며 관광객을 유치하는 것이 그 시작이라 할 수 있다.

구분	형성 과정	역사적 역할	음식문화 특징
하천 섬	하천 토사 퇴적	수운 교통의 중간 기착지	민물고기 요리, 인근 농산물 활용
호수 섬	자연 호수, 댐 건설로 인한 형성	고립된 생활 공동체, 농업·어업 병행	토속적 민물 음식, 보존식 발달
인공 섬	특정 목적을 위한 인위적 조성	현대적 관광·레저 기능	테마에 맞는 현대적·상업적 음식

결론적으로, 내륙 섬은 비록 그동안 우리의 관심에서 벗어나 있었지만, 바다 섬과는 전혀 다른 독자적인 역사와 문화, 그리고 음식 체계를 발전시켜왔다. 민물 어업과 주변 지역의 농업이 결합된 이 독특한 음식문화는, 이제 호수와 강을 중심으로 한 새로운 여가 문화와 만나 '내륙형 음식관광'이라는 새로운 블루오션을 열어갈 중요한 잠재력을 지니고 있다.

제1절 내륙지역의 개념 및 역사적 발전 배경

내륙지역의 섬은 해양에 인접한 도서 지역과는 근본적으로 차별화된 지리적, 생태적, 사회적 환경을 지니고 있다. 일반적으로 섬은 사면이 바다로 둘러싸인 육지를 의미하지만, 내륙 섬은 하천의 흐름 속에서 형성된 하중도(河中島)와 댐 건설이나 하천 정비 사업 등 인위적인 지형 변화로 인해 생성된 호중도(湖中島)를 포함하는 개념이다. 이러한 내륙 섬은 과거 물류와 교통의 거점으로서 경제적 가치를 창출했을 뿐만 아니라, 현대 사회에서는 생태적 가치와 문화적 콘텐츠가 결합한 음식관광의 핵심 자원으로 재평가받고 있다. 본 절에서는 내륙지역 및 내륙 섬의 개념을 정의하고, 시대적 흐름에 따른 역사적 발전 배경과 그에 따른 식문화의 형성 과정을 심층적으로 분석한다.

1. 내륙지역 및 내륙 섬의 지리학적 정의와 범위

내륙지역에서의 섬은 해수면이 아닌 담수 수계, 즉 강이나 호수 내에 존재한다는 점에서 해양 도서와 지질학적, 수문학적 특성을 달리한다. 이는 수자원의 이용 형태와 어종의 생태적 구성, 그리고 이를 바탕으로 형성되는 식문화의 고유성을 규정하는 핵심 요인이 된다. 내륙 섬은 형성 원인에 따라 자연적인 퇴적 작용으로 발생한 하중도와 인간의 토목 활동으로 인해 고립된 호중도로 대별할 수 있다.

1) 하중도의 형성 기제와 자연 지리적 특성

하중도는 하천의 중류나 하류에서 유속이 급격히 감소함에 따라 상류에서 운반된 퇴적물(모래, 자갈, 실트 등)이 하도 내에 침전되어 형성된 지형을 일컫는다. 한국의 주요 강인 한강, 금강, 낙동강 유역에는 이러한 하중도가 광범위하게 분포해 왔다.

- **지질학적 형성 과정:** 하천이 곡류하거나 하폭이 넓어지는 구간에서 유체의 에너지가 소산될 때 퇴적 작용이 가속화된다. 특히 홍수기에 유입된 대량의 토사가 수위 하강 시기에 섬의 형태로 노출되며, 이후 식생이 정착하면서 고정된 섬의 형태를 갖추게 된다. 가평의 자라섬이나 서울의 밤섬 등이 대표적인 사례이다.
- **생태적 다양성:** 하중도는 육상 생태계와 수생 생태계가 교차하는 이행대(Ecotone)로서 기능하며, 다양한 수생 식물과 철새들의 서식처를 제공한다. 이러한 생태적 풍요로움은 민물고기와 같은 식재료의 보고가 되며, 내륙 섬 음식관광의 근간이 되는 '현지 식재료의 신선도'를 보장하는 물리적 기반이 된다.
- **가변적 지형 특성:** 하중도는 본래 하천의 유량 변화에 따라 면적과 모양이 변하는 유동적인 공간이었다. 그러나 근대 이후 제방 건설과 직강화 공사를 통해 많은 하중도가 안정화되었으며, 이는 섬 내부의 농경지 활용이나 관광 시설 확충을 가능하게 한 배경이 되었다.

2) 호중도 및 인공 섬의 발생 배경과 분류

호중도는 주로 대규모 댐 건설로 인해 수위가 상승하면서 기존의 저지대가 침수되고, 상대적으로 고도가 높았던 지역이 물 위에 남게 되어 형성된 섬이다. 이는 자연적인 생성보다는 인간의 경제적 목적에 의한 수계 개편의 산물이다.

- **수위 상승과 고립:** 1944년 청평댐 건설은 북한강의 수위 체계를 근본적으로 변화시켰다. 이 과정에서 평소 육지와 연결되어 있던 지형들이 완전한 섬으로 고립되었으며, 남이섬이 그 대표적인 예이다. 이러한 호중도는 사면이 잔잔한 호수로 둘러싸여 있어 경관적 가치가 높다.
- **수자원 관리와 관광적 이용:** 호중도는 내수면 어업법의 적용을 받는 수역 내에 위치하며, 댐과 호수의 다목적 이용 계획에 따라 관리된다. 물살이 빠르지 않은 호수의 특성상 수상 레저와 연계된 음식 서비스 공간으로 발전하기 용이한 구조를 지닌다.
- **인공 조성 섬:** 최근 도심 하천 정비나 수변 공간 개발 과정에서 인위적으로 조성된 섬들도 내륙 섬의 범주에 포함된다. 이러한 섬들은 초기부터 관광 및 문화 행사를 목적으로 설계되어 음식관광을 위한 인프라가 체계적으로 구축되어 있다는 특징이 있다.

분류 체계	형성 원인	주요 특징	대표 사례
하중도 (Riverine Island)	하천의 퇴적 작용	모래와 자갈 중심, 유동적 지형	밤섬, 자라섬, 선유도
호중도 (Lacustrine Island)	댐 건설로 인한 수몰	수위 상승에 의한 고립, 수려한 호반 경관	남이섬, 붕어섬, 위도
인공 섬 (Artificial Island)	수변 개발 및 토목 공사	계획적 인프라, 문화 행사 중심	세빛섬 등 도심 내 인공섬

2. 내륙 섬의 역사적 변천 과정과 사회적 위상 변화

내륙 섬은 역사적으로 단순한 지형적 구조물을 넘어 국가의 물류 시스템과 지역 주민의 생활 양식을 지탱하는 핵심 공간이었다. 조선시대부터 현대에 이르기까지 내륙 섬의 위상은 '경제적 요충지'에서 '생태 및 문화의 거점'으로 진화해 왔다.

1) 조선시대 한강 수계와 내륙 섬의 경제적 기능

조선시대 한강은 전국에서 세곡과 물자가 모여드는 국가 제일의 동맥이었다. 이 수계에 있는 섬들은 물류 유통의 정거장이자 상업 활동의 중심지로 기능했다.

- **물류 유통의 요충지:** 마포나루, 송파나루 등 한강의 주요 나루터 인근 섬들은 경강상인들이 물자를 하역하고 보관하는 장소였다. 특히 새우젓과 각종 젓갈류를 파는 상인들이 대거 포진하여 전국적인 유통망을 형성했다. 이러한 배경은 한강 수계 섬 지역에 수산물 기반의 식문화가 뿌리내리는 계기가 되었다.
- **거주민의 생활과 식문화:** 밤섬과 같은 곳에서는 배를 만드는 조선업이 성행했으며, 주민들은 강에서 얻은 민물 자원을 활용한 독특한 식습관을 유지했다. 당시의 식문화는 화려한 요리보다는 보존과 저장, 그리고 강에서 즉석으로 조달 가능한 민물고기 찜이나 탕 위주로 발달했다.
- **역사적 상징성과 설화:** 내륙 섬은 남이 장군의 전설이 서린 남이섬처럼 지역의 역사적 인물이나 사건과 결합하여 인문학적 가치를 획득했다. 이러한 이야기는 현대 음식관광에서 스토리텔링의 중요한 소재로 활용되고 있다.

2) 근대화 과정에서의 댐 건설과 지형적 재편

20세기 중반 이후 진행된 산업화와 수자원 개발 사업은 내륙 섬의 물리적 지형을 근본적으로 바꾸어 놓았으며, 이는 새로운 관광 자원으로서의 가능성을 열어주었다.

- **청평댐 건설과 남이섬의 탄생:** 일제강점기인 1944년에 완공된 청평댐은 북한강의 수위를 높여 남이섬을 완전한 섬으로 만들었다. 이는 과거 홍수 시에만 섬이 되었던 불안정성을 해소하고, 사계절 방문 가능한 독립된 공간으로서의 매력을 부여했다.
- **유원지 문화의 태동과 확산:** 1960~1970년대부터 경기도 가평과 강원도 춘천 일대의 내륙 섬들은 수도권 주민들의 휴양지로 주목받았다. 청평유원지, 중도유원지 등은 대중 관광의 초기 형태인 행락 문화를 선도하며 민물 매운탕 등 강변 식문화의 전성기를 이끌었다.
- **인프라의 확장과 접근성 개선:** 경춘선 열차와 국도 정비는 내륙 섬으로의 접근성을 획기적으로 개선했다. 이는 단순한 지역 주민의 공간이었던 섬을 국가적 휴양지로 격상시키는 토대가 되었다.

3. 내수면 어업 정책과 식문화 기반의 형성

내륙지역 섬 음식관광의 핵심 콘텐츠인 '민물 음식'은 국가의 수자원 관리 정책과 어업 규제 체계 안에서 생산되고 유통된다. 내수면 어업법은 이러한 식문화의 지속가능성을 보장하는 법적 기틀이다.

1) 내수면 어업법의 체계와 지역 생산 구조

내수면 어업법은 내수면의 종합적인 이용 및 관리와 수산 자원의 보호를 목적으로 제정되었다. 이 법에 따라 이루어지는 어로 활동은 내륙 섬 식재료 공급의 원천이 된다.

- **어업권의 허가와 관리:** 특별자치시장, 시장, 군수 등은 내수면의 자원 상태와 경영 상황을 고려하여 어업 허가를 부여한다. 이는 무분별한 채취를 막고 지역 생산자들이 안정적으로 식재료를 조달할 수 있도록 돕는다.
- **공동어업과 지역 공동체:** 지역 주민의 공동 이익을 위해 운영되는 공동어업은 내륙 섬 마을의 경제적 근간이다. 생산자가 직접 관광객에게 음식을 제공하는 구조(직영 식당 등)는 유통 과정을 단축하고 지역 경제에 직접적인 수익을 환원하는 효과를 낳는다.
- **특화 어법의 보존:** 각망어업[1]과 같이 특정 도구를 사용하는 어법은 해당 수역의 우세 어종을 효율적으로 포획할 수 있게 하며, 이는 지역마다 차별화된 민물고기 요리법(메기탕, 쏘가리찜 등)을 발달시키는 배경이 되었다.

2) 수산자원 관리와 지속가능한 식재료 공급 체계

내륙 섬의 음식관광이 지속되기 위해서는 식재료의 원천인 수산 자원이 안정적으로 관리되어야 한다. 법적 규제와 자원 보호 노력은 관광 산업의 장기적 경쟁력을 결정한다.

- **유해 어법의 금지와 환경 보전:** 폭발물이나 전류, 유해 물질을 사용한 포획은 엄격히 금지된다. 이는 하천 생태계를 보존하고, 관광객들에게 안전하고 건강한 먹거리를 제공한

---

1) 각망어업(角網漁業)은 길그물(유도 그물)과 통그물(헛통 및 자루그물)로 구성된 각진 형태의 정치성 그물을 설치하여, 연안이나 내수면에서 이동하는 수산동물을 유인해 포획하는 구획어업의 일종이다. 주로 장어, 빙어, 붕어 등을 어획하며, 헛통의 각(角) 수에 따라 3각망, 4각망 등으로 분류된다.

다는 신뢰를 구축하는 기반이 된다.

- **어도 설치와 생태 복원:** 댐이나 보를 설치할 때 어류의 이동 통로인 어도를 확보하는 규정은 민물 어종의 다양성을 유지하는 데 기여한다. 다양한 어종의 확보는 곧 다채로운 음식 메뉴 개발로 이어진다.
- **외래 어종 관리와 토종 자원 보호:** 베스, 블루길 등 외래 어종의 침입에 대응하여 토종 민물고기 자원을 보호하는 정책은 지역 고유의 식문화를 수호하는 필수적인 과정이다.

4. 내륙 섬 관광의 발전 단계와 음식관광의 결합

내륙 섬은 시대적 요구에 따라 관광의 테마를 진화시켜 왔으며, 그 과정에서 음식은 단순한 끼니 해결 수단에서 목적지 선택의 결정적 요인으로 성장했다.

1) 유원지 중심의 대중 관광 시기

1970년대부터 1990년대까지는 대중적인 행락 관광이 주를 이루었다. 이 시기 내륙 섬은 대학생들의 MT 장소나 가족 단위의 여름 피서지로 이용되었다.

- **대중 문화와의 결합:** 남이섬에서 열린 MBC 강변가요제(1979~1989)는 내륙 섬을 젊음과 낭만의 상징으로 각인시켰다. 관광객의 증가는 자연스럽게 섬 주변의 대규모 식당가 형성을 촉진했다.
- **획일화된 메뉴와 대량 소비:** 이 시기 음식관광은 주로 매운탕, 닭갈비, 막국수 등 특정 메뉴에 집중되었다. 지역의 고유성보다는 대중적인 입맛과 대량 공급에 초점이 맞춰져 있었다.
- **공간적 한계:** 섬 내부의 시설보다는 섬 입구와 나루터 인근의 상권이 발달하는 형태를 보였다.

2) 문화 콘텐츠 기반의 브랜드 관광 시기

2000년대 들어 내륙 섬은 강력한 문화 콘텐츠와 결합하며 세계적인 관광지로 도약했다.

- **드라마 '겨울연가'와 한류 관광:** 남이섬은 드라마 촬영지로 알려지며 연간 100만 명 이상

의 외국인 관광객을 유치하기 시작했다. 이는 음식관광의 대상을 내국인에서 글로벌 시장으로 확장시키는 계기가 되었다.

- **섬의 독립 브랜드화:** '나미나라공화국'과 같은 가상 국가 개념을 도입하여 섬 전체를 하나의 테마파크로 변모시켰다. 이 과정에서 섬 내부에서만 맛볼 수 있는 '도시락,' '눈사람 빵' 등 스토리텔링 기반의 음식 상품이 개발되었다.
- **이벤트와 축제 중심의 소비:** 자라섬 재즈 페스티벌과 같이 특정 이벤트를 중심으로 한 관광객 유입은 지역 외식 산업에 집중적인 매출 기회를 제공한다.

5. 지역별 내륙 섬의 특성과 식문화 공간의 사례 분석

내륙 섬은 위치한 수계와 지자체의 정책에 따라 서로 다른 발전 모델을 구축하고 있다. 이는 각기 다른 형태의 음식관광 생태계를 조성한다.

1) 북한강 수계의 관광 특화 섬: 남이섬과 자라섬

가평과 춘천 경계에 위치한 이 섬들은 한국 내륙 섬 관광의 표준 모델을 제시하고 있다.

- **남이섬:** 사유지로서의 유연성을 발휘하여 철저히 관광객 중심의 음식 서비스를 제공한다. 외국인 관광객을 고려한 할랄 푸드 도입이나 채식 메뉴 개발 등은 내륙 섬 음식관광의 수용성을 높인 사례이다.
- **자라섬:** 공공의 영역에서 생태 캠핑과 페스티벌을 결합했다. 캠핑객들이 지역 시장에서 식재료를 구매하여 직접 조리하는 '로컬 푸드 소비형' 관광을 유도하며 지역 경제와 상생을 꾀하고 있다.

2) 도심 내 생태 보전과 재생 섬: 밤섬과 선유도

서울의 한강에 있는 이 섬들은 개발보다는 보전과 재생의 관점에서 접근한다.

- **밤섬:** 1968년 한강 개발 과정에서 폭파되었으나 자연적인 퇴적을 통해 복원된 생태경관 보전지역이다. 과거 거주민의 생활사 조사를 통해 사라진 민물 어법과 식문화를 기록으로 보존하며, 교육적 가치와 결합된 비대면 음식 문화 콘텐츠를 생산한다.

❖ **선유도:** 정수장 시설을 재활용한 '재생 공원'으로서, 산업 유산과 자연이 어우러진 공간이다. 도시민들에게 휴식을 제공하며, 인근 상권과 연계된 카페 문화와 도시형 음식관광의 장으로 기능한다.

3) 용도 전환과 새로운 시도: 중도와 붕어섬

과거의 유원지가 산업적 목적이나 새로운 대형 테마파크로 전환되는 사례들도 존재한다.

❖ **중도:** 과거 춘천의 대표적인 유원지였으나, 레고랜드 코리아가 들어서며 글로벌 테마파크로 재편되었다. 이는 기존의 민물고기 위주 식문화에서 벗어나 글로벌 프랜차이즈와 테마 음식 위주의 상권으로 변화했음을 의미한다.

❖ **붕어섬:** 환경 보호와 에너지 전환의 흐름에 따라 태양광 발전 단지로 용도가 변경되었다. 이는 내륙 섬이 지닌 공간적 가치가 시대 상황에 따라 생산 중심에서 에너지 중심으로 이동할 수 있음을 보여준다.

6. 정책 – 산업 – 음식 – 관광 간의 인과관계 분석

내륙 섬의 음식관광은 개별 요소들의 단순한 합이 아니라, 정책적 기반 위에서 산업과 문화가 유기적으로 연결된 결과물이다.

❖ **정책의 역할:** 내수면 어업법과 관광진흥법은 생산과 소비의 규칙을 정한다. 특히 최근 충청권에서 추진되는 스마트 관광 체계(T-Maas) 구축 정책은 내륙 지역의 접근성을 높여 섬 음식관광의 광역적 수요를 창출하고 있다.

❖ **산업의 구조:** 어업인(생산자) – 외식업체(가공 / 서비스) – 관광 플랫폼(유통)으로 이어지는 가치 사슬이 형성된다. 생산자가 직접 관광 산업에 참여할수록 지역 내 부가가치 창출 효과가 크다.

❖ **음식의 기능:** 음식은 관광객의 체류 시간을 연장하고 만족도를 결정짓는 핵심 변수이다. 지역 고유의 식재료를 활용한 메뉴는 섬의 정체성을 강화하는 브랜딩 도구가 된다.

❖ **지역 경제의 선순환:** 관광 수익이 지역 생산물의 구매로 이어지고, 다시 생태계 보전을 위한 재투자로 연결되는 구조가 확립되어야 한다.

분석 요소	주요 영향 및 상호작용	인과적 결과
정책(Policy)	내수면 어업 허가 및 자원 관리	식재료의 안정적 공급 및 안전성 확보
산업(Industry)	스마트 관광 체계 및 MICE 연계	관광객 유입 증대 및 고부가가치 창출
음식(Food)	지역 고유 식재료 기반 스토리텔링	섬 브랜드 차별화 및 재방문율 제고
지역경제(Economy)	생산자 공동체 이익 증진 및 고용 창출	지역 소멸 대응 및 지속가능한 발전

7. 내륙 섬 음식관광의 미래 과제와 지속가능성

내륙지역의 섬은 기후 변화, 인구 감소, 수질 오염 등 다양한 도전 과제에 직면해 있다. 이를 극복하고 지속가능한 음식관광 모델을 구축하기 위해서는 다음과 같은 노력이 필요하다.

- **기후 변화 대응과 수자원 관리:** 극심한 가뭄이나 홍수는 내수면 어종의 생태계에 치명적이다. 댐의 수위 조절과 어도 관리를 통해 수산 자원의 복원력을 높이는 것이 우선되어야 한다.
- **주민 및 생산자 중심의 거버넌스:** 관광 개발 과정에서 원주민이나 지역 어민들이 소외되지 않도록 해야 한다. 이들이 식문화의 전수자이자 관광의 주체로서 참여할 때 비로소 진정성 있는 음식관광이 가능하다.
- **환경 지속가능성 확보:** 섬이라는 폐쇄적 지형 특성상 쓰레기 배출과 오수 처리에 취약하다. 친환경 용기 사용, 친환경 어법 준수 등을 통해 환경 부하를 최소화하는 '그린 다이닝(Green Dining)' 문화 확산이 필요하다.
- **디지털 전환과 스마트 관광:** 빅데이터를 활용한 관광객 선호도 분석, T-Maas와 연계된 원스톱 예약 서비스 등 ICT 기술을 접목하여 내륙 섬 관광의 편의성을 높여야 한다.

티맵(TMAP)은 단순한 네비게이션을 넘어 대중교통, 택시, 공유 모빌리티 등을 아우르는 통합 모빌리티 서비스(MaaS: Mobility as a Service)로 진화하고 있다. T-MaaS(티맵 MaaS)와 연계된 주요 서비스 내용은 다음과 같다.

TMAP 통합 모빌리티 서비스(MaaS) 주요 내용

- One App 모빌리티: 하나의 앱 내에서 다양한 이동 수단을 조회, 예약, 결제할 수 있다.

• 복합 이동 수단: 대중교통(버스, 지하철), 택시(티머니onda, i.M, 타다 등), 공유 서비스(킥보드, 전기자전거, 따릉이/타슈), 고속/시외버스, 렌터카, SRT, 항공까지 연계한다.
• 운전자 특화 연계: 주차장 검색 및 예약, 대리운전, 차량용 인포테인먼트(IVI), 전기차 충전 서비스 등이 티맵 내에 통합되어 있다.
• AI 기반 추천: 사용자 데이터를 분석하여 최적의 이동 경로 및 이동 수단을 추천한다.

T-MaaS 연계 혜택 및 특징

• 원스톱 서비스: 여러 교통수단을 단일 플랫폼에서 검색, 예약, 결제까지 한 번에 처리하여 편리성을 증대한다.
• 할인 및 적립: 다양한 교통수단을 연계 이용 시 할인 혜택이나 포인트 적립을 제공한다.
• 효율적 이동: 대중교통 소외지역을 포함하여, 목적지까지의 최적 경로를 제공하고 연계성을 강화한다.
• 개인 맞춤형 정보: '즐겨찾는 경로 자동생성' 기능을 통해 자주 가는 길을 빠르게 안내받을 수 있다.

주요 연계 사례

• 대중교통+공유 모빌리티: 지하철역에서 목적지까지 킥보드나 자전거를 타고, 이 과정의 결제를 한 번에 진행한다.
• 자율주행 셔틀: 쏘카스테이션 등과 연계하여 자율주행 셔틀 운행을 시범 운영한다.
• 외부 데이터 연계: 대구교통공사 등 지자체 인프라 및 실시간 데이터와 연계하여 최적의 교통 서비스를 제공한다.

티맵모빌리티는 이러한 다양한 연계 서비스를 통해 운전자를 넘어 이동이 필요한 모든 사람을 위한 '필수 모빌리티 플랫폼'을 지향하고 있다.

내륙지역의 섬은 강과 호수의 역사와 함께 숨 쉬어 온 공간이다. 13장 제1절에서 고찰한 개념과 배경은 내륙 섬이 단순히 물 위에 떠 있는 육지가 아니라, 정책과 산업, 그리고 인간의 삶이 응축된 문화적 결정체임을 보여준다. 이러한 이해를 바탕으로 할 때, 내륙 섬 고유의 식문화를 활용한 관광 전략은 지역 경제의 새로운 돌파구가 될 수 있을 것이다.

8. 내륙 섬 거주민의 생활사와 식문화 유산의 가치

내륙 섬의 음식관광을 심층적으로 이해하기 위해서는 그 공간을 터전으로 살아온 주민들의 생활 양식에 주목해야 한다. 섬이라는 고립된 환경은 독특한 생존 전략과 그에 따른 식문화를 낳았다.

1) 한강 밤섬 사례를 통한 강촌 생활사 복원

밤섬은 현대 서울의 중심부에 위치하면서도 인간의 접근이 제한된 공간으로 남겨졌지만, 과거에는 수백 명의 주민이 거주하던 활기찬 마을이었다.

- **조선업과 어로 활동의 결합:** 밤섬 주민들은 주로 배를 건조하며 생계를 유지했으나, 동시에 한강의 풍부한 민물고기를 포획하여 식재료로 삼았다. 이들의 식생활은 강에서 얻은 단백질원과 섬 내부의 텃밭에서 기른 채소가 조화를 이루는 형태였다.
- **사라진 전통 식문화의 기록:** 1968년 이주 이후 밤섬의 생활 문화는 단절될 위기에 처했으나, 최근 서울역사박물관 등의 기록 조사 사업을 통해 당시의 식습관과 조리법이 재조명되고 있다. 이러한 기록은 내륙 섬 음식관광의 역사적 정당성을 부여하는 근거가 된다.
- **공동체 기반의 식문화 나눔:** 섬 내부의 좁은 거주 구역은 이웃 간의 긴밀한 유대감을 형성했고, 이는 명절이나 경조사 시 민물고기를 활용한 대규모 음식을 나누어 먹는 풍습으로 이어졌다.

2) 민물 수산물의 사회적 인식 변화와 관광 상품화

민물고기는 과거 서민들의 주요 단백질 공급원이었으나, 수질 오염에 대한 우려와 해산물 선호 현상으로 인해 소비가 위축되기도 했다.

- **보양식으로서의 재발견:** 쏘가리, 메기, 잉어 등은 현대에 들어 고단백 저지방 보양식으로 인식되며 프리미엄 음식관광객들을 유인하고 있다. 특히 청정 수역인 내륙 섬 주변에서 잡힌 물고기는 '청정 식재료'라는 브랜드를 획득한다.
- **조리법의 현대화:** 과거의 투박한 매운탕 위주에서 벗어나, 젊은 층을 공략하기 위한 민물

고기 튀김, 어죽 국수, 강변 바비큐 등 다양한 퓨전 메뉴가 개발되고 있다.

❖ **생산자의 진정성 마케팅:** 어민이 직접 운영하는 식당(어부 식당)은 '누가, 어디서, 어떻게 잡았는지'를 투명하게 공개함으로써 관광객의 신뢰를 얻는다. 이는 내수면 어업법에 따른 적법한 포획 과정을 강조하는 정책적 홍보와도 맥을 같이한다.

9. 내륙 섬 인프라와 접근성 정책의 영향 분석

내륙 섬은 물리적 접근성이 관광객의 방문 의사를 결정짓는 핵심 변수이다. 정부와 지자체의 교통 및 스마트 인프라 정책은 음식관광의 상권을 재편하는 역할을 한다.

1) 교통 시스템과 스마트 관광 체계의 통합

전통적인 관광지가 지리적 근접성에 의존했다면, 현대의 관광은 IT 기술을 통한 정보의 접근성과 이동의 편리성에 좌우된다.

❖ **T-Maas와 광역 교통망 연계:** 대전과 세종을 중심으로 추진되는 충청권 광역철도 및 스마트 관광 체계는 내륙 지역 섬으로의 이동 시간을 획기적으로 단축시킨다. 이는 관광객이 당일치기로 섬의 유명 식당을 방문할 수 있는 환경을 조성한다.

❖ **쇼핑 및 MICE와의 융복합:** 단순한 관광을 넘어 쇼핑 시설과 마이스(MICE) 산업이 결합된 관광 도시 조성 계획은 내륙 섬 주변의 외식 산업 규모를 키우는 촉매제가 된다.

❖ **디지털 정보 접근성:** 섬 내부의 식당 정보, 메뉴, 대기 시간 등을 실시간으로 제공하는 앱 서비스는 방문객의 경험 가치를 높이고 지역 상권의 효율적인 운영을 돕는다.

2) 선박 운항 및 도보 접근 시설의 확충

섬의 특성을 살리면서도 접근성을 보장하기 위한 하드웨어적 정비가 수반되어야 한다.

❖ **남이섬의 선박 운항 사례:** 짚와이어(Zip-wire)와 선박을 병행 운항하여 섬으로 들어가는 과정 자체를 하나의 관광 콘텐츠로 만들었다. 이는 섬에 도착하기 전부터 기대감을 고취시켜 섬 내부의 식음료 소비로 이어지게 하는 전략이다.

❖ **보행교 설치와 접근성 강화:** 자라섬이나 선유도처럼 육지와 연결된 보행교를 설치하는

경우, 접근성은 높아지나 섬 고유의 '고립된 정취'가 희석될 우려가 있다. 음식관광의 콘셉트에 맞는 적절한 접근 방식 선택이 중요하다.

- **수상 택시 및 소형 선박의 활용:** 다수의 섬이 산재한 호수 지역에서는 수상 이동 수단을 활용한 '아일랜드 호핑(Island Hopping)' 형태의 음식 투어가 새로운 가능성으로 제기되고 있다.

10. 내륙지역 섬 음식관광의 정책적 함의와 시사점

본 절의 분석을 종합하면, 내륙 섬 음식관광은 지형적 특수성, 역사적 변천, 법적 규제, 그리고 최신 관광 정책이 융합된 결과물이다.

- **다학제적 접근의 필요성:** 내륙 섬 음식관광은 단순히 조리법 연구에 그치지 않고 지리학, 역사학, 정책학, 생태학적 관점을 포괄해야 한다. 이는 지역의 고유성을 살린 진정성 있는 콘텐츠 개발의 토대가 된다.
- **지속가능한 발전 모델 구축:** 내수면 어업법에 기반 한 자원 보호와 지역 주민의 소득 창출이 균형을 이루는 '공정 관광'의 가치를 지향해야 한다.
- **글로벌 경쟁력 확보:** 남이섬의 사례처럼 한국 고유의 서정과 문화를 반영한 내륙 섬 식문화는 세계 시장에서도 충분한 경쟁력을 가진다. 이를 위해 메뉴의 표준화와 더불어 외국인 수용 태세 개선이 지속적으로 이루어져야 한다.

내륙지역의 섬은 물길이 빚어낸 자연의 선물이자, 인간의 역사가 켜켜이 쌓인 문화의 장소이다. 제13장 1절을 통해 살펴본 이러한 배경 지식은 향후 전개될 각 섬의 구체적인 현황 분석과 미래 전략 수립을 위한 핵심적인 준거틀을 제공한다. 내륙 섬 음식관광은 단순한 관광 상품을 넘어 지역의 생태적 가치를 보존하고 경제적 자생력을 높이는 전략적 수단으로서 지속적으로 연구되고 발전되어야 할 것이다.

11. 내륙 섬 유형별 식문화 공간 구성 및 소비자 행동 분석

내륙 섬의 지형적 특성과 운영 주체에 따라 관광객의 음식 소비 행태는 뚜렷한 차이를 보인다. 이를 분석하는 것은 타겟 고객에 맞춤화된 음식 서비스 전략을 수립하는 데 필수적이다.

1) 사유지 기반 테마파크형 섬의 음식 소비

남이섬과 같이 단일 법인에 의해 관리되는 섬은 식음료 서비스의 품질 관리와 콘셉트 유지가 용이하다.

- **브랜드 일관성:** 섬 전체의 테마에 맞춘 식당 배치와 메뉴 개발이 가능하다. 예를 들어 남이섬 내의 '눈사람' 캐릭터를 활용한 디저트류는 방문객들에게 필수 구매 상품으로 인식된다.
- **독점적 공간의 장점:** 외부 식당과의 경쟁보다는 섬 내부의 고유한 분위기 속에서 즐기는 다이닝 경험에 가치를 둔다. 이는 객단가를 높이는 요인이 된다.
- **글로벌 수용성:** 다양한 국적의 방문객을 고려한 다국어 메뉴판, 종교적 고려(할랄 등) 등이 체계적으로 관리되어 외국인 관광객의 만족도가 높다.

2) 공공 운영 기반 생태·문화형 섬의 음식 소비

자라섬이나 선유도처럼 지자체가 관리하는 섬은 공공성과 생태 보전에 무게를 둔다.

- **주변 상권과의 연계:** 섬 내부에서의 상업적 활동을 최소화하는 대신, 인근 전통시장이나 식당가로 관광객을 유도하는 정책을 펼친다. 이는 지역 소상공인과의 상생을 도모하는 모델이다.
- **페스티벌 기반의 일시적 소비:** 자라섬 재즈 페스티벌 기간 동안 운영되는 푸드 존(Food Zone)은 지역 특산물을 활용한 스트릿 푸드 위주로 구성되어 짧은 시간 내 집중적인 매출을 발생시킨다.
- **자급자족형 캠핑 문화:** 자라섬 캠핑장 이용객들은 현지 마트에서 식재료를 직접 구매하여 조리하는 성향이 강하다. 이는 지역 농축산물 소비 활성화에 기여한다.

3) 역사 기록 및 교육 중심 섬의 가치 소비

밤섬과 같이 거주할 수 없는 보전 지역은 직접적인 음식 소비보다는 문화적 가치 전달에 집중한다.

- **미디어 및 전시를 통한 대리 경험:** 섬 주민들의 과거 식문화를 담은 전시나 영상 콘텐츠를 통해 역사적 가치를 소비한다. 이는 향후 인근 지역의 전통 음식 테마 거리 조성 시 핵심적인 스토리텔링 자원이 된다.
- **생태 교육과 결합한 먹거리 체험:** 섬 주변 수역에서 잡히는 민물고기의 생태를 배우고, 이를 활용한 음식을 인근 홍보관이나 체험장에서 맛보는 연계 프로그램이 개발될 수 있다.

12. 내수면 어업법의 현대적 적용과 식문화 진흥 정책의 한계

내륙 섬 음식관광의 법적 토대인 내수면 어업법은 자원 보호 측면에서는 탁월하나, 관광 산업과의 융복합 측면에서는 몇 가지 과제를 안고 있다.

- **규제와 진흥의 불균형:** 현행법은 포획과 관리에 집중되어 있어, 포획한 수산물의 고부가 가치 상품화나 섬 내 조리 시설 설치 등 관광 진흥에 필요한 유연성이 부족한 측면이 있다.
- **어업권 승계와 청년 유입의 어려움:** 내수면 어업의 고령화는 전통 식문화의 단절로 이어질 수 있다. 청년들이 어업과 관광을 결합한 6차 산업에 뛰어들 수 있도록 하는 법적·제도적 지원책 보강이 필요하다.
- **기후 변화에 따른 법적 대응력:** 기온 상승과 수질 변화로 인해 어종 지도가 변하고 있으나, 법적 어기 제한이나 금지 어종 설정이 이러한 변화의 속도를 따라가지 못하는 경우가 발생한다.

13. 결론 및 시사점

제13장 1절에서는 내륙지역의 개념 정립부터 역사적 발전, 법적 토대, 그리고 현대의 관광 현황까지 광범위하게 살펴보았다. 내륙지역의 섬은 해양 섬과는 또 다른 매력을 지닌 음식관광

의 보고(寶庫)이다.

첫째, 하중도와 호중도로 대변되는 지리적 특성은 민물 수산물이라는 특화된 식재료를 제공하며, 이는 해안 지역과는 차별화된 내륙만의 식탁을 완성한다.

둘째, 조선시대 물류의 중심지에서 현대의 문화 예술 공간으로 변모해 온 역사적 과정은 섬 음식에 풍부한 이야깃거리를 제공한다. 스토리텔링은 현대 관광객들이 음식을 선택하는 가장 강력한 동기 중 하나이다.

셋째, 내수면 어업법은 단순한 규제가 아니라 식문화의 지속가능성을 담보하는 안전장치이다. 법적 테두리 안에서 자원을 보호하며 산업을 키워나가는 생산자들의 역할이 강조되어야 한다.

넷째, 스마트 기술의 도입과 광역 교통망 확충은 내륙 섬 음식관광의 영토를 넓히고 있다. 접근성 개선은 더 많은 사람이 우리 내륙 섬의 맛을 경험하게 하는 원동력이 된다.

다섯째, 환경적 지속가능성과 지역 주민의 권익 보호는 음식관광의 본질을 지키는 최후의 보루이다. 과도한 개발보다는 고유의 생태와 문화를 존중하는 방식의 관광 모델이 정착되어야 한다.

이러한 분석을 토대로 각 지역별 내륙 섬의 특화 메뉴 개발 전략, 성공적인 음식관광 마케팅 사례, 그리고 정책적 지원 방안 등을 더욱 구체적으로 논의한다. 내륙지역 섬 음식관광은 한국의 관광 경쟁력을 한 단계 높일 수 있는 전략적 분야이며, 이를 위한 지속적인 학술적·정책적 관심이 필요하다.

제2절 내륙지역 섬 식재료의 특징

1. 내륙 섬 식재료의 이해

내륙 섬의 음식문화를 이해하는 열쇠는, 바다와 단절된 독특한 자연환경이 만들어낸 그곳만의 식재료 체계를 이해하는 데 있다. 소금기 가득한 해풍 대신 맑은 강바람이 불고, 드넓은 갯벌 대신 비옥한 논밭과 울창한 산이 섬을 둘러싸고 있다. 이러한 환경은 내륙 섬의 밥상을 '민물 수산물,' '내륙 농산물,' 그리고 '산림 임산물'이라는 세 가지 독특한 기둥 위에 세웠다. 이는 해양 섬의 음식과는 근본부터 다른, 내륙 섬 음식관광의 정체성을 형성하는 핵심 요소다.

첫째, '내수면 수산물'은 내륙 섬 식재료의 가장 큰 특징이다. 바다의 생선이 아닌, 강과 호수, 저수지에서 나는 '민물 어종'이 그 주인공이다. 붕어, 잉어, 메기, 쏘가리, 장어 등은 예로부터 내륙 섬 주민들의 중요한 단백질 공급원이었다. 이 민물고기들은 해수어와는 다른 독특한 풍미와 흙내음을 가지고 있어, 이를 효과적으로 제어하고 맛을 끌어올리기 위한 조리법이 발달했다. 고추장을 풀어 칼칼하게 끓여내는 '민물 매운탕'이나, 잡은 고기를 뼈째 푹 고아 밥과 함께 끓여내는 '어죽'은 가장 대표적인 요리다. 오늘날 충주호, 소양호, 안동호 등 대규모 인공 호수 주변에는 이러한 민물고기 요리를 전문으로 하는 '민물 매운탕 거리'가 조성되어, 지역을 대표하는 음식관광 자원으로 확고히 자리 잡았다.

둘째, '풍부한 농산물'은 내륙 섬의 밥상을 든든하게 받쳐주는 기반이다. 해양 섬과 달리, 내륙 섬은 주변의 넓은 농경지와의 연계성이 매우 높다. 섬 주민들은 직접 밭농사를 짓거나, 나루터를 통해 인근 지역의 농산물을 쉽게 구할 수 있었다. 특히 내륙의 기후와 토양에 잘 맞는 옥수수, 콩, 보리, 메밀과 같은 잡곡과, 저장성이 좋은 감자, 고구마 등은 내륙 섬의 중요한 식재료였다. 이는 잡곡을 듬뿍 넣어 지은 '잡곡밥'이나, 메밀가루를 반죽하여 부쳐낸 '메밀전'과 같은 소박하지만 건강한 토속 음식의 발달로 이어졌다. 이처럼 안정적인 농산물 공급은, 내륙 섬의 식문화가 해산물에만 치우치지 않고 균형을 이룰 수 있게 한 중요한 요인이다.

셋째, '산림 임산물'의 활용은 내륙 섬 음식에 깊이를 더하는 또 다른 특징이다. 많은 내륙 섬들은 울창한 산림 지대와 인접해 있어, 계절마다 산이 내어주는 다양한 선물을 식재료로 활용했다. 봄이 되면 두릅, 고사리, 취나물 등 향긋한 '산채'를 뜯어 밥상을 차렸고, 가을이면 표고버섯, 느타리버섯 등 '버섯'을 채취하여 반찬이나 국물 재료로 사용했다. 이러한 임산물은, 특히 민물고기와 만났을 때 '산과 강의 맛'이 조화롭게 어우러지는 독특한 미식 경험을 선사한다. 최근에는 이러한 임산물 채취 활동이 관광객을 위한 체험 프로그램으로 개발되면서, 내륙 섬 음식관광의 새로운 가능성을 보여주고 있다.

내륙 섬의 식재료

구분	주요 식재료	음식 활용 방식	특징
수산물	붕어, 메기, 쏘가리, 장어	매운탕, 어죽, 찜, 조림	민물 어종 중심, 강・호수 생태계 특화
농산물	옥수수, 콩, 메밀, 감자, 고구마	잡곡밥, 전, 떡, 장류	주변 내륙 농업 기반과의 높은 연계성
임산물	표고버섯, 취나물, 고사리, 두릅	나물 요리, 볶음, 국물 요리	인접 산림 지대 자원 활용, '산과 강의 맛' 융합

결론적으로, 내륙 섬의 식재료는 해양 섬과는 확연히 다른, '민물 수산물, 잡곡 중심의 농산물, 그리고 산림 임산물'이라는 독자적인 체계를 발전시켜왔다. 이는 과거에는 생존을 위한 수단이었지만, 오늘날에는 도시인들에게 건강하고 특별한 경험을 제공하는 소중한 관광 자원으로 변모하고 있다. 이러한 독창적인 식재료 체계야말로, 내륙형 섬 음식관광이 가진 가장 큰 차별점이자 잠재력이라 할 수 있다.

2. 내륙 섬 식재료의 지리학적 성격과 생태적 차별성

내륙 섬 식재료는 일반적인 해수면의 섬과는 근본적으로 다른 생태적, 지리학적 배경을 지니고 있다. 이는 단순히 육지 안의 섬이라는 공간적 정의를 넘어, 내수면(강, 호수, 댐)이라는 특수한 수환경이 주변 토양 및 기후와 상호작용하며 만들어낸 결과물이다. 내륙 섬은 하천의 흐름이 변화하며 형성된 하중도(河中島)와 댐 건설로 인해 육지의 일부가 고립되어 생성된 인공섬으로 구분되는데, 각기 다른 형성 과정은 그곳에서 생산되는 식재료의 물리적, 화학적 특성에 결정적인 영향을 미친다.

1) 내수면 환경과 하중도의 형성과정 및 토양 특성

하중도는 하천의 중・하류에서 유속이 느려짐에 따라 운반되던 퇴적물이 쌓여 형성된다. 이러한 섬들은 대개 고운 모래와 진흙이 섞인 사질 양토(Sandy Loam)로 이루어져 있어 배수가 잘 되면서도 유기물이 풍부하다. 이는 뿌리채소나 특정 과실류의 성장에 최적의 조건을 제공한다. 한강의 밤섬이나 선유도와 같은 하중도는 과거 수백 년 동안 상류에서 내려온 영양 물질이 축적되어 비옥한 농지로 활용되었다. 반면, 댐 건설로 형성된 인공섬은 기존 산지나 농경지의 일부가 수몰되지 않고 남은 형태이므로, 토양의 성질은 주변 육지와 유사하지만 호수 상부의 습도와 안개 등 미세 기후의 영향을 강하게 받는다.

2) 담수 생태계의 생물학적 특이성과 식재료의 연관성

내륙 섬을 둘러싼 담수 생태계는 염분이 거의 없는 환경으로, 이곳의 수산 자원은 해수어와는 완전히 다른 생리적 메커니즘을 가진다. 담수어는 체내의 염분 농도가 외부 환경보다 높기 때문에 지속적으로 유입되는 수분을 조절하기 위한 고도의 대사 과정을 거친다. 이러한 생물학적 특징은 육질의 단단함, 지방의 분포, 그리고 풍미 물질의 종류를 결정짓는다. 예를 들어, 맑은 물에서 자란 쏘가리나 메기는 바닷물고기보다 단백질 구조가 연하고 담백한 맛을 내는 경향이 있다.

3) 기후 조건과 육상 식재료의 품질 상관관계

내륙 섬 지역은 수면의 비열로 인해 인근 내륙 지역보다 온도가 완만하게 변하며, 이른 아침과 저녁에 발생하는 잦은 안개는 습도 유지에 중요한 역할을 한다. 가평의 잣나무 숲이나 남이섬 인근의 농작물들이 우수한 품질을 유지하는 배경에는 이러한 미세 기후가 자리하고 있다. 습도가 높고 일교차가 큰 환경은 식물의 광합성 산물 축적을 도와 당도를 높이거나 향 성분을 짙게 만든다. 이는 음식관광에서 식재료의 차별성을 강조하는 중요한 과학적 근거가 된다.

3. 내수면 수산 자원의 생리적 특징과 미식적 가치

내륙 섬 음식관광의 핵심인 민물 어패류는 해수어와 비교했을 때 영양학적, 생리적 측면에서 뚜렷한 특징을 보인다. 이를 정확히 이해하는 것은 지역 고유의 조리법을 보존하고 관광객들에게 그 가치를 전달하는 데 필수적이다.

1) 삼투압 조절에 따른 민물어류의 육질 분석

민물고기는 주변의 민물보다 체액의 소금 농도가 높기 때문에 삼투압 현상에 의해 몸속으로 물이 계속 들어오는 구조를 가진다. 이를 해결하기 위해 민물고기는 물을 거의 마시지 않으며, 아가미를 통해 환경 중의 염분을 적극적으로 흡수하고 많은 양의 묽은 오줌을 배출하여 체내 수분 균형을 맞춘다. 이러한 생리적 차이는 다음 표와 같이 정리할 수 있다.

구분	민물고기(담수어)	바닷물고기(해수어)
체액 농도	주변 환경보다 높음.	주변 환경보다 낮음.
수분 이동	외부에서 체내로 유입	체내에서 외부로 유출

수분 섭취 방식	거의 마시지 않음.	많이 마심.
염분 배출	아가미를 통해 흡수, 신장으로 배출 억제	아가미와 신장을 통해 적극 배출
배설물 특성	다량의 묽은 오줌	소량의 진한 오줌
미식적 영향	육질이 연하고 수분감이 있음.	조직이 치밀하고 쫄깃함.

이러한 삼투압 조절 메커니즘은 육질의 물리적 성질에 직접적인 영향을 준다. 민물고기는 해수어에 비해 수분 함량이 상대적으로 높고 근섬유 사이의 결합 조직이 덜 치밀하여, 가열 조리 시 입안에서 부드럽게 풀리는 식감을 제공한다. 이는 매운탕이나 찜 요리에서 양념과의 조화력을 높이는 요소가 된다.

2) 영양학적 구성과 소화 흡수율의 특수성

민물 어패류는 양질의 단백질 공급원이다. 생선의 단백질 함량은 육류와 비슷하거나 다소 높지만, 근섬유가 짧고 지방의 분포가 고르게 분산되어 있어 소화 흡수율이 매우 뛰어나다. 특히 민물고기의 불포화 지방산은 혈행 개선에 도움을 주는 것으로 알려져 있으며, 칼슘, 비타민 A, B군 등이 풍부하여 기력 회복을 위한 보양식 재료로 널리 활용된다.

3) 어종별 풍미 유발 물질과 조리 과학

민물고기 특유의 향, 이른바 흙내는 주로 지오스민(Geosmin)이나 2-메틸이소보르네올(MIB)과 같은 성분에 의해 발생한다. 이는 수중의 조류나 박테리아가 생성한 물질이 물고기의 지방 조직에 축적되는 것이다. 내륙 섬 음식문화에서는 이를 제거하기 위해 산도가 있는 식재료(식초, 매실액)나 향신 채소(깻잎, 미나리, 초피)를 적극적으로 활용해 왔다. 이러한 조리법은 단순히 냄새를 가리는 것이 아니라, 화학적 중화 반응을 통해 민물고기 본연의 담백한 맛을 이끌어내는 과학적 지혜가 담겨 있다.

4. 주요 내륙 섬 식재료의 지역적 분포와 역사성

대한민국 내륙 섬 지역은 각기 다른 역사적 배경과 수계의 특징에 따라 고유한 식재료 군을 형성하고 있다.

1) 북한강 수계(남이섬, 자라섬)의 융복합 식재료

가평군을 중심으로 한 북한강 수계는 산간 지역의 임산물과 하천의 수산물이 결합된 융복합적 식재료 문화를 보유하고 있다.

(1) 가평 잣과 임산물의 특징

가평 잣은 전국 생산량의 약 45%를 차지하는 대표적인 식재료이다. 고산 지대의 서늘한 기후와 강 유역의 습도가 조화를 이루어 잣나무 성장에 최적의 조건을 제공한다. 잣은 고소한 풍미와 높은 열량을 지니고 있어 잣죽, 잣국수뿐만 아니라 최근에는 닭갈비의 토핑이나 잣막걸리 등의 가공품으로도 활발히 활용된다. 이는 내륙 섬 관광의 미식 경험을 풍성하게 만드는 핵심적인 고유 식재료이다.

(2) 닭갈비와 메밀 국수의 관광 산업화

가평과 춘천 접경 지역의 남이섬 일대는 닭갈비 산업의 중심지이다. 본래 저렴한 서민 음식이던 닭갈비는 남이섬이라는 강력한 관광 브랜드와 결합하면서 고급화 및 다양화 과정을 거쳤다. 철판 닭갈비와 숯불 닭갈비가 공존하며, 지역 특산물인 잣이나 가평산 사과를 양념에 활용하는 등 지역 식재료와의 결합이 활발하다.

(3) 송어와 민물 수산물의 계절성

자라섬 인근에서는 겨울철 냉수성 어종인 송어 축제가 열린다. 송어는 선홍빛의 육질과 풍부한 아미노산을 자랑하며, 회와 구이로 소비된다. 여름철에는 쏘가리, 메기, 다슬기 등 내수면 어종을 활용한 매운탕이 주된 식재료로 기능하며, 이는 계절별로 다른 미식 콘텐츠를 제공하는 기반이 된다.

2) 한강 하류(밤섬, 선유도)의 역사적 어로와 식문화 유산

서울 한강 내에 있는 섬들은 현재 생태 보호 구역으로 지정되어 상업적 어로가 금지되었으나, 그 역사적 식재료 가치는 여전히 유효하다.

(1) 웅어와 황복의 역사적 맥락

조선시대 밤섬과 선유도 인근은 임금님께 진상하던 웅어(위어)의 주요 산지였다. 웅어는 바다에서 살다가 산란기에 강으로 거슬러 올라오는 회귀성 어종으로, 그 고소한 맛이 일품이다. 또한 산란기의 황복은 독성이 있지만 뛰어난 맛 덕분에 한강의 대표적인 미식 식재료로 꼽혔다. 이러한 역사적 기록은 내륙 섬 음식관광의 스토리텔링 자원으로 활용될 가치가 크다.

3) 기타 댐 및 호수 지역의 인공섬 식재료

소양호, 대청호, 충주호 등 대규모 댐 건설로 인해 형성된 인공섬 주변은 호수 어업이 발달하였다. 이곳에서는 주로 빙어, 향어(이스라엘잉어), 메기 등이 양식되거나 채취된다. 특히 댐 지역의 깊은 수심과 낮은 수온은 어류의 육질을 탄탄하게 만들어, 하천 유역의 어류와는 또 다른 식감을 선사한다.

5. 내륙 섬 로컬푸드 공급망과 지역경제 선순환 체계

내륙 섬 식재료의 특징은 '신선도'와 '희소성'에 있다. 이를 유지하고 지역 경제에 기여하기 위해서는 로컬푸드(Local Food) 기반의 효율적인 공급망 구축이 필수적이다.

1) 생산자 중심의 유통 구조와 직거래 활성화 방안

로컬푸드는 농장에서 식탁까지의 이동 거리를 최소화하여 지역 환경을 보호하고 농가 소득을 증대시키는 전략이다. 내륙 섬 지역은 대규모 기업형 농장보다는 소규모 중소농이 주를 이루기 때문에, 생산자와 소비자가 직접 만나는 직거래 체계가 더욱 중요하다.

효과 분류	세부 내용
경제적 효과	유통 단계 축소를 통한 농가 수취 가격 상승 및 소득 증대
환경적 효과	푸드 마일리지(Food Miles) 단축으로 인한 탄소 배출 감소
사회적 효과	생산자의 얼굴이 보이는 먹거리 제공으로 소비자 신뢰 회복
일자리 효과	지역 내 로컬푸드 직매장 및 가공 센터 운영 인력 창출

전라북도 등의 연구에 따르면, 로컬푸드에 대한 소비자의 관심은 매우 높으나 생산과 소비의 불일치(Mismatch)가 주요 과제로 남아 있다. 생산자는 안정적인 판매처를 찾지 못하고, 소비자는 신뢰할 수 있는 매장이 부족하다는 인식이 강하다. 이를 해결하기 위해 관광객이 집중되는 내륙 섬 입구에 거점형 로컬푸드 매장을 설치하는 전략이 필요하다.

2) 가평 GP페이와 지역 화폐를 통한 소비 진작 사례

가평군은 지역 내 자본 유출을 막고 지역 경제 활성화를 위해 가평 GP페이(지역사랑상품권) 시스템을 운영하고 있다. 관광객이 내륙 섬 방문 시 지역 화폐를 사용하면 할인 혜택을 받고, 이 화폐는 다시 지역 내 음식점과 로컬푸드 매장에서 식재료 구매 비용으로 사용된다. 이는 외지 관광객의 소비가 지역 생산자(어민, 농민)에게 직접 전달되는 선순환 구조를 형성하는 핵심적인 정책 도구이다.

3) 공급-소비 불일치 문제와 기술적 해결책

내륙 섬 식재료의 수급 불일치를 해결하기 위해서는 데이터 기반의 유통 체계가 필요하다. 가평군은 농산물 유통 정보 제공과 농어촌 소득 조사를 통해 생산량을 예측하고, 농기계 임대 및 소형 농기계 지원 사업을 통해 생산성을 높이고 있다. 또한, 지역 내 민박이나 체험 마을과 연계하여 숙박객들이 현장에서 직접 식재료를 구매할 수 있는 채널을 확대하고 있다.

6. 제도적 규제 환경과 지속가능한 이용 전략

내륙 섬의 식재료 자원은 무한하지 않으며, 이를 활용하기 위해서는 엄격한 법적·제도적 기준을 준수해야 한다. 이는 생태계 보전과 먹거리 안전을 동시에 확보하기 위한 장치이다.

1) 내수면어업법에 따른 채취 및 판매 제한 사항

내륙 섬 수역에서의 어로 행위는 내수면어업법의 규제를 받는다. 누구든지 폭발물, 유해 물질, 또는 전류를 사용하여 수산동식물을 포획해서는 안 된다. 또한 자망어업, 연승어업, 패류채취어업 등을 수행하기 위해서는 반드시 시장·군수·구청장의 허가를 받아야 하며, 허가 우선순위는 지역 어업인의 공동이익을 위해 조직된 내수면어업계에 주어진다. 이러한 제도는 외부의 약탈적 자본으로부터 지역 식재료 자원을 보호하는 역할을 한다.

내수면어업 허가 및 신청의 주요 절차는 다음과 같다.

항목	상세 내용	관련 법령
허가 종류	자망, 종묘채포, 연승, 패류채취, 낭장망, 각망 등	내수면어업법 제9조
우선순위	1. 내수면어업계, 2. 동종 어업 경력자, 3. 수산물 수출 기여자	내수면어업법 제10조
금지 행위	폭발물, 유독물, 전류 사용 포획 행위	내수면어업법 제19조
신청 서류	어업허가신청서, 어선/양식장 소유권 증명 서류 등	시행규칙 제6조

2) 환경 보호 구역 지정과 식재료 이용의 상충 관계

많은 내륙 섬들이 상수원 보호 구역이나 수변 구역으로 지정되어 있다. 이는 깨끗한 물과 식재료를 제공하는 기반이 되기도 하지만, 대규모 음식점 입점이나 대량 생산 체계 구축에는 제약이 된다. 따라서 내륙 섬 음식관광은 대량 소비보다는 고부가가치 소량 소비 지향의 '슬로푸드' 전략을 취해야 한다.

3) 정책적 대안으로서의 가공 및 상품화 전략

신선 식품 형태의 유통 한계를 극복하기 위해 가공 상품화가 적극적으로 추진되고 있다. 가평군의 경우 매년 가공 상품화 추진 현황을 업데이트하며, 지역 농산물을 활용한 2차 가공품 개발을 지원한다. 이는 식재료의 보존 기간을 늘리고, 관광객들이 섬을 떠난 후에도 지속적으로 식재료를 소비하게 만드는 효과가 있다.

7. 결론 및 정책 제언

내륙 섬의 식재료는 지리학적 고립성과 담수 생태계의 특수성이 결합한 희소한 자산이다. 본 분석을 통해 도출된 내륙 섬 식재료의 특징과 발전 방향은 다음과 같다.

첫째, 민물 어패류의 생리학적 이해를 바탕으로 한 건강 및 기능성 홍보가 강화되어야 한다. 해수어와 차별화되는 부드러운 육질과 높은 소화 흡수율은 고령화 시대의 건강 미식으로 가치가 충분하다.

둘째, 지역 내 유통 선순환을 위한 제도적 장치를 확충해야 한다. 가평의 GP페이 사례와 같이 지역 화폐를 로컬푸드 공급망과 결합하여, 관광 수익이 생산자에게 직접 돌아가는 구조를 전국적으로 확산시켜야 한다.

셋째, 내수면어업법 등 관련 규제를 존중하되, 지역 어민들이 지속가능한 방식으로 자원을 활용할 수 있도록 현대화된 기술 지원이 필요하다. 불법 어로를 근절하고 정당한 허가를 받은 생산자들의 식재료가 '인증된 지역 먹거리'로 유통될 수 있는 브랜드화 전략이 요구된다.

넷째, 기후 변화에 대응한 식재료 관리이다. 내륙 섬의 미세 기후는 민감하므로, 변화하는 온도와 습도에 맞춰 생산 품종을 다변화하고 안정적인 수급을 위한 스마트 농·어업 기술의 도입을 고려해야 한다.

결론적으로 내륙지역의 섬 식재료는 단순한 먹거리를 넘어, 지역의 생태적 가치와 역사적 서사를 담고 있는 문화적 매개체이다. 이를 체계적으로 관리하고 산업과 관광에 연계하는 노력은 지역 경제의 자생력을 높이는 핵심적인 열쇠가 될 것이다.

제3절 내륙지역 섬 음식의 메뉴 분석

1. 내륙 섬 음식 메뉴 이해

내륙 섬의 독특한 식재료 체계는, 바다 섬과는 전혀 다른 맛의 팔레트를 가진 메뉴들로 완성된다. 강과 호수의 흙내음을 품은 민물고기와, 산과 들이 내어주는 곡물과 산채가 어우러진 내륙 섬의 음식은, 화려함보다는 투박함과 진솔함으로, 자극적인 맛보다는 깊고 구수한 맛으로 사람들을 끌어당긴다. 이러한 메뉴들은 이제 단순한 향토음식을 넘어, 내륙형 음식관광의 정체성을 보여주는 소중한 자원이 되고 있다.

첫째, '강과 호수의 맛, 민물 어종 기반 메뉴'는 내륙 섬 음식의 심장이다. 그중 가장 대중적인 메뉴는 단연 '민물 매운탕'이다. 붕어, 메기, 쏘가리 등 갓 잡은 민물고기에 고추장과 각종 채소를 듬뿍 넣고 얼큰하게 끓여낸 매운탕은, 민물고기 특유의 흙내음을 잡아주고 깊은 감칠맛을 끌어올린다. 또한, 잡은 고기를 뼈째 푹 고아 밥과 함께 죽처럼 끓여내는 '어죽'은, 든든하고 영양가 높은 한 끼 식사로 오랜 시간 사랑받아온 음식이다. 여름철 보양식으로는 '장어구이'가 으뜸으로 꼽히며, 강가의 장어구이 전문점들은 그 자체로 하나의 음식관광 명소가 되고 있다. 민물고기 중의 귀족이라 불리는 '쏘가리'는, 맑은 탕이나 회로 제공되며 내륙 섬 미식의 품격을 높이는 역할을 한다.

둘째, '산과 들의 풍요로움, 농산물 결합형 메뉴'는 내륙 섬 밥상의 든든한 기반이다. 내륙지역의 특성상 풍부하게 재배되었던 콩, 보리, 메밀 등 '잡곡'은, 흰쌀밥이 귀했던 시절 중요한 주식이었으며, 오늘날에는 건강을 생각하는 웰빙 트렌드와 맞물려 '잡곡밥'의 형태로 다시 주목받고 있다. 메밀가루를 묽게 반죽하여 부쳐낸 '메밀전'은 소박하지만 고소한 맛으로 입맛을 돋운다. 또한, 각 가정에서 직접 담가 먹던 '된장'과 '청국장'은, 콩이라는 농산물을 활용한 저장음식 문화의 산물로, 농가 체험 프로그램 등에서 구수한 찌개의 형태로 제공되며 관광객에게 깊은 인상을 남긴다. 과거 구황작물이었던 '고구마'와 '옥수수'는, 이제 관광객들을 위한 정겨운 향토 간식으로 재탄생하여 지역 특산품 판매로까지 이어지고 있다.

셋째, '계절의 향기, 임산물 활용 메뉴'는 내륙 섬 음식에 특별한 풍미를 더한다. 산림과 가까운 지리적 이점을 활용하여, 내륙 섬의 밥상에는 계절마다 다른 산의 기운이 가득 담긴다. 봄이 되면 두릅, 고사리, 취나물 등 향긋한 '산채'를 뜯어 밥상을 차렸고, 가을이면 표고버섯, 느타리버섯 등 '버섯'을 채취하여 반찬이나 국물 재료로 사용했다. 이러한 임산물은, 특히 민물고기와 만났을 때 '산과 강의 맛'이 조화롭게 어우러지는 독특한 미식 경험을 선사한다. 최근에는 이러한 임산물 채취 활동이 관광객을 위한 체험 프로그램으로 개발되면서, 내륙 섬 음식관광의 새로운 가능성을 보여주고 있다.

이러한 내륙 섬의 메뉴들은 최근 들어 '체험형 관광'과 적극적으로 결합하고 있다. 강이나 호수에서 직접 물고기를 잡아 매운탕을 끓여 먹는 낚시 체험, 봄철 산나물 채취 체험, 그리고 농가에서 직접 메밀전을 부쳐보는 프로그램 등은, 도시의 관광객들에게 신선하고 특별한 경험을 제공하며 큰 호응을 얻고 있다. 또한, 민물고기 요리촌, 지역 향토 음식 축제 등은 내륙 섬의 음식문화를 외부에 알리고 관광객을 유치하는 중요한 창구 역할을 하고 있다.

내륙 섬 음식관광의 메뉴

구분	대표 메뉴	특징	관광 활용
민물 어종	매운탕, 어죽, 장어구이	강·호수 중심 자원 활용	민물고기 요리촌, 체험형 식당
농산물	잡곡밥, 메밀전, 장류 음식	농업과의 결합	농가체험, 향토 음식 축제
임산물	산채비빔밥, 버섯 전골	제철성·건강식 강조	웰빙·채식 관광과 연계

결론적으로, 내륙지역 섬의 메뉴는 민물 수산물의 진한 맛과 잡곡·농산물의 건강성, 그리고 임산물의 계절성을 결합한 구조를 띠고 있다. 이는 해양 섬 음식과 차별화된 내륙 섬 고유의 미식 관광 자원으로서, 향후 음식관광의 중요한 성장 동력이 될 수 있다.

2. 스토리텔링을 통한 메뉴의 문화적 부가가치 창출

현대 외식 시장의 핵심 키워드는 스토리 다이닝[2]으로, 음식을 단순히 먹는 행위에서 벗어나 그 속에 담긴 서사를 소비하는 문화로 변모하고 있다. 내륙 섬 음식은 고유의 생태적 배경

2) 스토리 다이닝(Story Dining)은 음식(Dining)에 셰프의 철학, 고향, 문화적 배경 등 고유한 이야기(Story)를 담아내어 고객이 식사를 통해 서사적인 경험을 소비하는 최신 외식 트렌드이다. 단순한 맛을 넘어 요리의 배경, 재료의 유래, 조리 과정에 담긴 스토리텔링을 통해 특별한 경험을 제공한다.

과 독특한 조리법을 지니고 있어 스토리텔링 마케팅에 최적화된 자원이다.

1) 스토리 다이닝 트렌드와 메뉴 기획의 변모

소비자들은 셰프의 자전적 이야기나 지역의 역사적 배경이 투영된 메뉴에 더 큰 가치를 부여한다. 최근 화제가 된 비빌 수 없는 비빔밥 사례와 같이, 음식에 담긴 정체성과 서사는 고객의 감성을 자극하고 브랜드 충성도를 높이는 결정적 요소가 된다. 내륙 섬 음식 전문점 역시 단순히 식재료를 나열하는 방식에서 벗어나, 어부(漁夫)의 삶, 척박한 땅에서 자라난 나물의 생명력 등 섬 특유의 서사를 메뉴에 녹여내고 있다.

(1) 감성 마케팅의 효과와 시사점

스토리텔링은 반드시 엄격한 역사적 사실일 필요는 없으며, 소비자가 공감하고 감동할 수 있는 비역사적 환상이나 일상적인 서사를 결합하는 것도 효과적이다. 이를 통해 내륙 섬 음식 소비자는 물리적으로 멀리 떨어진 섬의 분위기를 식탁 위에서 경험하게 되며, 이는 메뉴의 가격 저항감을 낮추고 정서적 만족감을 극대화한다.

3. 전통 식문화 원형의 메뉴 디자인 활용 사례

내륙 섬 지역의 고유한 도구와 문화를 메뉴판 디자인이나 서비스 방식에 도입하는 시도가 늘고 있다. 내륙 섬 지역(강가나 호수 근처의 고립된 지역 혹은 내륙의 오지)의 전통 식문화 원형을 현대적인 메뉴 디자인과 서비스에 활용하는 것은 고객에게 단순한 식사를 넘어 '문화적 경험'을 제공하는 전략이다.

구체적인 활용 사례와 방법을 세 가지 측면으로 나누어 분석하면 다음과 같다.

1) 지역 고유 도구의 현대적 재해석

내륙 섬 지역에서 과거부터 사용하던 투박한 농기구나 취사도구를 식기나 인테리어 요소로 활용하여 시각적 정체성을 높인다.

✥ **사례:** '소쿠리'와 '옹기'를 활용한 플레이팅 강원도 정선이나 충북 괴산 등 내륙 지역의 고

유한 대나무 소쿠리나 옹기 뚜껑을 메뉴판의 받침대나 앞접시로 활용한다.

- **디자인 적용:** 메뉴판의 재질을 일반 종이가 아닌, 지역 특산물인 한지나 삼베 느낌의 텍스트로 구현하고, 메뉴 이름에 '망태기 보쌈,' '지게 비빔밥' 등 과거 도구의 명칭을 직접적으로 결합한다.

2) 지역 스토리텔링 기반의 메뉴 구성

내륙 섬은 외부와의 교류가 적어 독특한 조리법이나 식재료 보존 방식이 발달해 있다. 이를 메뉴판에 스토리로 녹여낸다.

- **사례:** '강마을 어부의 밥상' 스토리텔링 내륙 수변 지역의 민물고기 조리법을 현대적인 코스 요리로 디자인한다. 메뉴판 첫 페이지에 해당 지역의 지형적 특성(내륙 섬의 고립성)과 그로 인해 발전한 '염장 기법'이나 '발효 음식'의 역사를 삽화와 함께 배치한다.
- **디자인 적용:** 메뉴판을 지도 형태로 제작하여, 손님이 주문할 음식이 어느 골짜기, 어느 강가에서 온 식재료인지 직관적으로 보여주는 '인포그래픽 디자인'을 채택한다.

3) 전통 문화 기반의 서비스 방식

음식이 제공되는 과정에 지역의 문화를 결합하여 브랜드의 깊이를 더한다.

- **사례 1:** '들밥' 문화의 서비스 도입 새참을 나르던 '들밥' 문화를 서비스 방식에 도입한다. 직원이 음식을 내올 때 과거 내륙 지역에서 사용하던 목반(나무 쟁반)이나 보자기 매듭을 활용해 손님 앞에서 직접 풀어주는 퍼포먼스를 선보인다.
- **사례 2:** 전통 주례(酒禮)의 현대적 활용 내륙 오지 마을에서 귀한 손님을 대접하던 '약주' 문화를 서비스에 녹여, 식전주를 내올 때 지역의 고유한 건배사나 술을 따르는 예법을 짧게 설명해 주는 도슨트 서비스를 결합한다.

디자인 및 서비스 전략

구분	활용 요소	기대 효과
시각적 요소	투박한 옹기, 한지, 삼베, 전통 매듭	지역의 토속적인 분위기 및 고급화
정보 디자인	지역 지도형 메뉴판, 식재료 기원 삽화	브랜드에 대한 신뢰도와 전문성 강화
경험적 요소	보자기 해체 퍼포먼스, 들밥 서비스	SNS 공유를 유발하는 독특한 고객 경험

4. 한국 내륙 섬 음식 문화의 상징적 스토리텔링

내륙 섬 음식은 한국의 전통적인 미복(美福) 문화와도 깊은 연관이 있다. 한국의 내륙 섬(강가나 산간 오지의 고립된 마을) 음식 문화는 지형적 폐쇄성으로 인해 외부와 차별화된 독특한 상징성을 지닌다. 특히 '복을 기원하고 아름다움을 추구하는' 미복(美福) 문화와의 결합은 이 지역 음식들이 단순한 영양 섭취를 넘어 영성적이고 공동체적인 가치를 지니게 했다.

이러한 상징적 스토리텔링의 핵심 요소를 3가지로 나누어 분석하면 다음과 같다.

1) '고립'이 빚어낸 정성: 정성(精誠)이 곧 복(福)이다

내륙 섬은 식재료를 구하기 어려운 척박한 환경이었다. 이 때문에 재료 하나를 다루더라도 최고의 정성을 들이는 것이 복을 부르는 행위로 간주되었다.

- **스토리텔링 요소:** 한정된 식재료(산나물, 민물고기, 구황작물)를 수백 번 치대거나 장시간 달여 내는 과정 자체가 하나의 '수양'이자 '기도'로 묘사된다.
- **상징적 사례:** 콩 한 알도 함부로 버리지 않고 메주를 써서 깊은 맛을 내는 '내륙식 장 문화'는, 기다림의 시간을 통해 가족의 안녕과 복을 빌었던 어머니의 마음을 상징한다.

2) 오방색(五方色)과 무병장수의 미학

내륙 섬의 잔치 음식이나 절기 음식에는 한국 전통의 오방색이 두드러지게 나타난다. 이는 시각적인 '미(美)'를 넘어 나쁜 기운을 막고 복을 부르는 '벽사(辟邪)'의 의미를 담고 있다.

- **스토리텔링 요소:** 척박한 내륙 환경에서 건강을 유지하기 위해, 음양오행의 조화를 꾀한 고명(Garnish) 문화가 발달했다.
- **상징적 사례:** 내륙 섬 지역의 비빔밥이나 잔치국수에 올라가는 황백지단, 석이버섯, 실고추 등은 동서남북과 중앙의 기운을 모아 무병장수(福)를 기원하는 상징물로 스토리텔링된다.

3) 공동체 나눔: '고립'을 이겨내는 '공생'의 미복

내륙 섬은 외부와 단절된 만큼 마을 공동체 내의 결속력이 강했다. 음식을 나누는 행위는 단순히 배를 채우는 것이 아니라, '복을 나누어 커지게 한다'는 미복 사상의 실천이었다.

- **스토리텔링 요소:** '나눔'의 가치를 강조한다. 혼자 먹으면 복이 달아나고, 이웃과 나누어야 비로소 그 음식이 복된 음식이 된다는 서사를 부여한다.
- **상징적 사례:** 커다란 가마솥에 함께 끓여 나누어 먹던 '어죽'이나 '시래기국'은 내륙 섬의 끈끈한 공동체 의식을 보여주는 대표적인 음식이다. 솥 하나에 마을 전체의 복을 담아낸다는 상징성이 핵심이다.

상징적 스토리텔링 프레임워크

상징 키워드	음식 문화적 현상	미복(美福)의 가치
정성(Care)	오랜 발효와 정교한 손질	"공을 들인 만큼 복이 온다'
조화(Harmony)	오방색 고명과 약식동원	"균형 잡힌 삶이 곧 건강한 복이다"
나눔(Sharing)	공동 취사와 배려의 상차림	"나눌수록 커지는 공동체의 복"

5. 지속가능한 내륙 섬 음식 메뉴 관리를 위한 정책 제언

내륙 지역의 섬 음식 메뉴가 일시적인 유행을 넘어 지속가능한 산업으로 성장하기 위해서는 생산자와 소비자, 그리고 정책 담당자 간의 조화로운 협력이 필수적이다.

1) 지역 생산자 보호와 원산지 관리 체계

내륙 섬 음식의 경쟁력은 원재료의 지역 고유성에서 비롯된다. 따라서 내륙 섬 음식 메뉴의 원산지를 투명하게 관리하고, 지역 특산물을 활용한 음식 메뉴 개발 시 생산자 단체와의 공정한 이익 공유 모델을 구축해야 한다. 이는 내륙 섬 지역 주민들의 자긍심을 높이고 지역 경제의 선순환을 유도하는 기반이 된다.

2) 글로벌 경쟁력 확보를 위한 축제 및 마케팅 고도화

해외 사례를 보면, 싱가포르의 푸드 페스티벌과 같이 외국인 친화적인 통역 시스템과 고객 중심의 쿠폰 프로그램이 축제의 성공을 견인한다. 반면 국내 일부 축제는 여전히 판매 위주에 머물러 있어 개선이 시급하다. 내륙의 섬 음식 축제나 메뉴 홍보 행사에서도 지역별 향토 자원 조사를 바탕으로 한 데이터베이스화와 체계적인 컨설팅이 선행되어야 하며, 일본의 사례처럼 민간 조직의 참여를 높여 자생적인 경쟁력을 키워야 한다.

3) 향토 자원의 데이터베이스화와 시장성 평가

지역별로 흩어져 있는 내륙 섬 음식 자원을 체계적으로 조사하고 이를 시장성과 경쟁력에 따라 분류하는 작업이 필요하다. 이러한 데이터는 내륙 섬 외식업자들이 메뉴를 기획할 때 근거 기반의 선택을 할 수 있도록 돕고, 정부의 법제적 지원을 끌어내는 기초 자료로 활용될 수 있다.

내륙지역의 섬 음식 메뉴 분석은 단순히 식탁 위의 구성을 살피는 것이 아니라, 내륙 섬이 상생할 수 있는 미식 생태계의 가능성을 확인하는 과정이다. 내륙 섬 식재료의 물류 효율화와 스토리텔링의 고도화를 통해 내륙 섬 음식은 한국을 대표하는 지속가능한 관광 자원으로 거듭날 수 있을 것이다.

14장

북한의
섬 음식관광 현황 분석

www.daewangsa.net

이 장은 우리에게 가장 가깝지만 가장 멀게 느껴지는 미지의 공간, 바로 북한의 섬이다. 현재 북한의 섬 지역에 대한 상세하고 검증된 정보를 얻는 것은 거의 불가능에 가깝다. 따라서 이 장의 분석은 다른 장들과는 달리, 제한된 정보와 역사적 사실에 기반 할 수밖에 없다. 최근 섬 탐험가인 이재언 광운대학교 해양섬정보연구소 소장이 쓴 '북한의 섬(전 2권 · 페이지 총 890쪽 · 출판사 이어도)'가 큰 도움이 됐다. 북한에는 1천 45개의 섬이 있고, 그중 128개는 유인도인 것으로 알려졌다. 1권에서 함경남도 12개, 함경북도 15개, 황해남도 35개 등 총 62개 섬에 관한 이야기와 2권에서 강원도 14개, 평안남도 15개, 평안북도 37개 등 66개 섬을 기술했다. 분단 이전의 역사와 북한의 지리적 특성 및 체제적 특징을 통해 북한 섬의 역사적 배경과 그 안에서 형성되었을 음식문화의 원형을 탐색해보고, 미래의 잠재력을 조망해보고자 한다.

첫째, 북한 섬의 역사를 관통하는 가장 중요한 키워드는 '지정학적 위치와 군사적 의미'이다. 특히 황해도와 평안도에 걸쳐 있는 서해의 섬들은 남한의 서해5도와 인접하여 남북 군사 대치의 최전선에 놓여 있다. 동해의 섬들 역시 러시아, 일본과 바다를 마주하는 중요한 전략적 거점이다. 이러한 배경은 북한의 섬 개발이 관광이나 주민의 생활 복지보다는, '군사적 통제'와 '국가 안보'를 최우선으로 하여 이루어졌음을 시사한다. 외부와의 자유로운 교류가 차단되고, 주민들의 활동 역시 엄격한 통제 아래 놓였을 가능성이 크다. 이는 음식문화가 외부의 영향 없이 고립된 상태에서, 오직 생존과 자급자족을 중심으로 발전했을 것이라는 점이다.

둘째, 이러한 군사적 성격에도 불구하고, 북한의 섬들은 예로부터 '주민들의 생활 터전'으로서의 역사를 가지고 있다. 분단 이전, 황해도와 평안도의 섬들은 남한의 서해 섬들과 마찬가지로 조기, 새우, 까나리 등이 풍부한 황금어장이었다. 동해의 섬들에서는 명태와 오징어가 주요 어획물이었다. 섬 주민들은 어업을 통해 생계를 유지했으며, 황해도의 일부 섬에서는 천일염을 생산하거나 김과 미역을 채취하는 전통이 이어져 왔다. 또한, 섬 안의 작은 평지에서는 옥수수, 감자, 콩 등 척박한 환경에서도 잘 자라는 구황작물을 재배하며, 부족한 식량을 보충하는 자급자족 경제를 이루었다. 이러한 어업과 농업의 병행 구조는, 북한 섬 음식문화의 기본적인 골격을 형성했다.

셋째, '문화적 · 관광적 활용의 극심한 한계'이다. 한국이나 일본, 이탈리아의 섬들이 적극적인 관광지 개발을 통해 외부 세계와 교류하며 발전해 온 것과 달리, 북한의 섬들은 체제적 특성상 그러한 기회를 거의 얻지 못했다. 외국인은 물론, 내부 주민들의 자유로운 여행도 극도로 제한되어 있기 때문이다. 물론, 김정은 정권 들어 원산-갈마 해안관광지구 개발 등 관광을 통한 외화벌이에 관한 관심이 높아지면서, 일부 섬의 잠재적 활용 가능성이 언급되기도 한다. 그러나 이는 주민들의 삶과 유기적으로 결합한 음식관광이라기보다는, 철저히 통제되고 기획된 '보여주기식' 관광의 형태일 가능성이 크다. 즉, 북한의 섬들은 관광 자원으로서의 잠재력을 거의 발현시키지 못한 채, 오랜 시간 동안 고립된 상태로 남아있다.

제1절 북한 섬의 역사적 배경

북한 섬의 역사적 배경은 북한의 섬 음식문화가 '자급자족적 생존 음식'의 특성을 매우 강하게 띠고 있음을 시사한다. 외부로부터 식재료 공급이 원활하지 않은 환경 속에서, 섬 주민들은 자신들이 직접 잡은 해산물과 텃밭에서 키운 채소, 그리고 인근 산에서 채취한 임산물을 최대한 활용하여 식단을 꾸렸기 때문이다. 또한, 험난한 겨울을 나기 위한 저장 음식, 즉 건어물이나 염장식품, 젓갈 문화가 매우 중요한 역할을 하고 있다.

북한 섬 음식의 역사적 배경

구분	역사적 배경	음식문화에 미쳤을 영향
지정학 · 군사	군사적 요충지, 외부와의 교류 차단	고립된 환경 속에서 자급자족적 식문화 발달
생활 · 경제	어업 중심, 구황작물 재배 병행	해산물과 밭작물이 결합된 소박한 식단 형성
관광 · 문화	관광지 개발의 한계, 통제된 사회	상업화되지 않은 원형 그대로의 향토음식 보존 가능성
체제 특성	주체사상(자력갱생)	외부 식재료 의존 최소화, 지역 자원 활용 극대화

결론적으로, 북한의 섬들은 군사적 긴장과 고립이라는 역사적 배경 속에서, 외부의 영향 없이 자신들만의 방식으로 생존의 음식을 발전시켜 왔다. 따라서 관광지로서의 개발은 거의 이루어지지 않았고, 바로 그 점 때문에 오히려 원형 그대로의 전통 식문화가 보존되어 있다. 만약 미래에 남북 교류와 평화 관광의 시대가 열린다면, 이 미지의 섬들이 간직한 순수한 맛과 이야기는, 다른 어떤 곳에서도 찾아볼 수 없는 매우 특별하고 가치 있는 섬 음식관광 자산이 될 잠재력을 품고 있다.

1. 북한 섬의 이해

한반도의 도서 지역은 역사적으로 대륙 세력과 해양 세력이 교차하는 지정학적 요충지로서, 국가의 통치 역량과 방어 전략에 따라 그 공간적 정의와 가치가 끊임없이 재구성됐다. 북한의 도서 지역 역시 이러한 거시적 흐름 속에서 고유한 역사적 궤적을 그리며 발전해왔으며, 특히 평안도와 함경도로 대표되는 북방 도서들은 남방 도서와는 차별화된 군사적 기지화, 정치적 유배지화, 그리고 현대 사회주의 체제하의 대규모 간척 및 혁명 사적지화라는 복합적인 역사적 배경을 지니고 있다. 북한의 섬 음식관광을 분석하기 위해서는 단순히 현재의 메뉴나 식당 현황을 파악하는 것을 넘어, 해당 지역의 식재료와 조리법이 어떠한 역사적 맥락 속에서 보전되거나 변용되었는지를 이해하는 것이 필수적이다. 이는 조선시대 수군 진영의 설치로 인한 인구 유입, 유배 문화를 통한 중앙 식문화의 전파, 그리고 현대 북한의 경제특구 및 관광지구 개발 전략이 섬이라는 고립된 공간에 미친 영향을 종합적으로 고찰함으로써 가능해진다.

1) 고대 및 중세 시기의 전략적 입지와 해양 방어 거점

북방 도서 지역은 고구려와 발해 시기부터 대륙 진출의 교두보이자 해상 방어의 최전선이었다. 특히 평안도 연안의 도서들은 평양성으로 향하는 해로를 방어하는 핵심 거점이었으며, 함경도의 도서들은 동북방 여진족 및 왜구의 침입을 감시하는 전략적 관측소 역할을 수행했다.

(1) 관내도와 서해도의 행정 체계 변천

고려시대 초기, 한반도의 행정구역이 정비되는 과정에서 현재의 황해도와 평안도 연안 지역은 관내도와 서해도로 명명되며 그 지리적 정체성이 확립되었다. 995년 성종 대에 전국을 10도로 나눌 때 해주를 중심으로 안서도호부가 설치된 것은 북방 해안 및 도서 관리가 국가적 과제로 부상했음을 의미한다. 이후 1952년 북한의 행정구역 개편으로 황해도가 남북으로 분리되기 전까지, 이 지역의 도서들은 서해(황해)와 직접 맞닿아 있다는 지형적 특성으로 인해 바다 해(海) 자가 포함된 행정 명칭을 지속적으로 사용해 왔으며, 이는 해당 지역 주민들의 삶이 해양 자원과 밀접하게 연결되어 있었음을 시사한다.

(2) 고려시대 해양 방어 기지로서의 북방 도서

고려시대 북방 도서는 몽골 침입기에 항전의 근거지로 주목받았다. 특히 평안북도 선천군의 신미도는 육지와의 거리가 가깝고 섬 내부에 운종산(532m) 등 험준한 산세가 발달해 있어, 외세의 침입 시 주민들이 피난하거나 군사들이 매복하기에 최적의 조건을 갖추고 있었다. 이러한 지형적 특성은 신미도를 비롯한 북방 도서들이 단순한 어업 기지를 넘어 국가 안보의 보루로서 기능하게 했으며, 이는 후대 조선시대까지 이어지는 군사적 중시 정책의 기틀이 되었다.

2) 조선시대 북방 특수 행정 체계와 섬의 기능

조선 왕조는 건국 초기부터 평안도와 함경도라는 북방 접경지대의 안정적 통치를 위해 다른 지역과는 차별화된 행정 및 군사 제도를 운영했다. 이는 도서 지역의 관리 방식에도 직접적인 영향을 미쳤으며, 특히 토착 세력을 활용한 통제 기제인 토관 제도는 섬 주민들의 사회적 구조를 형성하는 데 중요한 변수로 작용했다.

(1) 토관 제도의 시행과 변방 통제

조선 초기, 고려 후기 원나라의 직속령이었다가 편입된 평안도와 함경도 지역에는 토착민을 하급 관리로 임용하는 토관 제도가 도입되었다. 이는 변방 인민들의 수어(狩漁, 사냥과 낚시질)와 영토 보존을 목적으로 하였으며, 여진족과의 결탁 가능성을 사전에 차단하려는 회유 정책의 일환이었다.

구분	주요 특징 및 내용	비고
설치 시기	세종 대 여진 정벌 및 4군 6진 개척 시기 확대	경국대전 명시
대상 지역	의주, 강계, 함흥, 녕변, 영흥 등 12개 주요 거점	국방 요충지 중심
관직 구성	동반(문관) 및 서반(무관) 토관으로 구성	서반 토관 우선 설치
주요 목적	변방 인민 회유, 영토 보전, 여진족 연결 차단	지형적 특수성 반영

토관 제도[1]는 도서 지역 자체에 직접적인 관청을 두기보다는 섬을 관할하는 육지의 목(牧)

1) 토관(土官) 제도는 고려 말부터 조선 초기까지 평안도, 함경도, 제주도 등 변방 및 수복 지역의 토착 세력을 회유하고 효율적으로 통치하기 위해, 그 지역 토착인에게 특수 관직(토관)을 주어 향리 자치 기능을 인정한 제도이다.

이나 부(府)를 중심으로 운영되었으나, 섬의 치안 유지와 조세 징수 과정에서 토착 토관들의 영향력은 절대적이었다. 이는 도서 지역의 폐쇄적 공동체 구조를 공고히 하는 결과로 이어졌으며, 전통 식문화의 보존 측면에서도 외부와의 교류보다는 지역 내 자원 활용을 극대화하는 방향으로 발전하는 계기가 되었다.

(2) 수군 진영 및 목장지로서의 공간적 가치

조선시대 북방 도서는 해안 방어를 위한 수군 진영의 설치와 국가적 수요에 따른 마필 방목지로 활용되었다. 평안도의 신미도는 1622년 명나라 장수 모문룡이 가도와 함께 '회명(명나라를 회복함)'의 근거지로 삼았을 정도로 군사적 가치가 높았으며, 조선의 임경업 장군 역시 이곳에서 병자호란의 치욕을 씻기 위해 군사들을 훈련시켰다. 한편, 함경북도 나진만의 대초도는 조선시대에 '마섬(馬島)'이라 불릴 정도로 말 방목이 활발하게 이루어졌으며, 풍부한 목초지와 고립된 지형은 천연의 목장 기능을 수행하기에 적합했다. 이러한 군사 및 목축 활동은 섬 내부로의 인구 유입을 촉진했고, 군량미 확보와 말 사육 과정에서 발생하는 부산물을 활용한 독특한 도서 식문화의 토대를 형성했다.

3) 북방 도서 유배 문화의 인문학적 고찰

조선시대 도서 지역으로의 유배는 육지로부터의 완전한 격리를 의미하는 중형이었으며, 특히 평안도와 함경도의 섬들은 그 지리적 척박함과 정치적 상징성으로 인해 주요 유배지로 활용되었다.

(1) 유배지의 지리적 격리성과 정치적 함의

북방 도서로의 유배는 주로 모반 대역죄, 관리 부정, 국가 기밀 유출 등 사안이 중한 경우에 집행되었다. 유배 3,000리나 2,500리 등 거리 기준에 따라 결정된 북방 도서 유배는 유배인들에게 극심한 신체적, 정신적 고통을 가하는 동시에 중앙 정계로부터의 물리적 거리를 극대화하여 그들의 정치적 재기를 원천적으로 차단하려는 목적이 있었다.

이러한 유배 문화는 섬 지역의 식문화에도 흥미로운 변화를 가져왔다. 중앙의 고위 관료나 지식인이었던 유배인들은 섬 주민들에게 한양의 세련된 조리법이나 식사 예절을 전파하는 통로가 되기도 했으며, 반대로 섬의 척박한 식재료를 이용해 고향의 맛을 재현하려는 시도 속에서 새로운 융합 요리가 탄생하기도 했다.

유배 인물	유배지	시기 및 배경	관련 기록
김만중	평안도 선천	숙종 대 당쟁 연루	구운몽, 사씨남정기 등 집필
이필익	함경도 안변	조선 중기 정쟁	북정록(유배 일기)
정문부	함경도 일대	왜구 토벌 및 임진왜란 활약	북관대첩비 관련 사료

(2) 유배 문학을 통해 본 섬의 생활상과 식문화

유배인들이 남긴 기록인 '유배 문학'[2]은 당시 북방 도서의 풍속과 식생활을 엿볼 수 있는 중요한 사료이다. 이필익의 '북정록'[3]이나 김만중의 유배 기간 기록에는 당시 섬 주민들이 채취하던 해산물의 종류, 기후적 특징으로 인한 식량 확보의 어려움 등이 생생하게 묘사되어 있다. 특히 함경도 도서 지역의 척박한 토질에서 재배되던 잡곡과 동해의 풍부한 명태를 활용한 음식들은 유배인들에게 생존을 위한 필수식이었으며, 이는 훗날 명태순대나 가자미식해와 같은 함경도 대표 향토 음식으로 정착하는 역사적 단초를 제공했다.

4) 근대적 수탈과 행정구역의 전면적 재편

근대 이후 북한 도서 지역은 일제강점기의 자원 수탈 기지로 전락하며 공간적 정체성의 급격한 변화를 겪었다. 특히 수산 자원의 약탈적 채굴은 섬 주민들의 전통적인 생활 양식을 파괴하는 동시에, 근대적 어항 인프라가 강제적으로 이식되는 결과를 초래했다.

(1) 일제강점기 수산 자원 수탈과 어항의 형성

1904년 러일전쟁 시기부터 일본은 군수품 보급을 명분으로 한반도 전 연안의 어업권을 장악했다. 특히 평안도와 황해도 연안의 도서들은 일본 어선들의 전진 기지가 되었으며, 1920년대 들어 함경북도의 나진항과 대초도 일대에는 정어리 어업을 중심으로 한 대규모 일본인 이주 어촌이 형성되었다.

✣ **일본 어업 이민의 확대:** 미에현, 후쿠오카현 등지에서 온 일본인 어부들이 나진과 대초도

---

2) 유배(流配) 문학은 조선 시대 사대부들이 정치적 파쟁으로 인해 유배지에서 겪는 절망, 고독, 임금에 대한 충절(연주지사), 향수 등을 시조, 가사, 산문 등으로 표현한 문학이다. 대표작으로 『정과정곡』, 『사미인곡』, 『만분가』, 김만중의 소설 등이 있으며, 고전문학사에서 중요한 위치를 차지한다.

3) 이필익의 유배일기 북정록(北征錄, 1674) 조선 중기에 오늘날 논산 일대인 충청도 이산에 거주하던 선비인 이필익이 숙종 원년(1674) 함경도 안변으로 유배를 떠나 3년간의 귀양살이를 마치고 숙종 5년(1679) 돌아오기까지의 기록을 담은 일기이다.

일대에 정착하며 정어리 지예망,[4] 도미 연승 어업[5]을 실시했다.

- **수탈적 인프라 구축:** 1926년 나진항의 어항 기능이 강화되면서 대규모 냉동 시설과 가공 공장이 들어섰으며, 이는 조선 주민들의 소규모 전통 어업을 위축시키는 요인이 되었다.
- **식문화의 변용:** 대량 포획된 정어리와 명태의 가공 과정에서 일본식 조리법이 일부 유입되었으나, 이는 주민들의 자발적인 수용보다는 수탈 시스템 안에서의 강제적 접촉에 가까웠다.

(2) 해방 후 행정구역 개편과 도서 지역의 위상 변화

해방 이후 북한은 정권 수립과 함께 행정구역을 대대적으로 개편하며 도서 지역의 관리 체계를 사회주의 체제에 맞게 재정비했다. 1949년 평안북도에서 자강도가 분리되고, 1952년 대규모 군・면 폐합이 이루어지는 과정에서 많은 도서가 육지의 인접 군으로 편입되거나 독자적인 행정 단위를 형성하게 되었다. 이러한 변화는 도서 지역을 단순한 변방이 아니라 국가 경제 건설의 주체로 인식하기 시작한 북한 정권의 정책 의지를 반영한다.

5) 사회주의 건설과 인공 섬의 탄생

북한 도서 역사에서 가장 특징적인 사건 중 하나는 대규모 간척 사업을 통한 지형의 인위적 개조이다. 이는 부족한 경작지를 확보하고 공업 원료 생산 기지를 구축하려는 '자력갱생(自力更生)'[6]의 경제 전략이 도서 지역에 투영된 결과이다.

(1) 비단섬 간척 사업과 영토 확장의 정치학

평안북도 신도군의 비단섬은 북한 도서 개발의 상징적 존재이다. 원래 압록강 하구의 신도,

---

4) 정어리 지예망(地曳網, 지인망)은 20세기 초중반 동해안(강원, 경북) 일대에서 주로 사용된 얕은 연안 중심의 그물 어업 방식으로, 정어리와 멸치 등을 어획하는 데 가장 일반적인 방식이었다. 1920~30년대 일제강점기 성행하였으며, 당시 정어리 전문 어구가 부족하여 지예망이 주요 조업 수단으로 활용되었다. 조업 방식은 해안가에서 그물을 던져 정어리 떼를 둘러싼 후 육지에서 그물을 끌어당겨 어획하는 방식이다.

5) 도미 연승 어업은 긴 줄(모릿줄)에 여러 개의 낚시(가짓줄)를 달아 도미를 낚는 어업 방식으로, 주로 먼바다(원양)에서 200톤 이상의 대형 어선으로 조업한다. 일제강점기부터 이어진 전통적인 방식으로, 어군 탐지기와 광주리 등을 사용하여 도미와 돔류를 주로 포획한다. 조업 방식은 긴 줄에 일정한 간격으로 낚싯바늘을 달아 던지는 연승(주낙) 방식을 사용한다.

6) 자력갱생(自力更生)은 남에게 의존하지 않고 자신의 능력과 의지로 어려운 난관을 타개하여 스스로 생존하고 발전한다는 뜻이다. 외부의 원조 없이 오직 자체의 힘으로 도전과 시련을 극복하려는 행동이나 정신을 강조하며, 특히 북한에서 사회주의 건설의 핵심적인 혁명 정신과 투쟁 원칙으로 자주 사용된다.

마안도 등 여러 작은 섬으로 이루어져 있었으나, 1958년부터 시작된 대규모 개간 사업을 통해 100여 리의 제방을 쌓아 하나의 거대한 섬으로 통합되었다.

연도	주요 행적 및 변화	역사적 의의
1958년	신도지구 개간 사업 착수(신도, 마안도, 말도 등 연결)	인공 섬 조성의 시작
1964년	조중변계조약 체결로 비단섬의 영토적 지위 확립	국경 지역 안정화
1967년	신도군 신설(룡천군에서 분리)	도서 중심의 행정구역 탄생
1988년	신도군 복구 및 비단섬노동자구 재정비	갈 생산 기지로서의 강화

'비단섬'이라는 명칭은 김일성이 이곳에서 생산되는 갈(섬유 원료)을 통해 인민들에게 옷감을 풍족하게 제공하겠다는 취지에서 직접 명명한 것이다. 이 과정에서 섬 주민들은 어민에서 농업/공업 노동자로 신분이 전환되었으며, 이는 전통적인 해산물 중심의 식단이 국가 배급 체계와 갈밭 노동에 적합한 집단 급식 형태로 변화하는 배경이 되었다.

(2) 신미도 반도화와 자연 환경의 인위적 변모

평안북도 선천군의 신미도는 과거 서해안에서 가장 큰 섬이었으나, 지속적인 간척 사업과 홍건도 방조제 완공(2022년 전후)을 통해 현재는 육지와 연결된 '신미반도'로 변모했다. 이러한 지형적 변화는 섬이라는 고유한 환경이 지닌 고립 미학과 전통 식재료의 희소성을 약화시키는 요인이 되기도 하지만, 동시에 육상 교통을 통한 접근성을 획기적으로 개선하여 향후 음식관광의 물류 및 방문 편의성을 높이는 기회 요소로 작용하고 있다.

6) 혁명사적지 지정과 정치적 관광 자원화

북한에서 도서 지역은 체제의 정당성을 홍보하고 주민들을 사상적으로 결속시키는 '혁명 사적지'로서의 기능을 강력하게 부여받고 있다. 이는 섬이 지닌 독립적 공간성을 활용하여 특정 역사적 사건의 상징성을 극대화하는 방식이다.

(1) 쑥섬과 피파도의 상징적 활용

평양 대동강 하류의 쑥섬은 1948년 남북연석회의의 장소로서 '통일전선'의 상징적 성지로 개발되었다. 1990년 개관한 쑥섬혁명사적지는 연간 수십만 명의 참관객이 방문하는 필수 관광

코스이며, 이곳에서 제공되는 음식은 '통일의 염원'이라는 정치적 서사와 결합되어 소비된다. 한편, 함경북도의 피파도는 나선경제특구 내의 핵심 관광지로서, 북한의 아름다운 자연경관과 개방의 의지를 대외적으로 과시하는 창구 역할을 수행한다.

(2) 체제 옹호 수단으로서의 섬 음식과 문화

북한의 도서 관광에서 음식은 단순히 먹거리에 그치지 않고 '우리식 사회주의'의 우월성을 증명하는 도구로 활용된다. 국가가 지정한 향토 음식 조리법을 옥류관 등 중앙의 권위 있는 식당을 통해 지방으로 보급하는 시스템은 도서 지역의 식문화를 표준화하는 결과를 낳았다. 이는 지역 고유의 맛을 유지하면서도 국가가 관리하는 '표준화된 전통'이라는 독특한 식문화 구조를 형성했다.

7) 현대 경제특구 및 관광지구 개발의 역사적 맥락

김정은 시대 들어 북한은 도서 및 해안 지역을 대규모 관광지구로 개발하여 외화를 확보하고 대외 이미지를 개선하려는 전략을 본격화하고 있다. 이는 과거의 군사적 보루였던 섬을 경제적 수익 창출의 거점으로 전환하려는 시도이다.

(1) 원산-갈마 해안관광지구의 전략적 부상

강원도 원산시의 갈마반도와 인근 도서들을 연계한 원산-갈마 해안관광지구 개발은 북한 관광 정책의 결정판으로 평가받는다. 이곳은 우수한 기후 조건과 해안 자원을 바탕으로 세계적 수준의 휴양지를 지향하며, 인근 농수산물 공급망과 지역 서비스업을 연계한 '지역-산업 연계형 개발 모델'을 채택하고 있다.

- ✣ **경제적 목적:** 대북 제재 장기화 속에서 정치적 부담이 적은 관광 산업을 통해 합법적인 외화 수익 창출.
- ✣ **공간적 가치 변화:** 과거 해군 기지와 비행장이 있던 군사 요충지가 민간 관광 및 휴양 공간으로 전환되는 역사적 단절과 연속성을 동시에 보여줌.
- ✣ **식문화 자원화:** 원산의 명물인 해산물 요리를 고부가가치 관광 상품으로 육성하여 방문객들에게 '해양 강국'의 이미지를 각인시키려는 전략.

(2) 황금평-위화도 경제구와 중·북 관계의 교차

압록강 하구의 황금평과 위화도는 북한과 중국의 경제 협력을 상징하는 공간이다. 원래 곡창지대였던 황금평은 2010년 중·북 경제구 공동 개발 합의 이후 자유무역지구로의 변모를 꾀하고 있다. 이 지역의 개발은 섬이 지닌 지경학적 위치가 국가 간 경제적 이해관계에 따라 어떻게 재정의될 수 있는지를 보여주는 사례이며, 이는 접경 지역 도서만이 가질 수 있는 독특한 음식문화(중국풍의 융합 요리 등)의 형성 가능성을 시사한다.

8) 역사적 배경이 섬 음식관광에 미치는 종합적 영향

북한 섬의 역사는 군사, 행정, 경제, 정치가 복잡하게 얽혀 있는 다층적인 구조를 지닌다. 이러한 역사적 배경은 현재와 미래의 섬 음식관광에 다음과 같은 결정적인 영향을 미친다.

첫째, 군사적 기지화와 유배 문화의 유산은 섬 음식에 '강인함'과 '지조'라는 인문학적 서사를 부여한다. 이는 스토리텔링 중심의 관광 상품 개발에서 핵심적인 자산이 된다.

둘째, 대규모 간척 사업을 통한 지형 변화는 식재료의 생산 기반을 근본적으로 바꾸어 놓았으며, 이는 전통적인 해산물 요리와 현대적인 농산물 가공 요리가 공존하는 독특한 식단 구조를 만들었다.

셋째, 사회주의 집단주의 체제하의 밥 공장 제도와 표준화된 요리 교육은 도서 지역 식문화의 다양성을 위축시켰으나, 역설적으로 '국가 인증 향토 맛'이라는 강력한 브랜드를 형성하는 기초가 되었다.

넷째, 최신 관광지구 개발 사업은 섬을 고립된 공간에서 연결된 공간으로 전환하고 있으며, 이는 고유성 보전과 지속가능한 개발 사이의 전략적 균형이라는 새로운 과제를 던져주고 있다.

결론적으로, 북한 섬 음식관광의 실체를 이해하기 위해서는 그 토양이 되는 섬의 역사적 배경을 면밀히 분석해야 한다. 조선시대 수군 진영의 숭어국부터 사회주의 건설기의 비단섬 갈밭 노동자 식단, 그리고 현대 원산-갈마의 고급 해산물 요리에 이르기까지, 북한의 섬 음식은 한반도 북방의 역사가 응축된 문화적 결정체이기 때문이다. 이러한 역사적 통찰은 단순한 관광 홍보를 넘어 지역의 고유성을 존중하고 주민들의 삶과 어우러지는 지속가능한 관광 정책을 수립하는 데 귀중한 지침이 될 것이다.

제2절 북한 섬 식재료의 특징

북한의 도서 지역은 한반도의 북부 해역이라는 지리적 특수성과 국가 주도의 중앙집권적 경제 체제가 결합하여 남측과는 다른 독특한 식재료 생태계를 보존하고 있다. 섬 음식관광의 핵심적 매력은 해당 지역에서만 생산되는 고유한 식재료의 신선도와 희소성에 기반 하는데, 북한의 도서 지역은 외부 세계와의 교류가 제한된 상태에서 자급자족적인 식문화와 전통적인 보존 기술을 계승해 왔다. 북한의 섬 식재료는 동해와 서해라는 상이한 해양 생태계를 배경으로 분화되었으며, 이는 다시 기후적 특성과 지역별 산업 구조에 따라 세분화된 특징을 나타낸다.

1. 해역별 해양생태계와 수산 식재료의 기원

북한의 수산 자원은 약 650종에서 800종에 이르는 어종이 분포하는 것으로 추정되며, 이는 동해와 서해의 극명한 지형적, 기류적 차이에 의해 결정된다. 도서 지역은 이러한 해양 자원의 최전방 생산 기지로서, 섬 주변의 수심, 조류, 염도 등에 따라 각기 다른 프리미엄 식재료를 제공한다.

1) 서해 도서 연안의 갯벌 생태계와 패류 자원

서해안 도서 지역은 조수간만의 차가 크고 완만한 간석지가 발달하여 패류와 갑각류 양식에 최적화된 환경을 갖추고 있다. 특히 평안북도와 황해도의 섬들은 풍부한 영양염류를 포함한 갯벌을 기반으로 한 식재료가 주를 이룬다.

(1) 간석지 기반의 조개류 및 갑각류 특징

신미도와 비단섬을 포함한 서해 북부 도서의 갯벌은 백합, 바지락, 대합, 꼬막 등 패류의 주요 서식지다. 이들 식재료는 서해 특유의 높은 탁도와 풍부한 플랑크톤을 섭취하며 자라기 때문에 동해산 패류에 비해 성장이 빠르고 감칠맛을 내는 아미노산 함량이 높은 경향을 보인다. 특히 서해안 연근해에서 생산되는 꽃게와 새우류는 9월에서 12월 사이에 최상의 품질을 나타내며, 이는 북한 서해 도서 지역의 전통적인 젓갈 및 무침 요리의 핵심 원료가 된다.

(2) 연안 회유성 어종과 염도에 따른 풍미 변화

서해 도서 지역은 조기, 숭어, 농어, 전어 등 회유성 어종의 주요 어장이다. 특히 신미도 인근 수역은 과거 한국의 3대 조기 어장 중 하나로 불릴 만큼 조기 산란장으로서의 명성이 높았다. 서해의 낮은 염도와 강물 유입이 잦은 도서 연안에서 포획된 숭어와 농어는 육질이 연하고 담백한 것이 특징이며, 이는 평양 대동강 숭어국과 같은 상위 식문화와 연결되는 원천 식재료로서의 가치를 지닌다.

2) 동해 도서의 심해 환경과 한류성 어족 자원

동해안 도서 지역은 수심이 깊고 한류와 난류가 교차하는 수문학적 특성으로 인해 고단백 한류성 어족과 고급 패류가 발달하였다. 함경북도와 강원도 연안의 섬들은 차가운 심해수를 배경으로 한 식재료를 공급한다.

(1) 명태와 한류성 어종의 생태적 지위

명태는 북한 수산업의 역사적 전성기를 이끌었던 상징적 식재료로, 함경도와 강원도 연안 도서는 명태의 주요 어획 및 가공 거점이다. 최근 기후 변화로 수온이 상승하고 있음에도 불구하고, 북한 동해안은 상대적으로 한류의 영향이 지속되어 명태의 산란 환경이 보존되어 있다. 명태는 동해 도서 주민들에게 단순한 먹거리를 넘어, 알(명란), 창자(창란), 아가미 등을 활용한 다각도 가공 식재료로서 섬 음식의 정체성을 형성한다.

(2) 고급 패류 및 프리미엄 수산물

동해의 섬들은 가리비, 문어, 홍합류, 성게 등 고부가가치 식재료의 산지다. 특히 라선 경제특구의 피파도와 원산의 갈마 지구 인근 도서는 전복과 해삼의 대규모 생산지로 관리되고 있다. 동해의 투명도 높은 해역(평균 8m)은 해조류의 광합성 효율을 높여 미역과 다시마의 품질을 향상시키며, 이는 다시 성게와 전복의 먹이 자원이 되어 선순환 구조를 형성한다.

북한 동·서해 해역별 대표 수산 식재료 비교

해역	주요 생태적 특징	대표 어류	대표 패류 및 갑각류	주요 해조류
서해	얕은 수심, 넓은 갯벌, 조수간만의 차	조기, 숭어, 전어, 까나리, 농어	바지락, 백합, 꽃게, 새우, 굴	김, 미역
동해	깊은 수심, 한·난류 교차, 높은 투명도	명태, 오징어, 대구, 임연수어, 도루묵	가리비, 전복, 해삼, 털게, 섭게	다시마, 미역, 우뭇가사리

2. 도서 지역의 식생 특징과 육상 식재료

북한의 섬들은 해양 자원뿐만 아니라, 육지와 격리된 환경에서 독자적으로 적응한 식물 자원과 간척 사업을 통해 형성된 농산물 자원을 보유하고 있다. 이는 섬 음식관광에서 수산물 일변도의 식단에 입체감을 더해주는 중요한 요소가 된다.

1) 신미도의 생태적 보존과 자생 식물 식재료

신미도는 평안북도 내에서 두 번째로 큰 섬으로, 산림 면적이 섬 전체의 80%에 달할 정도로 풍부한 식생을 자랑한다. 특히 남부 계통 식물의 북방 한계선이라는 지리적 특성으로 인해 280여 종의 다양한 식물이 자생하고 있어 식물보호구로 지정되어 있다.

(1) 자생 수종과 야생 식재료의 결합

신미도의 운종산(633m)을 중심으로 분포하는 소나무, 신갈나무, 가래나무, 개암나무 등은 섬 주민들에게 보조적인 식재료를 제공한다. 가래나무와 개암나무 열매는 과거부터 영양 보충용 견과류로 활용되었으며, 보리수나무와 초피나무 등은 향신료나 차 재료로 사용될 수 있는 잠재력을 지니고 있다. 이러한 야생 식재료는 인위적인 농약이나 비료의 사용이 배제된 청정 식재료로서 섬 음식관광의 신뢰도를 높이는 핵심 자원이 된다.

(2) 역사적 배경이 투영된 축산 및 부산물

신미도는 고려 시대와 조선 시대에 군마를 사육하던 목마장(말목장)이 있었을 만큼 초지 자원이 풍부했다. 이러한 역사적 배경은 섬 내에서 가축 사육과 수산업이 병행되는 독특한 생산 구조를 만들었으며, 이는 해산물과 육류를 결합한 복합적인 향토 요리의 기초가 되었다.

2) 비단섬의 갈대 생태계와 간척지 농산물

비단섬은 압록강 하구의 삼각주를 간척하여 만든 인공섬으로, 북한 내에서 가장 넓은 면적을 보유하고 있다. 이곳은 식용보다는 산업 원료 생산지로 알려져 있으나, 그 이면에는 간척지 특유의 농산 식재료 문화가 존재한다.

(1) 화학섬유 원료로서의 갈대와 주변 생태계

비단섬의 핵심 생산물인 갈대는 신의주화학섬유공장의 원료로 사용되지만, 대규모 갈대밭은 그 자체로 미기후를 형성하여 다양한 수생 생물의 서식처가 된다. 갈대밭 주변의 습지에서 자생하는 게와 어류는 갈대 숲의 유기물을 섭취하며 자라 풍미가 독특하며, 이는 비단섬 주민들의 고유한 찬거리로 기능한다.

(2) 간척지 평야의 곡물 및 채소 생산

비단섬은 지형이 매우 평탄하여 대규모 농경지 조성이 가능했다. 이곳에서는 벼를 비롯하여 보리, 밀, 옥수수 등 곡물과 채소가 재배된다. 해풍을 직접적으로 맞으며 자라는 간척지 쌀은 미네랄 함량이 높고 식감이 단단하여, 섬 수산물을 활용한 덮밥이나 조개밥 등에 최적화된 식재료로 평가받는다.

3. 전통 가공 및 보존 기술의 과학적 특성

북한 도서 지역의 식재료는 생산 그 자체보다 가공과 보존 과정에서 그 진가가 드러난다. 에너지 부족과 냉장 시설의 미비라는 열악한 환경은 역설적으로 인위적인 첨가물 없이 미생물과 자연환경을 이용한 천연 보존 기술의 발전을 가져왔다.

1) 식해(食醢)의 발효 메커니즘과 지역별 분화

식해는 생선에 소금, 고춧가루, 그리고 곡물을 섞어 유산 발효시킨 북한의 대표적인 수산물 가공 식재료다. 식해의 발효 원리는 곡물의 전분이 분해되면서 생성된 당분이 유산균의 먹이가 되어 유산을 생성하고, 이 유산이 생선의 부패를 막으면서 단백질을 감칠맛 성분인 아미노산으로 분해하는 과정에 있다.

(1) 함경도와 평안도의 식재료 활용 차이

함경도 도서 지역은 추운 날씨를 견디기 위해 매콤하고 자극적인 맛을 선호하며, 수분이 적고 쫀득한 조밥(또는 메조밥)을 주로 사용한다. 반면 평안도 지역은 담백하고 시원한 맛을 강조하기 위해 흰쌀밥을 곡류 재료로 활용하며, 국물이 자작하게 생기도록 하여 톡 쏘는 청량감을 유도한다. 이러한 곡물 선택의 차이는 해당 지역의 주요 재배 작물과 수산물의 결합 방식에 따른 결과다.

(2) 기후 환경에 따른 발효 숙성의 미학

황해도와 같은 서부 지역은 멥쌀밥이나 찰밥을 사용하며 양념에 간장을 섞기도 하는 등 젓갈 문화가 강하게 반영된 식해를 생산한다. 강원도 지역은 옥수수 거친 가루를 섞어 발효시키는 독특한 방식을 고수하는데, 이는 옥수수가 주된 농산물인 지역적 한계를 수산 가공 기술로 승화시킨 사례다.

2) 건조 및 염장 기술의 기후적 적응

북한 도서 지역은 바닷바람(해풍)과 겨울철의 낮은 기온을 이용한 자연 건조 기술이 발달해 있다. 이는 식재료의 수분을 제거하여 미생물 번식을 억제하는 동시에 맛 성분을 농축시키는 효과가 있다.

(1) 동해 언바람과 명태 건조의 신선도 유지

강원도 동해시나 함경도 연안에서 생산되는 '언바람 건조' 명태는 11월부터 이듬해 3월까지의 찬 바람을 이용한다. 이 과정에서 명태는 15~20일이라는 비교적 짧은 기간 내에 신선함을 유지한 채 건조되며, 겉면은 붉은 광택이 돌고 속은 노란 빛을 띠는 고품질의 건어물로 재탄생한다. 이는 섬 음식관광에서 기념품으로서의 상품 가치가 매우 높은 식재료다.

(2) 염장법을 통한 단백질 분해와 감칠맛 형성

염장은 소금을 통해 수분을 제거하고 삼투압을 이용해 미생물 번식을 억제하는 방식이다. 이 과정에서 생선 자체의 자가 소화효소가 단백질을 분해하여 아미노산을 생성하며, 북한 도서 지역 특유의 짭조름하면서도 깊은 감칠맛(우마미)을 형성한다. 특히 까나리, 전어 등 서해 도서의 주요 어종은 이러한 염장 과정을 거쳐 볶음이나 조림의 핵심 식재료로 거듭난다.

4. 정책적 관리와 관광 산업적 가치 사슬 분석

북한의 섬 식재료는 단순히 자연적으로 채취되는 것이 아니라, 국가의 수산업 정책과 '지방발전 20X10' 정책이라는 거시적 틀 안에서 체계적으로 관리되고 있다. 이는 식재료의 생산-가공-유통-관광 소비로 이어지는 가치 사슬을 형성한다.

1) 수산사업소 중심의 원료 수급 체계와 현대화

북한은 수산업을 '채취공업'으로 분류하며, 수산사업소와 수산협동조합이 생산의 중심축을 담당한다. 2024년 기준 북한의 수산물 생산은 계획 대비 101%를 달성한 것으로 보도되었으나, 이는 대도시 인근 대규모 사업소의 생산 활동 강화에 따른 결과로 분석된다.

(1) 현대적 양식사업소와 프리미엄 식재료 생산

김정은 정권은 최근 바다를 낀 각 도에 현대적인 바닷가양식사업소를 건설할 것을 지시했다. 북한의 신포시 바닷가양식사업소는 김정은 국무위원장의 지시로 건설된 대규모 수산물 생산 기지로, 동해 연안의 수산 자원 확보를 위해 어류, 패류, 해조류 등을 양식하는 시설이다. 함경남도 신포시 풍어동에 시범 건설된 양식사업소인 신포시 바닷가양식사업소는 양식장과 현대적인 가공시설을 갖추고 전복, 해삼 등 고부가가치 식재료를 생산하고 있다. 이러한 시설의 현대화는 관광지구에 공급되는 식재료의 규격화와 위생 수준 향상을 목표로 한다.

(2) 지역별 수산물 유통과 가격 동향

북한 내 수산물 유통은 과거에 비해 안정화되는 추세를 보이며, 지역 간 가격 차이가 줄어들고 있다. 하지만 여전히 동해안(원산, 청진)이 서해안(평양, 신의주)보다 가격이 저렴한 '동저서고' 현상이 뚜렷하다. 이는 섬 식재료의 관광 상품화 과정에서 물류 비용이 주요한 변수가 됨을 시사한다.

북한 주요 수산물 품목별 지역별 가격 및 유통 특성

품목	생산지 가격(동해안)	소비지 가격(서해안)	가격 변동 요인	유통 안정성
바지락	안정적	상대적 높음	대중적 수요 높음	양호
고등어	저렴	보통	조업량에 민감	양호
오징어	높음(상승세)	매우 높음	자원량 감소 영향	보통
명태	보통	보통	정책적 조업 장려	양호
전어	보통	저렴(주산지)	서해 도서 생산 집중	양호

2) 생산자 관점의 실태와 지속가능성 문제

식재료의 안정적 공급 이면에는 생산 주체인 섬 주민들과 지역 간부들의 경제적, 물리적 고충이 존재한다. 이는 관광 정책의 지속가능성을 위협하는 잠재적 요인이다.

(1) 현대화 사업 비용의 지방 전가와 고충

중앙당의 현대적 양식사업소 건설 지시는 도(道) 단위에서 자금과 자재를 자체적으로 해결해야 하는 구조다. 외화벌이가 어려운 상황에서 수입 설비 비용까지 도 자체적으로 부담해야 함에 따라, 현지 간부들은 설비 마련의 방도가 없어 고심하고 있다. 이는 식재료 생산 시설의 부실화나 용두사미식 운영으로 이어질 우려가 있다.

(2) 주민 동원과 사회적 피로도

평양 주택 건설, 수해 복구 등 각종 사회적 동원에 시달려온 주민들에게 양식사업소 건설 과제는 또 다른 노동력 수탈로 인식되고 있다. "혜택을 기대하기보다 얼마나 시달릴지부터 걱정한다"는 주민들의 반응은, 지역 자원을 활용한 음식관광이 생산자의 자발적인 참여와 이익 공유 없이는 성공하기 어려움을 보여준다.

3) 관광 지구와 프리미엄 식재료 수급 사례

원산-갈마 해안관광지구와 라선 경제특구는 북한 섬 식재료가 가장 화려하게 소비되는 현장이다. 이곳에서는 전복, 해삼, 성게, 털게 등 최고급 식재료가 관광객들을 위해 공급된다.

(1) 원산-갈마 지구의 식재료 마케팅

원산 명사십리 인근의 관광 지구는 2025년 6월 24일 준공식을 거쳐 7월 1일 정식 개장한 이후 내국인과 러시아 등 외국인 관광객을 맞이하고 있다. 이곳의 호텔과 식당들은 인근 도서 지역에서 공급받은 신선한 수산물을 정가보다 비싼 가격에 판매하며 외화벌이의 창구로 활용한다. 특히 털게찜이나 문어숙회와 같은 메뉴는 동해 도서의 프리미엄 이미지를 구축하는 핵심 요소다.

(2) 라선 피파도의 수산물 소비 실태

라선 특구의 피파도는 전복과 해삼 양식이 활발하여, 관광객들이 현장에서 직접 신선한 수산물을 맛볼 수 있는 시스템이 구축되어 있다. 하지만 최근 대북 제재로 인한 수출 금지와 에너지 부족은 이러한 프리미엄 식재료의 가공 및 운송에 차질을 빚게 하여, 현지 소비에만 국한되는 한계를 보이고 있다.

5. 향후 전망 및 정책적 시사점

북한의 섬 식재료는 고립된 환경에서 보존된 '청정성'과 '전통 기술'이라는 강력한 자원을 보유하고 있다. 이를 현대적인 관광 자원으로 승화시키기 위해서는 단순한 생산량 증대를 넘어선 질적 전환이 필요하다.

1) 한반도 연안발전과 청색경제 비전

한국해양수산개발원(KMI)은 2025년 광복 80주년을 맞아 남북한 연안 시·군의 생활, 경제, 문화 지표를 비교 분석하였다. 이는 북한 도서 지역의 자원을 남북 공동의 해양 산업 기반인

'청색경제(Blue Economy)'[7]로 발전시키기 위한 기초 작업이다. 섬 식재료는 이러한 공동 번영의 가장 구체적이고 실질적인 매개체가 될 수 있다.

2) 지속가능한 자원 관리와 기후 변화 대응

기후 변화에 따른 수온 상승은 북한 도서 지역의 어종 분포를 근본적으로 변화시키고 있다. 명태와 같은 냉수성 어종의 보호와 오징어, 고등어 등 난류성 어종의 효율적 이용을 위한 과학적 데이터 축적이 필수적이다. 또한, 무분별한 간척 사업으로 인한 갯벌 소실은 서해 도서의 패류 자원을 위협하므로, 환경 보전과 개발의 균형을 맞추는 정책적 안목이 요구된다.

북한 섬 식재료의 특징은 동해의 깊은 수심이 주는 묵직한 감칠맛과 서해의 넓은 갯벌이 주는 풍요로운 담백함, 그리고 척박한 땅에서 자라난 강인한 식생이 어우러진 결과물이다. 비록 현재는 정책적 강제성과 인프라의 낙후라는 장애물이 존재하지만, 섬 주민들의 오랜 삶의 지혜가 담긴 전통 가공 기술은 북한 섬 음식관광의 독보적인 자산이다. 이를 보호하고 육성하는 것은 단순히 관광객의 입맛을 맞추는 문제를 넘어, 한반도 해양 생태계의 다양성을 유지하고 지역 경제의 자생력을 확보하는 중대한 과업이다.

제3절 북한 섬 음식의 메뉴 분석

1. 북한 도서 지역의 수산물 음식 체계와 관광 메뉴 분석

1) 북한 도서 지역 수산업의 구조적 특징과 식재료 공급망의 기제

북한의 도서 및 해안 지역에서 전개되는 음식 문화는 단순한 생존의 수단을 넘어, 국가의 경제 전략과 사회주의 체제 유지의 핵심적인 기제로 작동한다. 북한 수산업의 생산 체계는 한

7) 블루 이코노미(Blue Economy)는 바다와 해양 자원을 지속가능하게 활용하여 경제 성장을 이루고 새로운 일자리를 창출하는 경제 활동 및 시스템으로, 해양환경 보호와 경제적 이익을 동시에 추구하는 개념이다. 이는 단순한 해양 산업을 넘어, 해양 생태계와 자연을 모방한 기술(바이오미미크리)과 데이터 등을 활용한 혁신적인 비즈니스 모델을 포함하며, 전남도의 '전남형 블루 이코노미'처럼 지역의 해양 자원과 문화를 바탕으로 한 발전 전략으로도 활용된다.

국의 어촌계 중심 체계와는 근본적으로 궤를 달리하며, 수산사업소와 수산협동조합이라는 두 축을 중심으로 집단주의적 생산 방식이 관철된다. 이러한 생산 구조는 산업 분류상에서도 농림수산업이 아닌 석탄이나 광업과 같은 채취공업으로 분류된다는 점에서 그 특징이 명확히 드러나는데, 이는 바다라는 거대한 자원 창고에서 국가적 가치를 직접 길어 올리는 전략적 산업으로서의 성격을 강조하는 것이다.

최근 북한 당국이 추진하는 '지방발전 20×10' 정책[8]은 도서 및 해안 지역의 특색을 살린 바다가양식사업소 건설과 밀접하게 연계되어 있다. 특히 신포시나 낙원군 등지에 새로운 양식 시설들이 준공되면서 미역, 다시마 등 해조류를 비롯하여 굴, 큰새우, 섭조개, 밥조개, 해삼 등 고부가가치 어종의 계획적 생산이 강화되고 있다. 이러한 생산 확대는 도서 지역 주민들의 메뉴 구성을 상시화하고 안정화하는 데 결정적인 기여를 하고 있다. 황해남도의 경우 바닷가 양식사업소들이 해조류 생산량을 전년 대비 1.3배 이상 끌어올리며 '바다나물'[9]을 활용한 다양한 부식물의 상시 공급 체계를 구축했다는 보도는, 도서 음식의 메뉴 분석에서 원재료 조달의 안정성이 얼마나 중요한 비중을 차지하는지를 잘 보여준다.

수산물의 유통 및 가격 구조 역시 도서 지역 메뉴의 다양성을 결정짓는 주요 요인이다. 2022년부터 2024년까지의 통계적 추이를 분석해 보면, 북한 내 수산물 유통 채널이 과거에 비해 점진적으로 회복되고 안정화되고 있음을 확인할 수 있다. 지역 간 수산물 가격 차이가 점차 줄어들고 있다는 사실은 전국적인 물류 체계가 일정 수준 이상의 효율성을 확보했음을 시사하며, 이는 평양이나 신의주와 같은 소비지와 원산, 청진과 같은 생산지 사이의 메뉴 격차를 좁

생산 시설 유형	주요 기능 및 특징	대표 사례 및 어종
수산사업소	국가 주도의 대규모 어로 활동 및 가공	신포, 통천, 원산 수산사업소
바다가양식사업소	해조류 및 패류의 계획적 양식	미역, 다시마, 굴, 해삼, 섭조개
내수면양어사업소	강과 호수를 활용한 담수어 양식	메기, 철갑상어, 대서양연어
보조 시설	어선·어구 생산 및 수산물 가공 전문화	신규 어선 건조 및 통조림 공장

8) '지방발전 20x10 정책'은 북한이 2024년부터 10년간 매년 20개 시·군에 현대적인 지방공업공장을 건설하여, 농촌 지역의 생산 및 생활 수준을 향상시키고 지역 간 격차를 해소하려는 핵심적인 국가 발전 전략이다. 이는 김정은 국무위원장이 주도하며, 지방경제 활성화와 주민 민심 안정, 체제 결속력 강화 등을 목표로 하는 정책이다.

9) '바다나물'은 바닷물 속에서 자라며 사람이 먹을 수 있는 식물이나 해조류를 통칭하는 말로, 김, 미역, 다시마, 꼬시래기, 곰피, 가시파래(감태) 등이 대표적이며, 갯가에서 자라는 함초나 해방풍 같은 염생 식물도 포함한다. 산나물이 육지 식물을 뜻하는 것처럼, 바다나물은 바다의 나물이라는 의미이다.

히는 결과를 낳고 있다. 바지락, 고등어, 전어, 대구, 청어, 꽁치 등 대중적 품목의 가격 안정은 도서 주민뿐만 아니라 도시 근로자들의 식탁에서도 수산물 메뉴가 상시화될 수 있는 기반이 된다.

2) 동 · 서해안의 생태적 분화에 따른 도서 메뉴의 지리적 차별성

북한의 도서 음식은 동해와 서해라는 상이한 해양 생태계를 기반으로 각기 다른 메뉴 구조를 발전시켜 왔다. 동해안은 수심이 깊고 한류와 난류가 교차하는 특성상 명태와 같은 한류성 어종이 오랫동안 식문화의 중심을 차지해 왔다. 특히 1970년대 후반부터 1980년대 중반까지의 전성기에는 명태가 북한 수산업의 상징과도 같았으며, 이는 명태순대와 같은 고도의 가공 메뉴가 함경도와 강원도 도서 지역에서 발달하는 생태적 배경이 되었다. 대형 트롤 어선을 동원한 원양 어업과 심해 어업이 가능했던 동해안에서는 명태 외에도 임연수어, 도루묵, 가자미, 대구 등이 주요 식재료로 활용되었다.

반면, 조수간만의 차가 크고 넓은 갯벌이 발달한 서해안은 패류와 연안 어종 중심의 메뉴가 발달하였다. 기름 부족으로 대형 어선 가동이 어려웠던 시기에도 작은 배를 이용한 '세소어업(작은 규모의 어업)'이 서해안 연안과 도서 지역에서 활발하게 전개되었는데, 이는 바지락, 숭어, 전어 등 비교적 조업이 용이한 어종들을 중심으로 한 식문화 형성에 기여하였다. 서해안의 대표적 메뉴인 조개밥이나 숭어국은 이러한 지리적 환경에 적응한 결과물로 볼 수 있다.

동해와 서해의 가격 역전 현상은 이러한 생태적 차이가 메뉴의 경제적 가치에 미치는 영향을 극명하게 보여준다. 오징어, 임연수, 동태, 가자미, 대구 등 동해 특산종은 생산지인 원산과 청진에서 저렴하고 서해안인 평양과 신의주에서 비싸게 거래되는 반면, 서해의 대표 어종인 전어와 숭어는 오히려 동해안 지역에서 더 비싼 가격대를 형성하는 경향이 있다. 이러한 지역 간 가격 격차는 도서 관광 메뉴의 구성에 있어서도 지역별 특화 어종을 강조하는 전략적 선택의 근거가 된다.

해역 구분	생태적 특징 및 주력 어종	대표적 수산 메뉴
동해(East Sea)	깊은 수심, 한류 · 난류 교차, 명태 · 임연수 · 도루묵	명태순대, 가자미식해, 명태매운탕
서해(West Sea)	얕은 수심, 갯벌 발달, 바지락 · 숭어 · 전어 · 새우	조개밥, 숭어국, 건뎅이젓, 새우젓
내수면(Inland)	강과 호수 활용, 메기 · 잉어 · 철갑상어	메기탕, 철갑상어 요리, 잉어찜

3) 도서 주민의 향토 요리 분석: 명태순대와 조개밥의 조리 공정 및 영양 구조

북한 도서 지역 주민들의 일상적 메뉴는 척박한 지리적 여건 속에서 단백질과 지방을 효율적으로 섭취하기 위한 고도의 조리 지혜를 담고 있다. 가장 대표적인 명태순대는 단순한 순대가 아니라 명태라는 생선의 모든 부위를 하나도 버리지 않고 활용하는 완전 소비의 전형을 보여준다. 약 2.5kg의 명태 한 마리를 기준으로, 아가미를 통해 내장과 뼈를 손상 없이 뽑아낸 뒤 소금과 후춧가루로 밑간을 하는 과정은 명태순대 조리의 핵심적인 첫 단계이다.

명태순대의 '소'는 명태의 다진 살뿐만 아니라 데쳐서 잘게 썬 배추, 록두나물, 밥, 그리고 명태의 부산물인 고지(이리)와 애(간)를 된장, 파, 마늘과 함께 버무려 만든다. 특히 고지와 애를 소에 넣는 것은 부족한 지방분을 보충하고 구수한 풍미를 극대화하기 위한 조치로, 함경도 도서 지방 사람들의 영양 균형 감각을 엿볼 수 있는 대목이다. 완성된 소를 명태 속에 채워 넣고 쪄낸 뒤 초장과 함께 내는 이 방식은, 곡물이 귀한 섬 지역에서 수산물이 어떻게 주식의 역할을 보완했는지를 명확히 설명해 준다.

서해안 도서 지역의 명물인 조개밥은 조개의 감칠맛을 곡물에 입히는 기술적 세련미가 돋보인다. 밥조개(대합 등)를 끓는 물에 데쳐 편으로 썬 뒤, 조개를 데친 국물을 밥물로 사용하는 것이 특징이다. 가마에 기름을 두르고 양념한 조갯살을 볶다가 쌀을 안치는 과정은 조개의 향미가 밥알 하나하나에 배어들게 한다. 밥물이 잦아들 때 시금치나물을 넣어 뜸을 들이는 것은 부족한 비타민을 보충하고 시각적인 미감을 더하기 위한 섬세한 조리법이다. 이는 튀르키예의 홍합 요리인 '돌마'와 유사한 형태를 띠고 있어, 인류 공통의 해안가 식문화가 북한이라는 폐쇄적 환경 속에서도 독자적으로 진화했음을 보여주는 사례라 할 수 있다.

메뉴 구성 요소	명태순대(Pollack Sausage)	조개밥(Clam Rice)
주재료	명태(2.5kg), 명태 고지·애	밥조개, 쌀
부재료	록두나물, 배추, 밥, 된장	시금치나물, 양념장
핵심 기술	아가미를 통한 뼈·내장 추출	조개 국물을 활용한 밥 짓기
영양적 의미	지방(애/고지)과 단백질의 결합	미네랄(조개)과 비타민(시금치) 보충

4) 원산－갈마 해안관광지구의 메뉴 구성과 프리미엄 서비스 전략

2025년 공식 개장한 원산－갈마 해안관광지구는 북한의 현대적 해양 관광 산업이 지향하는 메뉴의 질적 수준을 상징적으로 보여준다. 약 2만 명을 수용할 수 있는 이 대규모 리조트 단지에서는 외국인 관광객, 특히 러시아 관광객을 겨냥한 정교한 코스 요리가 제공되고 있다. 호텔 식당에서 제공되는 인당 약 10달러의 식사는 14코스에 달하는 방대한 구성을 자랑하며, 이는 북한이 관광을 통한 외화 확보를 위해 얼마나 공격적인 가격 정책과 메뉴 구성을 취하고 있는지를 입증한다.

첫날 제공되는 14코스 메뉴를 분석해 보면 전채 요리 4종, 주요리 7종, 후식 3종으로 이루어져 있다. 구체적으로는 인삼닭곰, 게 요리, 오리 요리, 쇠고기, 생선 스테이크, 가지 요리 등이 포함되는데, 이는 조선 전통 요리와 서구식 육류 요리의 적절한 배합을 보여준다. 특히 러시아 관광객을 위해 마련된 메뉴판에는 '과일을 곁들인 연어 튀김(lenok fries with fruit)'이나 '생선 스테이크,' '돼지고기 메달리온' 등이 포함되어 있어, 국제적인 표준 메뉴 형식을 적극적으로 수용하고 있음을 알 수 있다.

주목할 만한 점은 '북한식 피쉬 앤 칩스'와 같은 창의적 메뉴의 등장이다. 원산의 수산물 식당에서는 신선한 흰살 생선을 튀겨 감자튀김과 함께 내놓는데, 이는 서구 관광객에게 익숙한 형식을 빌려와 현지의 신선한 수산물을 홍보하려는 전략적 선택이다. 또한, 식사의 마무리에 제공되는 된장국과 쑥차(Ssug Cha)는 과음이나 피로 해소에 도움을 주는 기능적 메뉴로서, 한국 전통의 '보양' 개념을 외국인들에게 자연스럽게 전파하는 역할을 한다.

원산－갈마 관광지구 메뉴 구분	상세 품목 및 특징	가격 및 서비스 방식
전채 요리(Appetizers)	김치, 소금 절임 생선, 떡, 샐러드	코스 포함
주요리(Main Courses)	쇠고기 샤실리크, 게 그라탕, 생선 스테이크	인당 $10(14코스)
특화 메뉴(Specialties)	북한식 피쉬 앤 칩스, 인삼닭곰, 가지순대	계절별 변동 가능
음료 및 후식(Desserts)	쑥차, 과일, 아이스크림	예치금 전자팔찌 결제

5) 라선특별시 피파도 관광지의 수산물 직거래 및 프리미엄 메뉴 분석

라선특별시는 북・중・러 접경지라는 지리적 특성으로 인해 북한 내에서 가장 자본주의적 요소가 강한 관광 식 문화를 보유하고 있다. 특히 피파도(Pipa Island) 관광지구의 식당들은 신선한 해산물을 즉석에서 조리해 주는 직거래 시스템을 통해 프리미엄 메뉴를 구축하고 있다. 이곳의 메뉴는 가공된 요리보다는 원재료의 신선도를 극대화한 생물 요리가 주를 이룬다.

가장 대표적인 프리미엄 메뉴인 털게 찜은 kg당 15~25달러 선에서 가격이 형성되는데, 이는 국제 시장 가격과 비교했을 때 충분한 가격 경쟁력을 지닌다. 성게알(생식용)이나 전복 요리 역시 한 접시당 5~30달러 수준으로 책정되어 있으며, 이는 주로 중국인 관광객과 외국 비즈니스 방문객들의 구매력을 고려한 결과이다. 이들 메뉴의 결제 방식은 전적으로 미국 달러, 중국 위안화 등 외화에 의존하며, 현지 수족관에서 직접 고른 해산물의 무게를 달아 가격을 매기는 방식은 관광객들에게 투명성과 재미를 동시에 제공한다.

피파도 식당의 메뉴 구성에는 평양냉면이나 온면, 비빔밥과 같은 대중적인 식사 메뉴도 포함되어 있어, 고급 해산물 요리와 전통 식사 메뉴의 조화를 꾀하고 있다. 이러한 메뉴 구조는 외화 확보라는 명확한 목표 아래, 북한의 청정 해역에서 생산된 고부가가치 수산 자원을 관광 상품화하는 데 성공한 사례로 평가받는다.

피파도 주요 수산 메뉴	가격대(USD)	제공 방식 및 특징
털게 찜(Steamed Hair Crab)	\$15~\$25(1kg)	즉석 수족관 선택, 계절 변동
성게알(Sea Urchin Roe)	\$5~\$10(접시)	생식용, 최상의 신선도
전복 요리(Abalone)	\$10~\$30(크기별)	고급 보양식 이미지 강조
가리비 및 조개 구이	\$5~\$8(접시)	직화 구이 방식 제공

6) 국가 표준 요리법과 '우리 식' 사회주의 식문화의 메뉴 통합

북한 도서 음식의 메뉴 구성은 국가의 강력한 표준화 정책의 영향권 아래에 있다. 북한은 민족 고유 음식 650여 품종에 대한 조리법을 국가 표준으로 규격화했는데, 여기에는 밥, 국수, 떡 등 주식 122품종과 국, 반찬 등 부식 464품종이 포함된다. 이러한 표준화 작업은 도서 지역의 향토 요리가 자의적으로 변형되는 것을 막고, '우리 식 사회주의'라는 이데올로기적 틀 안에서 식문화를 통합하려는 시도로 해석된다.

특히 옥류관과 같은 평양의 명문 식당들이 지방 요리사들을 불러 연수시키는 시스템은, 중앙의 세련된 조리 기술을 도서 및 지방 식당에 전파하여 전국의 메뉴 질을 상향 평준화하려는 목적을 지닌다. 로동신문 등 관영 매체를 통해 소개되는 이러한 소식들은, 옥류관의 맛을 도서 지방 주민들도 똑같이 누릴 수 있게 한다는 선전적 효과와 더불어, 국가가 식재료의 배합과 맛의 기준을 통제하고 있음을 보여준다.

도서 지역의 대표적 수산 메뉴인 명태매운탕, 건뎅이젓 담그기, 자라내기 등은 국가 비물질 문화유산으로 등록되어 보호받고 있으며, 이는 해당 메뉴들이 단순한 음식을 넘어 국가적 정체성의 상징으로 격상되었음을 의미한다. 이러한 표준화된 조리법은 관광 식당에서도 엄격히 준수되어, 외국인 관광객들에게 '정통 조선 요리'라는 신뢰를 주는 근거로 활용된다.

표준화 영역	품종 수	주요 내용 및 적용 사례
주식물(Staples)	122종	평양온반, 대동강 숭어국, 조랭이떡국
부식물(Side Dishes)	464종	명태순대, 가자미식해, 명태매운탕
음료 및 당과류	64종	쑥차, 노치, 약과, 강정
문화유산 등록 품목	다수	자라 요리, 건뎅이젓, 추어탕

7) 수산물 가공 기술의 발달과 메뉴의 상시화 전략

북한 수산업의 현대화 노력은 수산물 가공 기술의 비약적 발전으로 이어져, 도서 메뉴의 구성에 큰 변화를 가져오고 있다. 김정은 시대 들어 군(軍)이 주도하는 수산업 현대화는 표준화된 어선 건조와 대규모 냉동 가공 시설 확충을 골자로 한다. 이는 계절성이 강한 수산물의 공급 한계를 극복하고, 1년 내내 일정한 품질의 수산 메뉴를 관광객과 주민들에게 제공할 수 있는 기반을 마련해 주었다.

특히 동해안의 원양 및 트롤 어업을 통해 대량 포획된 명태나 임연수어는 즉시 급속 냉동되거나 통조림으로 가공되어 전국으로 유통된다. 이러한 가공 기술의 발달은 명태순대와 같은 정교한 요리가 도서 지역을 벗어나 평양 등 대도시 식당에서도 상시 메뉴로 자리 잡게 하는 원동력이 되었다. 또한, 메기나 철갑상어와 같은 양식 어종의 경우, '메기공장'이라 불리는 대규모 생산 시설에서 가공 처리되어 다양한 형태의 가공식품으로 메뉴화되고 있다.

이러한 기술적 진보는 도서 음식관광에서 '안정적 공급'이라는 결정적 우위를 점하게 한다. 원산-갈마 관광지구에서 14코스에 달하는 복잡한 수산 메뉴를 안정적인 가격($10)에 제공할 수 있는 배경에는, 국가 주도의 강력한 가공 및 유통망이 뒷받침되고 있기 때문이다. 가공 기술의 고도화는 식재료의 유통 기한을 늘릴 뿐만 아니라, 뼈를 발라낸 생선살이나 부산물을 활용한 새로운 가공 메뉴의 개발로 이어져 도서 음식의 외연을 넓히고 있다.

8) 한반도 청색경제 비전과 섬 음식관광의 정책적 함의

본 교재에서 분석한 북한 도서 지역의 수산물 메뉴는 단순한 미식의 영역을 넘어, 북한이 추구하는 경제적 자립과 체제 우월성 선전의 집약체라 할 수 있다. 명태순대와 조개밥으로 대표되는 주민들의 향토 지혜는 국가의 표준화 정책을 통해 세련된 관광 메뉴로 재탄생하였으며, 원산-갈마와 라선 피파도는 이러한 전략이 구체화된 최전선이라 할 수 있다.

향후 북한의 도서 음식관광은 '지방발전 20x10' 정책과 연계되어 더욱 지역 특화적인 메뉴 개발에 집중할 것으로 보인다. 특히 미역, 다시마 등 해조류의 대량 생산을 통한 '바다나물' 메뉴의 다변화와 메기, 철갑상어 등 고부가가치 양식 어종의 메뉴 편입은 북한 도서 관광의 경쟁력을 높이는 핵심 요소가 될 것이다. 또한 유통 채널의 안정화로 인한 가격 격차 감소는, 전국 어디서나 표준화된 고품질의 수산 요리를 맛볼 수 있는 환경을 조성하여 관광객의 만족도를 제고할 것으로 기대된다.

결론적으로, 북한 도서 음식의 메뉴 분석은 한반도 북부 해역의 생태적 가치와 북한 사회의 조직적 역량을 읽어내는 중요한 창이다. 이는 미래의 남북 해양 교류와 음식관광 협력을 위한 중요한 기초 자료가 되며, '청색경제'라는 거대 담론 속에서 한반도 전체의 해양 자원을 어떻게 지속가능한 방식으로 관광화 할 것인가에 대한 귀중한 시사점을 제공한다. 북한의 도서 메뉴는 척박한 환경을 극복한 생존의 기록이자, 세계를 향해 열린 새로운 관광의 문을 두드리는 전략적 도구로서 그 의미가 깊다.

참고문헌

[단행본]

강성국 · 김경희 · 양동휘 · 노선미(2022), 신안군 섬음식 백서, 제이앤에이치(J&H).

강인희(1987), 한국의 맛, 대한교과서주식회사.

강재언(1990), 한국 근대사, 한울.

국립민속박물관(2018), 한국의식주생활사전(식생활), 국립민속박물관.

김은미 · 박문옥 · 안선정 · 유혜경 · 이영옥 · 이정실(2016), 식품재료학, 광문각.

김중규(2001), 군산이야기: 고지도와 옛 사진으로 풀어본 군산역사, 나인.

노형석(2004), 모던의 유혹, 모던의 눈물, 생각의 나무.

농촌진흥청(2008), 한국의 전통향토음식2 서울 · 경기도, 교문사.

__________(2008), 한국의 전통향토음식3 강원도, 교문사.

__________(2008), 한국의 전통향토음식4 충청북도, 교문사.

__________(2008), 한국의 전통향토음식5 충청남도, 교문사.

__________(2008), 한국의 전통향토음식6 전라북도, 교문사.

__________(2008), 한국의 전통향토음식7 전라남도, 교문사.

__________(2008), 한국의 전통향토음식8 경상북도, 교문사.

__________(2008), 한국의 전통향토음식9 경상남도, 교문사.

__________(2008), 한국의 전통향토음식10 제주도, 교문사.

__________(2010), 전통향토 음식 용어사전, 농촌진흥청 국립농업과학원 농식품자원부 전통한식과.

__________(2010), 한국의 향토음식 100선, 농촌진흥청 국립농업과학원 전통한식과.

동의보감국역위원회 역(2003), 동의보감, 허준(1611), 남산당.

동의보감약초사랑 역(2022), 본초강목, 이시진(1590), 꿈이있는집플러스.

문화공보부 문화재관리국(1984), 한국 민속종합조사보고서(향토음식), 코리아헤럴드.

박문옥 · 김용식(2019), 최신 조리원리, 도서출판 효일.

손정우 · 송태희 · 신승미 · 오세인 · 우인애(2009), 조리과학, 교문사.

옛음식연구회 역(2001), 조선무쌍신식요리제법, 이용기(1924), 궁중음식연구원.
유승훈(2004), 20세기 초 인천지역의 소금 생산, 인천학 연구.
윤덕인 · 김문경 · 조용현 · 김세경 · 김상희(2019), 강원도 음식문화, 지식인.
_____ · 임희수 · 정낙원 · 김경민(2016), 한국음식, 파워북.
윤서석(2002), 한국음식, 수학사.
윤숙경(1999), 경상도의 식생활문화, 신광출판사.
윤숙자 역(2017), 도문대작, 허균(1611), 백산출판사.
_______(2008), 요록(1680년경), 질시루.
_____ · 김종덕 역(2012), 식료찬요, 전순의(1460), 지구문화.
_____ · 이미영(2015), 약선음식, 지구문화.
_____ · 최봉순 · 최은희(2010), 알고 먹으면 좋은 우리 식재료, 지구문화사.
_____ · 최은희(2016), 월별로 구성된 식품재료의 모든 것, 백산출판사.
이강자, 김을상, 김성미, 이영남, 안빈 외 역(2003), 증보산림경제, 유중림(1766), 신광출판사.
이덕주(2003), 식민지 조선은 어떻게 해방되었는가, 에디터.
이성우(1985), 한국요리문화사, 교문사.
이수진(2010), 신한류콘텐츠 음식관광 활성화 방안, 정책연구, pp. 1~212.
이이화(2003), 한국사 이야기 19: 오백년 왕국의 종말, 한길사.
이주희 · 김미리 · 민혜선 · 이영은 · 송효남(2008), 과학으로 풀어 쓴 식품과 조리원리, 교문사.
이효지 역(2004), 시의전서(1800년대 말), 신광출판사.
_____ · 정길자 · 한복려 · 김현숙 · 차경희 역(2017), 주식방문(1800년대 말), 교문사.
_____ · 조신호 · 정낙원 · 차경희 역(2007), 임원십육지〈정조지〉, 서유구(1827), 교문사.
전정원 · 김경미 · 김윤자 · 이진희 · 최영희(2010), 전통향토음식, 교문사.
정낙원 · 차경희(2007), 향토음식, 교문사.
정문기 역(2002), 자산어보, 정약전(1814), 지식산업사.
정승모 역(2009), 동국세시기, 홍석모(1849), 도서출판 풀빛.
정양완 역(2008), 규합총서, 빙허각이씨(1815), 보진재.
제주특별자치도(2012), 제주인의 지혜와 맛 전통향토음식, 성민출판사.
조경련 · 김미리 · 김옥선 · 손정우 · 최해연(2015), 이해하기 쉬운 식품재료학, 파워북.
주영하(2013), 밥상을 차리다, 보림출판사.
최덕주 · 윤보람(2020), 다시 찾는 향토음식, 형설출판사.
최해연 · 김학연 · 윤혜려 · 성정민 · 권수연(2017), 식품위생학 및 법규, 파워북.
한복려(2015), 조선왕조 궁중음식, 궁중음식연구원.
홍진숙 · 박혜원 · 박란숙 · 명춘옥 · 최은희(2020), 식품재료학, 교문사.
황재희 · 박정은(2005), 식품재료학, 도서출판 효일.

[논문]

강신겸(2012), “커뮤니티 중심의 섬관광 개발,” 경남발전, 121: 24~34.

강인희(1980), “한국 죽의 역사적 고찰,” 명지대학교 논문집, 12(12): 69~80.

강희석 · 남태석(2017), “남해안의 해양관광 개발 정책 방향을 위한 전략 연구,” 관광레저연구, 29(11): 293~312.

고계성(2012), “섬 관광지 매력평가에 따른 관광자원 개발 유형 연구: 통영시 한산도 섬을 중심으로,” 지역산업연구, 35(1): 167~188.

고동완 · 박시사(2018), “제주 관광체험이 기억과 행동의도에 미치는 영향,” 관광연구저널, 32(1): 33~46.

고병진(2022), “관광자원으로서 지역 양조장에 관한 연구,” 서울대학교 대학원 석사학위논문.

곽행구 · 김농오 · 김지인(2008), “해양자원의 생태관광 프로그램 개발: 전남 갯벌 및 어촌체험마을 중심으로,” 관광연구저널, 22(2): 227~243.

김도희 · 이상탁(2023), “Kano 모형을 활용한 섬 관광지 선택속성 분석: 경상남도 섬 관광지를 중심으로,” 한국무역경영연구, 32: 43~58.

김민철 · 장희정(2008), “도서의 관광콘텐츠 유형에 따른 관광매력요인: 보길도, 선유도, 우도를 중심으로,” 관광레저연구, 20(4): 123~137.

김보성 · 김용완 · 이웅규(2020), “울릉도와 독도의 식재료 활용 음식메뉴 개발,” 한국도서연구, 32(4): 127~146.

김상철(2000), “지역축제의 향토음식관광상품화에 관한 연구,” *Culinary Science & Hospitality Research*, 6(3): 193~223.

김성근 · 김보성(2021), “수산물 식재료를 활용한 섬 음식관광 활성화 방안,” 한국도서연구, 33(1): 59~78.

김성후 · 오성수(2012), “도서자원의 문화관광산업화와 관광스토리텔링에 관한 연구,” 산업경제연구, 25(3): 2241~2259.

김영준(2011), “섬 관광의 동향과 지속가능한 발전 전략,” 국토, 358: 34~39.

______(2012), “섬 관광의 현재와 미래 발전 전략,” 경남발전, 121: 6~13.

김유현 · 안예지 · 이태양 · 안진현 · 김민철(2020), “웰니스 관광을 위한 섭취효능 기반 음식점 검색 시스템: 제주 향토음식을 중심으로,” 한국통신학회 학술대회논문집, pp. 673~674.

김은희 · 박준용(2019), “섬 패키지 관광 선택속성 기대: 평가에 관한 IPA 모형의 활용분석 – 울릉도 · 독도, 홍도 · 흑산도, 거문도 · 백도를 중심으로,” 한국도서연구, 31(2): 93~116.

김정선 · 곽은정(2011), “마를 첨가한 죽의 품질 특성,” 한국식생활문화학회지, 26(2): 184~189.

박경란(2022), “우리나라 향토음식 문헌에 나타난 밥의 지역적 특성 비교 연구,” 한국생활과학회지, 31(4): 519~545.

_____(2024), "우리나라 죽(粥)의 지역별 향토성 비교 연구: 향토음식문헌을 중심으로," 한국생활과학회지, 33(5): 803~820.

박복희・고경미・전은례(2015), "노루궁뎅이버섯 분말을 첨가한 죽의 품질 특성," 한국식생활문화학회지, 30(2): 227~232.

박수진・황태규(2018), "음식관광자원의 분류 및 중요도 비교에 관한 연구," 한국지역경제연구, 16(3): 91~112.

박채린・권용석・정혜정(2011), "냉면의 조리사적 변화 양상에 관한 고찰: 1800년대~1980년대까지 조리법 자료를 중심으로," 한국식생활문화학회지, 26(2): 128~141.

배윤경・박보경・박아름・이순민・조미숙(2009), "구전설화에 나타난 음식의 상징성," 韓國食生活文化學會誌, 24(6): 666~676.

백선희・안빈・이강자(2004), "우리나라 1900년대 문헌에 나타난 주식류 변화에 관한 고찰," 동아시아식생활학회지, 14(6): 519~528.

서용건・고광희・김민철(2010), "섬 관광목적지 경쟁력지표 개발에 관한 연구," 관광레저연구, 22(1): 167~187.

송진구・박진우(2021), "섬 지역 음식관광의 선택속성 중요도에 관한 연구: 제주특별자치도를 중심으로," 해양비즈니스, 50: 45~63.

신진희・이승권(2020), "섬 관광활성화를 위한 민화속 화훼의 도상적 상징성 연구," 한국도서연구, 32(3): 25~44.

신혜승・조은자(1996), "文獻 속에 나타난 粥의 分析的考察," 한국식생활문화학회지, 11(5): 609~619.

오문향・서정모(2023), "제주 음식관광 가격에 관한 인식 연구: 의미론적 네트워크 분석의 활용," 관광연구저널, 37(7): 173~184.

윤서석・김미경・한경선(1987), "한국음식 종목의 총람보고 I: 밥・죽・미음・국수・떡국・수제비," 한국식문화학회지, 2(1): 93~102.

윤형숙・선영란(2010), "관광과 음식축제, 지역정체성:'강화새우젓'을 중심으로," 민족문화논총, 44: 325~350.

윤홍권・권혁인(2020), "소규모 어촌 관광 서비스품질과 지각된 가치, 만족도, 재방문의도의 인과적 관계," 경영교육연구, 35(5): 31~58.

이 수・박세준(2016), "해양레저스포츠 참가자의 참가동기 유형별 관광시설 선호도 분석: 중국 하이난섬(海南島) 관광지를 대상으로," 관광연구논총, 28(1): 159~182.

이승민(2013), "자색고구마를 활용한 노인식 죽의 개발 및 품질 특성," 동아시아식생활학회지, 23(2): 234~240.

이웅규(2023), "섬 관광 활성화를 위한 인문학적 접근," 관광연구저널, 37(5): 83~95.

_____・김용완(2017), "농어촌 지역활성화를 위한 음식관광에 관한 연구," 한국도서연구, 29(1): 39~62.

_____・홍인기(2019), "해양음식관광콘텐츠 개발을 통한 섬 관광 활성화 방안," *Journal of Digital*

Convergence, 17(5): 127~135.
_______________ · 김보성(2019), "울릉도와 독도 식재료를 활용한 음식관광 활성화 방안," 한국도서연구, 31(3): 93~126.
이윤정 · 윤예리(2017), "인천지역 향토음식의 형성과 변화," 외식경영연구, 20(3): 171~188.
이재후(2005), "국내 섬관광지 선택속성에 관한 연구," 여행학연구, 23: 115~134.
이종수(2012), "해항도시의 음식문화 비교 분석: 마산(창원), 제주와 대마도를 중심으로," 해항도시문화교섭학, 6: 89~123.
______(2015), "인천과 부산, 대마도와 나가사키의 음식문화," 인문학연구, 24: 187~223.
이진의 · 김남조(2021), "섬 관광에 대한 관광자의 위험지각이 여행행동에 미치는 영향: 지각된 유용성과 용이성의 집단 간 차이를 중심으로," 지역개발연구, 53(3): 125~160.
이해림(2022), "[마음이 고플 때, 힐링푸드] 환상의 섬에서," 나라경제, 385: 71~71.
임현정 · 차웅석(2013), "조선 仁祖의 질병관리 중 약죽(藥粥)의 적용과 의미에 관한 고찰: 승정원일기 기록을 중심으로," 한국식생활문화학회지, 28(5): 438~449.
장혜진 · 이효지(1989), "主食類의 文獻的考察: 1670~1943년에 발간된 우리말 조리서를 중심으로," 한국식문화학회지, 4(3): 201~211.
전관수(2024), "[전관수의 세계음식여행] 베트남의 진주 같은 섬, 푸꾸옥," 호텔앤레스토랑, 398: 134~135.
정애영 · 서정희(2024), "부산 오륙도 섬 관광지 매력성과 향토음식 이미지 및 방문의도 간의 영향 관계," 한국도서연구, 36(4): 95~113.
정현미(2000), "남해군의 음식 문화 형성요인에 따른 특징 연구: 현지조사 내용을 중심으로," 민속학연구, 7: 33~75.
정효선 · 김태희(2020), "빅데이터 분석을 활용한 남도 바닷길 미식 관광 활성화 방안 연구," *Culinary Science & Hospitality Research*, 26(12): 129~140.
제종길(2012), "갯벌 소실에 따른 해양생물자원과 해안 음식문화 보전의 위기," 도서문화, 40: 357~374.
조진상(2009), "관광행태 분석을 통한 지속가능한 섬관광 발전전략의 모색: 완도군 청산도 방문객 설문조사를 중심으로," 한국지역개발학회지, 21(4): 151~176.
차경희(2003), "「屠門大嚼」을 통해 본 조선중기 지역별 산출 식품과 향토음식," 한국식생활문화학회지, 18(4): 379~395.
채지선 · 전형연(2021), "섬 지역의 음식문화 커뮤니케이션 전략 연구: 신안군 · 완도군 · 진도군 홈페이지의 특산물 담화를 중심으로," 호남학, 70: 349~394.
_______________(2023), "섬 지역 음식문화브랜드 커뮤니케이션 전략 연구: 지자체 온라인쇼핑몰 BI의 시각기호학적 분석을 중심으로," 도서문화, 61: 99~142.
최영민 · 길가영(2017), "음식축제 방문동기가 관광지 선택과 만족도에 미치는 영향: 2017 정남진 장흥 키조개 축제를 중심으로," 문화산업연구, 17(3): 147~158.

홍석준(2023), "'섬 정체성'의 지속과 변화: '도서성(島嶼性, insularity)'에서 '섬성(섬性, islandness)'으로의 전환을 중심으로," 도서문화, 62: 9~35.
홍석준(2024), "'섬 정체성'의 문화적 특징과 의미: '도서성'과 '섬성'의 공존 가능성에 관한 탐색," 도서문화, 64: 215~245.
홍종숙 · 임현정(2021), "사상체질에 근거한 노인의 한방약선 죽 개발에 관한 연구," 한국식생활문화학회지, 36(6): 607~621.
Lim, B.H., K.H. Ahn & J.W. Ha(2005), "관광지 개성과 속성이 관광지 선택에 미치는 영향에 관한 연구," *Journal of Global Academy of Marketing Science*, 15(3): 149~168.

[신문 및 방송기사]

김용구(2024.9.26.), "[김용구 박사의-맛있는 인천 섬 이야기] ㉙ 주안 천일염전과 시도 염전," 한국섬뉴스.
이형렬(2005.8.10.), "광복 60돌…… 일제 쌀 수탈현장 미공개사진 지상전시," 새전북신문, 16면.
일요서울(2015.11.16.), "[박종평의 이순신 이야기: 해설 난중일기 20] 어부가 된 장군," 일요서울.
주강현(2005.2.21.), "근대 문화유산의 보고 군산: 수탈첨병 은행건물엔 불 꺼진 카바레 간판만," 서울신문, 23면.
KBS뉴스(2025.8.9), "'경남 섬' 555개로 확정…… 섬 인구 30만 3,200여 명."

[웹사이트]

10000recipe.com/recipe/(만개의 레시피, "톳나물무침")
http://michuhol.grandculture.net(디지털미추홀구문화대전, "문학산성")
http://www.heritage.go.kr(국가문화유산포털, "문학산성")
http://www.lampcook.com/food/food_dic_view.php?idx_no=7886(램프쿡, "우무")
https://blog.naver.com/jbgokr/130085751626([역사속 전북] 일제 수탈의 '전초기지'가 되었던 군산항 개항……)
https://m.dongascience.com/news.php?idx=20391(트럼프 대통령 상에 오른 '독도새우'는 사실 ○○새우 - 동아사이언스)
https://ncms.nculture.org/local-specialty/story/12038(지역N문화, "오징어")
https://nikom.or.kr/webzine/vol04/index.html(한국한의학진흥원)
https://state.gwd.go.kr/portal(강원특별자치도)
https://stock.adobe.com/kr.
https://www.10000recipe.com/recipe/(만개의 레시피, "북한 요리: 두부밥")
https://www.busan.go.kr/index(부산광역시)

https://www.chungbuk.go.kr/www/index.do(충청북도)
https://www.chungnam.go.kr/main.do(충청남도)
https://www.coupang.com/vp/products/7118229000(쿠팡, “다시마쌈”)
https://www.fsis.go.kr/front/contents/(수산물안전정보서비스)
https://www.gb.go.kr/(경상북도)
https://www.gg.go.kr/(경기도)
https://www.gyeongnam.go.kr/index.gyeong(경상남도)
https://www.hnews.kr/news/(세계 최고 건강식 ‘지중해 식단,’ 한국식으로 즐기려면?, 현대건강신문)
https://www.ikpnews.net/news/articleView.html?idxno=47230(한국농정, “명이나물”)
https://www.incheon.go.kr/index(인천광역시)
https://www.jeju.go.kr/index.htm(제주특별자치도)
https://www.jeonbuk.go.kr/index.jeonbuk(전북특별자치도)
https://www.jeonnam.go.kr/(전라남도)
https://www.kislandnews.com/(한국섬뉴스)
https://www.kyongbuk.co.kr/news/articleView.html?idxno=2100640(경북일보, “홍합밥”)
https://www.mmk.or.kr/(국립해양박물관)
https://www.nifs.go.kr/main.do(국립수산과학원)
https://www.onlmenu.com/bbs/board.php?bo_table=sb&wr_id=3030(생방송투데이 오늘방송맛집, “멸치쌈밥”)
https://www.rfa.org/korean/news_indepth/food_international_org-10252022154915.html(북·중 국경봉쇄 탓 탈북민 향수 달래던 인조고기 품귀-자유아시아방송)
https://www.ulleung.go.kr/(울릉군청)

저자소개

[이웅규] E-mail: unikorea2024@naver.com

국제관광학회 회장
한국도서(섬)학회 회장
현, 백석대학교 관광학부 및 혁신교육플랫폼대학 교수
　인천도시경영연구원 원장
　가상현실융합경제학회 회장

[김보성] E-mail: kimbskr2003@naver.com

해양수산외식조리학회 회장
현, 신경주대학교 글로벌 외식조리학과 교수, 치유연구소(충효관 306호)
　aT한국농수산식품유통공사 정책・예산분과 혁신자문위원
　한국도서(섬)학회 회장
　협동조합 국제외식조리마이스터협회 회장

[김용완] E-mail: ywkim@nambu.ac.kr

남부대학교 국제협력단장 겸 평생교육원 원장
광주광역시 지역아동센터 운영 총괄 단장
현, 남부대학교 호텔조리학과 교수
　광주광역시 동구 문화원장
　광주광역시 도시계획 위원

[서수지] E-mail: sujiseo47@gmail.com

울산대학교 마케팅 전공 박사수료
울산대학교 MBA 석사과정 졸업
Emporia State University, Accounting 전공 학사 졸업
영남이공대학교 i－경영회계계열 겸임교수(2023)
(사)마케팅관리학회 30대 간사(2022～2023)
현, 경주 천북빌리지 풀빌라 및 JS애견 풀빌라 대표
　울산과학대학교 글로벌비즈니스학과 겸임교수(2023～현재)

[엄필란] E-mail: pilran64@hanmail.net

현, 신경주대학교 관광사업경영학과 특임교수
　한국도서(섬)학회 감사
　한국관광외식산업진흥원 대표이사
　치유음식연구소(경주시 안현로 54-7)
　치유농원 대표

[이준혁] E-mail: jhcorea736@gmail.com
검은수염 정보보안팀 대표리더
팀 HOE 게임즈 개발 팀장
현, 한국생성형AI연구원 사업기획팀 팀장
AI여행연구소 대표
커피앤와인페어링연구소 대표

저자와의 협의에 의하여 인지를 생략합니다.

섬음식관광론

초판 1쇄 인쇄 2026년 3월 1일
초판 1쇄 발행 2026년 3월 5일

저자 이웅규 · 김보성 · 김용완 · 서수지 · 엄필란 · 이준혁
발행인 박성진 | **발행처** 대 왕 사
등록 1976년 11월 30일 제5~54호
주소 서울시 동대문구 외대역동로 133-1
물류 경기도 파주시 소라지로 176-25(송촌동 414-12)
전화 (031)947-5471(代) | **팩스** (031)947-5470
홈페이지 http://www.daewangsa.net | **이메일** dws74@hanmail.net
값 25,000원

ISBN 978-89-456-9335-8 93320